LES
ENNEMIS DE RACINE

AU XVIIe SIÈCLE

PAR

F. DELTOUR

INSPECTEUR GÉNÉRAL DE L'INSTRUCTION PUBLIQUE

TROISIÈME ÉDITION

Revue et corrigée

OUVRAGE COURONNÉ PAR L'ACADÉMIE FRANÇAISE

PARIS

LIBRAIRIE HACHETTE ET Cie

79, BOULEVARD SAINT-GERMAIN, 79

LES
ENNEMIS DE RACINE

PARIS. — IMPRIMERIE E. MARTINET, RUE MIGNON, 2.

LES
ENNEMIS DE RACINE

AU XVIIᵉ SIÈCLE

PAR

F. DELTOUR

INSPECTEUR GÉNÉRAL DE L'INSTRUCTION PUBLIQUE

TROISIÈME ÉDITION
Revue et corrigée

OUVRAGE COURONNÉ PAR L'ACADÉMIE FRANÇAISE

PARIS
LIBRAIRIE HACHETTE ET Cᵢᴱ
79, BOULEVARD SAINT-GERMAIN, 79

1879

A MON CHER MAITRE

M. D. NISARD

DE L'ACADÉMIE FRANÇAISE

Hommage de respectueuse amitié.

F. Deltour.

PRÉFACE

DE LA TROISIÈME ÉDITION

La deuxième édition de ce livre, publiée en 1865, avait été, comme l'indique la préface ci-jointe, considérablement modifiée. Les observations bienveillantes de la critique, jointes à des études nouvelles, nous avaient permis de compléter nos jugements et nos récits, et de les corriger même sur quelques points importants.

Le travail de cette nouvelle révision a été plus facile et plus court; malgré de sérieuses recherches, nous n'avons pu enrichir cette édition que d'un petit nombre de détails d'une valeur secondaire. Nous avions prouvé déjà, grâce surtout à un passage décisif de la *Gazette* de Robinet, que l'*Iphigénie* a été représentée à Versailles cinq mois avant de paraître sur le théâtre de l'Hôtel de Bourgogne; et M. Paul Mesnard dans son excellente édition de Racine[1] nous a fait l'honneur de nous em-

---

1. *Collection des grands écrivains de la France.* Hachette.

prunter notre argumentation. A notre tour nous donnons ici, d'après M. Mesnard, deux témoignages qui semblent démontrer que l'*Andromaque*, par une faveur non moins éclatante, a été jouée à la cour, « en l'appartement de la reine », la veille même de la représentation de la ville. Nous avons puisé aussi dans l'édition de M. Mesnard un jugement de Subligny sur la tragédie d'*Alexandre*. Les nombreux emprunts que nous avait faits M. Mesnard (non sans les rapporter le plus souvent à leur source) nous autorisaient à profiter de son travail.

Nous lui devons encore, ainsi qu'au *Journal* de Dangeau et aux ouvrages de M. Théophile Lavallée [1], d'avoir pu compléter et corriger notre récit des répétitions d'*Athalie* à Saint-Cyr et des représentations de cette pièce à Versailles.

C'est à notre ancien maître, M. Gaillardin, auteur de la grande *Histoire du règne de Louis XIV*, que nous devons notre seule rectification considérable. L'auteur de cet important ouvrage, que l'Académie française a honoré deux fois du grand prix Gobert, prouve péremptoirement que le prétendu mémoire de Racine sur les misères du peuple n'était qu'une réclamation personnelle, et que cette fameuse disgrâce, qui a fait imputer à Louis XIV la mort de Racine, n'a eu ni importance ni durée. Nous avons reproduit tout au long [2] les arguments de notre cher

---

1. *Correspondance de M*^{me} *de Maintenon.* — *M*^{me} *de Maintenon et la maison royale de Saint-Cyr.*
2. Pages 133 et 134.

maître, et, en lavant d'une accusation grave la mémoire de Louis XIV que M. Gaillardin a vengée de tant d'autres imputations non moins populaires, nous avons pu en même temps défendre Racine d'une faiblesse excessive qu'on lui reprochait, et prouver plus complètement qu'il n'est pas *mort de l'adulation*.

Nous ne voulons point achever cet *Avertissement* sans remercier notre ancien élève et ami M. le baron James-Édouard de Rothschild des renseignements nouveaux qu'il nous a fournis sur la *Gazette* de Robinet. M. de Rothschild, déjà connu dans le monde érudit par la publication de treize volumes du *Recueil des poésies françaises des quinzième et seizième siècles*[1], savamment annotés par lui et par M. de Montaiglon, est au moment de faire paraître une édition complète des deux continuateurs de la *Muze historique*, Robinet et Lagravete de Mayolas. Collaborateur de la *Bibliographie cornélienne*[2], il va donner aussi aux amis des lettres françaises une *Bibliographie racinienne* riche en utiles indications.

1. *Bibliothèque elzévirienne*, Paris, Daffis éditeur.
2. *Bibliographie cornélienne*, par Émile Picot. Paris. Aug. Fontaine ; 1876.

PRÉFACE

DE LA DEUXIÈME ÉDITION

Nous n'avons rien négligé pour mériter à cette seconde édition de notre travail la continuation de la faveur bienveillante qui n'a pas été refusée à la première. Toutes les objections que nous avaient adressées soit MM. les professeurs de la Faculté des lettres de Paris, soit quelques membres éminents de l'Académie française, soit plusieurs critiques distingués des grands journaux de Paris, ont été examinées avec soin, et souvent les faits ou les jugements ont été modifiés dans le sens qui nous était indiqué. C'est ainsi que, sur l'autorité de M. Sainte-Beuve et en profitant d'un des plus piquants articles de ses *Causeries*, nous avons complétement changé le récit de l'affaire des deux *Phèdres*, et atténué, comme il était juste, les torts de Mme de Bouillon. Nous avons corrigé aussi quelques erreurs de dates, quelques inexactitudes de renseignements qui s'étaient glissées dans le récit.

Au commencement du volume, nous avons ajouté deux pages sur l'adolescence et les études de Racine. Ce développement nouveau nous avait été demandé, et nous l'avons jugé d'autant plus utile, que cette partie des *Mémoires* de Louis Racine renferme quelques erreurs. D'après les indications d'un de nos juges les plus éminents, M. Saint-Marc Girardin, nous avons aussi complété l'examen de la tragédie de *Bajazet* par l'étude rapide d'une nouvelle de Segrais, dont le sujet est presque identique.

Il est un point capital sur lequel, après de sérieuses réflexions, il nous a été impossible de rien changer à nos jugements, c'est l'appréciation même du génie et des œuvres de Racine. Cinq années nouvelles d'études et d'enseignement n'ont fait qu'affermir nos goûts et nos convictions. En relisant avec attention notre travail, nous croyons encore avoir distribué équitablement la critique et l'éloge. Quand la vérité nous semblait être du côté des adversaires de Racine, nous n'avons pas hésité à prendre parti pour eux; nous avons été, par exemple, avec Saint-Évremond contre *Alexandre*, et souvent avec Villars contre la tragédie de *Bérénice*.

Nous croyons aussi avoir rendu un hommage sincère et non équivoque au génie du grand Corneille. Sans doute il nous est impossible d'admirer les œuvres de sa longue vieillesse; quelques beaux vers, quelques traits sublimes, ne compensent pas, pour nous, la complication fatigante de l'intrigue, l'invraisemblance des situations et des caractères, l'obscurité et la roideur habituelles du langage. Mais nul n'est plus touché que nous de la beauté supérieure des huit ou dix pièces qui furent, suivant l'expression de Boileau, « le midi de sa poésie ». Nous croyons, avec Mme de Sévigné, que « rien n'approchera jamais des divins endroits de Corneille »; avec La Bruyère, qu' « il est supérieur à tout, inimitable dans les endroits où il excelle ». Cette conclusion est celle même de toute notre étude. Nous demandons seulement que, par une admiration exclusive pour Corneille, on ne se rende pas volontairement insensible à l'art profond et savant, à l'exquise pureté, à la « perfection passionnée[1] » de Racine.

Quant à la lutte directe qui s'engagea entre les deux poètes, tout en remarquant que souvent les torts ont été réciproques, nous n'avons pas hésité à condamner la vivacité blessante de Racine; nous avons signalé cette sensibilité excessive comme la source de quelques fautes graves qu'il a lui-même amèrement regrettées, et comme une des causes principales des inimitiés qui l'ont poursuivi. Mais le plus souvent Racine a noblement reconnu et réparé ses torts; si son humeur était vive, son cœur était généreux et bon; et l'étude impartiale de sa vie et de sa correspondance ne justifie pas ces accusations d'hypocrisie et de lâche adulation qu'on reproduit encore tous les jours avec quelque légèreté. D'ailleurs, ceux qui auront bien voulu parcourir ce volume auront trouvé tant de puérilité, de faiblesse, de révoltante in-

---

1. M. Villemain, *Cours d'histoire de la littérature au* XVIIIe *siècle.*

justice dans les critiques qu'on lui adressait, tant de malveillance et de fiel dans le ton de ses censeurs, qu'ils auront compris et excusé avec nous la douleur et l'irritation du jeune poète.

Cette animosité évidente de Fontenelle, de Segrais, de Visé, de Barbier d'Aucour, du critique anonyme des deux *Iphigénies*, cette mauvaise foi de Leclerc et de Pradon dans leur rivalité, toutes les imputations injurieuses des chansons que nous avons citées, expliquent surabondamment, ce nous semble, les dégoûts de Racine; peut-être aussi légitiment-elles le titre de ce volume. Quelques juges d'une autorité considérable l'ont accusé d'exagération; ils ont craint qu'on ne nous reprochât, par exemple, d'avoir placé parmi les *ennemis de Racine* Mme de Sévigné et Saint-Évremond, critique beaucoup plus équitable que la plupart de ses contemporains. Mais nous avons déclaré plusieurs fois dans notre Étude que Mme de Sévigné n'était point une *ennemie* de Racine; nous avons montré qu'elle est toujours restée en dehors des cabales qui ont affligé le poète, qu'elle n'a jamais loué ses indignes rivaux; nous l'avons même justifiée, après Suard et d'autres critiques[1], du mot qu'on s'obstine à lui prêter : Racine passera comme le café. Nous avons expliqué les raisons très-légitimes de ses préférences et de celles de Saint-Évremond pour *leur vieil ami Corneille*. L'erreur ne nous semble donc pas possible. En outre, la petite no-

---

[1]. Par exemple notre ancien maître, M. Géruzez, dans sa *Notice sur Racine*.

toriété acquise aujourd'hui à cet ouvrage rendait difficile une désignation nouvelle. Nos juges mêmes ont bien voulu nous engager à conserver l'ancienne; nous osons espérer que le public ne sera pas moins indulgent pour un titre que sa bienveillance, jointe aux suffrages de la Faculté des lettres et de l'Académie française, a, en quelque sorte, consacré.

Avril 1865.

PRÉFACE

DE LA PREMIÈRE ÉDITION

Racine est par excellence le poète de l'âge de Louis XIV : sa carrière dramatique, si tôt interrompue, est renfermée tout entière dans la partie la plus brillante du règne personnel du grand roi, dans cette seconde moitié du XVIIe siècle qu'on a si justement distinguée de la première. Parmi les grands écrivains du temps, il n'en est pas qui ait eu plus de part aux encouragements et à la faveur de Louis XIV, et dont le génie ait plus de conformité avec le caractère et les goûts du maître et de la cour qui se réglait sur le maître. Il semble que ses œuvres, par leurs qualités comme par les taches qu'on y peut relever, soient l'image la plus fidèle et la plus complète de cet âge politique et littéraire. A ne consulter que la vraisemblance, on croirait donc que les tragédies de Racine ont triomphé sans efforts et sans luttes, et qu'aucune protestation ne s'est mêlée aux suffrages des contemporains. On sait pourtant qu'il n'en fut pas ainsi, et l'histoire de la vie du poète nous le montre, depuis ses débuts jusqu'à son dernier chef-d'œuvre, attaqué sans cesse par des ennemis qui réussirent à troubler, quelquefois même à compromettre son succès, qui lassèrent son courage, et, au moment où il atteignait à peine la maturité de son âge et de son talent, le chassèrent du théâtre ; qui, enfin, lorsqu'il rentra dans la lice avec un génie retrempé à des sources nouvelles, plus pur et plus vigoureux que jamais, lui ravirent un triomphe si légitimement espéré, et le condamnèrent à mourir en doutant de son œuvre la plus parfaite.

Quelles furent les causes de ces inimitiés si persévérantes ? Quels intérêts, quelles passions les ont fait naître ? Quel a été le caractère de ces attaques ? Quelle a été la valeur de ces critiques ? Ont-elles exercé quelque influence sur la marche et les progrès du génie de Racine ? Il nous a semblé intéressant de le rechercher. Sans doute, plusieurs incidents de ces luttes sont déjà connus. Comment se flatter d'être nouveau en parlant d'un poète qui, depuis un siècle et demi, a fixé l'attention de la critique, et dont les œuvres, analysées avec tant de justesse et de sensibilité par Voltaire, Vauvenargues, La Harpe, ont inspiré encore de nos jours à d'éminents écrivains des travaux pleins de délicatesse et de pénétration ? Mais les éléments de cette question sont encore épars. Depuis les *Mémoires* de Louis Racine, précieux sans doute, mais, à tant d'égards, si insuffisants, personne n'a songé à donner une histoire approfondie et complète de la vie et des œuvres de Racine. Sans remplir assurément cette grande tâche, notre étude se propose d'en embrasser une partie. Elle présentera l'ensemble des luttes littéraires soutenues par le poète, des rivalités qu'il a subies, des douleurs par lesquelles son âme sensible a payé la gloire. Si ce tableau jette plus de jour sur l'homme et sur l'écrivain, s'il nous permet d'apporter notre humble tribut d'admiration à ce génie si pur et si harmonieux, que sa perfection même a livré, de notre temps, aux attaques de nouveaux ennemis, non moins ardents, mais bien plus grossiers, peut-être notre travail aura-t-il quelque utilité et trouvera-t-il grâce auprès de nos juges.

Mars 1859.

INTRODUCTION

ÉDUCATION DE RACINE, SES DÉBUTS JUSQU'A LA TRAGÉDIE
D'ALEXANDRE, 1659-1665.

Racine, né à la Ferté-Milon le 21 décembre 1639, allait achever sa vingtième année quand il entra dans le monde, vers la fin de 1659. Ce n'était pas le temps des éducations précipitées et hâtives, et, bien que Racine fût depuis l'enfance orphelin de père et de mère, bien qu'il eût perdu à l'âge de onze ans son aïeul maternel, M. Sconin [1], qui l'avait recueilli ainsi que sa sœur, on n'avait pas tenu pour suffisantes les cinq ou six années d'études qu'il fit au collége de Beauvais. Son aïeule paternelle, sa tante Agnès Racine, deux autres parentes, faisaient partie de la communauté des religieuses de Port-Royal-des-Champs ; sa tante, sous le nom de la mère Agnès de Sainte-Thècle, en fut longtemps la supérieure. Elles confièrent le jeune homme, déjà parvenu à sa seizième année, à la direction des fameux solitaires de Port-Royal, et ce fut là que Racine, pendant trois années de fortes études, acquit cette connaissance profonde des

---

1. Procureur du roi des eaux et forêts à Villers-Cotterets. Le père de Racine était contrôleur du grenier à sel de la Ferté-Milon.

langues anciennes, cette habitude d'un commerce assidu avec les écrivains de Rome et surtout de la Grèce, ce goût passionné pour Homère, pour Platon, pour Euripide, pour Virgile, qui décidèrent de son avenir. Une année de logique au collège d'Harcourt, à Paris, compléta ses études, et il quitta avec joie la sécheresse et la subtilité du syllogisme, objet presque unique à cette époque de l'enseignement philosophique[1], pour entrer dans une société où peut-être, sans se l'avouer encore à lui-même, sans alarmer surtout, par un aveu prématuré, l'austère piété de ses parents, il avait déjà choisi son rôle.

1. Louis Racine a cité dans ses *Mémoires* sur la vie de son père un couplet d'une lettre en vers adressée par celui-ci à son cousin Antoine Vitart. Le futur auteur d'*Andromaque* y exprime son aversion pour des études peu poétiques. Mais l'habile éditeur du Racine de la *Collection des grands écrivains de la France*, M. Paul Mesnard, prouve (Racine, tome I, *Notice biographique*, p. 19) que la lettre a été inexactement rapportée. Le jeune philosophe était alors Vitart, et non Racine, qui suivit le même cours un an ou deux ans plus tard. Voici le texte véritable, tel que l'a publié M. Mesnard :

> Je crains même que cette lettre
> Ne soit trop longue pour paraître
> Devant des gens tant occupés,
> En d'autres soins enveloppés ;
> Car quel temps peut être de reste
> Dans une philosophe tête,
> Qui ne respire qu'arguments,
> Qui voit passer toutes les heures
> Aux majeures et aux mineures,
> Par où les subtils logiciens
> Sont craints comme des magiciens.

Par une singulière inadvertance, Louis Racine dit que son père n'avait que quatorze ans quand il fut envoyé à Paris au mois d'octobre 1658, pour faire sa philosophie au collège d'Harcourt. Or il en avait près de dix-neuf, puisqu'il était né le 21 décembre 1639. Cette erreur de la première édition des *Mémoires* (1747) a été effacée dans celle de 1750.

Racine, en effet, sous les ombrages des Granges, ne s'était pas borné à lire, à déclamer et à fixer dans sa mémoire les tragédies de Sophocle et d'Euripide, et ce petit roman grec de Théagène et Chariclée, que le bon Lancelot brûla vainement à deux reprises. Il ne lui avait pas suffi de cultiver, dans des vers pleins d'élégance et d'harmonie, les Muses latines. Sur les pas des auteurs du temps, dont il avait sans doute en secret dévoré les ouvrages, il s'était aventuré dans la poésie française, et il avait célébré en strophes pompeuses les bois, les étangs, les prairies et les jardins de Port-Royal. Quelques mois après sa sortie du collège, il adressa un sonnet au cardinal Mazarin à l'occasion de la paix des Pyrénées. Mais sa famille et ses maîtres s'inquiétaient de l'avenir de ce jeune homme sans fortune; ils rêvaient pour lui, comme dit Louis Racine, « quelqu'un de ces emplois qui, sans donner la fortune, procurent une aisance de la vie capable de consoler de l'ennui de cette espèce de travail, et de la dépendance, plus ennuyeuse encore que le travail ». L'apparition de cette pièce de vers excita donc des transports d'indignation; Racine reçut, dit-il lui-même, « excommunications sur excommunications[1] », et il dut cacher à l'active surveillance de ses amis et de ses parentes la composition de sa première œuvre étendue, *la Nymphe de la Seine*, ode en l'honneur de la jeune reine, « épithalame très fin et très ingénieux » écrira plus tard Charles Perrault[2], qui lui valut les suffrages alors imposants de Chapelain et les premières libéralités de la cour. Colbert récompensait le jeune poète par une gratification de cent louis et par une pension de six cents livres.

---

1. Lettre à l'abbé Le Vasseur, 15 septembre 1660.
2. *Les hommes illustres qui ont paru en France pendant ce siècle*, par M. Perrault, de l'Académie française, t. II, p. 81.

Cependant, malgré ce succès de si favorable augure, Racine ne se mit pas encore en révolte ouverte contre l'autorité de ses parents. Il était entré dans la maison de Chevreuse pour y exercer, sous la direction de son cousin, M. Vitart, intendant de la famille, quelque emploi subalterne. L'insuffisance de cette ressource le décida bientôt à un sacrifice plus complet et plus douloureux : il quitta Paris, en 1661, pour aller vivre au fond du Languedoc, auprès de son oncle, chanoine de Sainte-Geneviève et grand-vicaire d'Uzès, le P. Sconin, qui lui faisait espérer un bénéfice, et il se prépara, sans beaucoup de vocation, à la vie ecclésiastique. Mais les bienveillantes intentions du bon père échouèrent contre des difficultés imprévues, et, après un an de commerce avec la *Somme* de saint Thomas, ajoutons aussi avec le Tasse, Arioste, Virgile et tous ces auteurs anciens qu'il aimait tant, Racine revint à Paris, sans bénéfice, mais libre, et résolu, après cette preuve éclatante de bonne volonté et de soumission, à suivre ouvertement un penchant d'autant plus fort qu'il était plus combattu.

A cette époque commence véritablement la carrière de Racine. Son ode *la Renommée aux Muses* lui vaut, outre une nouvelle gratification, des protecteurs à la cour et l'accès auprès du roi (1663). Par la Fontaine, avec lequel sa liaison était déjà ancienne, il connaît Molière ; et, soutenu par les conseils du poète déjà illustre, peut-être aussi par sa délicate bienfaisance, il travaille pour le théâtre et compose la tragédie des *Frères ennemis*. On a répété souvent que Molière lui avait indiqué ce sujet ; mais, suivant une version plus vraisemblable, ce fut à Uzès qu'il eut l'idée de cette pièce et qu'il en écrivit la plus grande partie. Ce n'était pas au reste son premier essai dans la tragédie. Il est question dans ses lettres d'une pièce d'*Amasie* reçue d'abord par les comédiens du Marais, puis

INTRODUCTION. 5

rebutée par Laroque, l'oracle de la troupe[1]. Un peu plus tard, Racine commence une tragédie des *Amours d'Ovide*, pour laquelle il consulte une actrice de l'hôtel de Bourgogne, mademoiselle de Beauchâteau[2]; le voyage d'Uzès interrompt ce nouveau travail qui ne fut pas achevé. Il en est de même d'une pièce de *Théagène et Chariclée*, romanesque inspiration du livre si cher à l'adolescence de Racine, et que le poète, suivant le récit de son fils[3], ébaucha à Uzès aussi bien que les *Frères ennemis*, sur le temps dérobé à la théologie. Enfin, en 1664, les *Frères ennemis*, d'abord destinés aux comédiens de l'hôtel de Bourgogne, sont représentés au Palais-Royal par la troupe de Molière, et Racine, par un premier succès dont il fait hommage dans son *Épître dédicatoire* à son protecteur, M. le duc de Saint-Aignan, se trouve engagé dans une carrière où il devait rencontrer tant de triomphes, et aussi tant de chagrins et de déceptions.

Mais si le jeune poète en fût resté, pour le développement du poème dramatique, à la manière et au goût de la *Thébaïde*, il est probable que sa vie n'eût été ni aussi glorieuse, ni troublée par autant d'attaques; tout au plus aurait-il disputé quelques succès éphémères aux auteurs du temps, dont il s'était montré déjà dans ses premières odes le disciple trop fidèle. On sait, en effet, que cette époque était encore celle du règne de Chapelain, « le premier poète du monde pour l'héroïque », au jugement d'un contemporain[4], l'arbitre des libéralités du roi envers les hommes de lettres[5], et lui-même « le mieux renté de

---

1. Lettre à l'abbé Le Vasseur, 5 septembre 1660.
2. *Idem*, juin 1661.
3. Louis Racine. *Mémoires*, 1re partie.
4. Costar. Liste présentée à Colbert pour les gratifications aux hommes de lettres (1663).
5. On sait que Chapelain avait été chargé, en même temps que

tous les beaux esprits ». Avec lui, les noms les plus célèbres dans la poésie étaient ceux de Ménage, Scudéri, Saint-Amand, Benserade, Cotin; et tous ces auteurs, tombés si bas après les satires de Boileau, étaient alors aussi puissants par leur crédit et par la protection des plus illustres personnages que funestes par la popularité de leurs œuvres. Sans doute, les beaux jours de l'hôtel de Rambouillet étaient passés; mais l'esprit précieux vivait toujours et chez les nobles dames qui avaient fréquenté l'illustre cercle, et chez les écrivains qui y avaient puisé leurs inspirations. D'ailleurs, à Paris et dans les provinces, d'autres cercles s'étaient formés qui avaient conservé, en les outrant, les traditions du fameux hôtel; c'est à ceux-là que Molière, dans ses *Précieuses ridicules*, affectait de restreindre ses critiques. Depuis vingt ans le bel esprit régnait dans la poésie : ce n'étaient que madrigaux, stances, sonnets, rondeaux, pièces fades et prétentieuses, dont le sujet éternel était la galanterie. Les longs poèmes épiques de Chapelain, de Scudéri, de Saint-Sorlin, étaient encore dans leur nouveauté; enfin on dévorait les interminables romans de la Calprenède et ceux de mademoiselle de Scudéri, la dixième muse, l'illustre Sapho, comme la surnommait l'enthousiasme de la cour et de la ville; le *Pharamond*, la *Cléopâtre*, le

Costar, de préparer une liste. Boileau y fait allusion dans ces vers de la satire I (édit. de 1666) :

> . . . . Je ne saurais, pour faire un juste gain,
> Aller, bas et rampant, fléchir sous Chapelain.
> Cependant, pour flatter ce rimeur tutélaire,
> Le frère, en un besoin, va renier son frère;
> . . . .
> Ou, pour être couché sur la liste nouvelle,
> S'en irait chez Billaine admirer la Pucelle.

Chapelain ne s'était pas oublié, et dans la liste qu'il a dressée, il apprécie lui-même son talent et son caractère avec une complaisance très naïve.

Cyrus, la *Clélie*, étaient les délices de Paris et des provinces, l'école de la galanterie et de l'amour, le code du bon ton, des beaux sentiments et du beau langage.

Le théâtre est de tout temps l'image de la société : nulle part le goût de l'époque et la prodigieuse influence des romans à la mode ne sont plus sensibles que dans les tragédies représentées entre 1655 et 1665. Ce n'était pas, comme on pourrait le croire, le grand Corneille qui était en possession de la popularité et des grands succès : l'échec de *Pertharite* l'avait chassé du théâtre en 1653; pendant six ans il avait pu garder le silence, sans que le public eût cherché par ses regrets et ses sollicitations à le faire revenir sur une résolution qui ne demandait qu'à se laisser vaincre. L'*Épître* au surintendant Fouquet, qui, en 1659, ranima sans peine l'ardeur de Corneille, et la préface de la tragédie d'*Œdipe*[1], font assez paraître que cette oublieuse indifférence avait été le plus grand des chagrins du poète, la cause principale de son découragement. Un autre auteur régnait sans partage dans la tragédie, et, loin de perdre au retour de Corneille, il brilla d'un nouvel éclat par la défaite d'un tel rival ; c'est Quinault, non pas le poète élégant et harmonieux qui, beaucoup plus tard, fit les vers d'*Armide*, mais celui qu'a si justement attaqué Boileau, et dont les tragédies, empruntées aux romans de mademoiselle de Scudéri et de la Calprenède, renchérissaient encore sur ces

---

[1]. De ton âge importun la timide faiblesse
A trop et trop longtemps déguisé ta paresse,
Et fourni des couleurs à la raison d'État
Qui mutine ton cœur contre *le siècle ingrat*.
 (*Épitre à Fouquet.*)

« Tout le monde ne sait pas que *sa* bonté (de Fouquet) s'est étendue
» jusqu'à ressusciter les muses ensevelies dans un long silence, et
» qui étaient comme mortes au monde, puisque le monde les avait
» oubliées. » (Préface d'*Œdipe.*)

ouvrages pour le ridicule, et donnaient aux héros de l'antiquité et du moyen âge le langage et les sentiments des ruelles. Boileau, dans le *Dialogue des héros de roman*, a relevé quelques traits de ces pièces doucereuses qui pendant dix ans se succédèrent chaque année sans que rien troublât leur triomphe. Qui connaît aujourd'hui, autrement que par le satirique, la *Mort de Cyrus*, qui commença, en 1656, la vogue de Quinault, et la *Stratonice* (1657) où « jusqu'à je vous hais, tout se dit tendrement », et l'*Amalasonthe* (1658), tragédie dont l'héroïne raffine sur les précieuses de l'hôtel de Rambouillet, et dont le héros, Théodat, brûle pour la reine des Ostrogoths d'un amour si délicat, si discret et si humble? Qui a lu même l'illustre pièce d'*Astrate* (1663), qui fit tomber la *Sophonisbe* de Corneille, et qui mit le comble à la renommée de son auteur? Tous les poètes qui se hasardèrent au théâtre à côté de Quinault suivirent docilement son exemple: la *Clotilde* de l'abbé Boyer (1659), l'*Ostorius* de l'abbé de Pure (1659), les nombreuses tragédies de Thomas Corneille, *Bérénice* (1658), *Darius* (1659), *Stilicon* (1660), *Camma* (1661), etc., sont les fades et insupportables produits de la même école. Tous ces poètes prennent à l'antiquité ou aux premiers âges de l'invasion des Barbares les noms de leurs personnages, disposent en maîtres des évènements, des lieux et des dates, transforment à leur gré les caractères, et les ramènent à un type unique, celui des bergers de M. d'Urfé ou des héros de mademoiselle de Scudéri.

Il faut bien le dire, le grand Corneille lui-même n'échappa pas tout à fait à la contagion. Quoiqu'il se fasse illusion sur ce point et qu'il se plaigne « du goût de ces délicats qui veulent de l'amour partout [1] »; quoi-

---

1. Préface de *Sophonisbe* (1663).

qu'il se félicite de ne pas chercher les agréments qui sont en possession de faire réussir au théâtre les poèmes dramatiques [1]; il est certain que toutes ses dernières tragédies, depuis *OEdipe* jusqu'à *Suréna*, sont remplies de petites intrigues amoureuses. Il a défiguré par les scènes de la plus froide galanterie, par les complications du romanesque le plus invraisemblable et le plus stérile, le terrible sujet d'*OEdipe*; il est de règle dans ces pièces que tous les personnages, même un vieux soldat comme Sertorius, même un ambitieux comme Othon, même le farouche Attila, portent les chaînes de quelque noble dame, et qu'aux calculs de leur politique se mêlent les intérêts de leur amour. Si ces héros et ces héroïnes dissertent sur leurs sentiments plutôt qu'ils ne les éprouvent, s'il n'y a chez eux ni emportement de passion, ni véritable tendresse, ils n'en sont que plus faux et moins supportables. Ainsi le goût du temps et les succès de Quinault gâtaient le génie encore si vigoureux de Corneille: quelques belles scènes politiques, où le poète, rentrant dans sa nature et dans la vérité, retrouvait la précision, la force et l'élévation du style d'*Horace* et de *Cinna*, étaient perdues dans la froideur rebutante de l'ensemble; des sentiments guindés et fastueux, des situations forcées, amenaient un langage obscur et souvent barbare, et Corneille, subissant des conditions si contraires à son génie, se condamnait lui-même à la décadence.

Racine, qui débutait au milieu de ce règne du bel esprit, n'avait encore ni des principes assez arrêtés, ni un talent assez mûr pour échapper à ces influences. Ses premières odes méritaient les éloges de Chapelain, dont il fut si fier, et qu'il recueillit précieusement pour les

---

1. Préface de *Sertorius* (1662).

rapporter avec une exactitude religieuse « comme le texte de l'Évangile », à son correspondant l'abbé Le Vasseur[1]. Une élégance pompeuse et commune, beaucoup de recherche et d'emphase, beaucoup de froides hyperboles, comme dans ces vers de la *Nymphe de la Seine* :

> Je roulais dans mon sein moins de flots que de pleurs.
> . . . .
> Le soleil, étonné de tant d'effets divers,
>   Eut peur de se voir inutile,
> Et qu'un autre que lui n'éclairât l'univers,

tel est le caractère habituel de ces pièces où l'on ne peut guère louer que la douceur de la versification et un sentiment vrai de l'harmonie poétique. La première tragédie de Racine semble indiquer plutôt un imitateur de Quinault qu'un disciple fervent des poètes grecs. L'amour n'y occupe pas, il est vrai, la principale place, et tels étaient les préjugés du temps que l'auteur croit devoir s'en justifier dans sa préface ; mais, dans cette sombre histoire, c'est déjà trop de la passion épisodique d'Antigone et d'Hémon, et surtout de la rivalité ridicule de Créon et de son fils. Au reste, le grand défaut de la pièce, c'est la froideur et la faiblesse : le style, clair et coulant, mais souvent plat ou gâté par des traits de mauvais goût, a la douceur de celui de Quinault dans l'*Astrate*, sans avoir plus de force et d'expression ; même dans les situations les plus dramatiques, il ne prend ni vivacité ni couleur. Les caractères n'ont pas de vigueur et de relief, les sentiments pas de profondeur ; l'auteur n'a pas encore acquis le talent

---

1. Lettre du 13 septembre 1660. Racine eut aussi les suffrages de Charles Perrault, son futur adversaire dans la querelle des anciens et des modernes.

de concevoir fortement ses personnages, de s'identifier tellement avec eux que leurs passions deviennent, en quelque sorte, les siennes, et de leur donner ainsi cette vérité et cette vie sans lesquelles il n'est pas de création dans l'art.

Heureusement pour Racine, à cette époque commence son étroite liaison avec un homme dont le jugement droit et sévère, l'inflexible bon sens, la franchise résolue et courageuse, devaient avoir sur lui une action si puissante et si salutaire. L'abbé Le Vasseur, parent et ami d'enfance de Racine, confident de ses premiers essais et de tous les sentiments de sa jeunesse, avait rencontré à Crosne, en 1663, Boileau qui écrivait ses premières satires, mais qui n'avait encore rien publié. Il lui montra l'ode de la *Renommée aux Muses*, alors dans tout l'éclat de sa nouveauté et de son succès. Boileau fit des observations que Le Vasseur transmit fidèlement à Racine: celui-ci en fut frappé ; sans se rendre sur tous les points, il avoua « qu'il y avait trouvé assez de difficultés qui l'arrêtaient ». « Je suis, ajoutait-il, fort obligé à l'auteur de ces remarques, et je l'estime infiniment[1]. » Il exprimait le désir de le connaître : Le Vasseur mena son parent chez Boileau, et, dès la première visite, ces deux hommes, si dignes l'un de l'autre par les qualités du cœur comme par celles de l'esprit, se juraient une amitié qui dura autant que leur vie. Boileau, par ses convictions fortes, par l'autorité de son caractère si honnête, si bon, malgré sa brusquerie, si dévoué et si sûr, prit un grand ascendant sur l'esprit et sur l'âme de son ami. L'ardente sensibilité de Racine, sa riche et mobile imagination, trouvèrent dans la raison intraitable, dans l'infaillible goût du satirique,

---

1. Lettre à l'abbé Le Vasseur, à Crosne, décembre 1663.

un tempérament et une règle; par une crainte salutaire de la sévérité de Boileau, le poète qui, toute sa vie, comme il l'avouait à ses enfants, s'irrita de la moindre critique, devint sévère pour lui-même ; « il fit difficilement des vers faciles » ; il sacrifia les faux brillants; comme le voulait Boileau, « il aima la raison », c'est-à-dire la vérité et la nature, et se convainquit avec lui que la poésie ne peut s'inspirer que de la sincérité du sentiment, qu'il faut la chercher dans le cœur et non dans la tête. Sans nul doute, à Boileau revient pour une bonne part le mérite des rapides progrès de Racine vers la perfection, comme c'est grâce à lui que l'auteur de *Britannicus* et de *Phèdre* ne s'est pas arrêté plus tôt dans sa carrière. Boileau, qui avait défendu son ami contre l'exubérance d'un talent trop riche et les illusions d'un goût trop facile, le défendit ensuite contre le découragement et le doute de lui-même. Que de fois il le ranima par l'accent convaincu de ses éloges, où l'on ne sentit jamais les réserves d'un homme qui, lui aussi, était poète ; par cette émotion dont il ne pouvait se défendre à la représentation des pièces de son ami, et qui, au rapport d'un contemporain, se manifestait dans ses yeux, sa physionomie, sa personne entière [1] ! Telle fut cette amitié qu'aucun intérêt, aucune pensée d'amour-propre ne refroidit jamais, que ne rebutèrent pas l'humeur inégale et la vivacité quelquefois amère de Racine, et qui, par sa franchise courageuse, rendit l'homme meilleur, comme elle fit le poète plus pur et plus parfait.

Boileau, devenu l'ami de Racine, était entré en relations avec Molière et la Fontaine, et ces quatre poètes,

---

1. Boursault. *Récit de la première représentation de* Britannicus. Voy. 2ᵉ partie, chap. III.

qui étaient déjà ou qui allaient devenir les premiers de leur âge, rapprochés par la sympathie du talent et du caractère, et par le besoin de s'entendre et de s'armer contre les écrivains à la mode, prirent l'habitude de ces réunions, qui ne durèrent que peu d'années, mais qui exercèrent pourtant une grande influence sur eux-mêmes et sur leur époque. C'est de là, en réalité, que sort, avec ses principes et son drapeau, la nouvelle école poétique. La Fontaine, longtemps le trop fidèle émule des écrivains qu'il rencontrait chez Fouquet, et que l'inspiration d'une courageuse amitié venait à peine de révéler grand poète dans l'*Élégie aux nymphes de Vaux*, rompt décidément avec les madrigaux et les sonnets ; et l'admiration de l'antiquité, que ses amis, plus savants, lui ont fait comprendre, développe son génie si original et si profond. Racine donne sa tragédie d'*Alexandre*, encore bien éloignée de la perfection, mais supérieure par le style et par la beauté du caractère de Porus, et prélude ainsi au chef-d'œuvre d'*Andromaque*. Molière, déjà si remarquable dans les *Précieuses* et dans l'*École des femmes*, devient l'incomparable poëte du *Misanthrope* et du *Tartufe*. Enfin Boileau, par ses premières satires, qu'il lit dans d'illustres salons, et qu'une publication frauduleuse et incorrecte le décide à faire imprimer, engage directement la guerre contre la littérature en crédit. Sa raison acérée, soutenue par un style net et précis, vigoureux et plein, corrige le goût public, déjà en partie ramené par les scènes malicieuses de Molière. L'arme puissante du ridicule combat l'influence de ces écrivains, forts de leur nombre, de leurs illustres amitiés, de l'habitude même qui avait consacré leur empire ; le bel esprit, produit de l'imitation étrangère et des salons, est vaincu par ce bon sens bourgeois auquel en avait déjà appelé Malherbe, et la supériorité des nouveaux poètes est bientôt reconnue et populaire.

Nul n'aida plus à cette révolution que le jeune roi Louis XIV, et c'est un de ses titres de gloire d'avoir devancé sur ce point l'opinion publique, d'avoir contribué à la faire en se déclarant hardiment et de bonne heure, et d'avoir porté du côté d'écrivains obscurs, sans fortune et sans naissance, tout le poids de ses suffrages et de sa faveur. Il avait donné le signal d'applaudir à la gaieté de Molière, dont les allures franches et vives avaient choqué les habitués des ruelles. Depuis les *Précieuses*, il ne cessait d'encourager les hardiesses du poète-comédien ; il était le premier à comprendre les beautés supérieures du *Misanthrope*, et il faisait jouer le *Tartufe*. Il avait donné à Molière le théâtre du Palais-Royal, et à sa troupe le titre de Comédiens du Roi ; il l'approchait de sa personne, et devenait parrain d'un de ses enfants. Racine, pensionné dès 1662, admis auprès du roi après l'ode de la *Renommée aux Muses*, osait dédier son *Alexandre* au souverain. A la même époque, Boileau faisait précéder ses *Satires* du *Discours au Roi*. Louis XIV acceptait ces hommages, qui l'engageaient de plus en plus dans la cause des nouveaux poètes : son esprit droit et net, élevé et en même temps pratique, avait reconnu dans ces écrivains des qualités qui étaient les siennes ; le même bon sens qui lui faisait choisir pour ministres des roturiers, hommes supérieurs, plutôt que des grands seigneurs orgueilleux et incapables, le mit du côté de la raison et de la nature, contre la fausse grandeur et la fausse délicatesse. Sans doute aussi sa haine pour la Fronde et pour tous les personnages qui y avaient joué un rôle, contribuait à l'éloigner des auteurs qui avaient été et qui étaient encore les protégés et les amis des fameuses héroïnes des troubles civils. Cette littérature représentait par excel-

lence le règne des précieuses, contemporain de la
Fronde, ce goût précieux que Louis XIV eut toujours
en horreur, et qui l'éloigna d'abord de Mme de Maintenon, parce qu'il la soupçonna d'en être atteinte. Ces
jeunes poètes devinrent donc les poètes de son règne.
Avec un nouvel âge politique commence un nouvel âge
littéraire. La jeune cour subit sans peine l'influence du
roi et de la duchesse d'Orléans, Henriette, admiratrice
décidée et enthousiaste de Molière et de Racine ; et bientôt les chefs-d'œuvre de ces deux écrivains devinrent le
plus bel ornement des fêtes brillantes d'une époque de
plaisirs et de magnificence.

C'est à la fin de 1665, après le succès d'*Alexandre*,
que commence pour Racine cette période de réputation et de succès. Cette tragédie, malgré ses graves
imperfections, effaçait déjà les plus vantées de Quinault
et de son école ; elle révélait aux admirateurs de
Corneille un rival bien plus inquiétant pour sa vieillesse
que l'auteur d'*Astrate*; les plus prévenus en faveur du
grand poète ne pouvaient s'empêcher de reconnaître
le talent du jeune homme, et Saint-Évremond, un des
censeurs les plus sévères de Racine, déclara pourtant,
après avoir lu *Alexandre*, que « la vieillesse de Corneille ne l'alarmait plus [1] ». En même temps, l'*Épître
dédicatoire* de Racine faisait voir l'auteur de la nouvelle
tragédie appuyé des suffrages et de la protection de
Louis XIV. On sut bientôt que la jeune duchesse
d'Orléans recevait la confidence de ses vers encore sur le
métier, qu'elle se faisait lire par lui les scènes d'une
nouvelle tragédie à mesure qu'il les composait, et
qu'elle encourageait le travail par son émotion et par
ses larmes. Racine sans doute y gagna des partisans,

---

1. Dissertation sur *Alexandre*.

empressés de régler leur goût sur celui des puissances ; mais dès lors aussi s'engagea contre lui cette guerre qui, depuis *Alexandre*, n'épargna aucune de ses tragédies et empoisonna la joie de ses plus beaux succès. Ici nous entrons véritablement dans notre sujet ; ici commence l'étude dont tout ce qui précède n'a été que la rapide et nécessaire introduction.

LES ENNEMIS DE RACINE

AU XVIIᵉ SIÈCLE

PREMIÈRE PARTIE

LES PRINCIPAUX ENNEMIS DE RACINE. — CARACTÈRES DE CES INIMITIÉS.

CHAPITRE PREMIER

Les poètes tragiques.

C'est un fait ancien comme le monde, que tous les grands succès attirent à celui qui les obtient autant d'ennemis que d'admirateurs. « Le potier porte envie au potier », dit le proverbe grec; mais, parmi les rivalités, il n'en est pas de plus acharnées et de plus ardentes que les rivalités littéraires. Le développement même des facultés qui font la poésie, la sensibilité et l'imagination, rend sur ce point très-susceptible la « race irritable des poètes ». D'ailleurs, les suffrages des hommes, cette faveur d'opinion qui s'attache à la personne et aux œuvres, et qu'on appelle la gloire, sont leur plus précieuse et souvent leur seule récompense ; on comprend qu'ils en soient jaloux et qu'ils s'alarment facilement à l'apparition d'un talent nouveau dont l'éclat menace d'obscurcir leur renommée.

> Urit enim fulgore suo qui præagravat artes
> Infra se positas [1].

> Sitôt que d'Apollon un génie inspiré
> Trouve loin du vulgaire un chemin ignoré,
> En cent lieux contre lui les cabales s'amassent.
> Ses rivaux obscurcis autour de lui croassent ;
> Et son trop de lumière, importunant les yeux,
> De ses propres amis lui fait des envieux [2].

Avant Horace, qui n'avait pas échappé aux cabales des médiocrités de son temps ; avant Racine, que Boileau consolait par ces vers de l'injuste disgrâce de sa *Phèdre*, combien de grands écrivains avaient prouvé, par les dégoûts qui les abreuvèrent, cette vérité devenue banale ! Surtout les triomphes du théâtre ne se pardonnent point parmi les auteurs ; il n'en est pas de plus difficiles et en même temps de plus retentissants et de plus flatteurs ; c'est là surtout que l'homme de génie efface et annule l'homme de métier : aussi sont-ils une source d'implacables inimitiés. On sait combien les poètes contemporains de Corneille se déchaînèrent contre la « merveille du *Cid* », et avec quel odieux empressement les Boisrobert et les Scudéri servirent la passion du cardinal, et encore plus la leur, contre un rival qu'ils avaient célébré tant qu'ils s'étaient

---

1. Horace. Ép. II, I, v. 13.
2. Boileau. Ép. VII à Racine, v. 9-14.

flattés d'être ses égaux [1]. Or, le succès de la tragédie d'*Alexandre* fut éclatant ; et bientôt parut *Andromaque* qui, au rapport d'un homme mal disposé pour Racine, du célèbre Charles Perrault, « fit le même bruit à peu près que le *Cid* [2] ». Les riches promesses d'*Alexandre* se trouvaient cent fois dépassées par cette pièce, brillante inauguration d'un nouveau genre de tragédie. Racine prenait possession du sceptre tragique ; l'ancienne popularité de Corneille renaissait en faveur du jeune homme qui allait effacer la trop longue vieillesse du grand poète, et balancer la gloire de sa maturité. Que devinrent les auteurs du temps qui avaient dû au silence ou à l'affaiblissement de Corneille et à l'absence de tout sérieux concurrent, de frivoles et fugitifs succès ? Le plus célèbre et le plus gâté par le public, Quinault, se montra aussi le plus sage. Il risque encore, en 1668, une tragédie de *Pausanias* ; en 1670, il donne *Bellérophon* ; mais, après ces deux tentatives peu heureuses, il abandonne décidément une carrière où les succès sont devenus difficiles, et le public ne le retrouve qu'en 1672, dans un genre nouveau où son talent gracieux et élégant a tout son prix, dans l'opéra.

Les autres, bien inférieurs à Quinault, furent aussi plus obstinés. Tel est l'abbé Boyer [3], dont la première tragédie, la *Porcie romaine*, est de 1636 ; la dernière, *Judith*, de 1695. « Pendant cinquante ans, dit l'abbé » d'Olivet dans son *Histoire de l'Académie*, il a travaillé » pour le théâtre, sans que jamais la médiocrité du

---

1. Scudéri, à propos de *la Veuve*, s'écriait :
   Le soleil s'est levé, disparaissez, étoiles !
2. Hommes illustres. — Vie de Racine.
3. Né en 1618, mort en 1698 ; reçu à l'Académie française en 1666

» succès l'ait rebuté; toujours content de lui-même,
» rarement du public. » Cette facilité d'humeur, cette
disposition à se consoler par son propre témoignage de
l'indifférence des spectateurs, est confirmée par une
épigramme de Furetière :

> Quand les pièces représentées
> De Boyer sont peu fréquentées,
> Chagrin qu'il est d'y voir peu d'assistants,
> Voici comme il tourne la chose :
> Vendredi la pluie en est cause,
> Et dimanche c'est le beau temps.

N'était-il pas d'ailleurs excusable d'avoir pour ses œuvres quelque complaisance, quand Chapelain déclarait [1] qu'il voyait en lui « un poète de théâtre qui ne cédait qu'au seul Corneille » ; quand Boursault, dans la *Satyre des satyres*, le défendait contre Boileau ; quand les journaux du temps, la *Gazette en vers* de Robinet, le *Mercure galant*, ne cessaient de vanter son style et ses œuvres ? Enfin, tout à fait à la fin de sa longue carrière, sa persévérance ne sembla-t-elle pas justifiée par le succès extraordinaire de sa tragédie sacrée, *Judith* ?

Mais en dépit d'éloges que démentit, sauf une fois, l'indifférence du public, en dépit d'un triomphe qui, nous le verrons, fut éphémère, Boyer n'était pas pour Racine un concurrent bien redoutable. On en peut dire autant d'un autre auteur dramatique, compatriote et quelquefois collaborateur de Boyer, Le Clerc [2], qui avait

---

1. Liste pour les gratifications.
2. Né en 1622, mort en 1691. Il était d'Albi, comme Boyer. On donne comme leur œuvre commune *le comte d'Essex* (1678) et *Oreste* (1681). Coras, autre collaborateur de Le Clerc, était aussi méridional : il était né à Toulouse ; il vécut de 1630 à 1677.

débuté, dès l'année 1655, par une tragédie intitulée *la Virginie romaine*. Selon d'Olivet, elle était peu régulière; mais, grâce à la jeunesse de l'auteur, « elle ne
» laissa pas d'être applaudie et de faire augurer que,
» s'il voulait continuer dans ce genre d'écrire, il méri-
» terait une place honorable dans le second rang des
» poètes qui travaillaient en ce temps-là pour le théâ-
» tre. » Cependant il s'écoula vingt ans avant qu'il donnât une sœur à sa *Virginie*; et, pendant cette période, il ne se fit connaître dans les lettres que par une faible traduction du Tasse (1667). Il semble que ce soit seulement dans une pensée de lutte contre Racine qu'il ait de nouveau composé pour le théâtre; car, en 1675, peu de mois après la tragédie qui avait fait couler tant de larmes à l'hôtel de Bourgogne, il osa faire paraître au théâtre de l'hôtel Guénégaud, une seconde *Iphigénie*. Nous aurons à examiner plus tard si, comme Le Clerc l'affirme dans sa préface, cette rencontre fut le simple effet du hasard, ou si plutôt l'auteur, aidé de son ami Coras, n'a pas cherché cette concurrence et ne s'est pas flatté de faire pâlir la gloire de Racine. Mais le succès de la pièce n'inquiéta pas beaucoup le grand poète, qui se vengea par l'épigramme bien connue :

> Entre Le Clerc et son ami Coras,
> Deux grands auteurs, rimant de compagnie,
> N'a pas longtemps sourdirent grands débats
> Sur le propos de leur *Iphigénie*.
> Coras lui dit : « La pièce est de mon cru. »
> Le Clerc répond : « Elle est mienne et non vôtre. »
> Mais aussitôt que l'ouvrage a paru,
> Plus n'ont voulu l'avoir fait l'un ni l'autre.

Le danger pour la réputation de Racine n'était ni dans les efforts de ces poètes, ni même dans ceux de

Thomas Corneille, fécond écrivain qui a produit d'innombrables pièces dramatiques, comédies, tragédies, opéras, médiocre dans la plupart de ses œuvres. Les seules qu'on se rappelle aujourd'hui sont *le Comte d'Essex* et surtout *Ariane*, où l'on trouve l'accent d'une passion vraie et touchante. Les exemples de Racine ont profité à Thomas Corneille, de même que ceux de l'auteur du *Cid* et de *Cinna* avaient réformé Rotrou et contribué à la création de son chef-d'œuvre, *Venceslas*.

Racine n'eut jamais à voir un concurrent sérieux dans un autre écrivain, Boursault, auteur heureux, peut-être un peu trop vanté, de trois comédies, intéressantes comme peinture de mœurs [1], mais aussi de beaucoup d'autres complétement inconnues, et même de deux tragédies détestables. Boursault avait commencé, un peu avant les débuts de Racine, par des comédies au-dessous du médiocre. Sa réputation littéraire dut beaucoup à ses querelles avec Molière et Boileau. Sa pièce intitulée *le Portrait du Peintre* ou *la Critique de l'École des Femmes* (1663), et *la Satyre des satyres* (1669), dirigée tout entière contre Boileau, l'enrôlèrent décidément parmi les adversaires les plus violents des nouveaux poètes. D'ailleurs les liens de la plus vive amitié l'attachaient au grand Corneille, qui l'appelait son fils, et à Thomas, qui voulut le faire entrer à l'Académie. Sans doute sa reconnaissante affection pour les deux frères, autant que ses démêlés avec Boileau, le rendirent ennemi de Racine et le poussèrent d'abord à écrire une bien faible critique de *Britannicus*, puis à composer, comme pour entrer en

---

1. Elles sont postérieures à la retraite de Racine : le *Mercure galant* est de 1679, l'*Ésope à la ville* de 1690, et l'*Ésope à la cour* de 1701.

lutte avec l'auteur de *Bajazet* et d'*Iphigénie*, son *Germanicus* et sa *Marie Stuart*. Quant à un autre auteur dramatique, bien plus jeune que les Boyer, les Le Clerc, les Boursault, et devenu plus tristement immortel, Pradon, il ne serait pas juste de faire retomber sur lui seul tout le blâme de son insolente rivalité avec Racine : il fut surtout un instrument docile entre les mains d'ennemis acharnés du poète, et sa misérable pièce de *Phèdre et Aricie* fut inspirée par une coterie qui en a fait la scandaleuse mais éphémère fortune.

Parmi tous les poètes qu'alarmèrent l'apparition d'*Alexandre* et surtout le succès populaire d'*Andromaque*, un seul était redoutable pour Racine et par l'éclat de tant de sublimes ouvrages et par une célébrité déjà établie et consacrée : c'est le grand Corneille. « La France, » a dit un contemporain [1], transportée pour ses ouvrages » d'une admiration qui allait jusqu'à l'idolâtrie, semblait » s'être engagée à n'en jamais admirer d'autres que ceux » qu'il produirait à l'avenir. Ainsi, on regarda d'abord » avec quelque sorte de chagrin l'audace d'un jeune » homme qui entrait dans la même carrière. » Il faut pourtant apporter quelques restrictions à ce jugement; car, nous l'avons vu, les premières disgrâces de Corneille sont antérieures aux débuts de Racine. Quand le grand poète, bien oublié après l'échec de *Pertharite*, reparut au théâtre, il trouva toute-puissante l'influence des tragédies de Quinault, et il put se plaindre avec une ironie un peu amère de la transformation du goût public [2]. Ainsi, cette audace d'entrer dans la même carrière que Corneille, et même de lui enlever les succès,

---

1. M. de Valincourt. Discours de réception à l'Académie française où il remplaçait Racine, son ami (1699).
2. Préface de *Sophonisbe*.

il est juste d'en accuser Quinault plutôt que Racine, dont les premières œuvres sont postérieures aux dix années brillantes de l'auteur d'*Astrate;* ainsi, ce changement du goût public, que bientôt Corneille et tous ses admirateurs exclusifs jusqu'à nos jours imputeront à Racine, il est juste de le faire remonter jusqu'à Quinault. Corneille, tout en le déplorant, s'y est soumis lui-même; il n'a pas, quoi qu'en dise Fontenelle, « dédaigné fièrement d'avoir de la complaisance pour ce mauvais goût[1] ». Quant à l'auteur d'*Andromaque,* si l'amour, qu'il trouvait en possession du théâtre, est resté le ressort principal de ses tragédies, on avouera du moins qu'il l'a rendu bien plus naturel et plus vrai, bien plus touchant et plus dramatique : après les fureurs d'Hermione, Corneille n'aurait pu, sans quelque injustice, écrire ce vers, antérieur de peu de mois à la représentation d'*Andromaque* :

Et la seule tendresse est toujours à la mode[2].

Mais on ne peut en vouloir à Corneille du chagrin que lui causèrent les succès du nouvel auteur. Si, à l'époque où Racine obtint les premiers suffrages du public, le poète qui avait sur lui l'avantage de la priorité, de l'âge et de tant de chefs-d'œuvre admirables, eût cessé de composer pour le théâtre, sans doute l'amour-propre toujours susceptible de l'écrivain eût été moins excité : Corneille, sûr de sa renommée, voyant déjà la postérité commencer pour lui, n'aurait eu que bienveillance et encouragements pour le jeune homme qui entrait dans la carrière. Il n'eût vu en lui qu'un disciple, un héritier :

1. Vie de Corneille.
2. Épître au roi sur son retour de Flandre, 1667.

suivant le vœu exprimé par Saint-Évremond [1], « il aurait » adopté l'auteur d'*Alexandre*, pour former avec la ten- « dresse d'un père son véritable successeur ». Malheureusement pour tous les deux, Corneille, jusqu'en 1674, continua de donner des pièces. Il persista, ou plutôt il fut réduit par sa pauvreté à rester comme champion dans la lice, où son rôle naturel était celui de juge. Avec un talent altéré moins par l'âge que par l'exagération d'un système, il affronta la puissance tyranique de la mode, la mobilité d'une foule chez qui la reconnaissance et le respect ne tiennent pas longtemps contre le plaisir. C'est ainsi que la comparaison fut possible entre le jeune homme et le vieillard; c'est ainsi que celui-ci put voir dans l'apparition d'un nouveau génie une concurrence, un danger pour lui-même, et, dans sa prédilection malheureuse pour ses derniers ouvrages, faire retomber sur le jeune auteur les torts du public et de sa propre décadence.

Retraçons rapidement l'histoire de ces tristes dissentiments, où, nous nous hâtons de le reconnaître, les torts les plus graves furent du côté de Racine. Le jeune poète avait soumis sa tragédie d'*Alexandre* au jugement de son illustre devancier. Celui-ci, après en avoir entendu la lecture, dit à l'auteur qu'il avait un grand talent pour la poésie, mais qu'il n'en avait point pour la tragédie [2]. Quand on compare la manière de Corneille à celle de Racine, on comprend facilement cette condamnation. Fontenelle en dit autant à Voltaire après la représentation de *Brutus*. Tous deux étaient de bonne foi : Corneille trouvait Racine trop simple, Fontenelle trouvait Voltaire trop brillant. Mais le public ne ratifia pas la sentence de l'auteur du *Cid*. Sans doute Racine triompha de ce

---

1. Dissertation sur *Alexandre*.
2. Louis Racine. *Mémoires*, 1re partie.

démenti donné au jugement du grand maître ; sans doute ses amis et lui-même parlèrent de cet incident et répandirent les paroles de Corneille. L'irrévérence de cette joie indiscrète [1], et bientôt la vivacité présomptueuse de la préface de Racine, durent blesser le vieillard, déjà aigri par l'accueil très froid fait à la tragédie d'*Othon* (juillet 1664), et surtout à celle d'*Agésilas* [2]. Ainsi s'explique l'amertume d'une lettre qu'il écrivit à Saint-Évremond, l'année même de la représentation d'*Alexandre* et d'*Agésilas*, pour le remercier de la *Dissertation sur Alexandre*. Les allusions et les traits mordants de cette lettre n'étaient en réalité qu'une riposte ; mais Racine les connut certainement aussi bien que la pièce critique du noble exilé, et ce fut des deux côtés une nouvelle cause de froideur ou même d'irritation.

Le triomphe d'*Andromaque*, en exaltant l'orgueil du jeune poète dont la popularité croissait tous les jours, vint encore attrister le cœur de l'ancien. *Andromaque*, donnée au commencement de novembre 1667, achevait de faire oublier *Attila*, représenté au mois de mars par la troupe de Molière, et l'attention publique, fixée sur la nouvelle pièce, se détourna pour longtemps de tout autre ouvrage. Corneille avait sujet d'être mécontent, et

---

1. Elle semble attestée par ce passage de la lettre de Corneille à Saint-Évremond : « Vous m'honorez de votre estime en un temps où il semble qu'il y ait un parti fait pour ne m'en laisser aucune. Vous me soutenez, quand on se persuade qu'on m'a battu ; et vous me consolez glorieusement de la délicatesse de notre siècle, quand vous daignez m'attribuer le bon goût de l'antiquité... Je vous avoue, après cela, que je pense avoir quelque droit de traiter de ridicules ces vains trophées qu'on établit sur les débris imaginaires des miens, et de regarder avec pitié ces opiniâtres entêtements qu'on avait pour les anciens héros refondus à notre mode. »

2. Représentée à l'hôtel de Bourgogne cinq mois après *Alexandre* (fin d'avril 1666).

l'on conçoit la susceptibilité qui, à propos du vers parodié dans *les Plaideurs* :

<blockquote>Ses rides sur son front ont gravé ses exploits[1].</blockquote>

lui inspira cette parole : « Ne tient-il donc qu'à un jeune » homme de venir ainsi tourner en ridicule les vers des » gens ? » Ce ne fut donc pas certainement dans une pensée bienveillante qu'il assista, comme nous le savons par Boursault, à la première représentation de *Britannicus*. Il est probable que la froideur avec laquelle fut accueillie cette belle tragédie ne lui fut pas désagréable, et qu'il ne vit pas avec déplaisir le compte rendu que son ami Boursault donna de la représentation. Nous analyserons plus tard cette petite pièce, qui ne fait honneur ni à l'impartialité ni au goût de Boursault, et où l'on voit partout un parti pris de dénigrement et d'insulte. On regrette de trouver le nom de Corneille mêlé aux tristes plaisanteries de cette satire. Boursault « s'était mis au » parterre pour avoir l'honneur de se faire étouffer par » la foule. Mais, ajoute-t-il, je me trouvais si à mon aise » que j'étais résolu de prier M. Corneille, que j'aperçus » tout seul dans une loge, d'avoir la bonté de se précipiter sur moi au moment que l'envie de se désespérer » le voudrait prendre. » Racine, que la critique de Boursault dut révolter dans le juste sentiment de la valeur de son œuvre, put croire que Corneille était dans la complicité du compte rendu de son ami, et cette circonstance, jointe aux critiques exprimées par le vieux poète

---

1. M. Gérusez (*Notice sur Racine*) en a signalé deux autres :

<blockquote>Viens, mon sang, viens, ma fille !
(Acte II, sc. III.)
Achève, prends ce sac.
(Acte II, sc. XIII.)</blockquote>

lui-même [1], contribua sans doute aux allusions très-regrettables que l'auteur de *Britannicus* se permit, dans sa première préface, contre le grand homme dont il a fait plus tard un panégyrique si noble et si convaincu.

Nous ne chercherons pas à pallier les torts de Racine : nous montrerons même dans son humeur vive et railleuse une des causes des inimitiés qui le poursuivirent. Il ne nous en coûtera pas de condamner, par exemple, la préface de *Britannicus*, et d'avouer que Racine aurait mieux fait de sacrifier ses ressentiments et de respecter même la passion et l'injustice d'un poète sacré par son âge comme par son génie. Mieux valait se taire et laisser Boursault, Saint-Évremond, le gazetier Robinet, tous les partisans de Corneille, se récrier sur le mérite incomparable des dernières tragédies du vieillard, que de réduire à leur juste valeur ces ridicules éloges, en attaquant avec dureté un devancier et un maître. Cependant, ne comprend-on pas que l'affectation de cet enthousiasme pour *Agésilas* ou *Pulchérie*, rapprochée des critiques ou des éloges ironiques qui accueillaient *Andromaque* ou *Britannicus*, ait fait perdre patience au jeune poète ? Le compte rendu de Boursault, « les efforts que l'on fit pour décrier partout *Britannicus*, toutes les cabales, toutes les critiques dont on s'avisa [2] », et qui rendirent au moins fort douteuse la fortune de la tragédie, ne pouvaient-ils faire sortir de lui-même un homme jeune et naturellement passionné ? Ne défendait-il pas, lui aussi, ses

---

1. Racine les indique dans la première préface de *Britannicus*. Voy. la deuxième partie de ce livre, chap. III.

2. Première préface de *Britannicus* : « Quelque soin que j'aie pris » pour travailler cette tragédie, il semble qu'autant que je me suis » efforcé de la rendre bonne, autant de *certaines gens se sont effor-* » *cés de la décrier. Il n'y a point de cabale qu'ils n'aient faite, point* » *de critique* dont ils ne se soient avisés. »

plus chers intérêts, ses œuvres, fruit laborieux de tant de veilles, sa réputation, son avenir? Une voix intérieure, fortifiée par l'admiration de Boileau, ne lui criait-elle pas que sa tragédie était un chef-d'œuvre, et pouvait-il échapper à cette révolte du génie qui voit méconnues et sottement raillées des beautés dont il a conscience?

Il semble que tout ait conspiré à aigrir les ressentiments des deux poètes et à les séparer de plus en plus l'un de l'autre. On connaît la démarche un peu inconsidérée par laquelle la duchesse d'Orléans les fit entrer en lutte directe. On sait qu'elle chargea le marquis de Dangeau de leur proposer à tous les deux, comme sujet de tragédie, les adieux de Titus et de Bérénice, et que chacun d'eux travailla à sa nouvelle pièce sans se douter qu'il avait un rival. Ce fut donc, selon l'expression de Fontenelle, un duel, mais dans lequel Corneille avait tous les désavantages. Ce sujet peu tragique, dont Racine a tiré un si merveilleux parti, convenait moins que tout autre au mâle génie du vieux poète. La victoire devait rester « au plus jeune »; ajoutons, pour corriger et compléter le mot de Fontenelle, au plus sensible, au plus délicat, au plus pur, au plus harmonieux. Les critiques du temps, qui n'épargnèrent pas l'œuvre charmante de Racine, relevèrent sans ménagement la rudesse et l'obscurité du style de *Tite et Bérénice*, l'invraisemblance de l'action, la roideur choquante des caractères. Le public, après quelques représentations, avait déserté la pièce de Corneille, que jouait la troupe de Molière, et il se pressa longtemps à l'hôtel de Bourgogne, pour entendre celle de Racine, dont le grand Condé disait plus tard, en lui appliquant les vers de *Titus* :

> Depuis cinq ans entiers tous les jours je la vois,
> Et crois toujours la voir pour la première fois [1].

[1]. *Bérénice*. act. II, sc. II.

La tragédie de *Bajazet* continua entre les deux poètes ces hostilités si regrettables. Corneille assistait à une des premières représentations de cette pièce, en compagnie d'un de ses plus ardents admirateurs, d'un des adversaires les plus décidés de Racine et de Boileau, du poète Segrais. « Je me garderais bien, dit-il à Segrais,
» de le dire à d'autres qu'à vous, parce qu'on dirait que
» j'en parlerais par jalousie; mais, prenez-y garde, il
» n'y a pas un seul personnage dans *Bajazet* qui ait les
» sentiments qu'il doit avoir, et que l'on a à Constan-
» tinople; ils ont tous, sous un habit turc, les senti-
» ments qu'on a au milieu de la France. » Nous examinerons plus tard jusqu'à quel point est fondée cette critique adoptée par tous les ennemis de Racine, et adressée par eux à cette tragédie et à toutes les autres. Mais cette confidence, que nous trouvons dans le *Segraisiana*, c'est-à-dire dans le recueil des jugements et des mots célèbres de cet écrivain, fut certainement répétée par lui; elle courut les cercles où Segrais se rencontrait avec tous les ennemis des nouveaux poètes, et elle ne manqua pas d'arriver jusqu'aux oreilles de l'auteur de *Bajazet*.

Mais un autre mot, prononcé par Corneille en pleine Académie, dut surtout exaspérer Racine, et soulever son bon sens et son goût, autant que son amour-propre en était blessé. Boursault, le protégé et l'ami de Corneille, après avoir si rudement corrigé l'auteur de *Britannicus*, voulut lui donner une leçon dans son art, et il fit représenter, en 1673, cinq mois après *Mithridate*, au théâtre de l'hôtel Guénégaud, une tragédie de *Germanicus*[1]. Boursault accusait la pièce de *Britan-*

---

1. Les frères Parfaict (*Histoire du Théâtre français*, t. XII, p. 146) placent cette tragédie en 1679; ils sont évidemment dans l'erreur. Outre Chappuzeau et les registres du théâtre Guénégaud, qui don-

nicus de n'être que l'histoire romaine mise en vers. Certes sa tragédie n'encourra pas le même reproche, car il est impossible d'abuser plus étrangement des noms et des événements historiques, de transformer plus ridiculement les caractères consacrés par les fortes peintures de Tacite, et de mieux renchérir sur le romanesque absurde de Quinault et de son école. On voit dans cette pièce le fameux Germanicus, Agrippine, Drusus, Livie, Pison, Tibère; mais, pour comprendre la situation où l'auteur les place, le rôle qu'il leur assigne, il faut commencer par oublier, s'il se peut, l'histoire et Tacite. Il faut surtout perdre tout souvenir du caractère énergique et hautain, violent et passionné de cette Agrippine, qui a transmis à sa fille la fierté et l'ardeur de son âme, sinon ses vertus, et qui offrait, comme la mère de Néron, tant de ressources à un poète dramatique. Agrippine, dans la pièce française, est une jeune fille timide et soumise : destinée et promise par son père à Germanicus, elle est pleine d'affection pour le héros, mais en même temps du respect le plus docile pour la volonté de Tibère; elle est prête à épouser Drusus, fils de l'empereur, à oublier Germanicus, à le haïr même, parce qu'elle l'a trop aimé[1]. Pison, le surveillant

nent pour cette pièce la date de 1673, nous avons trouvé, dans la *Gazette* en vers de Robinet, un témoignage décisif. A la date du 3 juin 1673, Robinet écrit les vers suivants :

> J'ai vu dimanche les *Amours*
> De *Germanicus* qui dans Rome
> Fut regardé comme un grand homme;
> Et, dans ces amours bien traités,
> Il m'a paru force beautés,
> D'acte en acte, et de scène en scène,
> Qui partent d'une bonne veine,
> Ainsi qu'est celle de *Boursault*.

1. Et je le haïrai de l'avoir trop aimé.
(Acte IV, sc. III.)

et peut-être le bourreau de Germanicus, devient un rival généreux et magnanime qui se dévoue pour le jeune prince. Tibère lui-même se montre, à la fin de la pièce, le plus débonnaire des princes; tout finit par une touchante réconciliation et par un mariage. Voilà quel roman puéril l'auteur a osé substituer aux récits de l'histoire; voilà par quelles misérables inventions il a corrigé Tacite. En lisant cette pièce, on serait tenté de croire à la réalité d'une anecdote citée par les frères Parfaict, d'après une lettre de Boursault[1]. L'auteur aurait donné d'abord sa tragédie sous ce titre : *la Princesse de Clèves*; et elle n'aurait pu avoir plus de deux représentations; l'année suivante, il l'aurait reproduite sous le nom de *Germanicus*, et le succès de la pièce, ainsi transportée dans le monde ancien, l'aurait vengé du public. C'est là sans doute avoir un sentiment profond de l'importance et de la dignité de son art; c'est témoigner un grand respect pour ses auditeurs et pour soi-même, et un auteur aussi fidèle à la vérité historique a le droit de critiquer les personnages de Racine et d'écrire à l'intention du peintre d'Agrippine et de Néron cette phrase épigrammatique : « Les Grecs et les Romains sont tout défigurés, depuis que Corneille ne les fait plus parler[2]. »

Au reste, le style de *Germanicus* est à la hauteur de la conception, de l'intrigue et des caractères : c'est un mélange de platitude et de subtilité, de banalité et de prétention; on passe de la prose la plus pâle et la plus effacée à de mauvais jeux de mots, à des antithèses

---

1. *Histoire du Théâtre français*, t. XII, p. 146. La *Princesse de Clèves* fut représentée deux fois au théâtre Guénégaud, le mardi 20 et le vendredi 23 décembre 1678; elle n'a pas été imprimée.

2. *Lettre à une dame sur la* Princesse de Clèves.

dignes de Mascarille et de Trissotin[1]. Malgré Molière et Boileau, malgré les exemples de Racine, Boursault en est resté, pour le goût et pour le style, à l'âge de la *Stratonice* et de l'*Ostorius*. Et pourtant, dans sa préface, il parle bien complaisamment de son œuvre, il est bien fier de son succès ! N'en a-t-il pas le droit, quand il peut s'appuyer du suffrage du grand Corneille, quand il peut raconter qu'en pleine Académie il est échappé à l'illustre poëte de dire, à propos de *Germanicus*, qu' « il ne manquait à cette pièce que le nom de M. Racine pour être achevée[2] ». Certes nous ne serons pas étonnés, comme Boursault, qu'un tel jugement ait achevé la rupture entre Corneille et Racine. Nous l'excuserons seulement en disant que ces paroles étaient inspirées par un sentiment d'amer découragement. A cette époque, la tragédie de *Pulchérie*, malgré les efforts des partisans de Corneille, avait échoué au milieu des applaudisse-

---

1.
Je me suis voulu mal de vous vouloir du bien.
    L'Amour, que je le plains !
Étant né de vos yeux va mourir par vos mains.

Et, à côté de ces traits de mauvais goût, que de platitudes !

  Mon amour qui vous plut à présent vous déplaît.

  Plus un hymen est proche, et plus les désirs croissent ;
  On aspire sans cesse à ce jour glorieux,
  Et le dernier moment est le plus ennuyeux.

2. « Cette tragédie mit mal ensemble les deux premiers hommes
» de notre temps pour la poésie : je parle du célèbre M. de Cor-
» neille et de l'illustre M. Racine. M. de Corneille parla si avanta-
» geusement de cet ouvrage à l'Académie, qu'il lui échappa de dire
» qu'il ne lui manquait que le nom de M. Racine pour être achevé,
» dont M. Racine s'étant offensé, ils en vinrent à des paroles piquantes,
» et, depuis ce moment-là, ils ont toujours vécu, non pas sans
» estime l'un pour l'autre (cela était impossible), mais sans ami-
» tié. »

ments prodigués à *Mithridate*. *Suréna*, l'année suivante, ne tint pas davantage contre l'*Iphigénie*; et, bien que Corneille ait toujours protesté contre les arrêts du public, bien que, deux ans après l'échec de *Suréna*, il ait écrit, en parlant de ces travaux si mal accueillis :

> Les derniers n'ont rien qui dégénère,
> . . . . Othon et Suréna
> Ne sont pas des cadets indignes de Cinna.
>
> . . . .
> Le peuple, je l'avoue, et la cour les dégradent;
> Je faiblis, ou du moins ils se le persuadent[1];

il mit enfin un terme à sa trop longue carrière dramatique, et il se décida à un silence que son jeune rival allait bientôt imiter. En effet, les inimitiés qui s'autorisaient du nom de Corneille ne se calmèrent pas après la retraite du poète, et tous ceux qui, pour venger leur auteur de prédilection ou pour satisfaire leurs propres chagrins, leurs propres rancunes, cabalaient contre Racine, triomphèrent bientôt du succès de leurs intrigues. La tragédie avait perdu ses deux plus grands interprètes; Boileau pouvait dire :

> Et la scène française est en proie à Pradon.

Tous les admirateurs de Corneille ne sont pas complices de ce triste dénoûment, et il est juste de les partager en plusieurs classes. Dans la première, nous placerons ceux que la parenté, des liens d'amitié ou d'intérêt, la collaboration littéraire, engagent naturellement dans la cause de Corneille. La seconde comprendra tous

---

1. Épître au roi, qui avait fait représenter à Versailles *Cinna*, *Pompée*, *Horace* (1676).

ceux que des sentiments plus désintéressés attachent au vieux poète, jusqu'à les rendre injustes pour le nouvel auteur, ceux qui restent fidèles à leurs premières admirations, qui aiment, dans le peintre de Chimène et de Cornélie, leur jeunesse et les nobles plaisirs qu'elle a dus à ces chefs-d'œuvre; ceux, en même temps, que leur éducation littéraire éloigne des nouveaux poètes, et dont Corneille satisfait bien plus l'esprit et le goût. Cette classe d'adversaires de Racine nous mènera directement à ceux qui le combattent comme un des principaux champions de la nouvelle école littéraire, comme ami et complice du satirique, aux auteurs attaqués par Boileau, et aux personnages, aux salons qui ont épousé leurs causes. La fameuse querelle des anciens et des modernes, où Racine fut un des principaux auxiliaires de Boileau, contribua encore à entretenir ces inimitiés. Pour certains critiques obscurs, elles ne s'expliquent que par l'orgueil de se mesurer avec des œuvres fameuses, par le désir de se faire connaître et de faire rejaillir sur eux-mêmes l'éclat d'un grand nom. Enfin, nous trouverons encore, cachés sous le titre de partisans de Corneille, des ennemis particuliers de Racine, ceux que lui attira la vivacité de son caractère, ceux qu'animèrent contre lui sa faveur à la cour, ses pensions, ses places, et encore plus, dans la seconde partie de sa vie, la sévérité de sa conduite et l'ardeur de sa piété. Toutes ces causes, en effet, se sont réunies pour combattre sa réputation, pour susciter contre ses tragédies, à leur naissance, les intrigues dont nous ferons l'histoire, les critiques dont nous apprécierons la valeur et discuterons les principales idées.

CHAPITRE II

Famille de Corneille. — Gazettes rédigées ou inspirées par elle : Thomas Corneille, Fontenelle, Visé et le *Mercure galant*, la *Gazette* de Robinet.

Parmi les champions de cette guerre engagée surtout au nom de Corneille, sa famille, confidente de son irritation et de ses douleurs, a nécessairement la première place. On sait dans quelle étroite intimité il vécut toujours avec son frère Thomas. Fortune, intérêts, travaux littéraires, détails journaliers de la vie, tout entre eux était commun : il devait donc en être de même des amitiés et des querelles. D'ailleurs, nous l'avons vu, bien avant Racine, Thomas Corneille était poète dramatique. Les succès de l'auteur d'*Andromaque* ne ralentirent pas sa verve. Sa meilleure tragédie, *Ariane*, est contemporaine de *Bajazet*. Le *Comte d'Essex* est postérieur d'un an à la retraite de Racine, et longtemps encore il continua de composer pour le théâtre[1]. C'était donc sa cause, en même temps que celle de son frère, qu'il soutenait contre le poète à la mode; c'est dans un intérêt commun qu'un journal célèbre, inspiré par les deux frères, devint l'interprète passionné de leurs sentiments

---

1. Sa dernière pièce dramatique, la tragédie de *Bradamante*, est de 1695. Th. Corneille est mort dans la nuit du 8 au 9 décembre 1709, âgé de quatre-vingt-quatre ans.

et de leurs critiques ; et bientôt la famille et le *Mercure galant* se recrutèrent d'un homme de beaucoup d'esprit et de talent, contemporain du XVIIe et du XVIIIe siècle, et qui a exercé sur l'un et sur l'autre une grande influence, de Fontenelle, neveu des deux Corneille.

Poète, critique, philosophe, savant, mais avant tout et partout bel esprit, Fontenelle n'a échappé dans aucun de ses ouvrages à la coquetterie et à la prétention, qui semblent le rattacher à ses amis, les auteurs de l'âge de Mazarin. Il n'était pas né pour la poésie, bien que, sur les conseils et le désir de ses oncles, il ait écrit beaucoup de vers et composé des élégies, des épîtres, des idylles, et même, hélas! des tragédies. Son esprit calme, net, fin, pénétrant, le préparait mieux à d'autres études. Sa gloire la plus légitime et la plus durable est d'avoir porté dans l'exposition des sujets scientifiques et dans l'éloge des savants la clarté, l'élégance et toutes les qualités de l'esprit littéraire. Sceptique en philosophie et en critique, où il fut un des principaux champions du parti des modernes et un des promoteurs des nouvelles théories littéraires, il inaugura le XVIIIe siècle dès la seconde moitié du XVIIe, et fut, avec beaucoup de prudence, et en prenant toutes ses précautions contre les rigueurs de l'autorité religieuse ou séculière, un des précurseurs de Voltaire, qu'il connut plus tard sans l'aimer. Tel est l'homme qui allait prendre en main, plus par esprit de famille et par des ressentiments personnels que par enthousiasme pour un génie si différent du sien, la cause du grand Corneille, et exercer contre Racine une haine qui fut la seule passion de cette âme mesurée et froide.

Fontenelle, né à Rouen en 1657, remarqué de bonne heure pour l'éclat de ses études, fut, dès l'âge de dix-neuf ans, appelé à Paris par ses oncles, et devint aussitôt collaborateur du *Mercure galant* (1677). Quelques

articles qu'il inséra dans ce journal permettent d'apprécier le goût du nouveau critique. Voici par quelle allégorie digne de la *Carte du Tendre* il apprécia la tragédie (*Mercure* de janvier 1678) : « Les montagnes de la tra-
» gédie sont aussi dans la province de la haute poésie.
» Ce sont des montagnes escarpées, et où il y a des pré-
» cipices très-dangereux. Aussi la plupart des gens bâ-
» tissent dans les vallées et s'en trouvent bien. On dé-
» couvre encore sur ces montagnes de fort belles ruines
» de quelques villes anciennes, et de temps en temps on
» en apporte les matériaux dans les vallons, pour en
» faire des villes toutes nouvelles; car on ne bâtit presque
» plus si haut. » Quoiqu'il signale dans cette allégorie si naturelle et si neuve les précipices dangereux de la tragédie, il ne laissa pas d'y tomber bientôt lourdement. L'*Aspar*, représenté en 1680, fut outrageusement sifflé; l'auteur brûla sa pièce, et peut-être eût-il réussi à faire oublier ce triste début, sans la mordante épigramme de Racine :

> Ces jours passés, chez un vieil histrion,
> Un chroniqueur émut la question
> Quand dans Paris commença la méthode
> De ces sifflets qui sont tant à la mode.
> « Ce fut, dit l'un, aux pièces de Boyer. »
> Gens pour Pradon voulurent parier.
> « Non, dit l'acteur, je sais toute l'histoire,
> » Que par degrés je vais vous débrouiller.
> » Boyer apprit au parterre à bâiller;
> » Quant à Pradon, si j'ai bonne mémoire,
> » Pommes sur lui volèrent largement.
> » Mais quand sifflets prirent commencement,
> » C'est (j'y jouais, j'en suis témoin fidèle),
> » C'est à *l'Aspar* du sieur de Fontenelle [1].

1. On répondit à cette épigramme par une autre qui se trouve dans le recueil manuscrit des *Chansons historiques* (t. VII, p. 356) :

> Quand Racine avec aigreur

Ces traits malins vouèrent au ridicule l'œuvre du jeune poète, qui ne pardonna jamais à Racine, et dès lors toute sa vie (et elle remplit un siècle), tous ses efforts, toute son influence, furent employés à contester le génie de Racine, à combattre sa gloire, à lui rendre de mauvais services et auprès des contemporains et auprès de la postérité. Fontenelle fut donc un des ennemis les plus ardents, les plus acharnés que Racine ait rencontrés dans la seconde partie de sa carrière : Fontenelle fut lié avec tous les adversaires déclarés du poète, entra dans toutes les querelles où il devait trouver l'occasion de le combattre ; il fut un de ceux qui contestèrent la valeur de la tragédie d'*Esther*, qui décrièrent *Athalie*, et sans doute il contribua à en préparer la disgrâce. Son animosité est sensible dans ses ouvrages ; elle éclate dans ses éloges comme dans ses critiques, dans son silence comme dans ses insinuations. Elle ne s'arrête pas aux œuvres, elle s'attaque à la personne, et dénigre le caractère du poète comme son talent. S'agit-il d'expliquer les succès de Racine ? Il allègue des cabales « faites pour élever le
» nouvel auteur sur les ruines de l'ancien, l'avantage
» du nombre et d'un bruit confus et imposant, de peti-
» tes adresses, les traits d'un fameux satirique, les suf-
» frages des femmes, excepté quelques femmes qui
» valaient des hommes. » Rend-il compte du *duel* de *Bérénice ?* Si Corneille a été vaincu, c'est qu'il était le moins jeune, c'est que sa pièce ne fut jouée que par de

> Médit, méprise et querelle,
> Ce n'est pas vous, Fontenelle,
> Qui le mettez en fureur.
> En vous il poursuit la race
> De son plus grand ennemi,
> Et n'en aura, quoi qu'il fasse,
> De vengeance qu'à demi.

mauvais comédiens, tandis que sa rivale « avait eu le
» bonheur ou l'art de lui enlever les bons » ; insinuation méchante qui ne tient pas contre l'examen des
faits ; car Racine, depuis *Andromaque*, ne travaillait
que pour les comédiens de l'hôtel de Bourgogne ; Corneille, au contraire, avait déjà donné des tragédies à la
troupe du Marais[1] et à celle de Molière, qui joua
Attila (1667) aussi bien que *Tite et Bérénice*. Racine, en
demandant pour sa nouvelle œuvre le concours des acteurs qui avaient contribué par leur talent au succès
d'*Alexandre*, d'*Andromaque*, des *Plaideurs*, qui avaient
représenté *Britannicus*, ne faisait donc rien que de très-
naturel et de très-légitime ; comment voir dans cette
conduite la pensée de nuire à Corneille, l'intention
d'enlever des interprètes à une œuvre dont peut-être il
ne soupçonnait pas encore l'existence? Mais la haine
n'y regarde pas de si près, et elle aveugle Fontenelle
jusqu'à lui faire vanter les tragédies de *Pulchérie* et de
Suréna. Il explique par le changement du goût, qui
« plus que jamais veut au théâtre de grandes émotions, fussent-elles mal fondées et mal amenées », la
chute de ces derniers ouvrages « toujours bons pour
» la lecture paisible du cabinet, où la raison jouit de
» ses droits [2] ». Sans entrer en ce moment dans l'examen du *Parallèle entre Corneille et Racine* et des
critiques d'ensemble ou de détail que Fontenelle, soit
dans ce morceau, soit dans la *Vie de Corneille*, soit dans
ses *Réflexions sur la poétique*, soit dans les préfaces de
ses œuvres dramatiques, dirige contre le théâtre de
Racine, signalons seulement cette affectation de rap-

---

1. Les comédiens du Marais représentèrent *Sertorius* (1662) et
Pulchérie (1672).
2. *Vie de Corneille*.

peler partout que Racine n'est venu qu'après Corneille[1], de séparer de tout le reste les tragédies de son oncle, qui « seules sont des œuvres de premier ordre[2] et appartiennent à un génie de premier ordre[3] », de combattre chez les Grecs la simplicité d'action[4], pour atteindre par là Racine, si amoureux de cette simplicité et si appliqué à la reproduire, d'exclure systématiquement le nom et les pièces de Racine, chaque fois qu'il s'agit d'opposer à Sophocle et à Euripide le génie et les œuvres des modernes[5], enfin de déclarer en toute occasion et jusque dans l'Académie française, au moment où il y est reçu, que le « nom de Corneille efface tous les autres noms.[6] »

Au reste, ce dernier trait était certainement une vengeance; car Racine et ses amis avaient traversé l'élection de Fontenelle. Plusieurs fois on fit valoir pour l'exclure son rôle d'auxiliaire de Perrault dans la querelle des anciens et des modernes; il eut contre lui tout le parti des anciens, et entre autres un académicien fougueux, ami de Racine et de Boileau, M. Rose, président de la Chambre des comptes, secrétaire du cabinet du roi. Nous voyons

---

1. « Il peut être incertain que Racine eût été, si Corneille n'eût » pas été avant lui; il est certain que Corneille a été par lui-même. » (*Parallèle.*)

2. *Réflex.* 10.

3. *Réflex.* 18.

4. *Réflex.* 27.

5. « Les meilleurs ouvrages de Sophocle, d'Euripide, d'Aristo- » phane, ne tiendraient guère devant *Cinna, Horace, Ariane, le Mi-* » *santhrope,* et un grand nombre d'autres tragédies et comédies du » bon temps. » (*Digression sur les anciens et les modernes.*)

6. *Discours de réception à l'Académie française* : « Je tiens, par » le bonheur de ma naissance, à un grand nom qui, dans la plus » noble espèce des productions de l'esprit, efface tous les autres » noms. »

M. Rose, en 1683, lutter avec ardeur à l'Académie pour obtenir, malgré Benserade et les nombreuses victimes du satirique, l'élection de Boileau. Et si Fontenelle força enfin, en 1691, les portes de l'Académie, il le dut peut-être à l'absence de M. Rose, alors retenu par ses fonctions au camp devant Mons. Racine, historiographe de France, avait également suivi le roi, et ce fut Boileau, dispensé des campagnes en raison de sa santé, qui leur apprit la mauvaise nouvelle. Racine répond ainsi à son ami : « Je suis comme vous tout consolé de la réception de » Fontenelle; M. Rose paraît fâché de voir, dit-il, » l'Académie *in pejus ruere*. Il vous fait ses baise-mains » avec des expressions très-fortes à son ordinaire[1]. » Peut-être Racine acheva-t-il de se consoler par quelques traits malins contre son nouveau confrère; on lui attribue du moins des couplets satiriques, où l'on chansonne et la *normande rhétorique* du récipiendaire, et la réponse de Thomas Corneille, qui reçut son neveu dans la séance du 9 mai 1691[2].

> Corneille diseur de nouvelles,
> Suppôt du *Mercure galant*,
> Loua son neveu Fontenelle,
> Et vanta le prix excellent
> De son talent,
> Non satisfait des bagatelles
> Qu'il dit de lui douze fois l'an.

La même pièce s'attaque à Perrault, à Charpentier, à l'abbé de Lavau, à Boyer, à Le Clerc, à Benserade, en un mot à tous les modernes, à tous les adversaires de Boileau et de Racine. C'est peut-être pour cette

---

1. Lettre du 3 avril 1691.
2. Le directeur de l'Académie, l'abbé Testu, était malade : Th. Corneille le remplaça comme chancelier.

raison qu'on l'impute à celui-ci. On aurait pu aussi bien l'attribuer au satirique, qui bientôt, dans une strophe depuis supprimée de son ode sur la prise de Namur, trouvait moyen de lancer un trait à Fontenelle en même temps qu'à Perrault[1]. Quoique le nom restât en blanc, il n'y avait pas moyen de s'y tromper, et cette guerre d'épigrammes n'était pas propre à calmer les haines.

Les couplets sur la réception de Fontenelle s'attaquaient surtout aux rédacteurs du *Mercure galant*. Ce journal, en effet, dont un auteur, ami de Racine, de Boileau, de Bossuet, et digne d'être patronné par ces grands écrivains, La Bruyère, dit, dans ses *Caractères*, qu'il est « immédiatement au-dessous du rien », avait été toujours systématiquement ennemi de Racine, prôneur de ses plus médiocres rivaux, et il est permis de croire que Thomas Corneille, collaborateur de cette revue, et plus tard Fontenelle, ne furent pas pour rien dans l'amertume et l'injustice du principal rédacteur, Visé.

Jean Donneau, sire de Visé, né vers 1645, auteur de pièces critiques, de pastorales et de comédies, se des-

---

1.
Un torrent dans les prairies
Roule à flots précipités ;
Malherbe dans ses furies
Marche à pas trop concertés.
J'aime mieux, nouvel Icare,
Dans les airs cherchant Pindare,
Tomber du ciel le plus haut,
Que, loué de F.... (Fontenelle),
Raser, timide hirondelle,
La terre comme P.... (Perrault).

Boileau l'effaça à la demande de M. de Pontchartrain le fils ; à ce propos Racine écrivait à son ami les lignes suivantes : « Pour peu » que Fontenelle se reconnaisse, je vous conseillerai aussi de lui » faire grâce. Mais, à dire vrai, il est bien tard, et la stance a fait » un furieux progrès. » (Lettre du 30 mai 1693.)

tina d'abord aux ordres, et il portait encore l'habit ecclésiastique lorsque, se décidant à chercher dans une autre carrière la réputation et la fortune, il s'attaqua hardiment pour ses débuts à Corneille et à Molière. Sa première œuvre fut une critique amère de la *Sophonisbe*, que les comédiens de l'hôtel de Bourgogne venaient de représenter [1]. Les éloges que Visé prodiguait aux acteurs faisaient encore mieux ressortir la censure dont il frappait le poète. Ainsi cet homme, que nous verrons plus tard le panégyriste enthousiaste des derniers ouvrages de Corneille, commença par être son contradicteur. Il ne faisait en cela qu'imiter les écrivains du temps ; car, nous l'avons déjà remarqué, Corneille, à l'époque de ses plus beaux succès, souffrit de bien des attaques passionnées et injustes ; il subit ensuite l'affront plus sensible de l'indifférence et de l'oubli. On ne commença guère à déclarer ses tragédies incomparables, à vanter ses dernières pièces, à s'indigner contre le goût public qui les délaissait, que lorsqu'il s'agit d'arrêter l'essor de Racine et de protester contre la renommée du nouveau poète. La haine et l'envie sont donc pour beaucoup dans cet enthousiasme aussi intolérant que subit [2]. Nous avons bien le droit d'expliquer par ces passions misérables la conduite d'un homme qui, en même temps qu'il attaquait *Sophonisbe*, parodiait l'*École des Femmes* et la *Critique de l'École des Femmes*, et faisait paraître dans ces pièces satiriques beaucoup plus d'animosité et de basse jalousie que de discernement et de finesse. Sa pièce de *Zélinde, ou la*

---

1. *Nouvelles nouvelles*, 3ᵉ partie. Paris, 1663, in-12.
2. Grimm. *Corresp. littér.*, nov. 1776. « Corneille n'obtint justice » de son siècle que lorsqu'il eut un rival qu'on voulait écraser. » L'admiration pour lui devint extrême à mesure que Racine » s'éleva. »

véritable critique de l'École des Femmes, et celle qu'il composa sous ce titre : *la Critique de la critique*, ne furent pas jouées; mais elles coururent les salons, et furent accueillies avec empressement par les nombreux ennemis que les *Précieuses* et l'*École des Femmes* avaient donnés à Molière. Les auteurs et les cercles ridiculisés par le grand poète comique eurent pour Visé les éloges et les encouragements qu'ils prodiguèrent aussi au *Portrait du peintre* de Boursault. Ce fut sans doute par leur entremise que Visé se réconcilia avec Corneille. L'auteur de la comédie du *Menteur* avait la faiblesse d'être jaloux des succès de Molière, qui pourtant ne cachait pas que cette belle œuvre lui avait révélé la vraie comédie. Comme cette accusation d'un ennemi [1], l'abbé d'Aubignac, est confirmée par le témoignage de Segrais, ami et admirateur exclusif de Corneille [2], il faut bien croire qu'elle a quelque fondement. Sans doute, la critique de l'*École des Femmes* fit pardonner à Visé la critique de la *Sophonisbe*, et ce fut sur ce terrain qu'eut lieu la réconciliation. Pour la sanctionner, Visé fit tout à coup volte-face : il devint l'ardent défenseur

---

1. « Je vous demande pardon si je parle de cette comédie qui vous » fait désespérer, et que vous avez essayé de détruire par votre cabale » dès la première représentation. » (*Quatrième dissertation concernant le poème dramatique.*)

2. *Segraisiana* : « C'est Corneille qui a formé le théâtre français : » il ne l'a pas seulement enrichi d'un grand nombre de belles pièces » toutes différentes les unes des autres; on lui est encore redevable » de toutes les bonnes de tous ceux qui sont venus après lui. Il n'y » a que la comédie où il n'a pas si bien réussi. Il y a toujours » quelques scènes trop sérieuses. Celles de Molière ne sont pas de » même; tout y ressent la comédie. Corneille sentait bien que Mo- » lière avait cet avantage sur lui : *c'est pour cela qu'il en avait de la jalousie, ne pouvant s'empêcher de la témoigner; mais il avait tort.* »

de cette même *Sophonisbe* qu'il avait d'abord si amèrement censurée, et à ce sujet il engagea avec l'abbé d'Aubignac une longue guerre de dissertations injurieuses. Ces tristes pamphlets, profondément oubliés aujourd'hui [1], ne sont pas inutiles; ils font juger de l'aigreur qui régnait alors dans les discussions littéraires; ils nous expliquent l'animosité de certains adversaires de Racine et de Visé lui-même, et le ton blessant de leurs critiques.

Ainsi Visé était enrôlé parmi les défenseurs de Corneille, et dès lors il fut décidément et pour toujours de son parti. En 1667, il y eut un rapprochement entre Corneille et Molière. Celui-ci, depuis *Alexandre*, était brouillé avec Racine. De son côté, le vieux poète était piqué de la préférence que les comédiens de l'hôtel de Bourgogne donnaient aux œuvres de son jeune rival. Il fit donc jouer sa tragédie d'*Attila* par la troupe du Palais-Royal. Comment agit, dans cette circonstance, Visé qui avait si peu ménagé Molière? Il fut obligé de suivre l'exemple de Corneille « comme un vassal suit l'exemple de son seigneur ». Telles sont, en effet, les expressions qu'emploient les auteurs de l'*Histoire du théâtre français* [2]. « On peut, disent-ils, comparer le raccommo-
» dement de MM. Corneille et Molière à ceux des sei-
» gneurs, dans lesquels les vassaux des uns et des autres
» se trouvent compris sans y être appelés. » Ainsi Visé est considéré comme le vassal de Corneille; c'est de lui

---

1. L'abbé Granet les a rassemblés : *Recueil de dissertations sur plusieurs tragédies de Corneille et de Racine*, Paris, Cissey, 1740, 2 vol. in-12. On y trouve quatre *Dissertations* de l'abbé d'Aubignac, et deux réponses de Visé, sous ce titre : *Défense de la* Sophonisbe *de M. Corneille*, Paris, 1663; *Défense du* Sertorius *de M. Corneille*, Paris, 1663.

2. Tome X, p. 156.

et des siens qu'il reçoit docilement ses amitiés et ses haines, ses éloges et ces censures ; c'est à leur service qu'est sa critique et le journal qu'il fonda bientôt.

Le *Mercure galant* commença à paraître en janvier 1672. La publication se poursuivit pendant deux années. Interrompue en 1674, elle fut reprise en 1677, et se continua dès lors régulièrement jusqu'à la mort de Visé, en 1710. Du reste, le journal ne périt pas avec son directeur, et, sous le titre de *Mercure de France*, il traversa tout le xviiie siècle[1]. Les années 1672 et 1673 forment six volumes ; mais à partir de 1677, la publication prit des proportions plus considérables, et chaque mois il parut un volume petit in-12, accompagné souvent d'un second, donné sous le titre d'*Extraordinaire*. Le rédacteur a adopté la forme épistolaire : il rend compte à une dame de province des nouvelles du mois, et il cherche à la divertir en outre par des jugements sur les écrits et les auteurs. Que si l'on entreprend de parcourir ces petits livres, on donne facilement raison à la Bruyère, et on ne trouve au succès du *Mercure* d'autre explication que la sienne : « C'est ignorer le goût du peuple que de ne pas hasarder quelquefois de grandes fadaises. » Rien de plus pauvre, de plus ennuyeux, de plus nul au point de vue littéraire que ce recueil. Des listes de naissances, de mariages, de morts, en remplissent une partie : il est question des guerres, mais surtout pour énumérer les corps d'armée et donner la liste des généraux : on chercherait en vain des détails intéressants sur les opérations et sur les batailles. De petits romans très-fades forment comme des feuilletons de ce journal. Souvent ces nouvelles amènent entre les rédacteurs et quelques beaux esprits de

---

1. De 1714 à 1799. On a essayé de le reprendre en 1814 et en 1823. Il est mort définitivement en 1825.

province de longues et insupportables controverses. Le *Mercure* insère aussi avec beaucoup d'empressement et d'éloges de nombreuses pièces de vers, productions prétentieuses et insipides de poètes provinciaux. On reconnaît dans ces faibles essais l'influence encore très-puissante de la première moitié du xviie siècle : ces ballades, ces épigrammes, ces sonnets, ces odes, sont inspirés par l'admiration et par l'étude des Voiture, des Scuderi, des Maynard, des Benserade ; ce sont des imitations très-pâles de leur manière et de leurs défauts. Il ne faut pas s'étonner de l'accueil que Visé fait à ces pauvretés : il est trop admirateur des maîtres pour ne pas aimer les élèves ; entre ces vers de province et ceux qu'il emprunte à des poètes vivant et composant à Paris, il n'y a pas, en général, disparate. Les auteurs dont le panégyrique revient le plus souvent dans le *Mercure* sont Boyer, Quinault, Cotin, Perrault, Mlle de Scudéri, et surtout Mme Deshoulières. À tout moment, il enrichit ses pages des épîtres, des idylles, des rondeaux, des ballades de cette femme célèbre, que nous retrouverons bientôt parmi les adversaires de Racine ; et il ne manque jamais d'accompagner ces poésies, souvent bien fades, de galants commentaires. Il publie toutes ses pièces, qu'elle ne réunit pas en volume avant l'année 1685 ; il les préconise : elle appartient évidemment à l'intimité des rédacteurs, elle semble faire partie de la maison.

Quant à Fontenelle, il en était tout à fait. La publicité du *Mercure* était donc naturellement acquise à toutes ses œuvres ; Visé et ses confrères devaient se mettre en frais d'enthousiasme pour les faire valoir. Le volume de juillet 1677 contient déjà des vers du jeune homme, tout frais débarqué de Rouen ; et, le mois suivant, on cite encore une longue pièce sur l'éducation du Dauphin, sujet que l'Académie avait mis au concours. Une élégie de Fontenelle, le *Ruisseau amant*[1], inspire au *Mercure* les réflexions suivantes : « M. de Fontenelle a cela de » particulier, que presque dans toutes les choses qu'il » fait, il joint la nouveauté de la matière à l'agré- » ment des vers ; et comme personne, avant lui, n'avait » songé à comparer un petit chien à l'Amour, il est le » premier qui ait donné à un ruisseau de la sensibilité » pour une prairie. » En vérité, si l'on ne savait quels liens unissent les rédacteurs à Fontenelle, on affirmerait que ces louanges sont de l'ironie. Mais Visé parle ici très-sérieusement ; c'est très-sérieusement que cet homme amoureux, comme il dit ailleurs, de « la majesté des vers et de la force de la pensée », préconise ces badinages prétentieux ; et il insère, avec de pompeux éloges, tantôt la *Description de l'Empire de la poésie*, dont nous avons cité plus haut un passage, tantôt une pièce *Sur ce que M. le Prince ne vit plus que de lait*, tantôt quelqu'une de ces pastorales « qui pouvaient » plaire, comme l'a dit un panégyriste de Fontenelle, à » ceux qui n'avaient lu ni Théocrite ni Virgile et où les » bergers soupirent avec finesse [2]. » Et le même critique vantera la netteté admirable du style de Corneille ! et il opposera, par allusion à Racine, « ces sortes d'ex- » pressions simples et naturelles au style pompeux qui » approche fort du galimatias[3] » ! De telles contradic-

1. *Mercure*, novembre 1677.
2. Le Beau, secrétaire perpétuel de l'Académie des Inscriptions. *Éloge de Fontenelle*.
3. *Mercure*, 1677, t. I (janvier-mars). A propos de l'*Épître au roi* :

 Est-il vrai, grand monarque, etc.

Par ce *style pompeux*, Visé entend évidemment la *Phèdre*. C'est le vers du sonnet de Mme Deshoulières :

 Dans un fauteuil doré, Phèdre tremblante et blême,
 Dit des vers où d'abord personne n'entend rien.

tions font apprécier la valeur des éloges du *Mercure* comme de ses critiques, et l'on pense à l'épigramme de Boileau contre Perrault [1] :

> Il est vrai, Visé vous assure
> Que vous avez pour vous *Mercure*,
> Mais c'est le *Mercure galant*.

Au reste, Visé ne songe guère à être impartial : il ne l'est pas en vantant Boyer et Cotin, Mme Deshoulières et Fontenelle ; il ne l'est pas en célébrant les dernières œuvres de Corneille, et en disant de la *Pulchérie* « qu'elle ne peut manquer de plaire à ceux qui ont le » cœur et l'esprit bien faits [2] », comme en répandant partout d'odieuses insinuations contre Racine, et en attribuant aux intrigues du poète les succès de ses tragédies et la froideur du public pour celles de Corneille et de son frère Thomas. Annonce-t-il la *Pulchérie*, « que les comédiens du Marais doivent représenter à l'hiver, et le *Cléodate* de Thomas, qui paraîtra presque en même temps sur le théâtre de l'hôtel de Bourgogne ? » Après l'éloge des deux frères, il ajoute : « Ensuite du *Cléo-* » *date*, on verra sur le même théâtre le *Mithridate* de » M. Racine. Cet ouvrage réussira sans doute, puisque » les pièces de cet auteur ont toujours eu beaucoup » d'amis [3]. » Est-il forcé d'avouer que le *Cléodate*, en dépit de ses prophéties, a été froidement reçu ? « Cet » ouvrage, dit-il, aurait eu un très-grand succès, si la » fortune avait été un effet du mérite ; mais comme ce » ne sont plus les ouvrages qui cabalent, il ne faut pas » s'étonner si cette pièce, qui a eu l'approbation des » meilleurs connaisseurs, n'a pas été aussi accueillie

1. Epig. 24. Édit. de Brossette, Genève, 1716.
2. Lettre du 19 mars 1672.
3. *Mercure*, t. III, p. 370.

» que les autres du même auteur[1]. » Quelques années plus tard[2], triomphe-t-il du succès d'une autre tragédie de son collaborateur, *le Comte d'Essex?* « La » gloire, remarque-t-il, en est d'autant plus grande » pour M. Corneille le jeune, que, ne prévenant jamais » les suffrages ni par des lectures ni par des brigues, il » peut s'assurer que ce qui réussit de lui mérite tou- » jours de réussir. » Ainsi, dans les succès comme dans les revers de ses amis, toujours se mêle une pensée amère contre Racine. S'il fait l'éloge de Corneille, il ajoute aussitôt : « Les gens qui lui portent le plus d'envie » lui doivent la réputation qu'ils ont eue pour leurs » ouvrages, puisqu'ils ne les auraient peut-être jamais » faits, si M. de Corneille n'avait point travaillé pour » le théâtre[3]. » Et ailleurs : « C'est le seul de qui » on peut louer les ouvrages sans les avoir vus, et de » qui, malgré le grand âge, on doit toujours attendre » des pièces achevées. » Qu'est-ce donc quand il rend compte de *Bajazet*, de *Mithridate* ou de *Phèdre?* Que de frais d'esprit et de malice, soit qu'il parle « du mérite » de l'auteur, mérite si grand qu'on ne peut trouver » de place sur le Parnasse aujourd'hui digne de lui être » offerte »; soit qu'il prenne pour sujet d'amplification le mot de Corneille à Segrais, et qu'il raille la galanterie française de Bajazet ou la mort chrétienne de Mithridate! L'examen complet de ces critiques trouvera place dans une autre partie de ce travail. Il nous suffit pour le moment d'avoir montré la passion et la haine systématique de Visé, et d'avoir signalé les rédacteurs du *Mercure* comme les adversaires intraitables de notre poète.

1. *Mercure*, t. IV, p. 225.
2. *Ibid.*, janvier 1678.
3. *Ibid.*, t. IV, p. 225.

Cependant à l'époque où Racine a renoncé au théâtre et a été revêtu par le roi des fonctions d'historiographe de France, le ton du *Mercure* se radoucit beaucoup. D'abord cette retraite délivre Visé et ses confrères des supplices que les nouveaux succès du poète pouvaient infliger à leur jalousie ; puis il faut ménager un homme si bien en cour. Ce double sentiment perce dans le passage où le *Mercure* annonce la résolution de Racine et son nouvel emploi [1]. Depuis ce moment, les rédacteurs se permettront bien encore quelques traits détournés contre lui et contre Boileau, mais ils n'oseront plus les attaquer en face. Le *Mercure* louera même d'assez bonne grâce le discours où Racine, recevant à l'Académie Thomas Corneille, fit un magnifique éloge du grand homme que la mort venait d'enlever.

Parmi les collaborateurs du *Mercure galant*, il en est un que nous n'avons pas cité : c'est Robinet. Un passage du *Mercure* nous apprend la part importante que ce versificateur prit au journal. Le volume de mai 1677 contient plusieurs sonnets adressés par Robinet à Monsieur, avec cette phrase : « Robinet a fait autrefois la » *Muse historique* dédiée à Madame. » Ailleurs : « Il » travaille à la *Gazette* depuis trente-cinq ans, et il a » fait tous les *Extraordinaires* que nous avons vus » jusqu'à l'année dernière. Ils lui ont acquis beaucoup

---

1. *Mercure* d'octobre 1677. « Le nom de M. Boyer, qui nous a
» donné tant de belles tragédies, me fait souvenir que le théâtre est
» menacé d'une grande perte. On tient (et c'est un bruit qui se con-
» firme de toutes parts) qu'un de nos plus célèbres auteurs y re-
» nonce pour s'appliquer entièrement à travailler à l'histoire. Il
» semble qu'il ne se soit attaché quelque temps à faire les portraits
» de quelques héros de l'antiquité que pour essayer son pinceau et
» préparer ses couleurs, dans le dessein de peindre ceux d'aujour-
» d'hui avec une plus vive ressemblance. »

» d'estime, et le public lui a rendu là-dessus la justice
» qu'il lui devait. » La *Gazette* dont il est question
dans ce dernier passage est la *Gazette* de *Renaudot*, qui
publiait, en manière de suppléments, comme le fit
aussi le *Mercure*, des *Extraordinaires*. Quant à la *Muse
historique*, ce journal, dont le principal rédacteur était
Loret, fut publié, à partir de 1650, sous forme de lettres
en vers adressées chaque semaine à Mlle de Longueville, devenue bientôt la duchesse de Nemours, et
il parut sans interruption jusqu'à la mort de Loret en
1655. A cette époque, Robinet, sous le pseudonyme
de Dulaurens, ou de J. Laurent, continua ces lettres et
les adressa à Madame (Henriette d'Angleterre). Après la
mort de Madame (1670), Robinet sollicita et obtint la
permission de les dédier à Monsieur, et sa publication
continua ainsi jusqu'en 1678[1]. Sans doute, à ce moment,
le succès du *Mercure galant* compromit l'avenir de la
Gazette, et Robinet, qui écrivait déjà dans le nouveau
recueil, prit le parti de vouer exclusivement au *Mercure*
son talent de poète et de critique.

Ses opinions littéraires, ses préférences, ses haines,
en faisaient d'ailleurs le collaborateur naturel de Visé.

---

1. La *Gazette rimée* de Robinet forme 2 volumes in-folio. Nous avons trouvé à la Bibliothèque nationale le premier, qui commence au 25 mai et finit au 27 décembre 1670. Il est divisé en trois parties : 1° *Lettres en vers à Madame* (25 mai 1665-28 juin 1670) 2° *Lettres en vers à l'ombre de Madame* (5-26 juillet 1670) ; 3° *Lettres en vers à Monsieur* (2 août-27 décembre 1670). La Bibliothèque mazarine possède, avec quelques lacunes, les années 1671 et 1672. La fin de 1673 et le commencement de 1674 manquent (du 23 septembre 1673 au 7 avril 1674). Puis on passe du 13 octobre au 8 décembre, et du 8 décembre au 29 : c'est la fin du volume. Quant à la dernière partie de la *Gazette* (de 1675 à 1678), nous l'avons cherchée vainement dans les bibliothèques de Paris. Cependant, notre ancien élève et ami, M. le baron James-Édouard de Rothschild, nous indique encore le recueil suivant, que possède la Bibliothèque natio-

Robinet est aussi un admirateur passionné des dernières œuvres de Corneille ; il vante

> Son charmant *Agésilaüs*,
> Où sa veine coule d'un flux
> Qui fait admirer à son âge
> Ce grand et rare personnage[1].

Il célèbre *Attila :*

> Cette dernière des merveilles
> De l'aîné des fameux Corneilles ;

et il trouve

> Que d'un roy des plus mal nais,
> D'un héros qui saigne du nez,

nale : *Lettres en vers à Leurs Altesses Royales Monsieur et Madame* (signées : J. Laurent), 1677-1678. Paris, imp. de G. Tempere, etc., 1677-1678, in-fol. Lc⁶, 30, Rés. Quant aux années 1675 et 1676, M. de Rothschild les a cherchées en vain dans les bibliothèques publiques et particulières de France ou de l'étranger ; il croit que pendant ces deux années la publication des gazettes rimées a été interrompue.

Nous sommes heureux d'annoncer que M. James de Rothschild, déjà connu par d'importants travaux de bibliographie et de critique, va faire paraître une édition nouvelle et aussi complète que possible de la *Gazette* de Robinet. Il y joindra un autre continuateur de Loret, Mayolas de Lagravete, dont la Bibliothèque nationale possède les recueils suivants : *Lettres en vers et en prose dédiées au Roy*, par le sieur de Lagravete de Mayolas (9 décembre 1668-24 décembre 1669). Paris, imp. de G. Adam, 1668-1669, in-fol. Lc⁶, 28, Rés. *Recueil de lettres en vers et en prose dédiées au Roy*, par le sieur de Lagravete (12 janvier-29 décembre 1671). Paris, imp. de G. Adam, 1671, in-fol. Lc⁶, 29, Rés.

Cette réimpression, qui intéresse si particulièrement l'histoire littéraire du XVIIᵉ siècle, complétera celle de la *Muse historique* de Loret, commencée en 1857 par M. Ravenel, conservateur du département des imprimés à la Bibliothèque impériale, et par M. de la Pelouze, son neveu ; les tomes II, III, et le IVᵉ et dernier qui vient de paraître sont dus exclusivement aux soins de M. Livet. La table seule reste à publier.

1. Lettre du 6 mars 1666.

> Il a fait, malgré les critiques,
> Le plus beau de ses dramatiques [1].

Il ne manque pas non plus l'occasion de protester plus ou moins directement contre la renommée de Racine. Ici, il s'écriera que le grand Corneille

> Fut prédestiné
> Pour emporter dans le tragique
> *Tout seul* l'honneur du dramatique [2].

Là, il déclarera que l'auteur de *Pulchérie* « tire l'échelle » après lui [3] ». Ailleurs [4], il lancera des traits plus directs à l'auteur d'*Andromaque* et verra dans la nouvelle œuvre de Corneille

> Une noble critique
> Des sottes tendresses du cœur
> Qu'étale *tout stérile auteur*,
> Bien souvent à tort et sans cause,
> Afin, comme il se propose,
> D'attirer et faire pleurer
> Le sexe qui fait soupirer.

On devine que Robinet n'est pas moins favorable à Thomas Corneille qu'à son frère. Il vante pompeusement toutes les pièces de ce poète, qui l'honore quelquefois de ses confidences : sa *Laodice*, « modèle du grand dramatique [5], » son « admirable *Cléodate* [6] », etc. Comme Visé, il a aussi une tendresse, un culte particuliers pour Boyer. Il n'est pas moins favorable à

---

1. Lettre du 13 mars 1667.
2. Lettre du 17 novembre 1668.
3. 17 décembre 1672.
4. Lettre du 17 novembre 1668.
5. 11 février 1668.
6. 16 novembre 1672.

Benserade, aux dernières tragédies de Quinault, à Boursault et à son *Germanicus*, à un critique de Racine, Subligny, en un mot, à tout le parti de l'ancienne littérature. C'est à Racine que ce juge si débonnaire réserve toutes ses rigueurs. Si l'on en croyait sa *Gazette*, de 1667 à 1674, parmi tant de chefs-d'œuvre donnés par les deux Corneille, par Boyer et par Quinault, il n'y aurait eu de tragédies médiocres que l'*Andromaque*, le *Britannicus* ou le *Bajazet*.

On a pu juger par ce qui précède que le style de Robinet est à la hauteur de sa critique. Rien de plus plat, de plus vulgaire que ces comptes rendus en vers. C'est presque le ton des complaintes, et le fond n'est pas plus distingué que la forme. L'auteur n'a garde d'entrer dans un examen sérieux des pièces qu'il annonce ; il se borne à une grossière analyse, qui a quelquefois l'air d'une parodie, au moins quand il s'agit de Racine. Certes ces nouvellistes nous donnent une triste idée de la critique périodique du XVIIe siècle ; c'étaient là pour la cause du grand Corneille de bien misérables champions. Si les chagrins de l'auteur, menacé dans ses intérêts comme dans sa popularité, expliquent qu'il n'ait pas répudié des auxiliaires si indignes de lui, sans doute il fut plus sensible à l'opinion et aux efforts d'autres partisans plus considérables par leur position et par leur esprit, plus désintéressés dans leur admiration pour le vieil auteur et dans leurs préventions contre Racine ; je veux parler de la société contemporaine de *Cinna* et de *Polyeucte*, des grands seigneurs, des beaux esprits, des nobles dames, qui avaient fait l'ornement du fameux hôtel de Rambouillet.

CHAPITRE III

Société de la première moitié du XVII⁰ siècle. — Mademoiselle, M. et
Mme de Longueville, M. et Mme de Montausier. — Mme de Sévigné.
— Segrais. — Saint-Évremond. — Le duc de Nevers. — La duchesse de Bouillon. — Mme Deshoulières. — Pradon.

A côté de la jeune cour, dont le goût docile, comme celui du maître, aux inspirations des nouveaux poètes, rompit tout à fait avec le passé, la société de l'âge précédent, et, suivant une expression souvent employée alors, la « vieille cour », demeura longtemps avec son tour d'esprit et ses habitudes littéraires, avec sa prédilection pour certains auteurs et certains genres. Les succès et la popularité croissante des nouveaux poètes, le discrédit où tombèrent ceux que l'hôtel de Rambouillet avait applaudis, durent encore ranimer la ferveur du culte qu'on avait voué à ceux-ci et provoquer en leur faveur d'ardentes protestations. De là une guerre où l'attaque n'est en réalité qu'une défense, et où la passion et l'injustice sont excusables, même quand elles vont à soutenir Cotin ou Chapelain contre Molière et Boileau, à plus forte raison quand il s'agit de défendre la prééminence du grand Corneille, et de protester, même par des critiques injustes, contre ceux qui veulent lui opposer ou lui préférer Racine.

A la tête de ce parti du passé était la fameuse Mademoiselle, fille de Gaston d'Orléans. Le rôle qu'elle avait joué dans les troubles de la Fronde et dans les réunions de l'hôtel de Rambouillet la désignait naturellement comme la protectrice de tous ceux qui lui rappelaient l'âge brillant de sa jeunesse et de sa puissance ; par son rang comme par son immense fortune, elle devait être le centre de l'opposition contre la poésie nouvelle et le chef du parti de la vieille cour. Elle eut, pendant vingt-quatre ans, pour gentilhomme ordinaire Segrais, poète facile, qui avait célébré dans ses églogues Mme de Rambouillet et Julie d'Angennes, et qui resta toujours fidèle aux souvenirs et aux poètes de ce temps. L'éloge un peu exagéré que Boileau fit du talent de Segrais ne le rapprocha pas du satirique et de ses amis, et il resta jusqu'au bout un de leurs adversaires les plus acharnés. Mademoiselle protégeait aussi une des victimes les plus célèbres de Boileau et de Molière, l'abbé Cotin, qu'elle appelait « son ancien » ; elle recevait et aimait Chapelain, Ménage, Boyer, tous les poètes supplantés par la nouvelle école. Sans doute, elle s'affligeait avec eux des attaques qui les troublaient dans la paisible jouissance de leur renommée, et s'indignait surtout des succès d'un jeune homme dans l'art dramatique, domaine exclusif, à ses yeux, de l'auteur du *Cid*.

On connaît le zèle emporté de M. de Montausier pour tous ces auteurs qui avaient travaillé à la fameuse *Guirlande de Julie*. L'époux de Julie d'Angennes, représentant et héritier direct du fameux hôtel, était engagé d'honneur à la défense des hommes qui en avaient fait l'ornement et la gloire. Aussi menaçait-il d'envoyer les médisants « rimer dans la rivière » ; aussi s'employait-il à faire refuser le privilége nécessaire à la publication de l'*Art poétique*. Cependant le célèbre duc ne tint pas toujours rigueur aux nouveaux poètes : on sait quel jugement il porta sur la comédie du *Misanthrope* et sur ce caractère d'Alceste dont on prétendait qu'il avait fourni l'original. Il ne fut pas non plus insensible à un adroit hommage de Boileau dans l'*Épître à Racine :*

> Et plût au ciel encor, pour couronner l'ouvrage,
> Que Montausier voulût lui donner son suffrage !

Les restes de sa froideur ne tinrent pas, dit-on, contre ces vers, et il devint un des juges les plus bienveillants des deux amis.

Au nombre des illustres partisans de Corneille et, en général, des écrivains de l'âge précédent, il faut compter encore la plus brillante habituée de l'hôtel de Rambouillet, Mme de Longueville, qui ne tarda pas, du reste, à se séparer du monde et à expier dans les rigueurs de la pénitence les entraînements et les fautes de sa jeunesse. M. de Longueville resta le protecteur des poètes qu'elle avait aimés, de Cotin, de Ménage, de Chapelain; et aux attaques de Boileau contre l'auteur de *La Pucelle*, il répondait en doublant la pension du poète. Sa fille, Mme de Nemours, à qui Loret dédia *La Muse historique*, une autre grande dame, la duchesse de Rohan, n'étaient pas moins attachées à ces écrivains. Segrais, qui, après sa rupture avec Mademoiselle[1], habita l'hôtel de Mme de la Fayette, chercha sans doute à exciter chez la spirituelle marquise les passions qui l'animaient. Mais Mme de la Fayette avait trop de goût, elle avait trop vécu avec Henriette d'Orléans, pour épouser la querelle d'écrivains médiocres, et pour être ennemie de Racine et de Boileau. Comme son ami, M. de la Rochefoucauld, l'auteur des *Maximes*, comme sa parente, Mme de Sévigné, elle

---

1. A l'époque du mariage avec Lauzun, en 1672. Il avait combattu vivement la passion de Mademoiselle.

sut conserver de la bienveillance pour les hommes, sans défendre les auteurs. Elle fut liée avec Boileau qui lisait ses vers chez M. de la Rochefoucauld, et, si elle garda à Corneille une admiration un peu exclusive, nous pouvons affirmer pour elle ce que nous prouverons bientôt pour Mme de Sévigné : ses préférences ne l'égarèrent jamais jusqu'à rabaisser Racine au rang des Boyer ou des Pradon, et jusqu'à entrer dans les cabales formées contre lui.

Mme de Sévigné fut en effet, comme chacun le sait, une des plus fidèles admiratrices de Corneille. C'est pour elle le poète tragique par excellence; aucun autre ne lui saurait être ni égalé ni comparé. Elle l'appelle « son vieil ami »; elle « en est folle[1] ». A chaque triomphe nouveau de Racine, elle proteste, pour ainsi dire, en répétant son cri d'admiration pour Corneille. Elle excite sa fille, elle s'excite elle-même à rester fidèle à leur culte : « Vive donc notre vieil ami Corneille ! Pardon-
» nons-lui de méchants vers en faveur de divines et su-
» blimes beautés qui nous transportent[2]. » « Rien, dit-elle ailleurs, rien n'approchera jamais des divins endroits de Corneille[3]. » Et encore : « Ma fille, gardons-nous de lui comparer Racine; sentons-en toujours la différence[4]. » Elle en appelle à l'autorité des hommes les plus compétents ; elle renforce son jugement de celui de l'ami particulier de Racine : « Despréaux en dit encore plus que moi ; en un mot, c'est le bon goût, tenons-nous-y[5]. » Avec quelle joie elle annonce la tragédie nouvelle que prépare Corneille ! combien elle compte sur le succès de

---

1. Lettre du 9 mars 1672.
2. Lettre du 16 mars 1672.
3. 15 janvier 1672.
4. 16 mars 1672.
5. *Ibidem.*

cette pièce pour rabattre l'orgueil des partisans de Racine et pour la venger du « bruit importun de *Bajazet*[1] »! « Il nous donnera encore *Pulchérie*, où l'on reverra

> La main qui crayonna
> La mort du grand Pompée et l'âme de Cinna. »

Cette pièce, elle l'entend lire par lui chez M. de la Rochefoucauld : « Il nous lut, dit-elle, l'autre jour une comédie qui fait souvenir de sa défunte veine[2]. » Cependant, peu de temps après, elle est forcée d'avouer à sa fille que ses prévisions ont été trompées. Elle se borne à une courte phrase qui laisse voir son désappointement : « *Pulchérie* n'a pas réussi. » Sans doute, ce qui irrite encore son chagrin, c'est le triomphe de *Mithridate*. Avec quelle froideur elle dut accueillir, dans sa retraite des Rochers, l'éloge que Mme de Coulanges lui adressa de cette pièce[3]! Que de réserves elle dut faire en elle-même, en lisant l'appréciation enthousiaste de sa cousine, qui appartient tout à fait à la nouvelle cour, et est toute gagnée au nouveau goût et aux nouveaux poètes!

Mais Mme de Sévigné, plus âgée que Mme de Coulanges[4], avait eu une autre éducation littéraire. Bien jeune encore, elle avait entendu Corneille lire ses tragédies à l'hôtel de Rambouillet; de bonne heure, elle s'était habituée à ne rien concevoir au-dessus de lui. Il

---

1. 9 mars 1672.
2. 15 janvier 1672.
3. 24 février 1673. Voyez la deuxième partie de cet ouvrage, chap. VI.
4. Mme de Sévigné est née en 1626. C'est vers l'année 1641 que naquit Marie-Angélique du Gué, devenue, par son mariage avec M. de Coulanges (1659), cousine de Mme de Sévigné.

faut bien de la force pour revenir sur de telles habitudes de goût. Comme les tragédies de Corneille, les romans de Mlle de Scudéri et de la Calprenède avaient nourri sa jeunesse. Plus tard, elle les relisait encore avec un plaisir qu'elle avoue non sans quelque honte. Elle a surtout un faible pour la Calprenède, « malgré le style qui est maudit [1] ». Ce qui la charme dans ces récits choquants d'invraisemblance et d'emphase, ce sont « les grands sentiments et les grands coups d'épée ». Avec cet amour du grand, même porté jusqu'au gigantesque, elle devait, comme en général la société contemporaine de la Fronde, préférer à tout Corneille et ses caractères. Ces héros, plus Espagnols encore que Romains, ces héroïnes, si fières et si résolues, si occupées de conspirations et de politique, qui ressemblent tant aux grandes dames de la Fronde et à celles des romans à la mode, devaient la transporter et être à ses yeux les vrais types du beau. Combien les personnages de Racine, avec leurs proportions plus humaines, semblaient petits auprès de ceux-là ! Combien l'habitude de cette sublimité un peu fastueuse pouvait rendre insensible au naturel délicat de Racine, à sa dignité pleine de nuances ! En outre, quand Mme de Sévigné écrivait, Corneille n'était-il pas déjà dans ce lointain si favorable aux hommes de génie ? Comment lui égaler ou lui préférer un jeune homme de beaucoup d'esprit, sans doute, mais amoureux d'une comédienne, rival de M. de Sévigné, et qui soupait avec lui chez la Champmeslé ?

Au reste, on le sait aujourd'hui, les torts de Mme de Sévigné sont bien moins graves qu'on ne les avait faits, sur la foi de Voltaire. Jamais elle n'a écrit cette phrase : « Racine passera comme le café. » Elle a dit un jour à

---

1. Lettre du 12 juillet 1671.

sa fille : « Racine fait des comédies pour la Champmeslé
» et non pour la postérité; si jamais il n'est plus jeune
» et qu'il cesse d'être amoureux, ce ne sera plus la même
» chose [1]. » Ailleurs, elle s'est déclarée lasse du café, et a
prédit qu'on s'en dégoûterait comme d'un indigne favori. Voltaire, avec sa légèreté spirituelle, s'est emparé
des deux jugements et les a réunis sous cette forme piquante, que la Harpe et d'autres critiques ont trouvée
chez lui et citée comme textuelle [2]. Au reste, la méprise
de la Harpe peut se comprendre; Mme de Sévigné aime
ces comparaisons plaisantes. Elle aime aussi, à propos
de Racine, à faire de la critique prophétique. Rien n'est
plus dangereux que de prédire l'avenir d'un écrivain :
on court la chance de recevoir bien des démentis. Après
Andromaque, elle avait dit : « Il n'ira pas plus loin
qu'*Andromaque*; » Racine répondit par *Britannicus*,
Iphigénie, *Phèdre*. Plus tard, elle s'écria : « *Esther* est
un sujet unique, » et bientôt parut *Athalie*.

Si Racine avait de bien injustes détracteurs, il avait
aussi, pour comble d'infortune, des partisans peu éclairés dans leur enthousiasme. Tel était M. de Tallard, dont
Mme de Sévigné cite le jugement sur *Bajazet* : « M. de
» Tallard [3] dit que cette comédie est autant au-dessus
» des pièces de Corneille que celles de Corneille sont
» au-dessus de celles de Boyer. Voilà ce qui s'appelle
» bien louer. » On conçoit que la ridicule exagération
de ces éloges ait révolté les admirateurs de Corneille,
qu'elle ait amené des protestations et des ripostes, et
qu'elle les ait jetés, par une revanche assez naturelle,

1. Lettre du 16 mars 1672.
2. Voici la phrase même de Voltaire : « Cette aveugle prévention
» qui lui fait dire que la mode d'aimer Racine passera comme le
» café. » (Ed. Beuchot, t. IX, p. 469.)
3. Lettre du 13 janvier 1672.

dans l'exagération contraire. De là en partie la sévérité de quelques jugements de Mme de Sévigné, de là son empressement à lire et à vanter ce qui s'écrit contre les pièces de Racine ; par exemple la *Critique de Bérénice*, par l'abbé de Villars. Mais l'illustre dame se distingue, entre tous les adversaires de Racine, par sa modération et par son goût. Si elle n'a pas pour le poète toute la vivacité que nous voudrions lui voir, du moins elle n'affecte pas de nier son talent. Elle reconnaît « qu'il a bien de l'esprit[1] ». Elle relit ses tragédies à Vitré. Elle le sait par cœur et le cite aussi bien que Corneille ou la Fontaine. Elle voit jouer *Andromaque* à Vitré, et « elle y pleure plus de six larmes » ; « c'est assez, ajouta-t-elle, pour une troupe de campagne. » Enfin jamais elle n'a étendu jusqu'à la personne du poète les préventions qu'elle a pu avoir contre ses ouvrages ; jamais elle n'a attaqué son caractère ; jamais elle n'a soutenu ses indignes concurrents. On ne trouverait même pas dans toute sa correspondance le nom de Pradon. Elle apprécie comme ils le méritent les autres grands poètes de l'âge nouveau. Personne alors n'a témoigné plus d'admiration pour Molière ; personne n'a plus souvent rendu hommage au génie du grand poète « qui a corrigé, dit-elle, tant de ridicules ». Personne n'a eu d'éloges plus vrais, plus délicats, plus vifs pour les fables de la Fontaine. Enfin, bien que l'élève de Chapelain et de Ménage pût entrer dans les ressentiments de ses anciens maîtres, restés ses amis, bien qu'elle eût appris à l'hôtel de Rambouillet le respect de tous ces auteurs que l'on vouait au ridicule, jamais elle n'a poussé l'intérêt pour leurs personnes jusqu'à défendre leurs œuvres. Elle rend pleine justice au talent de Boileau ; elle est toute gagnée à sa

---

1. Lettre du 21 mars 1689.

cause; et elle n'a qu'estime et affection pour celui dont elle a dit : « Il n'est cruel qu'en vers. »

Segrais, que Mme de Sévigné voyait intimement chez sa parente, madame de la Fayette, était, nous l'avons dit, bien plus violent dans ses haines, et elles le menaient beaucoup plus loin. Ami particulier de Chapelain, il défend dans ses Mémoires *la Pucelle*, où il trouve « des endroits inimitables ». Il s'indigne des critiques de Boileau contre Mlle de Scudéri « dont les vers si naturels, si
» tendres, plaisent à tout le monde, et ne sont pas du
» goût du satirique, sans doute parce qu'il ne saurait y
» mordre ». Il plaint fort « le pauvre M. Boyer, qui n'a
» jamais offensé personne, dont les pièces ont été jouées
» de leur temps, et qui est assez bon académicien ». Sans cesse il revient à la charge et saisit l'occasion de lancer un trait ou de porter un jugement malveillant contre Boileau et contre Racine. Tantôt c'est à propos de Perrault et de la querelle des anciens et des modernes : « Racine et Despréaux, dit-il, n'estiment que leurs vers;
» ils ne louent personne; ils critiquent les poésies de
» tous les autres, et il ne paraît pas un madrigal qu'ils
» ne le censurent. Cependant, ôtez-les de la poésie, ils
» sont muets, ils ne savent plus où ils en sont; car que
» savent-ils autre chose que rimer? M. Perrault, qu'ils
» méprisent fort, et qui ne laisse pas d'être un bon poète,
» quoi qu'ils en disent, sait beaucoup plus qu'eux. » Tantôt il reproche à Boileau « de se copier toujours lui-même et de rebattre la même chose », et, selon lui, « c'est à l'occasion de Despréaux et de Racine que M. de la Rochefoucauld a établi la maxime par laquelle il dit que « c'est une grande pauvreté de n'avoir qu'une sorte d'esprit. » Remarquons en passant l'injustice de ce reproche adressé à un esprit aussi varié et aussi flexible que Racine, à l'auteur étincelant, passionné, des *Lettres imaginaires*,

à l'aimable et délicat historien de Port-Royal, au critique généreux qui a si éloquemment apprécié Corneille, au poète qui ne parlait jamais de ses œuvres et a laissé ignorer à sa femme jusqu'au nom de ses tragédies, à l'homme enfin qui a réussi à la cour, c'est-à-dire dans un pays où il faut s'effacer, et où l'on plaît moins en brillant soi-même qu'en ménageant aux autres l'occasion de briller.

Mais c'est surtout la pensée de Corneille qui attire à Racine les foudres de Segrais, et il fait, lui aussi, non moins malheureusement que Mme de Sévigné, de la critique prophétique : « L'on verra, dit-il, dans trente ou quarante » ans, si l'on lira les ouvrages de Racine, comme on lit » présentement ceux de Corneille, qui ne vieillissent » pas. » Il ne manque pas de dire, comme Fontenelle et Visé, que « c'est Corneille qui a fait Racine ». Il ne manque » pas non plus de déclarer « les premières et les dernières » pièces de son poète préférables aux meilleures des » autres ». Après avoir rapporté le mot de Corneille sur *Bajazet*, il a bien soin d'ajouter : « Il avait raison, et l'on » ne voit pas cela dans son théâtre : le Romain y parle » comme un Romain, le Grec comme un Grec, l'Indien » comme un Indien, et l'Espagnol comme un Espagnol. » Une autre de ses critiques contre Racine c'est que « la » matière lui manque » et qu'il « dit des choses très-com-» munes pour donner à ses scènes la longueur qu'elles » doivent avoir. » Il y a plus de matière, ajoute-t-il, dans » une seule scène de Corneille que dans toute une pièce de » Racine. » Segrais touche ici au système dramatique de Racine ; nous retrouverons cette objection plus complètement formulée par d'autres adversaires du poète, et notamment par un écrivain formé à la même école que Segrais, fidèle, comme lui, à ses premiers principes, à ses premières amitiés, comme lui, champion de Corneille, et, avec moins d'aigreur, adversaire de Racine, je veux parler de Saint-Évremond.

On connaît la singulière destinée de ce seigneur bel-esprit. Né dans les premières années du règne de Louis XIII (1613), d'une famille ancienne de Normandie, il se distingua de bonne heure dans les armées et dans les salons. Il servit sous Condé et sous Turenne, dont il a comparé dans un de ses écrits les caractères et les talents. En même temps il fit admirer dans les cercles sa verve enjouée et railleuse, et les allures fort libres de son esprit. Mais cette indépendance d'opinions, cette légèreté de ton et d'habitudes, finirent par le perdre. Il avait écrit confidentiellement une longue lettre satirique contre le traité des Pyrénées. Le roi en eut connaissance, et Saint-Évremond n'échappa à la Bastille qu'en gagnant précipitamment la Hollande [1]. Ce fut dans ce pays, et surtout en Angleterre, que s'écoula la seconde partie de sa longue existence. En 1689, après vingt-huit ans d'exil, la permission de rentrer en France lui fut accordée ; mais il n'en profita pas, et il mourut à Londres en 1703, âgé de plus de quatre-vingt-dix ans. Esprit hardi et sceptique, ami de la volupté élégante et spirituelle, Saint-Évremond a pu, non sans raison, être considéré comme un précurseur de Voltaire. En France, il eût sans doute fait partie de cette société du Temple, hostile, elle aussi, à Racine, et qui préparait déjà, dans le dernier quart du XVIIe siècle, le règne de la Régence. En Angleterre, il fut un des ornements de la cour frivole et licencieuse de Charles II ; et, grâce à lui, le salon d'une belle et trop célèbre réfugiée, dont il fut jusqu'à la mort l'admirateur, le secrétaire et le conseiller, Mme de Mazarin, devint le rendez-vous de toute la jeunesse galante, de tous les poètes de Londres.

---

1 Voyez Desmaiseaux, *Vie de Saint-Évremond*.

Ces réunions, où l'esprit faisait les principaux frais, les relations habituelles que Saint-Évremond conserva toujours avec ses amis du continent, et qui le tinrent au courant de tous les événements sérieux ou légers de la cour et de la ville, de toutes les nouveautés de la littérature et de la politique, ont rempli et charmé la vie de l'aimable épicurien. Elles ont donné naissance à de nombreux ouvrages, lettres en prose et en vers, dissertations morales, appréciations historiques, portraits, jugements littéraires, qui valurent à leur auteur une grande célébrité parmi ses contemporains. Un mérite singulier ajoutait au piquant de ces écrits, c'est qu'ils n'étaient pas publiés. Saint-Évremond les lisait à ses amis, les adressait en France à quelques-uns de ses correspondants. Là, ils circulaient de main en main, « sous le manteau », comme dit la Bruyère, « et à la condition d'être rendus de même ». Quel prix donnait à ces feuilles la difficulté des communications, l'attente nécessaire d'une partie des curieux! Combien on était disposé à juger favorablement d'une œuvre qu'on avait longtemps sollicitée, qu'on avait enfin le privilége envié de posséder et de lire! Saint-Évremond affecte quelquefois dans ses lettres de se plaindre de cette célébrité : « Je hais extrêmement, écrit-il à M. de Lionne, de voir mon nom courir par tout le monde. » Il déplore les sollicitations des libraires, les impressions furtives, conséquence de ses refus. Ces éditions altérées et incorrectes le décident à autoriser conditionnellement une publication authentique[1]. Mais ce n'est pas assez pour satisfaire les lec-

---

1. Lettre à M. de Lionne : « S'il n'y a pas moyen d'empêcher que
» ces petites pièces ne s'impriment, comme vous me le demandez, je
» vous prie que mon nom n'y soit pas. Il vaut mieux qu'elles soient
» imprimées comme vous les avez, et le plus correctement qu'il est

teurs, et certains libraires exploitent la curiosité publique en commandant aux auteurs du *Saint-Évremond*, avec promesse de le bien payer. Ainsi, Saint-Évremond eut tous les genres de succès, même celui de la contrefaçon.

Cette réputation, que n'ont pas acceptée cependant tous les écrivains du grand siècle, et notamment Boileau[1], décrut bien au siècle suivant, et la critique plaça Saint-Évremond dans un rang secondaire parmi ces beaux génies qu'il avait jugés, et auxquels on l'avait quelquefois égalé. Aujourd'hui, les écrits de Saint-Évremond ont repris faveur, et l'on cite surtout avec éloge ses *Réflexions sur le génie du peuple romain*. Cet ouvrage, peu étendu, comme tous ceux de l'auteur, est en effet son principal titre littéraire. La pensée, juste et fine, quelquefois originale et profonde, est rehaussée encore par le ton vif et piquant de l'homme d'esprit, du brillant causeur, mérite principal des autres écrits de Saint-Évremond. On remarque aussi à sa louange qu'il a précédé Bossuet et Montesquieu. Mais, sans rappeler Machiavel, il serait juste d'ajouter qu'il a suivi Balzac, et que l'auteur des *Dissertations politiques* et du *Prince* avait déjà marqué, en français, avec beaucoup de vigueur, de pénétration et d'éclat, les principaux traits du caractère romain. Au reste, il est clair que Saint-Évremond se rattache directement à Balzac et à un autre écrivain dont l'influence a été plus longue, à Voiture. Saint-Évremond, dans sa jeunesse, a

---

» possible, que dans le désordre où elles passent, de main en main,
» jusqu'à celle d'un imprimeur. »

1. Dans la préface de la première édition des *Satires* (1666), il explique ce qui l'a décidé à cette publication : « On en a donné à
» Rouen une monstrueuse édition ; on les a fait suivre d'un *Jugement*
» *sur les sciences* (par Saint-Évremond), et il a eu peur que ses *Sa-*
» *tires* n'achevassent de se gâter en une si méchante compagnie. »

vécu avec eux : il a été le témoin de leurs succès, il s'est formé sur ces modèles ; comme eux, c'est un auteur homme du monde ; comme eux, il réussit par des lettres, par des écrits de courte haleine, faits pour les dames et pour les lectures d'un salon. Son style a les qualités et, en partie, les défauts de celui de Voiture : l'enjouement, la finesse et aussi parfois la subtilité et l'affectation. Il continue dans la seconde moitié du xviie siècle l'esprit et le goût de la première. Il est donc naturel que sa critique se ressente de son éducation et de son parti littéraire, que son admiration très-légitime pour le génie de Corneille s'étende jusqu'à des œuvres qu'il aurait dû franchement abandonner, et qu'elle le rende sévère ou équivoque dans son appréciation du théâtre de Racine.

L'éloge de Corneille revient partout dans ses lettres : « Les anciens, écrit-il à M. de Lionne, ont appris à Cor- » neille à bien penser, et il pense mieux qu'eux. » Ailleurs il dit ces paroles, qu'on pourrait retourner contre le poète, et qui rappellent les critiques de Fénelon et de Vauvenargues : « Corneille, qui fait mieux parler les » Grecs que les Grecs, les Romains que les Romains, les » Carthaginois que les citoyens de Carthage ne parlaient » eux-mêmes. » Et encore : « Ce grand maître du théâtre, » à qui les Romains sont plus redevables de la beauté » de leurs sentiments qu'à leur esprit et à leur vertu. » Il place *Attila* au rang des chefs-d'œuvre de notre théâtre, et, comme on lui fait quelques objections à propos de ce jugement, il le corrige en ces termes : « La vérité est que » la pièce est moins propre au goût de votre cour qu'à » celui de l'antiquité ; mais elle me semble très-belle. » Il avait déjà fait allusion à ce goût dont se plaint si amèrement Corneille, en disant que « la tragédie d'*Attila* eût » été admirable du temps de Sophocle et d'Euripide, où » l'on avait plus de goût pour la scène farouche et san-

» glante que pour la douce et la tendre ». Il défend avec chaleur le personnage de Rodogune contre les répugnances de M. de Barillon, ambassadeur de France; celui d'Émilie, contre l'aversion de Mme de Mazarin. Il loue Émilie « d'être plus Romaine que Cinna, de dire des in- » jures à son amant, de lui imposer pour conditions la » mort d'Auguste »; il admire cet amour, « effet de la » conspiration », cet héroïsme qui ne recule pas devant le poignard. « Elle avait vu, dit-il, massacrer son père, et, » ce qui était plus insupportable à une Romaine, elle » voyait la république assujettie par Auguste. » A ces raisons, Mme de Mazarin répondait peut-être qu'Émilie avait un an lorsque son père fut frappé : depuis, elle avait été recueillie par Auguste, tendrement élevée par lui ; elle souffrait encore patiemment qu'il la comblât de bienfaits et la nommât sa fille. Peut-être la belle duchesse souriait-elle avec incrédulité à cette ardeur républicaine donnée comme le fond du caractère de toute Romaine, à cette horreur nécessaire pour la tyrannie. Saint-Évremond n'en affirmait pas moins à Mme de Mazarin, née Romaine, qu'elle aurait fait comme Émilie, et que « son couteau se serait essayé contre le tyran ».

Ce ne sont pas les seuls débats littéraires que Saint-Évremond ait eus avec sa compagne d'exil. Autant il tenait pour Corneille, autant elle était éprise de Racine. Sur ce point seulement ils ne pouvaient s'entendre. De bonne heure, par sa *Dissertation sur Alexandre*, l'illustre réfugié avait déclaré ses sentiments sur le nouveau poète. Il apprécia aussi *Andromaque* et *Britannicus*; et, sans avoir donné de jugement étendu sur les autres tragédies de Racine, il y fait souvent allusion. Tantôt il attaque le goût du temps, « qui n'aime que la douleur et » les larmes »; il déplore « le trop grand usage de cette » passion, dont on enchante présentement tout le

» monde »; et il rend ironiquement les armes à la mode, « la seule règle des honnêtes gens. » Tantôt il défend avec une vivacité assez amère ses opinions contre plusieurs seigneurs, auxiliaires de Mme de Mazarin, et, comme elle, chauds partisans de Racine. Ce passage est curieux, car l'auteur y expose nettement ses idées sur la conception du drame : « J'ai soutenu qu'il fallait faire entrer
» les caractères dans les sujets, et non pas former la
» constitution des sujets après celle des caractères ; que
» nos actions devaient précéder nos qualités et nos hu-
» meurs ; qu'il fallait remettre à la philosophie de nous
» faire connaître ce que sont les hommes, et à la comé-
» die de nous faire voir ce qu'ils font ; et qu'enfin ce n'est
» pas tant la nature qu'il faut expliquer, que la condi-
» tion humaine qu'il faut représenter sur le théâtre. » Et le sens de ces lignes est précisé un peu plus loin. Après avoir rejeté ses torts sur « la rudesse d'un vieux goût », Saint-Évremond ajoute : « J'avoue qu'il y a eu des temps
» où il fallait choisir de beaux sujets et les bien traiter ;
» il ne faut plus aujourd'hui que des caractères. » —
« Quartier ! s'écrie-t-il ailleurs, quartier ! madame la du-
» chesse ; pour moi, j'ai abandonné les *Visionnaires* et
» le *Menteur*; Racine est préféré à Corneille, et les carac-
» tères l'emportent sur les sujets. Je ne renonce pas seu-
» lement à mon opinion ; je maintiens les vôtres. » Nous ne ferons en ce moment que signaler toute la portée de ce passage. Il prouve que Saint-Évremond et ses amis avaient compris le système dramatique de Racine, la différence capitale qui distingue son théâtre de celui de Corneille après *Polyeucte*. Comme leur auteur favori, ils voyaient surtout dans la complication des évènements, dans l'originalité des situations, la tragédie, que le nouveau poète avait placée dans les agitations du cœur, dans la lutte passionnée, mais prévue et logique, des sentiments.

Saint-Évremond se trouvait, par Mme de Mazarin, en relations fréquentes avec une société qui tenait à cette dame par des liens de parenté et d'affection, mais qui ne partageait pas son enthousiasme pour Racine; je veux parler du duc de Nevers, Philippe Mancini, frère de la fameuse Hortense, et de sa sœur, Marie-Anne Mancini, duchesse de Bouillon. Bel esprit et poëte, comme Saint-Évremond, le duc de Nevers avait pu, dans sa première jeunesse, le rencontrer à l'hôtel de Rambouillet [1]. Comme lui, il resta toujours fidèle aux principes littéraires qu'il avait puisés dans ces réunions et aux auteurs qu'il y avait applaudis. Il eut même moins de discrétion dans ses sympathies, moins de réserve dans ses protestations en faveur des anciens poètes, et il s'engagea dans ce parti du passé jusqu'à célébrer de misérables auteurs, jusqu'à écrire contre Boileau et cabaler contre Racine. Versificateur facile, quelquefois même énergique, mais souvent bizarre, il adressait parfois assez mal ses hommages poétiques. Mme de Sévigné parle d'une épître écrite par lui « au petit Le Clerc de l'Académie ». Dans ces vers, il élevait jusqu'aux nues ce poète, qui serait ignoré aujourd'hui sans sa malencontreuse rivalité avec Racine. Il associa sa muse à celle de Desmarets de Saint-Sorlin et de l'abbé Testu, pour lancer contre Boileau un pamphlet en vers sous ce titre : *Défense du poëme héroïque, avec quelques remarques sur les œuvres satiriques du sieur D**. Quand Boileau et Racine sont nommés historiographes de France, il exhale ainsi son humeur contre eux :

<blockquote>
Aussi bien dans le monde, hors deux auteurs célèbres,
Le reste est englouti dans l'horreur des ténèbres;
</blockquote>

[1]. Il était né à Rome en 1641. En 1660, Mazarin acheta au duc de Mantoue le duché de Nevers, et, à sa mort, il le laissa à son neveu.

> Ces illustres du temps, Racine et Despréaux,
> Sont du mont Hélicon les fermiers généraux.
>
> . . . .
>
> A présent de la rime abandonnant les lois,
> Ils veulent que Phébus reprenne tous ses droits;
> Et sortant tout à coup de l'ordre poétique,
> Ils entrent étrangers dans le monde historique.

Il faut, du reste, pardonner cette boutade au poète grand seigneur. Quand les deux amis furent élevés par la faveur du roi à cette charge importante qui leur fit tant d'envieux, le duc de Nevers était encore sous l'impression de sa querelle avec eux, et l'affaire de *Phèdre* devait avoir laissé dans son cœur bien de l'aigreur et du ressentiment.

Outre le duc de Nevers, les principaux acteurs de cette intrigue furent, on le sait, la duchesse de Bouillon et Mme Deshoulières, sans compter Pradon, dont la plate et pitoyable tragédie servit d'instrument à la cabale. On regrette de trouver dans cette affaire l'aimable et spirituelle Mme de Bouillon. Celle qui avait si bien deviné le génie de la Fontaine, qui avait excité à Château-Thierry la verve du poète encore peu connu, et dont l'influence décida peut-être l'avenir de « son fablier », méritait de ne pas se faire la protectrice de Pradon, et de ne pas entrer, même sous l'empire d'un ressentiment particulier[1], dans cette machination contre un chef-d'œuvre. Mais dans le milieu où vivait Mme de Bouillon, elle ne pouvait guère échapper aux préventions contre Boileau et

---

1. Voy. dans la *Seconde partie* le chapitre VIII. Si l'on admet, d'après le récit fait à Brossette par Mlle Deshoulières, bien longtemps après la représentation des deux *Phèdres* (1711), que Mme de Bouillon, en louant les deux salles, a voulu venger son frère, le duc de Nevers, du sonnet injurieux qu'on imputait à Racine et à Boileau, on avouera encore que les représailles étaient bien vives.

Racine; et, avec son caractère ardent et impérieux, une fois engagée dans la querelle, elle devait pousser plus loin que toute autre la vivacité de ses attaques. En effet, Mme de Bouillon, dès les premières années de son mariage, avait installé dans son hôtel des réunions littéraires qu'elle aimait à présider. Or, les habitués de ce cercle étaient Ménage, Boyer, Benserade, Mme Deshoulières, c'est-à-dire les adversaires de la nouvelle école poétique. Quelquefois on y voyait le vieux Corneille. La Fontaine, que Mme de Bouillon ramena avec elle de Château-Thierry, ne devait guère manquer à ces réunions. Nous savons par lui qu'on y traitait des questions littéraires et dramatiques. Mme de Bouillon prenait une grande part à ces discussions, et elle exerçait là, en quelque sorte, cette royauté dont, à en croire Saint-Simon [1], elle avait le goût et l'instinct :

> Les Sophocles du temps et l'illustre Molière,
> Vous donnent toujours lieu d'agiter quelque point.
> Sur quoi ne disputez-vous point ? ?

Sans doute, dans cette petite académie, l'opinion n'était pas très-favorable à Racine, on y parlait avec peu de bienveillance des productions nouvelles du poète, et l'on y accueillait avec empressement, soit les lettres de Saint-Évremond, soit les jugements du *Mercure galant*,

---

1. *Mémoires*, t. VII, chap. VII, édit. Hachette, in-12, 1855-58. « Elle était le grand justicier du XVIIe siècle, la reine de Paris et de » tous les lieux où elle avait été exilée... Mari, enfants, tous les » Bouillon, le prince de Conti, le duc de Bourbon, qui ne bougeaient, » à Paris, de chez elle, tous étaient plus petits devant elle que » l'herbe... Elle savait, parlait bien, disputait volontiers, et quel- » quefois allait à la botte... L'esprit et la beauté la soutinrent, et le » monde s'accoutuma à être dominé. »

2. Lettre à Mme la duchesse de Bouillon.

soit les pièces critiques contre *Britannicus*, *Bérénice* ou *Iphigénie*. Enfin, ce ne fut pas sans une arrière-pensée hostile à Racine qu'on y admit un jeune auteur assez vain pour essayer, après l'échec de Le Clerc, le rôle de rival du grand poète.

Au reste, l'introducteur de Pradon à l'hôtel de Bouillon, son patron auprès des puissances du lieu, fut Mme Deshoulières. Nous avons vu cette célèbre dame honorée de l'admiration du *Mercure* et remplissant de ses poésies les pages de ce journal. En effet, par son éducation comme par sa société, elle appartenait tout-à-fait au parti que soutenait Visé. Née en 1633 ou en 1634, Antoinette du Ligier de la Garde avait, comme Mme de Sévigné et beaucoup de grandes dames de cette époque, étudié le latin, l'italien, l'espagnol. Elle avait surtout dévoré les romans de Mlle de Scudéri et de la Calprenède; elle avait admiré à l'hôtel de Rambouillet les Voiture et les Benserade. Mariée en 1651 à un officier qui suivit Condé dans les Pays-Bas, elle se consola quelque temps de l'exil en ouvrant à Bruxelles une succursale du fameux hôtel. Elle brilla dans ces réunions par son esprit comme par sa beauté, et fut entourée d'hommages par les seigneurs français et espagnols, et même par le grand Condé. Une disgrâce inattendue et fort brutale vint l'arracher à ses succès et hâter son retour en France. Elle avait demandé au gouvernement espagnol le payement de la pension de son mari ; à ses réclamations plusieurs fois répétées et un peu vives on répondit en la faisant arrêter et conduire en prison. Mais, par un coup hardi, M. Deshoulières délivra sa femme, et, profitant d'une amnistie offerte par Louis XIV, il rentra en France. Mme Deshoulières fut reçue avec empressement par la société qu'elle avait déjà entrevue avant son mariage. Elle eut pour admirateurs et pour amis beaucoup de grands seigneurs, tels que les ducs de Montausier, de la Rochefoucauld, de Saint-Aignan, de Nevers, le comte de Bussi, aussi bien que les plus fameux poètes du temps, et elle entretint avec les uns et avec les autres un commerce d'épîtres et de ballades. Les deux Corneille la protégeaient ; elle était en relations avec Mascaron et Fléchier ; Benserade, Ménage, Boyer, Perrault, Charpentier, Quinault, Le Clerc, l'abbé de Lavau, les deux Tallemant, c'est-à-dire tous les académiciens opposés à Racine et à Boileau, recevaient ses vers et y répondaient, fréquentaient son salon et célébraient son talent à l'envi du *Mercure*.

Les poésies de Mme Deshoulières ont sans doute un véritable mérite de facilité, de grâce et de douceur ; mais cette facilité est quelquefois un peu prosaïque, cette douceur un peu monotone. On finit par se lasser de ces éternelles comparaisons entre le sort de l'homme et celui des oiseaux, des moutons, des fleurs, des ruisseaux ; de ce pompeux éloge du bonheur de toute la nature opposé aux misères de l'humanité ; de ces plaintes langoureuses sur la galanterie qui disparaît, sur l'amour dont le culte est déserté ; de ces longues conversations avec son chien et avec son chat ; et l'on est tenté d'applaudir à une épigramme décochée contre elle, à l'occasion d'une idylle sur la naissance du duc de Bourgogne :

> Pour immortaliser l'enfant qui vient de naître,
> Et qui gouvernera dans soixante ans peut-être,
> La Deshoulière a fait cent vers, tant mal que bien.
> Que lui donnera-t-on pour un si long ouvrage ?
>   Si j'en étais cru, ma foi, rien.
> Pour immortaliser et sa chatte et son chien,
>   Elle en a fait bien davantage.

Il faut dire que, suivant l'allusion maligne de cette petite pièce, l'enthousiasme patriotique de Mme Deshoulières dans cette circonstance, et en général les épîtres qu'elle adressait à ses nobles et riches protecteurs, n'étaient pas tout à fait désintéressés. Depuis le séjour dans les Pays-Bas, les affaires de la femme et du mari avaient toujours été fort embarrassées. Quoique M. Deshoulières eût obtenu un haut grade dans l'armée et le gouvernement de la ville de Cette, il n'apportait au ménage que la lourde charge de ses dettes; il abandonna à ses créanciers tout ce qu'il avait, et sa femme, pour préserver du moins sa petite fortune, dut obtenir une séparation de biens. Sa principale ressource était une pension de 2000 livres que lui accorda le roi; quant à ses poésies, les hommages qu'elles lui valaient étaient, à ce qu'il semble, un peu stériles. Souvent elle laisse échapper quelques traits qui nous révèlent les difficultés de sa position et l'amertume de son âme. Les temps sont changés : les seigneurs d'aujourd'hui sont indifférents aux lettres et « orgueilleux de leur ignorance »; quant à ceux d'autrefois,

> Restes d'une cour plus galante,
> Et moins dure aux auteurs que celle d'aujourd'hui,

hélas! ils vont disparaître. Aussi Mme Deshoulières profite-t-elle de tous les événements publics, victoires, mariages, naissances, pour adresser au roi ses félicitations; aussi implore-t-elle en vers le crédit du P. Lachaise, de Mme de Maintenon; aussi, dans sa fameuse idylle si souvent citée :

> Dans ces prés fleuris qu'arrose la Seine,

demande-t-elle pour ses chères brebis, c'est-à-dire

pour ses enfants, les bontés du dieu Pan, c'est-à-dire de Louis XIV.

Mme Deshoulières eut le tort de ne pas se renfermer dans ce genre léger et facile, où la simplicité un peu commune de son talent lui assurait des succès. Elle voulut aborder la tragédie; mais elle n'avait aucune des qualités que demande cet art, le plus difficile de tous, ni l'élévation, ni la force, ni la passion. Sa tragédie de *Jules-Antoine* est complétement ignorée aujourd'hui; celle de *Genséric* n'est connue que par le sonnet attribué à Racine :

> La jeune Eudoxe est une bonne enfant
> La vieille Eudoxe une franche diablesse,
> Et Genséric un roi fourbe et méchant,
> Digne héros d'une méchante pièce.
> . . . .
> Et sur le tout le sujet est traité,
> Dieu sait comment! Auteur de qualité,
> Vous-vous cachez en donnant cet ouvrage.
> C'est fort bien fait de se cacher ainsi ;
> Mais, pour agir en personne bien sage,
> Il nous fallait cacher la pièce aussi.

Pour comprendre ces derniers vers, il faut savoir que la tragédie passa quelque temps pour l'œuvre d'un des amis particuliers de Mme Deshoulières, de son confrère en poésie, le duc de Nevers. Le pseudonyme était assez dans les habitudes du noble poète; nous avons dit qu'il avait eu part au livre publié en 1674 contre Boileau par Desmarets et l'abbé Testu. Ses relations avec Mme Deshoulières, la communauté de leurs amitiés et de leurs haines littéraires, permettaient de croire à leur collaboration. Enfin on n'avait pas encore oublié, en 1680, l'affaire des deux *Phèdres*, où ils s'étaient compromis ensemble pour la cause de Pradon, et le fameux sonnet qui pouvait passer pour son œuvre autant que pour celle de son amie.

Ainsi le duc de Nevers, la duchesse de Bouillon, Mᵐᵉ Deshoulières, nous amènent également à ce Pradon que Boileau a si bien puni de ses torts et de ceux de ses protecteurs, et dont le nom est devenu le synonyme de la platitude et de la pauvreté littéraire. Né à Rouen, dans la patrie de Corneille, circonstance qui contribua peut-être à exciter son ardeur poétique, Pradon donna, en 1674, au milieu des plus grands succès de Racine, sa première tragédie, *Pyrame et Thisbé*. Il était alors bien jeune, car il est impossible d'admettre comme véritable la date qu'un biographe [1] assigne à sa naissance. S'il était né en 1632, sept ans avant Racine, eût-il pu, dans la préface de *Tamerlan*, tragédie imprimée en 1676, parler de lui comme d'un « jeune auteur qui commence », et excuser les fautes de son ouvrage par l'exemple des « maîtres du théâtre, qui y » règnent avec tant d'empire et de justice »? Il est évident qu'il veut parler de Racine; car il ajoute, par allusion aux écrits publiés contre les tragédies de ce poète : « Si ces grands maîtres sont exposés eux-mêmes » à des critiques qui leur ont donné tant d'émotion, » pourquoi un jeune auteur qui commence et qui n'en » est encore qu'à sa seconde pièce, en serait-il plus » exempt qu'eux? » Malgré la prodigieuse vanité qui s'étale dans cette préface d'une pièce tombée pourtant dès les premières représentations, et déjà dans celle de *Pyrame et Thisbé*, il daigne, on le voit, céder le premier rang à Racine et ne se placer qu'à la suite des « maîtres du théâtre ».

Au reste, plus que tout autre, il avait sujet de donner

---

[1]. Guilbert, cité par le P. Niceron.

à Racine le nom de maître; car, lorsqu'on a le courage de parcourir les pièces de Pradon et particulièrement les deux premières, on reconnaît bien vite qu'il est non-seulement le très-indigne disciple, mais l'imitateur continuel et le plagiaire de Racine. Celui-ci ne s'y était pas trompé, puisque Pradon[1] reproche à ces messieurs « de s'abaisser » à crier quand on leur imite une syllabe sur des choses » qui ne font point de beauté, qui n'ont aucun brillant » particulier, et dont tout le monde aurait été contraint » de se servir nécessairement dans des incidents tirés » des entrailles du sujet, comme les vingt-quatre lettres » de l'alphabet, qui doivent être communes à tous ceux » qui se mêlent d'écrire ». Mais, quoi qu'en dise Pradon, ces imitations de syllabes, ou plutôt ces rencontres naturelles et inévitables, consistent dans l'emprunt habituel de caractères et de situations importantes, de vers ou d'hémistiches maladroitement appliqués sur le style incorrect, plat, et en même temps prétentieux de l'auteur. Dans *Pyrame et Thisbé*, dans *Tamerlan*, dans *Phèdre et Hippolyte*, l'intrigue est calquée sur celle d'*Andromaque* et de *Bajazet;* dans ces trois pièces, l'auteur emprunte des scènes entières à Racine. Ce sont les mêmes pensées, les mêmes sentiments, quelquefois, malgré un léger déguisement, les mêmes expressions. Rien ne manque à l'imitation, que ce qui ne peut être imité ou transporté, c'est-à-dire la pureté exquise, la délicatesse et le mouvement du style, la vérité du ton et de la couleur, en un mot tout ce qui donne la vie aux ouvrages de l'art. Et quelle faiblesse dans les caractères! qu'ils sont pâles, insignifiants, vulgaires! Quelle distance de ces femmes, ambitieuses sans profondeur, sans énergie, sans grandeur, amantes

---

1. Préface de *Tamerlan*.

sans audace et sans emportement, aux admirables types d'Agrippine et de Roxane ! Quelle distance de ces amoureux sans grâce, sans délicatesse, sans effusion, aux charmantes créations de Racine !

Ne poursuivons pas cet examen : nous aurions trop beau jeu contre Pradon ; il nous serait trop facile de prouver que lui qui, avec tous les ennemis de Racine, reproche au grand poète de « masquer en Céladons » les héros de l'antiquité, n'a jamais conçu de pièce où l'amour, et non pas cette passion ardente, si tragique dans les personnages d'Hermione, de Roxane et de Phèdre, mais un amour fade et langoureux, ne fît le nœud même de l'intrigue. Dans sa *Troade*, connue par les épigrammes de Racine [1], Ulysse, « un des plus galants hommes de la Grèce », comme il dit dans sa préface, est épris des charmes de « l'aimable Polyxène ». Chez lui, Régulus même, devant Carthage, est amoureux ; il passe plus de temps à soupirer qu'à presser le siège de la ville, et ne tombe entre les mains des Carthaginois que par la trahison d'un rival jaloux. L'auteur, si zélé défenseur de la vérité historique, n'ignore pas seulement la géographie, comme le lui reprochait un jour le prince de Conti [2] ; mais il commet en histoire les fautes les

---

Quand j'ai vu de Pradon la pièce détestable,
Admirant du destin le caprice fatal,
Pour te perdre, ai-je dit, Ilion déplorable,
Pallas a toujours un cheval.

Voyez encore le sommet épigrammatique :

D'un crêpe noir Hécube embéguinée, etc.
. . . .

2. C'est à propos de *Tamerlan*. Le prince de Conti reprochait à l'auteur d'avoir placé en Europe une ville d'Asie : « Je prie V. A. de

moins concevables. Pour lui, à l'époque de la première guerre punique, le nom de Scipion est déjà ce nom fameux, si cher aux Romains, si redouté des Carthaginois : et, dans son *Régulus*, on parle des exploits et de la gloire des Scipions comme en eût parlé un contemporain de Sylla ou de Cicéron. Le camp romain est rempli de femmes et d'enfants, et à côté du jeune Atilius, fils de Régulus, on y voit la fille du « proconsul d'Afrique », Fulvie, l'objet des *feux* du général en chef, l'aimable personne qui le rend infidèle au souvenir de Thermantie, fille de Scipion. Le style présente souvent des anachronismes aussi grossiers, et, dans *Phèdre et Aricie*, on lit ce vers :

L'absence de Thésée est pour elle *un martyre*.

Voilà l'auteur que madame Deshoulières prit sous sa protection, qu'elle fit entrer avec elle à l'hôtel de Nevers et à l'hôtel de Bouillon ; voilà le poète que l'on choisit pour soutenir contre l'auteur d'*Andromaque*, de *Britannicus*, de *Mithridate* et d'*Iphigénie*, un duel dramatique.

A peine arrivé de sa province, Pradon était devenu un des ornements du salon de Mme Deshoulières ; il avait brillé dans ces réunions où, selon Boileau [1] :

Les fades auteurs
S'en vont se consoler du mépris des lecteurs ;

où les Perrin et les Coras critiquent amèrement le mau-

m'excuser, répondit Pradon, je ne sais pas trop bien la chronologie. »
Cette confusion burlesque donne quelque vraisemblance aux vers de Boileau :

Huer la métaphore et la métonymie,
Grands mots que Pradon croit des termes de chimie.
(Épît. x, v. 53, 54.)

1. Sat. X, v. 438-458.

vais goût du siècle; où la maîtresse du lieu, corrigeant les arrêts du public,

> Plaint Pradon opprimé des sifflets du parterre,

et, tranchant à sa manière la fameuse querelle des anciens et des modernes,

> Pèse sans passion Chapelain et Virgile,
> Remarque en ce dernier beaucoup de pauvretés,
> Mais pourtant confessant qu'il a quelques beautés.

Pradon entretint l'amitié de Mme Deshoulières en se faisant son admirateur et son disciple docile, en lui soumettant tous ses ouvrages ; et, il est permis de le croire, l'œuvre insipide qu'il composa, après son entrée à l'hôtel de Bouillon, comme instrument du complot formé contre Racine, a été concertée entre le poète et ses illustres patrons. Ce fut dans ce petit comité littéraire qu'on en disposa le plan, qu'on en choisit les personnages, non sans profiter des bruits répandus sur la tragédie de Racine, non sans insérer dans le chef-d'œuvre qu'on enfantait plus d'une situation empruntée à la *Phèdre*.

Quoique le succès de cette intrigue ait été éphémère, elle réussit pourtant à décider la retraite de Racine. Si tant est que Corneille eût besoin de vengeance, il était vengé. Ses amis pouvaient faire valoir à ses yeux leur œuvre ; car tous les personnages que nous avons nommés avaient couvert et justifié de ce nom vénérable leurs attaques contre Racine. L'admiration du vieux poète, le désir de défendre sa prééminence contestée, telle avait été la cause ou tout au moins le prétexte de cette opposition.

Mais plus d'une fois, on a pu le remarquer, ces préventions et ces haines ont été nourries encore par d'autres passions. La cause de Corneille a été en même temps celle de tous les poètes de l'âge précédent : en attaquant Racine, c'est la nouvelle école, c'est Boileau qu'on a attaqué ; on a vengé sur lui Chapelain, Benserade, Cotin, Boyer, Mlle de Scudéri, autant que Corneille. Mademoiselle, M. de Montausier, M. de Longueville, s'intéressent bien vivement à ces auteurs ; Segrais s'arme pour leur querelle ; le *Mercure* et la *Gazette* de Robinet cherchent à soutenir par d'emphatiques éloges leur réputation chancelante ; le duc de Nevers s'est enrôlé parmi eux et a écrit en leur société contre le satirique. L'influence des mêmes sentiments est visible chez Mme Deshoulières qui vit en commerce habituel avec eux ; elle est visible chez Mme de Bouillon qui les réunit dans son salon, et qui a épousé si vivement leur querelle dans l'affaire des *deux Phèdres*.

Que pouvait contre Racine cette autre classe d'ennemis ? Déjà forts de la protection de Mlle de Montpensier et des débris de l'hôtel de Rambouillet, de la faveur de M. de Nevers et de Mme de Bouillon, quelles ressources avaient-ils en eux-mêmes pour embarrasser la marche du poète ?

CHAPITRE IV

Les ennemis de Boileau. — L'Académie française. — Les anciens et les modernes. — Les critiques secondaires : Subligny, Villars, l'abbé de Villiers, etc.

Il ne faudrait pas croire que les satires de Boileau, les comédies de Molière, les succès de Racine, aient tout à coup rejeté dans le néant Chapelain, Benserade, Ménage et tous ces écrivains si longtemps admirés. Sans doute la haute raison du roi et le bon sens populaire donnèrent bientôt la victoire aux nouveaux poètes ; sans doute leurs chefs-d'œuvre ne tardèrent pas à réformer le goût de la nation. Mais les auteurs de l'âge précédent demeurèrent, aigris par leurs disgrâces, rapprochés par la communauté des ressentiments et des injures, prêts à tout faire pour se venger des poètes qui avaient détruit leur popularité, et décidés à traverser au moins, par leurs cabales et par les restes de leur influence, des succès dont l'éclat les désespérait. Or, ils avaient encore pour eux, et ils conservèrent jusque vers la fin du xviie siècle, leur nombre qui leur assurait l'avantage à l'Académie française. A mesure que la mort éclaircit leurs rangs, ils se renforcèrent de toutes les médiocrités qui parurent et dont ils sentaient bien que le concours leur était naturellement acquis. Outre leurs nombreux et puissants protecteurs, outre les gazettes qui servaient leur cause et les salons qui leur étaient ouverts, ils avaient aussi leurs cercles particuliers; et l'Académie était comme un grand cercle d'où ils s'attachèrent à écarter longtemps les nouveaux poètes et dont ils firent le foyer de leurs intrigues.

Parmi ces auteurs, un de ceux dont l'influence fut le plus prolongée et le plus durable, est l'abbé Ménage, mort seulement en 1692. Il avait été le maître, et il était resté l'ami et l'admirateur de plusieurs grandes dames que nous avons nommées, entre autres de Mme de Sévigné. A l'hôtel de Rambouillet, son rôle avait été considérable. Les premiers succès de Molière firent pâlir son étoile. Il se reconnut dans quelques traits des *Précieuses ridicules*, et c'est à lui qu'on prête ce mot fort sensé : « Il nous faudra brûler ce que nous avons adoré, » et adorer ce que nous avons brûlé. » Il se signala cependant parmi les adversaires des nouveaux poètes, qui, du reste, ne le ménageaient pas. Boileau, dans les *Satires*, avait plus d'un mot à son adresse ; on crut que Molière avait pensé à lui en traçant le personnage de *Vadius* des *Femmes savantes*. Ménage vengeait comme il pouvait ses injures, et son esprit caustique, qui l'empêcha, dit-on, d'entrer à l'Académie française, lui permit sans doute de jouer plus d'un méchant tour à ces poètes insolents et à leurs amis. Chaque semaine il avait chez lui une assemblée « où venaient, dit Boileau, beaucoup de petits esprits[1] ». On y causait de littérature; sans doute on s'y armait surtout d'arguments et de colère contre la témérité des nouveaux poètes. On y lisait des vers à leur adresse, épigrammes, épîtres, satires; tantôt la *Défense du poème héroïque* de Desmarets et de son illustre collaborateur, le duc de Nevers; tantôt ces pam-

---

1. Note de la troisième satire.

phlets de Pradon que Boileau se fait plaisamment annoncer dans l'épître à M. de Lamoignon :

> Pradon a mis au jour un livre contre vous,
> Et chez le chapelier du coin de notre place,
> Autour d'un caudebec, j'en ai lu la préface.

Sans doute on ne manquait pas non plus d'y produire et d'y vanter les critiques publiées contre les tragédies de Racine ; on s'y réjouissait du juste châtiment infligé par M. de Nevers et Mme de Bouillon à ces intrigants qui avaient su confisquer à leur profit toutes les faveurs de la cour, tous les suffrages du peuple ; qui, habitués « à répandre partout leur noire médisance », étaient toujours prêts à se défendre l'un l'autre, et à chanter mutuellement leurs louanges :

> Si Boileau de Racine embrasse l'intérêt,
> A défendre Boileau Racine est toujours prêt ;
> Ces rimeurs faux-filés l'un l'autre se chatouillent,
> Et de leur fade encens tour à tour se barbouillent[1].

Les habitués du salon de Ménage composaient aussi le cercle de Mme de Scudéri, qu'il ne faut pas confondre avec sa belle-sœur, Mlle de Scudéri, l'auteur du *Cyrus*. Cette dame, veuve à trente ans[2] de l'auteur du poème d'*Alaric*, eut à cœur, pendant toute sa vie, de venger son mari des traits du satirique. Elle chercha vainement à exciter contre Boileau son ami le comte de Bussy-Rabutin[3]. Elle ne manquait pas d'autres relations im-

---

1. Pradon. *Épître à Alcandre* dans le *Triomphe de Pradon*. Lyon, 1684.
2. En 1667.
3. A propos d'un vers de la huitième satire :

> Me mettre au rang des saints qu'a célébrés Bussy.

Bussy répondit : « Despréaux est un garçon d'esprit et de mérite » que j'estime fort. »

portantes, car les ducs de Saint-Aignan et de Noailles, le comte de Guiche, se rencontraient chez elle avec Rapin, Ménage, Cotin, Chapelain. Dans ces réunions, l'esprit de coterie fut toujours très actif. Elle y admit avec empressement Fontenelle, et son influente intervention fit beaucoup pour ouvrir au neveu de Corneille, à l'ennemi acharné de Racine, les portes de l'Académie française.

Le salon de Mme de Pelissari, femme d'un riche financier de l'époque, servait encore aux ligues contre les auteurs à la mode. On y voyait Gilles Boileau, frère et ennemi du satirique, Furetière, Quinault, Benserade, Perrault, Charpentier, Tallemant, c'est-à-dire tous les auteurs que nous avons déjà trouvés chez Mme Deshoulières et chez Mme de Bouillon, tous les coryphées de l'Académie française.

En effet, il faudrait bien se garder de croire que les grands auteurs qui font aujourd'hui la gloire littéraire de la seconde moitié du xviie siècle, soient entrés de bonne heure et sans obstacle dans l'illustre aréopage institué par Richelieu. Bossuet ne fut élu qu'en 1671, un an après l'époque où il avait été balancé avec Chapelain pour l'éducation du grand Dauphin. Un prédicateur célèbre, qui tenait par ses relations, par certaines productions littéraires, et un peu aussi par son goût, à l'ancienne école, mais qui doit cependant aux qualités brillantes de son style un rang distingué parmi nos classiques, Fléchier, fut admis en 1673. En même temps que lui, après le succès de *Mithridate*, Racine entra dans le docte corps, où l'avaient dès longtemps précédé les Le Clerc et les Boyer. Huet, le savant évêque d'Avranches, fut nommé en 1674. Quant à Boileau, il n'est pas étonnant que son élection ait été bien plus disputée et bien plus tardive. Si quelque chose peut surprendre, c'est qu'il ait forcé les portes de cette enceinte, où il allait avoir pour confrères la plus grande partie de ses victimes. Il n'a pas manqué, dans son discours de réception, de faire spirituellement allusion aux motifs qui rendaient cet honneur bien inespéré pour lui. On sait, du reste, que le roi, protecteur de l'Académie depuis la mort de Séguier (1672), exprima plusieurs fois son vœu à ce sujet. Pour échapper à Boileau, les académiciens avaient nommé la Fontaine. Louis XIV ne consentit à l'admission du bonhomme, à qui l'on reprochait ses contes, qu'après l'élection de Boileau[1]. C'est en 1684 que les deux poètes, dont cette concurrence n'avait pas refroidi l'amitié, entraient ensemble à l'Académie. Fénelon n'y arrivait qu'en 1693, et la Bruyère était reçu quelques mois après Fénelon.

A cette époque, les grands écrivains du XVIIe siècle, soutenus par l'éclat de leur gloire et de leur talent, avaient acquis à l'Académie une légitime influence. Cependant la séance de réception de la Bruyère fit éclater des orages qui prouvent la force et l'animosité des académiciens de l'école opposée à Racine. Par un singulier bonheur pour un peintre de portraits, La Bruyère avait devant lui tous les écrivains supérieurs de son temps, qui tous étaient ses amis et ses protecteurs, qui tous, comme lui, défendaient la cause des anciens. Aussi, dans son discours, fit-il avec une rare délicatesse un magnifique éloge de la Fontaine, de Boileau, de Racine, de Fénelon, de Bossuet, « ce Père de l'Église, pour parler d'avance le langage de la postérité ». Il eut des paroles flatteuses pour des académiciens obscurs, tandis qu'il

---

1. On connaît cette parole de Louis XIV aux députés de l'Académie qui lui annonçaient l'élection de Boileau : « Vous pourrez re-
» cevoir incessamment la Fontaine; il a promis d'être sage. »

laissa dans l'ombre et dans un oubli dédaigneux Fontenelle, Th. Corneille, Quinault, etc., les désignant en masse comme « des esprits fins, délicats, subtils, ingénieux, propres à briller dans les conversations et dans les cercles ». Aussitôt un cri de vengeance s'éleva contre la Bruyère et contre Racine, qui avait le plus contribué à son élection. Bossuet même ne fut pas épargné ; on lui fit un crime d'avoir été loué en face de l'archevêque de Paris, Harlay de Champvallon, dont cependant tout le monde connaissait les scandaleuses histoires. Si l'on en croit les chansonniers du temps, l'Académie ordonna la suppression du passage où la Bruyère semblait placer Racine au-dessus de Corneille ; mais alors Bossuet intervint, déclarant que, s'il en était ainsi, Racine ne mettrait plus le pied à l'Académie. Des personnages puissants, M. de Pontchartrain, le maréchal de Luxembourg, Mme de Maintenon elle-même, intervinrent dans la querelle, et l'on menaça l'Académie du retranchement des *jetons*. Le recueil manuscrit des *Chansons historiques*[1] donne de longs détails sur cette affaire, qui fut aussi pour le *Mercure*, traité avec tant de mépris dans les *Ca-*

1. Bibliothèque nationale, volume VII, pages 445 et suivantes :

CHANSON.

Premier couplet.

Les quarante beaux esprits
Grâce à Racine ont pris
L'excellent et beau la Bruyère,
Dont le discours ne fut pas bon.
Du dernier je vous en réponds,
Mais des autres, non, non.

Quatrième couplet.

Avec d'assez brillants traits,
Il fit de faux portraits.
Racine, au-dessus de Corneille,

ractères, l'occasion d'une violente diatribe contre le nouvel académicien.

Mais si les poètes de l'âge de Mazarin, soutenus, il est vrai, par tous les ennemis des anciens, pouvaient encore, en 1693, lutter contre les grands génies du siècle, qu'é-

> Pensa faire siffler, dit-on.
> Du dernier, etc.
>
> *Cinquième couplet.*
>
> L'Académie en frémit,
>   Et dans son courroux dit :
> Je vengerai bien ce grand homme,
> L'honneur le veut et la raison.
> Du dernier, etc.
>
> *Sixième couplet.*
>
> Racine, ce franc dévot,
>   En a fait dire un mot
> Par un grand et modeste évêque,
> Qui vint menacer en son nom.
> Du dernier, etc.
>
> *Septième couplet.*
>
> L'Académie a cédé ;
>   Quelques-uns ont grondé.
> Mais, toujours juste et toujours sage,
> Elle a tremblé pour le jeton.
> Du dernier je vous en réponds.
> Mais de l'autre, non, non.
>
> AUTRE CHANSON.
>
> *Troisième couplet.*
>
> Pour Racine et pour Despréaux,
> Leurs portraits sont des plus beaux.
> Ils sont flattés à merveille,
> Aux dépens du grand Corneille.
>
> *Quatrième couplet.*
>
> Le *bénigne* Bossuet
> Est un prélat tout parfait.
> Sa personne est un chef-d'œuvre.
> Notre Harlay (*) n'y fait œuvre.   (T. VII, p. 437.)

(*) « François de Harlay, archevêque de Paris, duc et pair de France, aussi de l'Académie française, vint à cette réception. La Bruyère ne dit pas un mot de lui et loua l'évêque de Meaux en sa présence. » (*Note manuscrite.*)

tait-ce donc pendant toute la carrière dramatique de Racine, quand Conrart[1] était encore le secrétaire de la compagnie qu'il avait, on peut le dire, fondée avant Richelieu; quand Chapelain[2] y régnait en compagnie de Desmarets Saint-Sorlin[3] et de Cassagne[4]; quand Segrais y défendait si vivement la cause de ses confrères Perrault, Boyer et Chapelain; quand Gilles Boileau y prenait hautement le parti de ces auteurs contre son frère; quand une des puissances du lieu était Benserade, l'auteur maniéré des *Métamorphoses d'Ovide en rondeaux* (1678) et de ces ballets que Mme de Sévigné, égarée cette fois par une reconnaissante prévention, a osé confondre dans un même éloge avec les *Fables* de la Fontaine[5]. Les attaques de Molière et de Boileau contre le faux bel-esprit allaient directement à Benserade : aussi n'était-il pas ami des nouveaux poètes. Il avait été en querelle avec Molière[6]. A l'apparition de l'*Ovide en rondeaux*, on

1. Mort en 1675.
2. Mort en 1674.
3. Mort, ainsi que d'Aubignac, en 1676.
4. Mort en 1679.
5. Benserade avait adressé à Mlle de Sévigné trois madrigaux, et, dans l'un, il louait à la fois la mère et la fille. Cependant, Mme de Sévigné est sévère pour les *Métamorphoses en rondeaux* : « Vous » trouverez, écrit-elle à sa fille, les rondeaux de Benserade; ils sont » fort mêlés; avec un crible, il en demeurerait peu; c'est une » étrange chose que l'impression. » Benserade ne mourut qu'en 1691, quelques mois après la réception de Fontenelle, et deux ans avant celle de la Bruyère, qu'il avait contribué à faire repousser peu de temps auparavant. Il était âgé de soixante-dix-neuf ans.
6. Il avait critiqué Molière pour ces vers d'un ballet :

> Et tracez sur les herbettes
> L'image de vos chansons.

Benserade voulait corriger ainsi le dernier vers :

> L'image de vos chaussons.

Molière se vengea de cette malice en composant un ballet dans le style de Benserade.

répandit une petite pièce qui fut attribuée tantôt à Chapelle, habitué des réunions d'Auteuil, tantôt au poète Chaulieu, ami de Chapelle :

> A la Fontaine où l'on puise cette eau
> Qui fait rimer et Racine et Boileau,
> Je ne bois point, ou bien je ne bois guère ;
> Dans un besoin, si j'en avais affaire,
> J'en boirais moins que ne fait un moineau.
> Je tirerai pourtant de mon cerveau
> Plus aisément, s'il le faut, un rondeau,
> Que je n'avale un verre plein d'eau claire
> A la Fontaine.
>
> De ces rondeaux un livre tout nouveau
> A bien des gens n'a pas eu l'art de plaire.
> Mais quant à moi j'en trouve tout fort beau,
> Papier, dorure, images, caractère,
> Hormis les vers qu'il fallait laisser faire
> A la Fontaine.

On dit même que cette pièce contraria beaucoup le fabuliste, qui avait besoin, pour arriver à l'Académie, du suffrage de Benserade. Heureusement celui-ci, dans sa haine pour Boileau, prit en main la cause de la Fontaine, et, malgré le désir du roi et les efforts du président Rose, il la fit triompher. « Il vous faut un Marot », s'était écrié brusquement le fougueux ami de Boileau et de Racine. — « Et à vous une marotte », répartit Benserade. Cet homme rompu aux rondeaux et aux sonnets, habile à aiguiser les épigrammes, devait être fort dans les escarmouches de l'esprit, et passé maître dans l'art de décocher des traits piquants. Après la mort de Corneille, dans la nuit du 30 septembre au 1er octobre 1684, Racine, qui allait prendre avec le nouveau trimestre les fonctions de directeur de l'Académie, disputa noblement à l'abbé de Lavau, directeur sortant, le droit de célébrer à ses frais les funérailles de son illustre confrère. Vaincu dans ses prétentions par la décision de l'Académie, il eut encore à subir ce mauvais compliment de Benserade : « Si quelqu'un pouvait prétendre à enterrer M. Corneille, » c'était vous; vous ne l'avez pas fait. » Fontenelle et d'autres ennemis de Racine n'ont pas manqué de recueillir ce mot, où, comme l'a dit d'Olivet [1], « le double sens est visible ».

Nous avons rencontré ces auteurs dans tous les cercles où il s'agissait de cabaler contre Boileau et Racine. Nous y avons rencontré avec eux les deux Tallemant, François,

Le sec traducteur du français d'Amyot [2],

et son cousin Paul, orateur habituel de l'Académie française et secrétaire de l'Académie des inscriptions, à l'époque où elle fut fondée. Ce fut ce dernier qui, en pleine Académie, attaqua amèrement Racine, à propos de sa querelle avec Port-Royal. « Mais, dit Louis Racine, la » réponse de mon père fut si humble, que personne, dans » la suite, n'osa le railler sur le même sujet [3]. » Racine ne trouvait pas plus de sympathie chez le traducteur de Xénophon, Charpentier, un des plus anciens membres de l'Académie. Boileau s'était moqué du *Plutarque* de Tallemant; Racine et lui eurent un tort plus grave envers

---

1. *Histoire de l'Académie.* Vie de l'abbé de Lavau.
2. Boileau. Ép. VII, v. 90.
3. « L'abbé Tallemant s'avisa un jour, en pleine Académie, de lui reprocher sa faute. « Oui, monsieur, lui répondit mon père, vous » avez raison, c'est l'endroit le plus honteux de ma vie, et je donne- » rais tout mon sang pour l'effacer; » ce qui fit taire l'abbé Tallemant et tous les rieurs qui commençaient à lui applaudir. » (*Mémoires sur la vie de Jean Racine.* OEuvres complètes de Racine. Édition des *Grands écrivains de la France*, t. I, p. 235, note.)

Charpentier. Celui-ci avait composé des inscriptions emphatiques pour les tableaux sur les victoires du roi, dont Le Brun avait enrichi les galeries de Versailles. Louis XIV et Louvois en furent choqués; on effaça *ces pompeuses déclamations* [1]; et à qui fut confié le soin de corriger l'œuvre de Charpentier? à Racine et à Boileau. Les deux amis remplacèrent les belles périodes du pauvre académicien par quelques phrases simples, courtes et précises. Le roi et toute la cour applaudirent; mais Charpentier n'oublia pas cet affront, et il saisit toutes les occasions d'hostilité contre les deux poètes.

On voit, par cette énumération, quelle supériorité le parti des anciens auteurs devait avoir dans les délibérations de l'Académie. Ce n'est pas la seule preuve qu'on puisse donner de leur longue prédominance. Jusqu'à la fin du xviie siècle, à une époque où la carrière de Molière était finie, où Racine, Boileau, la Fontaine avaient donné presque tous leurs chefs-d'œuvre, où tant de grands prosateurs, secondant par leurs ouvrages l'influence de ces poètes, avaient, à ce qu'il semble, complétement ramené et fixé le goût public, les Boyer, les Le Clerc, les Benserade, les Cotin, étaient encore les auteurs favoris de l'Académie française, ceux qu'elle produisait dans les jours de séance publique, ceux dont les lectures rehaussaient l'éclat des grandes solennités. Colbert donne-

---

1. Louis Racine. — Dans une chanson sur la réception de Fontenelle à l'Académie française, dont nous avons cité un couplet (page 42), on raille ainsi les inscriptions de Charpentier :

> Doyen de pesante figure,
> Qui trouves le secret nouveau
> De parler aux rois en peinture,
> Et d'apostropher leur tableau,
>   Ah! qu'il fait beau
> De te voir, dans cette posture,
> Faire à Louis le pied de veau!

t-il une fête à ses confrères de l'Académie [1]? c'est Perrault et Boyer qui, par leurs vers, représentent dans cette circonstance mémorable l'illustre assemblée. L'abbé Colbert est-il reçu à l'Académie? le grand événement de la séance, ce n'est pas le discours de Racine, dont le *Mercure* rend compte avec des louanges aigres-douces [2]; c'est un *Discours de philosophie* débité par Cotin, ce sont des pièces de vers lues par Quinault, Furetière, Boyer, Le Clerc, Charpentier et par un poète bien mal placé en pareille compagnie, Corneille. L'année suivante [3], à la réception de l'abbé de Lavau, le public est encore régalé des confidences poétiques de Le Clerc et de Boyer. Et quand l'ennemi de tous ces auteurs, quand Boileau est reçu à l'Académie, alors même, comme pour attester qu'ils vivent encore, malgré les blessures de la satire, ou peut-être pour faire payer à Boileau l'honneur un peu forcé qu'ils lui accordent, ces poètes qu'il avait plus ou moins maltraités, les Boyer, les Le Clerc, les Benserade, font succéder au discours du récipiendaire et à la réponse du directeur, l'abbé de la Chambre, des vers de leur façon. La Fontaine, qu'on avait reçu l'année précédente [4], fit aussi une lecture : c'était peut-être de sa part une attention délicate pour Boileau; il mêlait ainsi un peu de miel à l'absinthe que l'on avait servie à

---

1. *Mercure galant*, octobre 1677.
2. *Idem*, novembre 1678. « Le sort avait rendu justice au mérite
» de M. Racine, en le mettant dans ce poste glorieux, et plus glo-
» rieux encore ce jour-là par l'avantage qu'il eut de parler devant
» une si belle et si illustre assemblée. Cet avantage est grand quand
» on est assuré qu'on ne peut dire que de belles choses, et qu'on n'a
» pas lieu de douter que tous ceux qui l'écoutent n'en soient con-
» vaincus. »
3. Mai 1679.
4. Mai 1684. Boileau était à l'armée avec le roi; il ne put être reçu en même temps que la Fontaine.

son nouveau confrère. Ainsi, de 1660 à 1684, pendant cette période si féconde pour les lettres françaises, l'esprit et le goût de l'Académie française n'ont pas changé ; elle est restée fidèle aux traditions et aux hommes de l'âge de Mazarin ; et si, vaincue par l'opinion et par la volonté du roi, elle a enfin admis la plupart des auteurs de l'âge nouveau, c'est aux autres qu'ont appartenu, jusqu'à la fin du siècle, les sympathies, les distinctions et la puissance.

Les mêmes personnages furent tous plus ou moins compromis dans la fameuse querelle qui, en définitive, tourna en lutte directe contre les nouveaux poètes. Boileau, Racine, la Fontaine, Huet, Régnier-Desmarais, se faisaient les défenseurs ardents des anciens, attaqués par Desmarets Saint-Sorlin, puis par Perrault : tous les ennemis de Boileau et de Racine durent à l'instant se ranger dans le camp des modernes. Sans insister sur cette question traitée récemment avec tant d'éclat par un critique spirituel et délicat [1], rappelons seulement qu'en dehors même de l'Académie la querelle était soutenue avec ardeur par Mme Deshoulières, le duc de Nevers, les rédacteurs du *Mercure*. Pradon lui-même, dans un de ses ouvrages, déclare, avec une noble indépendance,

---

[1]. M. H. Rigault, *Histoire de la querelle des anciens et des modernes*. Paris, Hachette, 1856. — Depuis longtemps déjà ces lignes étaient écrites, quand un coup aussi affreux qu'imprévu est venu frapper cette noble intelligence et priver l'Université et la littérature d'un de ces plus beaux ornements. On permettra à un condisciple, à un collègue de M. Rigault, de payer ici à sa mémoire un tribut de vive et douloureuse sympathie. Je ne puis me rappeler sans émotion qu'il avait reçu la confidence de ce travail, et que ses encouragements en pressaient vivement l'exécution. — M. Rigault, professeur de rhétorique au lycée Louis-le-Grand, chargé du cours d'éloquence latine au Collége de France, est mort le 21 décembre 1858. Cette note a été imprimée en février 1859.

qu'il ne se pique pas d'admirer toujours les sottises héroïques de l'*Enéide*[1]. Rappelons encore que Racine, dans la préface d'*Iphigénie*, était entré incidemment, pour défendre Euripide, dans la querelle déjà soulevée. Pierre Perrault, frère du fameux ennemi des anciens, avait frayé le chemin à son cadet par un parallèle entre l'*Alceste* d'Euripide et l'opéra de Quinault. Son intention avait été de venger le poète lyrique des épigrammes de Boileau ; mais il s'avisait en même temps de critiquer la tragédie d'Euripide, et il avait commis des bévues qui donnaient beau jeu aux admirateurs des anciens. Racine ne pouvait manquer l'occasion de défendre son ami Boileau. En outre, la cause du poète grec était la sienne, et il avait bien le droit de dire : « J'ai trop d'obligation à Euri- » pide pour ne pas prendre quelque soin de sa mémoire. » Il releva donc sur le ton d'une ironie fine et mesurée les grossières erreurs de Perrault. Il railla la suffisance « de » ces messieurs qui ne voulaient tant de mal à Euripide » que faute de l'avoir bien lu », et il termina en leur conseillant « de ne plus décider si légèrement sur les » ouvrages des anciens, et de commencer au moins par » examiner ce qu'ils ont envie de condamner. Il faut, » leur disait-il par la bouche de Quintilien, être extrême- » ment circonspect et retenu à prononcer sur les ouvrages » de ces grands hommes, de peur qu'il ne nous arrive, » comme à plusieurs, de condamner ce que nous n'en- » tendons pas [2]. » Cette dernière allusion était comme la pointe de l'épigramme ; elle enfonçait le trait dans la blessure. Les modernes ne pardonnèrent pas cette préface à Racine, et Charles Perrault se chargea de venger son frère.

1. *Le triomphe de Pradon*, Lyon, 1684.
2. Préface d'*Iphigénie*.

Charles Perrault, le chef des modernes, appartenait depuis longtemps au parti des poètes de l'âge de Mazarin. Il avait travaillé avec Chapelain à la fameuse liste des pensions ; pas plus que l'auteur de la *Pucelle*, il ne s'était oublié lui-même, et, « en qualité d'homme habile en poésie et en belles-lettres, » il était porté sur la feuille pour une pension de 1500 livres. Il entra à l'Académie française en 1671, deux ans avant Racine, et le succès de son discours amena l'usage d'admettre le public aux séances de réception. Il joua aussitôt un grand rôle dans la compagnie : protégé de Colbert, il fut souvent l'interprète des vœux de l'Académie auprès du pouvoir : il fit donner à l'illustre corps le Louvre pour domicile, et, après la mort du chancelier Séguier, le roi pour protecteur. Il fut aussi un des principaux fondateurs de l'Académie des inscriptions et de l'Académie des sciences. Perrault n'était donc pas pour Racine un ennemi sans valeur ; et, sans doute, il eut part aux intrigues formées contre le poète qu'il enveloppait dans ses ressentiments contre Boileau.

Son poème du *Siècle de Louis le Grand*, qu'il lut à l'Académie française, le 27 janvier 1687, dut être, de toutes manières, un coup sensible pour Racine. D'abord l'auteur y attaquait avec une légèreté très-irrespectueuse les plus grands génies de l'antiquité grecque et latine ; puis, en leur opposant les modernes, il confondait dans un même éloge quelques auteurs justement admirés, Malherbe, Molière, Racan, et une foule d'écrivains secondaires :

> Les Régniers, les Maynards, les Gombaulds, les Malherbes,
> Les Godeaux, les Racans. . . . .
> Les galants Sarrasins et les tendres Voitures,
> Les Molières naïfs, les Rotrous, les Tristans.

Il payait un juste tribut d'admiration au grand Corneille,

> Du théâtre français l'honneur et la merveille,
> Qui sut si bien mêler aux grands événements
> L'héroïque beauté des nobles sentiments.

Mais il oubliait, non sans dessein, Racine, Boileau, la Fontaine, qui pourtant pouvaient lui fournir de bons arguments, et il passait aux autres arts.

Perrault fit mieux l'année suivante : à la séance de réception de L. de la Chapelle, secrétaire des commandements du prince de Conti, il lut une épître sur le *Génie*, dédiée à Fontenelle, c'est-à-dire à un ennemi de Racine et des modernes, à un écrivain qui venait de publier à l'appui du *Siècle de Louis le Grand* sa *Digression sur les anciens et les modernes*. Le poète ne manquait pas d'y célébrer Corneille :

> C'est là que s'élevait le héros de ta race,
> Corneille, dont tu suis la glorieuse trace ;
> C'est là qu'en cent façons, sous des fantômes vains,
> *S'apparaissait* à lui la vertu des Romains ;
> Qu'habile il en tira ces vivantes images,
> Qui donnent tant de pompe à ses divins ouvrages,
> Et qu'il relève encor par l'éclat de ses vers,
> Délices de la France et de tout l'univers.

Et l'étendue complaisante de ce panégyrique préparait l'allusion qui suit :

> En vain quelques auteurs dont la muse stérile
> N'eût jamais rien chanté sans Homère et Virgile,
> Prétendent qu'en nos jours on se doit contenter
> De voir les anciens et de les imiter.

L'épître finit par un éloge enthousiaste des églogues de Fontenelle, qui, au goût de l'ennemi des anciens, laissent loin derrière elles Virgile et Théocrite. Ces poètes, il est vrai, eussent été bien fâchés de mériter les compliments que Perrault adressait à son ami, et ses louanges valaient une critique :

> De l'églogue en tes vers éclate le mérite,
> Sans qu'il en coûte rien au fameux Théocrite,
> Qui jamais ne fit plaindre un amoureux destin,
> D'un ton si délicat, si galant et si fin.

Bien différents de Fénelon et de Racine, Perrault et Fontenelle étaient de l'école qui trouvait les anciens trop simples et trop nus. « Ah ! le bourreau ! il fera tant qu'il donnera de l'esprit à Démosthène ! » s'était écrié Racine en entendant lire chez Boileau les traductions de Tourreil. Il aurait pu dire aussi de l'auteur des idylles : « le bourreau donnera de la galanterie à Virgile ! Il fera des bergers et des pêcheurs de Théocrite des soupirants discrets, des seigneurs pleins d'élégance et de distinction ! »

Quelques mois après l'*Épître au génie*, paraissait le premier volume des *Parallèles des anciens et des modernes*[1]. Dans ce nouvel ouvrage, où l'auteur développe à son aise toutes ses théories, il ne s'est pas départi de son système d'allusions malveillantes à l'adresse de Racine. Le principal interlocuteur du dialogue[2], l'abbé, après avoir élevé les romans de l'*Astrée*, du *Cyrus*, de *Clélie*, de *Cléopâtre*, au niveau de l'*Iliade* et de l'*Odyssée*, ajoute : « Avec tout cela, je ne m'éloigne pas de blâmer notre » siècle de l'excès de tendresse qui règne dans ces sortes » d'ouvrages et qui a si étrangement défiguré tous les » héros. » C'est un moyen d'amener la réplique du chevalier, auxiliaire fougueux des idées de l'abbé : « Ce

---

1. 30 octobre 1688.
2. Troisième dialogue. Éloquence et poésie.

» reproche ne regarde pas moins les pièces de théâtre,
» où l'on prendrait les *Cyrus*, les *Alexandre* et les *Mi-*
» *thridate* pour des *Céladons* et des *Silvandres*, s'ils
» n'avaient pas une épée au côté. Quand on a dit que les
» auteurs de ces comédies avaient mis tous les héros de
» l'antiquité *à la sauce douce*, il me semble qu'on ne
» pouvait mieux dire. » Cependant Perrault se décide
ailleurs à parler « des excellents hommes qui ont été
choisis pour écrire les belles choses qui se font de nos
jours », et, sans aller jusqu'à nommer Racine, il daigne,
dans un passage sur la tragédie française, écrire une
phrase générale qui peut s'appliquer à l'auteur d'*Andro-*
maque et de *Phèdre* : « Nos premiers poètes, dit-il, ont
» fait passer des tragédies insupportables, en les donnant
» comme l'œuvre de Sophocle et d'Euripide; enfin est
» arrivée la *Sophonisbe* de Mairet, la *Mariamne* de Tris-
» tan et les pièces de M. Corneille, *le Cid, Horace, Cinna,*
» *Polyeucte, Rodogune*, et une infinité d'autres, tant du
» même auteur que de *quelques autres encore*, qui ont
» eu de si grands applaudissements et qui ont fait tant
» d'honneur au théâtre français et dans la France et dans
» toute l'Europe. » Cet hommage si indirect ne dut guère
contenter Racine; il ne compensait pas la critique, cette
fois bien précise, des héros de son théâtre. Si l'on en croit
Niceron[1], c'est pour se venger de ces procédés, qu'il
excita Boileau à réfuter les *Parallèles* de Perrault, prêt
à lui dire comme le prince de Conti : « Tu dors, Brutus! »

La querelle était dans toute son ardeur quand Racine
rentra dans la carrière par les tragédies d'*Esther* et
d'*Athalie*. L'aigreur de ce débat explique en grande partie le nombre et l'animosité des critiques qui s'élevèrent
contre ces pièces, les épigrammes, les chansons inju-

---

[1]. Vie de Boileau.

rieuses qui furent répandues contre l'auteur. Racine retrouva, dans cette occasion, plus violents que jamais, les adversaires que nous avons nommés, et auxquels il faut joindre quelques autres ennemis plus obscurs, tels que Villars et Subligny.

Subligny, que Louis Racine donne à tort pour comédien, était avocat au parlement de Paris. Il fut de plus, suivant les biographes, maître en poésie de la comtesse de la Suze, femme célèbre par son esprit et ses vers, et aussi par les nombreuses aventures de sa vie. Elle correspondait avec Saint-Évremond; son salon était un des plus fameux de l'époque, et, parmi les beaux esprits qu'elle y recevait, il faut compter Pellisson, Ménage, Subligny : tous passaient pour avoir part à ses œuvres. Ce n'était pas la seule relation que Subligny eût avec le grand monde; car sa pièce contre *Andromaque* est dédiée à Mme la maréchale de l'Hospital. Avant cette parodie, il avait déjà rédigé une gazette en vers, intitulée : *La Muse de la cour;* et, chose curieuse, il fut un des panégyristes les plus enthousiastes de la tragédie d'*Alexandre*. Il fit représenter en 1670, sur le théâtre de Molière, une comédie intitulée : *Le Désespoir extravagant*. Robinet vante le mérite de cette œuvre

> Écrite avec délicatesse
> Et d'un style très-élégant [1].

Il n'y pouvait manquer, puisqu'il s'agit d'un homme connu surtout par la critique d'une tragédie de Racine et classé dès lors parmi les adversaires du poète. Au reste, cette comédie, comme toutes les œuvres de Subligny, est complétement ignorée : il en serait de même de son

---

1 Lettre du 16 août 1670.

nom, si, par ses critiques et plus tard par ses apologies, il n'avait réussi à l'attacher au nom de l'auteur d'*Andromaque*, de *Bérénice* et de *Phèdre*.

La réputation de l'abbé de Villars ne dut pas moins à la censure de *Bérénice*. Né en 1635, près de Toulouse, l'abbé Montfaucon de Villars, neveu du savant bénédictin, vint à Paris vers 1667. La légèreté mondaine de son esprit et de ses ouvrages, la hardiesse et la bizarrerie de ses opinions, ne s'accordaient guère avec le caractère ecclésiastique ; et l'on s'explique sans peine l'interdiction dont il fut frappé, en 1670, après la publication d'un roman qui porte ce titre : *Entretiens du comte de Gabalis sur les sciences*. Villars y développait d'étranges idées sur les êtres surnaturels et fantastiques, dont il semblait admettre l'existence. Mme de Sévigné, qui en parle évidemment par ouï-dire, désigne le critique de *Bérénice* comme l'auteur des *Sylphides*, des *Gnomes* et des *Salamandres*. Il est probable, cependant, que la bizarrerie du *comte de Gabalis* aurait moins ému l'autorité ecclésiastique sans la réputation que Villars dut à la critique de *Bérénice*, sans le bruit que fit ce jugement, qui courut les salons et divisa en deux camps les gens du monde et les gens de lettres. Outre une critique de la *Bérénice* de Corneille, qui dut bien déconcerter Mme de Sévigné, Villars composa aussi d'autres ouvrages d'imagination ou de polémique [1]. Il fut assassiné sur la route de Lyon : au rapport de Vigneul de Marville [2], les plaisants dirent que c'étaient des gnomes et des sylphes qui avaient fait le coup, pour se venger de celui qui avait révélé les mystères de leur existence.

---

1. Une *apologie du P. Bouhours* (1671) contre les *Sentiments de Cléanthe*, par Barbier d'Aucour, autre ennemi de Racine.

2. Bonaventure d'Argonne, *Mélanges d'histoire et de littérature*, t. I.

Il ne serait pas juste de compter parmi les adversaires de Racine un autre écrivain ecclésiastique, l'abbé de Villiers[1], auteur d'un *Entretien sur les tragédies du temps*, publié à l'occasion de l'*Iphigénie*. L'abbé de Villiers reconnaît hautement le mérite de l'œuvre et du poète ; et ses attaques, qui s'étendent aux tragédies de Corneille comme à celles de Racine, portent uniquement sur le rôle de l'amour dans le théâtre moderne. Outre cet écrit qui, au mérite de vues très-justes, joint celui d'une modération rare à cette époque et plus encore chez un jeune homme de vingt-trois ans, l'abbé de Villiers a composé plusieurs ouvrages didactiques en prose et en vers : ils sont oubliés, et, d'après le jugement d'un critique du XVIIIe siècle, Sabatier de Castres[2], ils méritent de l'être.

Les Subligny, les Villars, et quelques autres écrivains de même valeur ont été spirituellement raillés par Racine dans la préface de *Bérénice* : « Toutes ces critiques
» sont le partage de quatre ou cinq petits auteurs infor-
» tunés, qui n'ont jamais su par eux-mêmes exciter la
» curiosité du public. Ils attendent l'occasion de quelque
» ouvrage qui réussisse pour l'attaquer ; non point par
» jalousie, car sur quel fondement seraient-ils jaloux ?
» mais dans l'espérance qu'on se donnera la peine de
» leur répondre, et qu'on les tirera de l'obscurité où leurs
» propres ouvrages les auraient laissés toute leur vie. »
Certes Subligny et Villars méritaient ces paroles mordantes, et Racine avait le droit de châtier ainsi l'arrogance de leurs attaques. Mais son caractère ardent et susceptible, cette sensibilité d'âme qui lui rendait la critique insupportable, l'entraînèrent souvent à des représailles

---

1. Pierre de Villiers, né à Cognac en 1649, mort en 1728.
2. *Les trois siècles de la littérature*.

moins légitimes ; et, sans nul doute, cette vivacité d'humeur et de riposte doit être comptée parmi les causes qui entretinrent et envenimèrent les haines déjà excitées par tant d'intérêts et de passions.

CHAPITRE V

Caractère irritable de Racine. — Querelle avec Port-Royal. — Épigrammes et préfaces.

L'irritabilité du caractère de Racine l'entraîna une fois dans une faute grave qu'il faut avant tout indiquer : c'est sa querelle avec Port-Royal.

Nous avons vu quelle opposition la famille et les anciens maîtres de Racine avaient faite à ses débuts littéraires, et combien sa tante et ses amis de Port-Royal, qui avaient rêvé pour lui « une vie chrétienne dans quelque emploi honnête[1] », furent consternés en apprenant qu'il s'était voué décidément au plus dangereux et au plus coupable des genres littéraires, qu'il composait des pièces de théâtre, et qu'il passait sa vie au milieu des comédiens. Racine dut être fort affecté de la lettre que lui écrivit, en 1665 ou 1666, la mère Agnès de Sainte-Thècle Racine. Cette sévérité, tempérée par une touchante sollicitude, ces alarmes maternelles pour le salut du jeune homme, cette pieuse douleur, durent le remuer profondément. « Je vous
» écris, commençait la sainte femme, dans l'amer-
» tume de mon cœur, et en versant des larmes que
» je voudrais pouvoir répandre en assez grande
» abondance devant Dieu pour obtenir de lui votre

---

1. Lettre de la mère Agnès de Sainte-Thècle Racine.

» salut, qui est la chose du monde que je souhaite
» avec le plus d'ardeur. » Elle lui parlait avec une
naïve horreur de « son commerce avec des gens dont
» le nom est abominable à toutes les personnes qui
» ont tant soit peu de piété, à qui on interdit l'entrée
» de l'Église et la communion des fidèles. » Elle conjurait son cher neveu « d'avoir pitié de son âme, de
» rompre des relations qui le déshonoraient devant
» Dieu et devant les hommes ». Elle terminait en lui
déclarant avec une résolution calme et sévère, que
« tant qu'il serait dans un état si déplorable et si con-
» traire au christianisme, il ne devait pas penser à la
» venir voir ». Mais une dernière phrase atténuait la
rigueur de cette défense : « Je ne cesserai point de prier
» Dieu qu'il vous fasse miséricorde, et à moi en vous
» la faisant, puisque votre salut m'est si cher. » N'en
doutons point, cette lettre, les remontrances et les
supplications dont la mère Agnès poursuivait Racine à
mesure qu'il avançait dans la carrière, la pensée des
larmes et de la pénitence par lesquelles la pauvre religieuse expiait la renommée coupable de son neveu,
troublèrent plus d'une fois le poète au milieu des enivrements du succès ; plus d'une fois son âme, éprise
de la gloire, fut tout-à-coup déchirée comme d'un
remords au souvenir et au nom de Port-Royal. En vain
il voulut se roidir contre cette pensée importune, et
rompre à jamais avec ses anciens maîtres par une
attaque directe et publique. La violence même de ce
procédé prouve l'agitation de son cœur: la blessure
saigne, elle est profonde ; Racine ne la guérira qu'après
Phèdre, en renonçant décidément au théâtre.

La querelle de Port-Royal est de 1666, c'est-à-dire
à peu près de l'époque où sa tante lui écrivit la lettre
alarmée et pressante que nous avons analysée ; où

l'auteur, qui n'avait fait représenter jusque-là que deux tragédies, n'était pas encore assez engagé dans la carrière pour que les solitaires eussent perdu l'espoir de l'en faire sortir. On sait comment naquit le débat. L'auteur de la comédie des *Visionnaires*, que nous avons déjà nommé comme un des premiers champions dans la querelle des anciens et des modernes, Desmarets de Saint-Sorlin, longtemps esprit fort, était devenu tout à coup catholique ardent et illuminé. Son *Clovis* (1657), sa *Marie-Magdeleine*, second poème plus ignoré que le premier, car Boileau n'en a pas parlé, et tous les autres ouvrages postérieurs à la conversion du poète, étaient inspirés par le zèle religieux. S'il attaquait les anciens, c'était pour élever sur la ruine des auteurs païens la poésie chrétienne, dont il proclamait l'excellence, en même temps qu'il prétendait la prouver par ses poèmes. Puis il s'érigeait en prophète, il expliquait l'Apocalypse. Dans un ouvrage adressé au roi sous le titre d'*Avis du Saint-Esprit*, il proposait de lever une armée de cent quarante-quatre mille hommes pour exterminer l'hérésie. Enfin, son délire prophétique se répandait en diatribes contre les jansénistes; il attaquait Arnauld et foudroyait Port-Royal.

Nicole se chargea de répondre à cet adversaire, dont il était facile de railler la monstrueuse extravagance: il écrivit contre lui les *Hérésies imaginaires*, et deux lettres que, par une allusion piquante à la comédie et au caractère de Desmarets, il appela *Les Visionnaires*. Mais Nicole ne se bornait pas à défendre les opinions de ses amis et à relever les folles inventions du poète théologien. Il s'indignait de ce rôle de docteur pris subitement par un homme connu dans le monde par des romans et des comédies; et, développant à cette

occasion les doctrines sévères de Port-Royal, il lançait contre les poètes de théâtre et les romanciers un terrible anathème. « Ces qualités, disait-il, ne sont pas
» fort honorables, au jugement des honnêtes gens, et
» elles sont horribles, considérées suivant les prin-
» cipes de la religion chrétienne. Un faiseur de romans
» et un poète de théâtre est un empoisonneur public,
» non des corps, mais des âmes. Il se doit regarder
» comme coupable d'une infinité d'homicides spirituels,
» ou qu'il a causés en effet, ou qu'il a pu causer. »

La lecture de ce passage enflamma le jeune Racine. Il n'y vit pas seulement une dure et impitoyable condamnation de la poésie ; il se crut frappé personnellement. Quand le succès d'*Alexandre* venait d'épouvanter Port-Royal ; quand la maison gémissait sur le scandale de cet ennemi de la religion sorti de son sein, et dévouant à l'enfer des talents qu'on avait cultivés pour le ciel ; quand la mère Agnès venait d'interdire à son neveu l'entrée de la communauté, Racine crut que Nicole avait voulu lui infliger un nouveau châtiment. Il prit pour lui le mot d'empoisonneur public, et, trop peu maître de son ressentiment, il répondit avec une éloquence pleine de verve et d'amertume, à un homme dont il devait à tant de titres respecter la sévérité et même l'injustice. Il n'entre pas dans l'objet de notre travail d'analyser cette lettre si vive et si dégagée d'allures, d'un style à la fois si précis et si nerveux, si brillant et si incisif. On regrette pour le caractère de Racine qu'il se soit laissé entraîner à l'écrire ; mais on y trouve une occasion nouvelle d'admirer ce talent flexible, habile à manier la prose comme les vers, comparable dans la controverse à l'auteur des *Petites Lettres*, qu'il accuse Nicole d'avoir fort mal imité.

L'écrit de Racine suscita deux répliques, la première,

datée du 22 mars 1666, est de M. Dubois, traducteur de quelques ouvrages de Cicéron et devenu plus tard [1] membre de l'Académie française. Selon Louis Racine, elle fut quelque temps attribuée à Lemaistre de Sacy. Elle n'en était pas indigne par le sérieux et la solidité du raisonnement; et, sans avoir aucune des qualités brillantes du style de Racine, elle réfutait sur quelques points avec succès le défenseur intéressé de la comédie. L'autre réponse est bien inférieure; elle affecte un ton enjoué et badin; elle riposte par des plaisanteries bien lourdes, par une bien fade ironie, à l'esprit fin et délicat, aux traits acérés de l'agresseur. Elle était l'œuvre d'un auteur alors peu connu et engagé déjà, quoiqu'il prétende le contraire, dans le parti de Port-Royal. Barbier d'Aucour, venu à Paris jeune et sans ressources, avec l'intention de se livrer à l'étude du droit [2], fut accueilli par un libraire du parti de Port-Royal. Grâce aux secours de ce libraire et à quelques répétitions au collège de Lisieux, il parvint à obtenir le titre d'avocat. Ses débuts dans cette carrière ne furent pas heureux, et c'est de lui que Boileau, désireux de punir un des adversaires de Racine, a dit dans les derniers vers du *Lutrin* :

> Le nouveau Cicéron, tremblant, décoloré,
> Cherche en vain son discours sur sa langue égaré.

Il dut à une autre anecdote le surnom d'avocat *sacrus* [3]. C'était en plaisantant les Jésuites qu'il s'était rendu coupable de ce barbarisme; ce furent les Jésuites qui

---

1. En 1693.
2. Niceron, t. XIII.
3. *Idem, ibidem.* Il avait fait cette phrase : « Si locus est *sacrus*, » quare exponitis? »

en firent la célébrité : de là un redoublement d'inimitié contre eux, et une satire en vers, [publiée sous ce titre : *L'Onguent pour la brûlure* [1]. Or, dans sa lettre à Nicole, Racine avait parlé avec assez de mépris de l'*Onguent pour la brûlure* et des *Chamillardes* [2], petites pièces polémiques qui, au témoignage de Niceron, étaient aussi un produit de la plume de Barbier d'Aucour. Ainsi, en répondant à Racine, Barbier n'était pas tout à fait désintéressé ; s'il vengeait Nicole, il saisissait aussi avec empressement l'occasion de se venger lui-même.

La querelle menaçait de n'en pas rester là : Racine avait répondu presque immédiatement à Dubois et à Barbier d'Aucour par une nouvelle lettre digne de la première. Cependant la réflexion et les conseils de quelques amis le décidèrent à en arrêter l'impression. Mais quelques mois après il apprit que, dans une second édition des *Lettres visionnaires*, imprimée en Hollande, on avait inséré les écrits de Dubois et de Barbier d'Aucour. Alors il reprit sa lettre abandonnée ; il la joignit à la première, les compléta par une préface non moins vive, et porta le tout à Boileau avec l'intention de publier ces nouvelles productions. L'amitié loyale et franche de Boileau sauva cette nouvelle faute à Racine. « Ces » œuvres, lui dit-il, font honneur à votre esprit, mais » elles n'en font pas à votre cœur. » Racine se rendit aussitôt. « Eh bien ! s'écria-t-il, le public ne verra » jamais cette lettre ! » et il s'appliqua même à retirer les exemplaires de la première. La seconde ne fut imprimée avec la préface qu'après sa mort [3] : on l'avait trouvée dans les papiers d'un de ses parents, l'abbé du Pin.

1. Publiée en 1664.
2. Brochure *contre la signature pure et simple du Formulaire*, à M. Chamillard, docteur en Sorbonne (1665).
3. En 1710.

Après cette affaire, tout rapport cessa entre Racine et ses anciens maîtres. Bien qu'il n'ait pas tardé à se repentir, bien qu'il ait même reconnu publiquement ses torts avec une courageuse humilité qui ferma la bouche à ses ennemis, il n'osa songer à la réconciliation qu'après sa conversion et son mariage. Un autre fruit de la querelle, ce fut la haine que Barbier d'Aucour, beaucoup moins modéré qu'Arnaud et Nicole, voua dès lors à Racine. Le désir de venger les *Lettres visionnaires* le rangea parmi les ennemis littéraires du poète; et, neuf ans après l'affaire de Port-Royal, il saisit l'occasion d'une édition que Racine donnait de ses neuf premières pièces de théâtre[1], pour publier contre lui une longue satire en vers, intitulée : *Apollon vendeur de Mithridate, ou Apollon charlatan*. En lisant cette fade et plate diatribe, qui fut pourtant vantée par quelques auteurs du temps comme le modèle d'une plaisanterie fine et délicate, on ne la trouve pas sans doute indigne de la Réponse à Racine, et l'on présume que l'*Onguent sur la brûlure* a dû être écrit en vers de cette force. Mais il est plus difficile de s'expliquer comment l'auteur, dans un ouvrage publié quelques années plus tôt (1671), *les Sentiments de Cléanthe*, a pu faire preuve de jugement et de goût, saisir avec esprit et pénétration tous les côtés faibles du livre du P. Bouhours[2], et réfuter diverses opinions du jésuite avec une finesse digne des meilleures plumes de Port-Royal. Il faut croire que la poésie n'était pas le fait de Barbier d'Aucour, et qu'il forçait son talent en le pliant à la satire et aux badinages malins ou prétendus tels. D'ailleurs, il a sans doute pris modèle sur les gazettes du

1. En deux volumes in-12, 1676.
2. *Les Entretiens d'Ariste et d'Eugène.*

temps ; et si l'on compare ses vers et même sa critique aux lettres de Robinet, on n'a pas de peine à les trouver infiniment supérieurs. Enfin, aux yeux de ceux qui ont vanté cette satire, elle avait encore un autre mérite, celui d'attaquer et de dénigrer Racine ; et, plus peut-être que les *Sentiments de Cléanthe*, elle contribua à ouvrir à son auteur les portes de l'Académie, où il entra en 1683, la même année que Boileau et que la Fontaine. Cependant, à cette époque, Racine était devenu l'ami, le défenseur de Port-Royal ; on peut croire que les rapports qui unissaient Barbier d'Aucour aux bons solitaires lui firent oublier l'*Apollon vendeur de Mithridate*, et qu'en donnant sa voix à un ancien adversaire, il acheva l'expiation de ses torts envers ses maîtres.

La verve railleuse et la susceptibilité de Racine parurent en bien d'autres circonstances de sa vie. Louis Racine, en avouant, d'après M. de Valincour, ce défaut de son père, en cite différents traits, et nous montre en même temps l'influence heureuse qu'exerça sur ce point comme sur tous les autres l'amitié de Boileau. Un jour, dans un débat littéraire, Racine, entraîné par la chaleur de la discussion, poussa très loin la vivacité des répliques, et, dit Louis Racine, « accabla de railleries son con-
» tradicteur. — Avez-vous eu envie de me fâcher?
» lui dit Boileau à la fin de la dispute. — Dieu
» m'en garde ! répond son ami. — Eh bien ! reprit
» Boileau, vous avez donc tort, car vous m'avez
» fâché. » Une autre fois, ce fut en ces termes qu'il ramena Racine à la modération : « Eh bien ! oui, j'ai tort,
» mais j'aime mieux avoir tort que d'avoir orgueilleu-
» sement raison. »

Comme les conseils de Boileau, les sentiments et la pratique d'une piété sévère tempérèrent cette disposition d'esprit. On peut croire, d'après un passage des *Mémoires* de son fils [1], que dans ce portefeuille brûlé peu de temps avant sa mort, il se trouvait beaucoup d'épigrammes. Celles que nous possédons prouvent qu'il y excellait. Elles sont bien plus vives et plus acérées que celles de Boileau, et il a dû quelquefois les payer bien cher. L'épigramme sur l'*Aspar* fut pour beaucoup dans l'implacable haine de Fontenelle ; Le Clerc, Coras, Boyer, ne durent pas être moins blessés de celles qu'il lança contre eux. La défense d'*Andromaque* lui en inspira deux fort piquantes contre le maréchal de Créqui et le comte d'Olonne, amis de Saint-Évremond [2], et comme lui, à ce qu'il paraît, mal disposés pour le nouveau poète tragique :

> La vraisemblance est peu dans cette pièce,
> Si l'on en croit et d'Olonne et Créqui,
> Créqui dit que Pyrrhus aime trop sa maîtresse,
> D'Olonne qu'Andromaque aime trop son mari.

Le poète, pour venger son injure, ne reculait pas devant une allusion directe aux mœurs et à la famille des deux personnages. En effet, suivant un commentateur : « Le maréchal de Créqui n'avait pas la réputation » d'aimer trop les femmes ; et quant à M. d'Olonne, il » n'avait pas lieu de se plaindre d'être trop aimé de la » sienne. » L'autre épigramme ne portait pas un coup moins sensible à M. de Créqui, dont on n'avait pas oublié la malencontreuse ambassade à Rome. Racine rappelle, avec une hardiesse qui étonne, la fameuse que-

---

1. Deuxième partie.
2. C'est au marquis de Créqui que Saint-Évremond adressait la fameuse lettre qui amena sa disgrâce. En 1656, il dédiait au comte d'Olonne sa satire du *Cercle*.

relle provoquée [1] par l'arrogance du noble seigneur :

> Créqui prétend qu'Oreste est un pauvre homme,
> Qui soutient mal le rang d'ambassadeur,
> Et Créqui de ce rang connaît bien la splendeur !
> Si quelqu'un l'entend mieux, je l'irai dire à Rome.

Le poète, en composant ces épigrammes, était dans toute l'ardeur de l'âge et de la passion ; mais c'est après sa conversion qu'il attaqua l'*Aspar* de Fontenelle, la *Judith* de Boyer, le *Sésostris* de Longepierre, la *Troade* et le *Germanicus* de Pradon. Il ne se guérit donc jamais complétement de cette malignité, dont on trouve encore des traces dans sa correspondance avec Boileau, et il donna ainsi prétexte à ce mot envenimé de Fontenelle : « Boileau était dévot et méchant, Racine était plus dévot et plus méchant. » Remarquons toutefois que ces épigrammes n'étaient que des représailles : Créqui et d'Olonne n'avaient-ils pas attaqué *Andromaque ?* Fontenelle, dès son arrivée à Paris, n'avait-il pas mis sa plume au service du *Mercure galant ?* Enfin, Le Clerc et Coras par leur *Iphigénie*, et Pradon par sa *Phèdre*, ne s'étaient-ils pas donné des torts graves envers Racine ? Bien longtemps après cette affaire, Pradon, dans ses pamphlets en prose et en vers contre Boileau, dans les préfaces de ses tragédies, ne saisissait-il pas toutes les occasions de dénigrer le poète qu'il avait si lâchement offensé ? Quand les agresseurs étaient si ardents et si injustes et ne rougissaient pas d'employer des moyens si misérables, peut-on faire un crime à Racine de s'être défendu avec vivacité, et d'avoir retourné contre ses adversaires cette arme du ridicule bien plus puissante dans sa main que dans la leur ?

---

1. En 1662.

Il en faut dire autant des préfaces dont on lui a souvent, et non sans raison, reproché l'amertume : plus encore que les épigrammes, elles sont nées du feu de la guerre et du choc de la mêlée. Après la bataille et dans le calme d'une victoire reconnue et incontestée, Racine ne les aurait pas composées. Il l'a prouvé, puisqu'il les modifia complétement dans la seconde édition de ses tragédies, et qu'il en supprima tous les passages trop vifs, toutes les allusions trop directes. Sans la curiosité littéraire qui les a recherchées avec soin dans la première édition, elles seraient aujourd'hui presque universellement ignorées. Elles ont, du reste, une grande importance pour l'histoire que nous racontons, car il est certain qu'elles ont contribué à entretenir l'opposition des adversaires de Racine. Le ton arrogant et présomptueux que prenait dans quelques-unes le jeune poète, les attaques directes qu'il adressait sans ménagement, dans une autre, au vieux Corneille, donnaient prise contre lui, irritaient les préventions et semblaient légitimer les cabales. Nous n'aurons garde de négliger dans notre examen des pièces critiques publiées contre Racine ces morceaux curieux à plus d'un titre ; car le poète y réfute les principaux jugements de ses adversaires ; et, sans compter le charme d'un style constamment précis et net, plein de vivacité, de grâce et d'esprit, on y trouve les vues les plus profondes sur l'art dramatique. Ils éclairent du jour le plus vif le système particulier du poète, l'idéal vers lequel il a tendu toujours depuis *Alexandre*, et dont il s'est rapproché à chacune de ses tragédies, pour l'atteindre enfin avec *Athalie*.

Est-ce à dire que ce poète, si prompt et si terrible dans ses vengeances littéraires, et dont Mme de Sévigné n'aurait pas dit : « Il n'est cruel qu'en vers, » ne fût pas au fond, comme Boileau, le plus dévoué des amis, le plus bienveillant et le plus généreux des hommes, le plus prompt à reconnaître ses torts et, à l'occasion, à les réparer? Un auteur se peint toujours dans ses écrits; et les tragédies de Racine suffiraient pour attester la délicatesse et l'élévation de ses sentiments, la bonté et la douce chaleur de son âme. Bien insensible est celui qui lirait *Andromaque* ou *Iphigénie* sans aimer Racine ! Mais sa vie est pleine de traits qui confirment cette impression et la rendent à la fois plus vive et plus réfléchie. Comment lire sans émotion, dans les *Mémoires* de son fils, la scène de réconciliation avec Arnauld [1] ? Le moyen d'être plus sévère que le vieillard et de garder rancune à Racine d'une faute si profondément sentie et si noblement réparée ? En effet, pendant toute sa vie il resta courageusement dévoué à Arnauld et à Port-Royal ; il témoigna toujours hautement, même à Louis XIV, son attachement et sa reconnaissance pour cette maison persécutée. Il ne cessa pas de la fréquenter et de se charger des affaires et des intérêts des religieuses ; tous les ans, à la Fête-Dieu, il y conduisait sa famille ; il sollicita et obtint la permission d'y mettre pour quelque temps deux de ses filles. Les religieuses ayant eu à présenter un mémoire à l'archevêque de Paris, ce fut Racine qui le rédigea. L'archevêque, charmé du style de cet écrit, témoigna à l'auteur le désir de lire un mémoire historique

---

1. « Boileau, charmé d'avoir si bien conduit sa négociation (au sujet de *Phèdre*), demanda à M. Arnauld la permission de lui amener l'auteur de la tragédie. Ils vinrent chez lui le lendemain ; et quoiqu'il fût encore en nombreuse compagnie, le coupable, entrant avec l'humilité et la confusion peintes sur le visage, se jeta à ses pieds ; M. Arnauld se jeta aux siens ; tous deux s'embrassèrent. M. Arnauld lui promit d'oublier le passé et d'être toujours son ami : promesse fidèlement exécutée. » (*Mémoires sur la vie de Jean Racine*, 2ᵉ partie ; Racine, édition des *Grands écrivains de la France*, t. I, p. 274.)

sur Port-Royal, de la main d'un homme qui devait si bien connaître cette maison si diversement jugée ; Racine se hâta d'écrire son *Histoire de Port-Royal*, qu'il remit à un ami la veille de sa mort. Ainsi, jamais il n'avait désavoué ni dissimulé les sentiments qui remplissaient son cœur ; jamais la persécution de ses amis ne lui avait fait abandonner ni renier leur cause. Il avait donc le droit, en mourant, de demander à être inhumé au pied de la fosse d'un de ses anciens maîtres, M. Hamon ; d'implorer de la mère abbesse, sa tante, et des religieuses, cette grâce dont il avouait que « les scandales de sa vie passée le rendaient indigne [1] », et elle était souverainement injuste, l'épigramme d'un homme de la cour sur le choix de cette sépulture : « C'est ce qu'il n'eût point fait étant vivant. »

Mille autres détails de la vie de Racine prouvent sa bonté, sa délicatesse, son ardeur à servir ses amis et à épouser leurs joies et leurs chagrins. Il faut lire, dans les *Mémoires* de son fils, les anecdotes qui marquent d'une manière touchante son amitié pour le marquis de Cavoye, pour la Fontaine, pour son compatriote et parent M. Poignant. Nous avons parlé de quelques vivacités de Racine, même envers Boileau, et des reproches que celui-ci eut quelquefois à lui adresser. Mais combien la promptitude et l'effusion de son repentir effaçaient vite l'impression de ces légers torts ! Combien il savait les racheter par la chaleur de cette affection mêlée de reconnaissance, docile et confiante autant qu'elle était tendre et profonde ! Si Boileau a souvent consolé, raffermi Racine découragé par la critique, celui-ci, en

---

1. « Quoique je m'en reconnaisse très-indigne par les scandales » de ma vie passée, et par le peu d'usage que j'ai fait de l'excellente » éducation que j'ai reçue autrefois dans cette maison. »
1. Mai 1693.

quelques circonstances, n'a pas manqué de lui rendre la pareille. Le poète était désespéré du mauvais succès de la *Satire des femmes*, contre laquelle on se déchaînait de toutes parts. « Rassurez-vous, lui écrivit Racine, » en homme habile à manier l'épigramme, vous avez » attaqué un corps très-nombreux et qui n'est que lan- » gues : l'orage passera. » Pendant longtemps Boileau avait lui-même fait lecture de ses ouvrages à Louis XIV. Mais vers la fin de sa vie, retenu chez lui par la maladie et surtout par une forte surdité, il ne paraissait plus à la cour. Ce fut Racine qui lut au roi les trois dernières *Épîtres*; c'est encore lui qui, à l'armée, fit connaître à M. le Prince et au prince de Conti[1], la *Satire des femmes*, encore inédite. Au plus fort de la maladie qui l'emporta, il n'oublia pas son ami. Dans une lettre qu'il chargea son fils d'écrire au marquis de Cavoye pour obtenir le payement de sa pension, il voulut que Boileau fût aussi nommé. « Faites connaître à Boileau, dit-il, que j'ai été son ami jusqu'à la mort. » Rien n'est plus touchant que les adieux qu'il adressa à ce fidèle confident de tous ses travaux, lorsque, se soulevant sur son lit, et l'embrassant une dernière fois, il lui dit : « Je regarde comme un bonheur pour moi de mourir avant vous. » Quoi de plus simple, de plus abandonné, de plus aimable, que sa correspondance avec lui ?

Mais rien n'inspire plus d'estime, plus de respect, plus de tendre sympathie pour Racine que la lecture des lettres à son fils. C'est le ton affectueux et grave d'un excellent père : sage et discret dans sa sollicitude et dans ses conseils, il sait garder la mesure entre une sévérité rebutante et une indulgence trop facile; et n'impose pas ce qui ne doit être qu'insinué; il tempère ses exhor-

---

1. Mai 1693.

tations par des témoignages délicats de confiance et d'amitié ; il initie peu à peu son fils aux affaires et à la vie ; enfin, quand il sent la mort approcher, il lui recommande avec une touchante effusion la compagne dont il fait valoir les soins et l'affection. On est attendri quand on voit arriver la fin prématurée de cet homme excellent ; on partage la douleur de ses amis et de sa famille ; et après avoir vécu dans ce doux commerce avec lui, on lui applique volontiers, d'accord avec son fils, le mot de Tacite sur Agricola : *Bonum virum crederes facile, magnum libenter*. Il est facile de croire à sa bonté ; on est heureux de croire à sa grandeur.

CHAPITRE VI

Les protecteurs de Racine. — Sa faveur et ses charges à la cour. — Piété de ses dernières années attaquée par les chansonniers du temps. — Sa mort.

Si les brillants succès de Racine, l'inévitable comparaison qui s'établit entre lui et le grand Corneille, la lutte des auteurs de l'âge de Mazarin avec l'esprit du nouvel âge, la longue querelle des anciens et des modernes, joints à quelques torts de caractère, ont donné au poète tant d'ennemis, il est certain que son crédit à la cour, la sympathie bien connue du roi pour son talent et pour sa personne, le rang qu'il occupa pendant la dernière partie de sa vie, ont influé sur l'ardeur et la durée de ces hostilités. Nous avons déjà signalé ce parti de la vieille cour que des souvenirs politiques et littéraires rattachaient à une autre époque, et qui conserva dans la seconde moitié du xviie siècle le goût et l'esprit contemporains de la Fronde. Peut-être une pensée d'opposition timide se mêlait-elle à cette lutte : on n'osait songer à combattre, même indirectement, la politique du grand roi ; il fallait se résigner à vivre à l'écart, à rester spectateur inactif et silencieux d'un règne qui se séparait avec soin du passé et en repoussait tout, les hommes et les choses. Il était moins dangereux et plus facile de fronder les poètes aimés de la jeune cour, et, en contestant la valeur de leurs œuvres, en attaquant la nature de leur talent, d'atteindre indirectement le goût et les sentiments du roi qui les admirait, de la cour dont ils reproduisaient souvent dans leurs écrits le tour d'esprit et le caractère. Mais en négligeant cette arrière-pensée qui a pu influer sur les dispositions malveillantes de Mademoiselle et de quelques grands seigneurs, il est trop clair que Racine n'a pas échappé aux sentiments de dépit et d'envie, suite presque inévitable de toute faveur éclatante. Le roi l'avait toujours soutenu de ses suffrages ; le voyant renoncer au théâtre, il l'attacha à sa personne par le titre d'historiographe de France [1]. Plus tard, il resserrait encore ces liens par le poste de gentilhomme de la chambre [2]. Il aimait à l'entretenir, et souvent, dans ses maladies, le prenait pour lecteur [3].

Avec le roi, beaucoup de personnages importants furent de bonne heure les admirateurs et les appuis de Racine. Colbert avait été le premier intermédiaire des libéralités du roi envers le jeune poète, qui, plus tard, lui dédia sa tragédie de *Bérénice*. Il resta toujours son protecteur et son ami. Il aimait à le réunir avec Boileau dans sa maison de Sceaux ; et là il s'enfermait avec eux sans permettre qu'un importun vînt troubler ces doux entretiens [4]. Son fils, le marquis de Seignelay, n'était pas moins engagé avec eux. Boileau lui a adressé une

---

1. 1677.
2. 1691.
3. Le roi avait donné à Racine un appartement au château, pour qu'il fût plus rapproché de lui et toujours prêt à lui faire des lectures.
4. Un jour, dit L. Racine, il s'entretenait avec eux, quand on lui annonça l'arrivée d'un évêque. « Qu'on lui fasse tout voir, s'écria-t-il, excepté moi. »

de ses épîtres. A sa demande, Racine, en 1685, composait une idylle [1] pour une fête de Sceaux à laquelle le roi devait assister. Un des gendres de Colbert, le duc de Chevreuse, avait été à Port-Royal le condisciple de Racine, qui lui dédia son *Britannicus*. Il conserva toujours au poète une vive amitié et l'entoura dans sa dernière maladie de soins assidus [2]. L'autre gendre de Colbert ne devait pas être moins favorable à Racine : c'était le fils de ce duc de Saint-Aignan qui, le premier, introduisit le jeune poète à la cour et accepta la dédicace de la *Thébaïde*.

Un homme qui, par les souvenirs de sa jeunesse, semblait appartenir naturellement au parti hostile à Racine, le grand Condé, était au contraire un de ses plus chauds admirateurs. Il sut, dans l'occasion, défendre énergiquement le poète menacé par le duc de Nevers. Il aimait à le recevoir chez lui ainsi que Boileau, et, dans les allées de Chantilly, il soutenait avec eux des discussions littéraires qui n'étaient pas toujours sans vivacité [3]. Son fils hérita de son amitié pour les deux poètes, et il reçut quelquefois la confidence de leurs vers encore inédits [4]. Le marquis de Dangeau, le président de Lamoignon, le maréchal de Vivonne, frère de Mme de Montespan, le maréchal de Tallard, admirateur exalté de *Bajazet*, M. de Guilleragues, ambassadeur de France à Constantinople, MM. d'Effiat et de Manicamp, le chevalier de Nantouillet, qui indiqua au poète le sujet de la tragédie de *Bajazet*, étaient aussi des partisans

---

1. Idylle *Sur la paix*.
2. Mémoires de Louis Racine.
3. « Dorénavant, disait Boileau après une de ces discussions, je » serai toujours de l'avis de M. le Prince quand il aura tort. »
4. Racine, pendant le siège du Quesnoy, lui lisait, ainsi qu'au prince de Conti, des passages de la *Satire des femmes*.

de Racine. Il n'est pas besoin de nommer le brave Cavoye, ni le secrétaire du cabinet du roi, M. Rose, qui mit au service des deux amis son influence et l'ardeur de son caractère emporté et un peu bizarre.

Mais, de l'aveu des ennemis de Racine, son parti était surtout celui des femmes. Il est vrai qu'ils ajoutent : « Excepté quelques femmes qui valaient des hommes [1]. » Au nom illustre d'Henriette d'Angleterre, il en faut ajouter bien d'autres. Mme de Montespan consultait Racine sur le choix d'un gouverneur pour le comte de Toulouse [2]. Ce fut elle qui suggéra au roi la pensée de faire du poète et de son ami Boileau les historiens de son règne : suivant un mot de Louis XIV, cité par Louis Racine, elle commanda elle-même l'ouvrage, et c'était chez elle que les deux historiographes lisaient au roi leur travail. Une sœur de Mme de Montespan, Marie-Madeleine de Rochechouart, abbesse de Fontevrault, chercha, dit-on, avant Mme de Maintenon, à ranimer la plume du poète découragé. On sait qu'elle le prenait pour confident de ses propres travaux littéraires, et qu'elle lui soumit une traduction du *Banquet* de Platon. On raconte d'une autre sœur de Mme de Montespan, Mme de Thianges, un trait significatif. En 1675, elle donna à son jeune neveu, le duc du Maine, une chambre dorée : on y voyait le prince assis dans un fauteuil et entouré de M. de la Rochefoucauld, l'auteur des *Maximes*, de M. de Marsillac, son fils, de Bossuet, de Mme de Thianges et de Mme de la Fayette. Au dehors du balustre était Boileau, armé d'une fourche et défendant l'accès de la chambre à sept ou huit mauvais poètes. Racine se te-

---

1. Bayle, *Nouvelles de la rép. des Lettres*, t. III, p. 89. Fontenelle *Vie de Corneille*.
2. *Mémoires de Louis Racine*.

naît près du satirique, et un peu plus loin on voyait la Fontaine, à qui celui-ci faisait signe d'avancer [1].

A cette liste d'illustres dames, nous pouvons ajouter la spirituelle cousine de Mme de Sévigné, Mme de Coulanges, la fameuse duchesse de Mazarin, qui, en dépit de Saint-Évremond, proclamait en toute occasion ses préférences pour Racine, et refusait obstinément de se rendre au goût et aux raisonnements de son ami. Enfin, nous devons nommer surtout celle qui fut plus particulièrement l'amie de Racine, qui, pleine d'estime pour son caractère comme de sympathie pour son talent, le prit souvent pour conseil et pour confident de ses pensées et de ses chagrins, et dont l'influence fut pour beaucoup dans la faveur croissante du poète et dans ses relations fréquentes avec Louis XIV. Après la disgrâce de Mme de Montespan, les lectures de l'histoire du roi continuèrent chez Mme de Maintenon : Racine, dans une de ses lettres à Boileau, témoigne qu'elle s'intéressait beaucoup à ce travail, et l'on y voit en même temps avec quelle distinction l'historiographe est reçu par cette dame déjà toute-puissante [2]. Plus tard, les deux amis travaillèrent ensemble à revoir les constitutions de Saint-Cyr. C'est à la sollicitation de Mme de Maintenon et pour ses jeunes pensionnaires que Racine composa ces beaux cantiques qui ravissaient Louis XIV et Fénelon. Enfin, qui ne le sait? ce fut pour Mme de Maintenon et pour Saint-Cyr que le poète reprit, après douze ans d'interruption, ses travaux dramatiques; et nous devons aux pressantes sollicitations de sa protectrice la pièce gracieuse d'*Esther* et le chef-d'œuvre d'*Athalie*.

---

1. Pris dans l'*Histoire de la vie et des ouvrages de la Fontaine*, par Walckenaer.
2. Lettre du 4 août 1687.

Mais l'histoire de ces deux tragédies, et surtout de la seconde, nous prouvera clairement que les anciens ennemis de Racine n'avaient pas abandonné la partie, et que leur haine, forcée par la faveur du poète à s'entourer de précautions et de mystère, avait puisé dans le dépit de cette faveur plus de violence et d'amertume. Les chansons et les noëls du temps ne permettent pas de se méprendre sur les motifs de ces attaques passionnées. On retrouve jusque dans cette dernière partie de la vie de Racine la trace des cabales formées contre lui. Elles surent le frapper par la main même de sa plus ardente protectrice, et elles réussirent à établir presque partout, peut-être même, malgré les protestations énergiques de Boileau, dans l'esprit du poète, l'opinion qu'*Athalie* était une mauvaise pièce, et que l'auteur s'était trompé en la composant[1].

Cette dernière et grave blessure faite à la sensibilité de Racine, cet amer renversement d'espérances fondées sur une œuvre si merveilleusement belle et achevée, furent adoucis peu à peu, grâce aux sympathies toujours croissantes de Mme de Maintenon et du roi; aux douces affections de la famille, et surtout aux sentiments d'une piété profonde et vive, bien qu'éloignée du faste et de l'orgueil. Mais, hélas! il était dit que jusqu'à la fin ce grand et excellent homme souffrirait par quelque côté de ce qui devait faire sa consolation et sa joie. A cette époque, où la décence extérieure et la régularité religieuse, imposées par le souverain et par sa com-

---

1. Mémoires de Louis Racine. Lettre de Mme de Maintenon au comte d'Ayen, citée dans la deuxième partie de cette étude (chap. IX). Au rapport de Mme de Maintenon, la duchesse de Bourgogne disait qu'*Athalie était une pièce fort froide* et que *Racine s'en était repenti*. Disons toutefois que ce dernier membre de phrase paraît être de l'invention de La Beaumelle, éditeur des lettres de Mme de Maintenon.

pagne, n'étaient plus qu'une étiquette pesante, un masque qu'on brûlait de rejeter, la piété même de Racine lui fit autant d'ennemis que sa faveur. On affecta de le confondre avec cette foule si nombreuse d'hypocrites qu'avaient faite Louis XIV et Mme de Maintenon. Cette race envahissait la société : ce n'étaient plus les *Tartufes*, bons pour la bourgeoisie et la première moitié du siècle; c'étaient les *Onuphres*[1], « ces dévots qui, sous un roi athée, auraient été athées », et qui le furent en effet sous le régent, « dont la fortune florissait et prospérait à l'ombre de la dévotion ». Il faut lire les pages profondément tristes de la Bruyère qui, par une ironie sanglante, les rattache au chapitre *De la mode*.

Les ennemis de Racine profitèrent de ce rapprochement. Dans le nombre se trouvait le parti du Temple, cette société d'un esprit si naturel et si déréglé, bien digne de ses protecteurs, les princes de Vendôme, chez qui on risquait toujours de mourir de faim ou d'indigestion; c'étaient le comte de Fiesque, le marquis de La Fare, l'abbé de Chaulieu, qui, abjurant toute conscience littéraire, protégeaient les Pradon et les Campistron[2]. C'est

---

[1]. La Bruyère (chap. XIII, *De la mode*). « Idolâtrer les grands,
» mépriser les petits, s'enivrer de leur propre mérite, sécher d'envie,
» mentir, médire, cabaler, nuire, c'est leur état... Ils savent ména-
» ger sourdement leurs intérêts et dépouiller leurs amis;... une pe-
» tite calomnie, moins que cela, une légère médisance leur suffit
» pour ce pieux dessein. »

[2]. Plus d'une épigramme fut lancée contre eux; en voici une assez remarquable :

  Critiques redoutés bien plus que redoutables,
   Des auteurs les plus misérables
   Incorrigibles défenseurs,
  Vous que Racine ennuie et que Pradon enchante,
   Pour qui Voiture est sans douceurs,
   Et l'Énéide languissante;

de là que durent partir beaucoup d'épigrammes et de chansons répétées et aggravées par tout le parti de Fontenelle et de Mme Deshoulières. Il faut en citer quelques-unes, qui serviront à l'histoire de l'époque et à celle de l'esprit humain :

> Le célèbre Racine
> Après eux arriva ;
> D'une dévote mine
> D'abord il s'écria :
> « Seigneur, de ces pécheurs
> » Détourne ta colère. »
> Et sa dévotion,
> Don, don,
> Chacun édifia,
> Là, là,
> Hors l'enfant et la mère.
>
> De faire sa fortune.
> Les moyens sont divers.
> Racine en trouvait une
> Dans le fruit de ses vers.
> Mais son ambition
> N'étant pas satisfaite,
> De la dévotion,
> Don, don,
> Le masque il emprunta,
> Là, là,
> Pour n'être plus poète[1].

Ailleurs, pour attaquer la piété du poète, on saisit le prétexte de sa rivalité avec Corneille. Ces chansons se

> Vous espérez en vain des siècles ignorants
> Où vos fades écrits pourront servir d'exemple.
> Chez nos derniers neveux les poètes du Temple
> Vaudront moins que ses diamants (*).
>   (Bibl. nationale, Recueil manuscrit des *Chansons
>   historiques*, t. VII, p. 37.)

1. *Chansons historiques*, IX, p. 100. Noël de 1697, 45e et 168e couplets.
(*) On faisait dans le Temple des diamants faux. (*Note manuscrite.*)

rapportent, comme celles que nous avons déjà citées[1], au discours de réception de la Bruyère.

1er Couplet.

Suis ce que je te conseille;
Sans t'en vouloir prendre au roi,
Souffre que le grand Corneille
Soit mis au-dessus de toi.
— Je ne saurais.
— Qu'il soit en place pareille!
— J'en mourrais.

2e Couplet.

Ta vanité me chagrine,
Loin d'être friand d'honneur,
La dévotion, Racine,
Veut qu'on soit humble de cœur.
— Je ne saurais.
— Fais-en du moins quelque mine!
— J'en mourrais.

3e Couplet.

Si tu ne veux pas me croire,
Quitte le dévot sentier;
Dupé par ta vieille gloire,
Reprends ton premier métier.
— Je ne saurais.
— Imprime donc ton histoire[2]!
— J'en mourrais[3].

Sans nul doute, ces odieuses imputations, répétées si longtemps, et qui faisaient en grande partie, par la voix des chansons, l'opinion publique, eurent une influence fatale sur Racine. Dans toute la longueur du recueil ma-

1. Pages 91 et 92.
2. *L'Histoire du roi Louis XIV.* (Note manuscrite).
3. *Chansons historiques*, vol. VII, p. 445.

nuscrit des *Chansons*, Corneille n'est attaqué qu'une fois : on l'appelle « ce mercenaire normand », probablement à cause de ses malencontreuses dédicaces. Boileau, que son métier de satirique exposait aux représailles, est cité cinq ou six fois. Tout le poids des colères et des fureurs tombe sur Racine. Le parti de ses anciens ennemis s'est grossi sur la fin de sa vie de tous les philosophes et de ceux qui, n'osant pas attaquer la religion, se plaisaient à l'avilir dans un de ses plus nobles prosélytes. Racine se fit-il de sa piété un bouclier assez fort pour repousser toutes ces insultes? Cette âme si tendre trouva-t-elle une force assez grande pour rester insensible? Il sut se taire[1]. Mais l'effort fut bien grand, et l'amertume qu'il en ressentit contribua certainement aux progrès d'une maladie déjà ancienne, mal connue et mal soignée par les médecins, et put hâter une mort malheureusement trop prévue.

Faut-il y joindre la douleur d'une disgrâce dont on a beaucoup exagéré la durée et l'importance, et dont les causes mêmes ont été inexactement rapportées? Quelque accréditée que soit l'anecdote qui, depuis deux siècles, sert de thème à tant de déclamations sur l'orgueilleuse dureté de Louis XIV et sur la faiblesse de Racine, nous croyons qu'elle ne tient pas contre un examen sérieux des faits, et qu'elle mérite le nom de « roman ou de mé-

---

1. Un jour il s'affligeait devant Boileau de l'acharnement qu'on mettait à le déchirer, à calomnier son affection pour Port-Royal, à exagérer, dans une intention perfide, les services qu'il rendait aux religieuses et aux paysans du voisinage : « Vous avez, disait-il à son
» ami, loué plus d'une fois dans vos vers des personnes dont les miens
» ne disent rien. Tout le monde connaît votre rime à l'*ostracisme*.
» C'est vous qu'on doit accuser, et cependant c'est moi qu'on accuse.
» Quelle en peut être la raison? — Elle est toute naturelle, répondit
» Boileau. Vous allez à la messe tous les jours, et moi je n'y vais que
» les fêtes et les dimanches. » (Louis Racine.)

lodrame populaire » que lui a donnée, avec la sincérité courageuse qui est un des mérites de son beau livre, le plus récent historien de Louis XIV[1]. Dans une longue note de son sixième volume[2], M. Gaillardin prouve péremptoirement que Racine n'a pas rédigé de mémoire sur les souffrances du peuple, et qu'il n'est pas vrai que le roi, mécontent de voir un poète s'ériger en homme d'État, l'ait pour toujours écarté de sa présence. Ce prétendu mémoire était une réclamation personnelle. Après la paix de Ryswick, Racine, à titre de trésorier de France à Moulins, fut compris dans une mesure qui demandait à tous les officiers de finances un sacrifice taxé à 10 000 livres selon les uns, à 4000 selon les autres. Racine, « dont cette taxe dérangeait les petites affaires », comme il l'écrivit à Mme de Maintenon[3], rédigea un mémoire qu'il confia au maréchal de Noailles, et que celui-ci fit remettre au roi par l'archevêque de Paris, son frère. Comme la réponse tardait, il pria la comtesse de Grammont d'obtenir de Mme de Maintenon son intervention auprès du roi. Cette insistance indisposa celui-ci, et il exprima sans doute son mécontentement par quelques paroles vives, bien différentes de celles que Louis Racine, trompé par un récit mensonger, rapporte dans ses *Mémoires*.

Mais à ce premier grief s'en joignit un autre plus sérieux. Racine fut accusé auprès de Louis XIV de jansénisme et d'attachement à Port-Royal. On allégua les relations du gentilhomme de la Chambre avec cette maison et les services qu'il lui rendait, et que nous avons

---

1. Gaillardin. *Histoire du règne de Louis XIV*. 6 vol. in-8, 1872-1876. Ouvrage qui a obtenu le grand prix Gobert en 1875 et en 1876.
2. Page 3, note 2.
3. 4 mars 1698.

énumérés dans un précédent chapitre de ce livre [1]. Nous avons la lettre très étendue et très vive [2] dans laquelle Racine plaide sa cause auprès de Mme de Maintenon, atteste « sa soumission d'enfant à tout ce que l'Église croit et ordonne », et explique par des raisons de parenté et de charité ses relations avec Port-Royal. Il est certain que le plaidoyer fut victorieux, car, dès le mois suivant, Racine est rentré en faveur : nous le voyons à Marly au mois de mai, nous l'y voyons encore au mois de juin. Invité, en juillet, au camp de Compiègne, il se réserve pour le voyage d'automne à Fontainebleau ; à cette époque (octobre), la prise d'habit d'une de ses filles l'appelle ailleurs, puis la maladie le retient à Paris ; bientôt le mal s'aggrave et les médecins perdent tout espoir. Mais Racine est si peu disgracié que les courtisans, au rapport de Dangeau, « expriment leurs regrets »; que « le roi même paraît affligé de l'état où il est et s'en informe avec beaucoup de bonté ». Ce n'est pas tout. A la mort du poète (21 avril 1699), il manifeste vivement les mêmes sentiments : Boileau se présentait pour prendre ses ordres au sujet de son histoire; le roi, du plus loin qu'il le vit, lui cria : « Ah ! monsieur Despréaux, nous avons beaucoup perdu, vous et moi, à la mort de Racine [3] ! »

Voilà toute la vérité sur cette fameuse disgrâce. Ainsi la mémoire de Louis XIV est lavée d'une imputation aussi fausse que plusieurs autres non moins graves qui

1. Chap. V, p. 119.
2. 4 mars 1698.
3. Nous avons résumé dans cette page toute l'argumentation de M. Gaillardin. Nous sommes heureux de devoir à un de nos plus chers maîtres la rectification d'un fait erroné que nous avions maintenu, non sans en atténuer la portée, dans la 1re et dans la 2e édition de notre livre.

ont été également réfutées par M. Gaillardin. Ainsi Racine est justifié d'une faiblesse qu'on se plaisait à tourner en ridicule. Ce n'est pas la colère de Louis XIV qui l'a tué. La catastrophe qui l'a emporté se préparait fatalement ; tout au plus pourrait-on dire que le chagrin d'une courte disgrâce, joint au ressentiment des attaques envenimées qui le poursuivaient, a développé le mal et avancé le dénoûment. Mais dans cette mesure sa douleur est respectable et touchante ; elle ne permet pas de confondre parmi les flatteurs misérables celui dont un sentiment profond avait échauffé le cœur et contribué peut-être à soutenir le génie. Mme de Maintenon ne s'y est jamais trompée : après la mort de Racine, elle n'a jamais parlé de lui qu'avec émotion ; plusieurs passages de ses lettres témoignent de sa tendre vénération pour le caractère et pour les vertus du poète ; jusqu'à son dernier jour elle est restée fidèle à la mémoire de cet homme sincère et honnête et aujourd'hui encore si calomnié. Et certes, si notre grand poète Lamartine avait connu tous ces faits, il n'aurait eu garde d'écrire dans son *Cours de littérature* cette phrase cruelle dont nous l'avons entendu, après notre protestation même incomplète, reconnaître l'injustice : « Racine a vécu, Racine est mort de l'adulation [1]. »

Après cette revue des inimitiés qui ont poursuivi Racine, des intérêts et des passions qui lui ont suscité tant d'adversaires, on a le droit de l'affirmer : sa vie a été un

[1]. *Cours familier de littérature*, 13e Entretien, 1857, t. III, p. 46. En 1860, lorsque nous eûmes l'honneur de présenter à M. de Lamartine un exemplaire de notre livre, il eut la bonté d'écouter nos observations respectueuses et même de nous promettre une rectification.

long combat. Cette guerre opiniâtre, engagée dès ses premiers ouvrages, se poursuivit pendant toute sa carrière. Son silence et sa retraite la suspendirent à peine ; l'apparition d'*Esther* la ranima dans toute son ardeur ; peut-être ne serait-il pas juste de dire que la mort en fut le dernier terme. Pour faire l'histoire de ces luttes, il suffira donc de suivre Racine depuis *Alexandre* jusqu'à *Athalie*. Chacune de ses œuvres a été le signal d'un engagement plus ou moins vif; chacune d'elles permettra d'apprécier la valeur des pièces de toute nature, comptes rendus, dissertations, parodies, épigrammes, satires, tragédies rivales, qui sont venues contester son génie, et opposer aux applaudissements du public leurs protestations souvent très-vives et toujours douloureuses au poète.

DEUXIÈME PARTIE

ATTAQUES CONTRE LE THÉATRE DE RACINE, EXAMEN DES PIÈCES CRITIQUES PUBLIÉES CONTRE SES ŒUVRES.

CHAPITRE PREMIER

ALEXANDRE (déc. 1665).

Quelques attaques contre les *Frères ennemis*. — Succès d'*Alexandre*. — Rupture avec Molière. — Dédicace d'*Alexandre* au roi. — Première préface. — Comptes rendus de Robinet. — Dissertation sur *Alexandre*, par Saint-Évremond.

Si l'on en croyait l'Épître dédicatoire des *Frères ennemis*, ce premier essai d'un auteur encore bien obscur aurait déjà mis l'alarme parmi les poètes et les critiques, et cette tragédie aurait eu un honneur qui n'appartient pas en général aux œuvres médiocres, celui d'être combattue par de nombreux ennemis. Racine, après avoir remercié M. le duc de Saint-Aignan de sa bienveillante estime, demande à son protecteur, pour la pièce dépouillée des ornements de la scène, la continuation de cette précieuse faveur qui a entraîné celle du public. « Si cela est, ajoute-t-il, quelques en-
» nemis qu'elle puisse avoir, je n'appréhende rien pour
» elle, puisqu'elle sera assurée d'un protecteur que le
» nombre des ennemis n'a pas accoutumé d'ébranler. »
Sans doute on avait signalé dans les *Frères ennemis* quelques imitations trop directes d'une tragédie anté-

rieure de Rotrou. On raconte en effet [1] que Racine, pressé par le temps, et forcé de remettre dans un délai prescrit la pièce qu'attendait Molière, ou encore se défiant de lui-même et voulant échapper à l'accusation d'avoir lutté avec un poète resté populaire, prit le parti d'emprunter presque sans changement à l'*Antigone* de Rotrou un récit qu'on jugeait alors inimitable [2]. Le morceau disparut à l'impression des *Frères ennemis*; mais ce plagiat, avoué par l'auteur, fut une bonne fortune pour les critiques; et plus tard surtout, quand Racine sera dans tout l'éclat de sa gloire, ses ennemis ne manqueront pas de s'en prévaloir. Pradon y fait allusion dans une de ses préfaces, et Barbier d'Aucour, dans son *Apollon vendeur de Mithridate*, réduit la tragédie à un long plagiat.

Mais la guerre que nous racontons ne s'engage dans toutes les règles qu'à partir de la tragédie d'*Alexandre*. Le grand succès de cette œuvre imparfaite, mais brillante, le suffrage du roi, qui en acceptait la dédicace, annonçaient aux poètes du temps un redoutable rival. Les applaudissements du public avaient glorieusement contredit la condamnation de Corneille.

Chose curieuse, un auteur qui plus tard critiquera violemment la tragédie d'*Andromaque*, Subligny, fit, dans la *Muse de la cour* du 7 décembre 1665, un long et très-élogieux récit de la première représentation. Voici quelques-uns de ces vers :

> Le vendredi [3] leurs Altesses Royales [4]
> Virent dans leur Palais-Royal

---

1. C'est Lagrange-Chancel qui racontait ces détails : il disait les tenir d'amis particuliers de Racine.
2. Acte III, sc. II.
3. 4 décembre.
4. Monsieur, frère du roi, et Madame (Henriette d'Angleterre).

> Représenter enfin l'ouvrage sans égal
> D'une des plumes sans égales.
> *Alexandre* a parlé devant nos conquérants...
> Un des foudres de notre Prince,
> L'intrépide Condé, qui lui doit faire un jour
> De cent pays une seule province,
> Dont il verra grossir sa cour,
> Dans cette valeur ancienne,
> A vu le crayon de la sienne.
> D'Anguien y remarqua des exemples pour lui.
> Cent jeunes guerriers d'aujourd'hui
> Y prirent de nobles idées...
> Cent beautés furent voir cette pièce divine,
> Et si mes yeux ne me trompèrent pas,
> J'y vis une âme et délicate et fine
> Sous les majestueux appas
> De la princesse Palatine.

Le gazetier ne se borne pas à ces éloges. Lui qui plus tard traitera Racine de doucereux, de Céladon, il le représente, d'après sa pièce, comme le modèle des héros :

> Il faut que son auteur soit homme de courage :
> On le voyait dépeint dans chaque personnage ;
> Ses sentiments y sont hardis ;
> Et surtout l'on y fut surpris
> De voir le roi Porus, à qui tout autre cède,
> Y pousser la fierté de l'air d'un Nicomède.

Ces applaudissements, ces éloges, la joie arrogante de Racine, excitèrent encore les ennemis du vieux poète ; ils en devinrent plus aigres dans leur ressentiment, plus décidés à contester à l'auteur d'*Alexandre* les qualités du poète tragique, à encourager les brigues formées contre la pièce, enfin à accueillir avec enthousiasme et à répandre les critiques écrites contre elle.

Un autre incident contribua encore à susciter des ennemis à la tragédie nouvelle. L'*Alexandre* fut joué d'abord par la troupe de Molière. D'après le *Registre* du comédien La Grange (*Archives de la Comédie française*), la première représentation en fut donnée le 4 décembre 1665. « Mais, dit Louis Racine, l'auteur, » mécontent des acteurs, leur retira sa pièce, et la donna » aux comédiens de l'hôtel de Bourgogne; il fut cause » en même temps que la meilleure actrice du théâtre » de Molière [1] le quitta pour passer sur le théâtre de » Bourgogne, ce qui mortifia Molière et causa entre eux » un refroidissement qui dura toujours. » La date précise de cette grave affaire nous est donnée encore par le *Registre* de La Grange. L'*Alexandre* parut sur cette nouvelle scène le 18 décembre; et ce témoignage, que les auteurs de l'*Histoire du Théâtre français* n'ont pas connu, confirme le récit de Louis Racine. Il n'est pas vrai que la tragédie, comme les frères Parfaict l'ont soutenu d'après la *Gazette* de Robinet, ait été produite le même jour sur les deux théâtres. Les lettres du gazetier prouvent seulement que les représentations du Palais-Royal ne furent pas immédiatement arrêtées. On ne peut tirer d'autre conclusion de la lettre du 27 décembre, sur laquelle s'appuient les frères Parfaict [2] :

Le fameux Alexandre
. . . .
Paraît, comme on sait, à la fois,

---

1. Mlle Du Parc. Au reste, elle ne quitta la troupe de Molière qu'en 1667, à Pâques, pour remplir à l'hôtel de Bourgogne le rôle d'Andromaque.

2. M. L.-Aimé Martin (*Œuvres complètes de Racine*, 1844, t. 1, p. XLI, note) a reproduit l'erreur des frères Parfaict :

Dimanche en son Palais-Royal,
Je l'allai voir d'un cœur féal.

Après l'éloge des acteurs et des actrices, Robinet ajoute :

Et certe, il est bien difficile
De pouvoir rien trouver de tel,
Si ce n'est peut-être à l'hôtel.

> *Sur nos deux théâtres françois.*
> De l'auteur admirez l'adresse !
> Car pour ce vainqueur de la Grèce,
> Ce n'est pas trop de ces deux lieux.

Plusieurs autres passages de cette lettre et de la suivante viennent à l'appui du même fait [1]. Sans doute Molière ne se trouva pas aussitôt en mesure de remplacer la pièce qu'on lui retirait, mais il ne la maintint pas longtemps dans son répertoire ; car il est certain qu'elle ne fut jouée que trois fois, c'est-à-dire une semaine, au théâtre du Palais-Royal. On s'explique sans peine le mécontentement de Molière. Il eut le droit d'être blessé de la conduite de Racine, de se rappeler qu'il avait accueilli, encouragé, servi le jeune homme encore ignoré ; il put l'accuser de sacrifier l'amitié et la reconnaissance à une impatiente ardeur de succès et de renommée ; et, s'il se plaignit avec quelque vivacité, s'il a exercé plus tard quelques représailles, on ne saurait l'en blâmer. Louons-le plutôt d'avoir su conserver de l'estime pour le talent d'un homme qu'il avait cessé d'aimer, et d'avoir défendu la comédie des *Plaideurs* contre ceux qui pensaient lui plaire en la décriant. On sait au reste que Racine, à une époque antérieure à celle des *Plaideurs*, n'avait pas jugé le *Misanthrope* avec une sincérité moins impartiale. A la nouvelle de l'échec de ce chef-d'œuvre, il s'écria : « Il est impossible que Molière ait fait une mauvaise comédie. »

Quelle qu'ait été l'influence de cet incident fâcheux sur les inimitiés soulevées par la tragédie d'*Alexandre*, il est certain qu'elles furent nombreuses et passionnées. Le poète, dans la première préface d'*Alexandre*, les

---

[1] Dans la lettre du 3 janvier 1666, il donne à ses lecteurs le compte rendu de sa visite à l'hôtel de Bourgogne.

signale avec cette vivacité amère qu'il portera longtemps dans ses protestations contre la critique. Déjà la dédicace y fait hardiment allusion ; l'auteur ne craint pas d'engager directement le roi dans sa cause, et de lui faire épouser sa querelle : « Quelques efforts, dit-il, que » l'on eût faits pour défigurer à Votre Majesté mon » héros, il n'a pas plutôt paru devant elle qu'elle l'a » reconnu pour Alexandre. » Mais la préface est bien plus explicite. Racine commence par se féliciter du succès de son *Alexandre*, et « des illustres approbations » des premières personnes de la terre et des Alexandres » du siècle, qui se sont hautement déclarés pour lui. » Mais il affecte surtout de s'enorgueillir des manœuvres de ses censeurs ; mieux que des éloges qui pourraient passer pour des encouragements, elles donnent au poète de l'estime pour son œuvre : « J'avoue, dit-il, que » quelque défiance que j'eusse de moi-même, je n'ai pu » m'empêcher de concevoir quelque opinion de ma tra- » gédie, quand j'ai vu la peine que se sont donnée cer- » taines gens pour la décrier ; on ne fait point tant de » brigues contre un ouvrage qu'on n'estime pas ; on se » contente de ne plus le voir quand on l'a vu une fois, et » on le laisse tomber de lui-même, sans daigner seule- » ment contribuer à sa chute. Cependant j'ai eu le » plaisir de voir plus de six fois de suite à ma pièce le » visage de ces censeurs ; ils n'ont pas craint de s'ex- » poser si souvent à entendre une chose qui leur déplai- » sait ; ils ont prodigué libéralement leur temps et leurs » peines pour la venir critiquer, sans compter les cha- » grins que leur ont peut-être coûtés les applaudisse- » ments que leur présence n'a pas empêché le public » de me donner. »

Ainsi, à en croire Racine, les adversaires de sa pièce avaient tout fait pour en combattre le succès. Afin d'en mieux saisir les côtés faibles, ils avaient affronté l'ennui de plusieurs représentations consécutives, et la douleur encore plus sensible d'entendre applaudir une œuvre si méprisée. On ne les accusera pas du moins d'avoir prononcé à la légère; si leurs attaques sont dures, elles ne sont pas irréfléchies. Racine relève ces objections avec une arrogance qui dépasse le début de sa préface : « Je ne représente pas à ces critiques le goût de l'anti- » quité : je vois bien qu'ils la connaissent médiocre- » ment. » Cette réponse directe et blessante, où l'on sent la confiance présomptueuse d'un jeune homme trop content de lui-même, donnait d'autant mieux prise aux ennemis de Racine qu'au fond elle était faible et peu concluante. L'auteur lui-même a paru le sentir, car il glisse sur ce point important, et il se hâte de déplacer la question et de faire valoir les autres mérites de sa pièce, l'utilité de toutes les scènes, leur liaison logique et nécessaire, l'intérêt soutenu d'une action chargée de peu d'incidents et de matière. Mais son triomphe est dans la contradiction des critiques, et il ne manque pas d'y insister : « Ce qui me console, c'est de voir mes » censeurs s'accorder si mal ensemble : les uns disent » que Taxile n'est point assez honnête homme, les » autres qu'il ne mérite point sa perte; les uns soutien- » nent qu'Alexandre n'est point assez amoureux, les » autres qu'il ne vient sur le théâtre que pour parler » d'amour. » Il a le droit de conclure qu'il n'a pas besoin de ses amis pour le justifier et de terminer sa préface par ce dernier trait : « Je n'ai qu'à renvoyer mes » ennemis à mes ennemis; je me repose sur eux de la » défense d'une pièce qu'ils attaquent de si mauvaise » intelligence et avec des sentiments si opposés. »

Une connaissance imparfaite de l'antiquité, une conception fausse du caractère de Taxile et surtout de celui d'Alexandre, trop froid au gré de ceux-ci, trop amoureux selon ceux-là, telles sont, de l'aveu de Racine, les principales critiques adressées à sa pièce. Elles sont importantes, et toutefois il aurait pu encore en indiquer d'autres. Quelques vers de Robinet le témoignent. Dans son premier compte rendu, le gazetier commence par railler en passant la galanterie peu antique du nouvel Alexandre; puis il insinue une autre critique, sur laquelle ont appuyé tous les adversaires de Racine :

> Là Porrhus fait aussi son rôle,
> Et généreusement contrôle
> Le grand vainqueur de l'univers,
> Lors même qu'il le tient aux fers.

Sans nul doute, cette fierté du caractère de Porus, tracé sur le modèle des héros et des héroïnes de Corneille, cette audace de langage d'un vaincu qui brave son vainqueur, avaient été remarquées avant Robinet. C'était un défaut essentiel de la tragédie; elle méritait moins le titre d'*Alexandre* que celui de *Porus*, sous lequel la désignait M. de Pompone[1], qui en avait entendu lire les premiers actes chez Mme de Plessis-Guénégaud. Racine, dans sa seconde préface, dont le ton modéré fait un contraste frappant avec celui de la première, a réparé par une longue apologie cette importante omission de sa première défense. Il faut dire que sa nouvelle

---

1. Lettre à Arnauld d'Andilly, 4 février 1665. Il énumère les personnes présentes : M. de la Rochefoucauld, Mme de la Fayette, Mme et Mlle de Sévigné; et « sur le tout, ajoute-t-il, Despréaux que vous
» connaissez, qui y était venu réciter de ses satires, qui me pa-
» rurent admirables, et Racine, qui y récita aussi trois actes et demi
» d'une comédie de *Porus*, si célèbre contre Alexandre, qui est assu-
» rément d'une fort grande beauté. »

réponse s'adressait surtout, dans son intention, à une pièce critique postérieure à la première publication d'*Alexandre*, et qui, en reproduisant avec étendue et avec force toutes les objections déjà faites, insistait particulièrement sur celle-là. On devine qu'il s'agit de Saint-Évremond et de sa célèbre *Dissertation sur Alexandre*.

Dès que la tragédie avait été publiée, on l'avait fait parvenir au spirituel exilé, si curieux de littérature. Cette lecture devait avoir pour lui un intérêt d'autant plus vif, qu'il était instruit déjà du grand succès d'*Alexandre*, et qu'en sa qualité d'admirateur passionné de Corneille, il devait être importuné de tout ce bruit, et impatient de juger par lui-même cette œuvre tant applaudie. Il lut la pièce : il en remarqua facilement les nombreux défauts, plus sensibles encore à la lecture qu'à la représentation ; il fut, avec raison, rassuré sur la supériorité de Corneille, et, tout en rendant hommage au talent distingué du nouveau poëte, il ne crut pas que *le Grand Alexandre* pût inquiéter l'auteur d'*Horace*, de *Cinna* et de tant de chefs-d'œuvre. Il explique lui-même, dans une lettre à son ami, M. de Lionne, comment il fut amené à mettre par écrit ses sentiments sur la tragédie nouvelle, et à envoyer à Paris cette nouvelle critique. Une dame Bourneau[1], « qu'il a fort vue, dit-il, en Angleterre, et qui a l'esprit » très-bien fait, » lui avait envoyé l'*Alexandre*, avec prière de donner son jugement. Pour satisfaire sa correspondante, Saint-Évremond, « sans s'être donné, prétend-» il, le loisir de bien lire la tragédie, écrivit à la hâte ce » qu'il en pensait. » Mais il avait entendu que cette lettre

---

1. Elle était femme d'un président de la sénéchaussée de Saumur. Elle avait accompagné Mme de Comminges en Angleterre, quand M. de Comminges y alla en 1665, comme ambassadeur.

ne serait pas montrée; il se dit très-mécontent de la publicité donnée à sa dissertation : « Mme Bourneau m'a
» fait un très-méchant tour d'avoir montré un sentiment
» *confus* que je lui avais envoyé sur l'*Alexandre*... Moins
» religieuse que vous à se gouverner selon les senti-
» ments de ses amis, il se trouve qu'elle a montré ma
» lettre à tout le monde. » Saint-Évremond a deux motifs
de contrariété. D'abord il n'aime pas cette popularité
qu'on lui fait sans son aveu : « Je hais extrêmement de
» voir mon nom courir par tout le monde presque en
» toutes choses, particulièrement en celles de cette na-
» ture. » Puis il est fâché d'avoir causé de la peine à
Racine : « Mme Bourneau m'attire aujourd'hui l'embarras
» que vous me demandez. Je ne connais point M. Racine;
» c'est un fort bel esprit que je voudrais servir, et ses
» plus grands ennemis ne pourraient pas faire autre
» chose que ce que j'ai fait sans y penser. » Quel est cet
embarras dont parle Saint-Évremond? Est-ce une allusion au parti qu'on tira contre Racine de la dissertation, avidement accueillie et répandue? Faut-il l'entendre du mécontentement de quelques hauts personnages protecteurs du jeune poëte? Peut-être ces deux motifs entrent-ils dans les regrets de l'auteur; peut-être même la dissertation, telle que nous la lisons aujourd'hui dans ses œuvres, n'est-elle qu'une seconde édition, destinée à adoucir les torts de la première. On peut le croire, puisque Saint-Évremond exprime le vœu que ces petites pièces, données jusque-là « dans le désordre où elles
» passent de main en main jusqu'à celles d'un impri-
» meur », soient publiées correctement par ses amis; puisqu'il envoie lui-même à M. de Lionne cette dissertation, que sans doute son ami connaissait déjà par les copies de la lettre à Mme Bourneau. Ainsi s'expliqueraient ces longs développements, qui ne vont guère avec la

confusion et la hâte dont s'est accusé Saint-Évremond : ainsi s'expliqueraient aussi les éloges complaisants qui sont comme l'exorde et l'atténuation oratoire de la critique.

Ces éloges, si encourageants pour Racine, prouvent que Saint-Évremond ne partageait pas l'opinion de Corneille sur la nature du talent du jeune homme, et qu'il le croyait propre à la poésie dramatique. Après ce gracieux début commencent les critiques, mais enveloppées encore de louanges, et pleines de bienveillance et de mesure : « Je voudrais, dit-il, que Corneille formât avec la
» tendresse d'un père son vrai successeur. Je voudrais
» qu'il lui donnât le bon goût de cette antiquité qu'il
» possède si avantageusement, qu'il le fît entrer dans le
» génie de ces nations mortes, et connaître sainement le
» caractère des héros qui ne sont plus. C'est, à mon avis,
» la seule chose qui manque à un si bel esprit. Il a des
» pensées fortes et hardies, des expressions qui égalent
» la force de ses pensées ; mais vous me permettrez de vous
» dire après cela qu'il n'a connu ni Alexandre ni Porus. »
» Ainsi, Saint-Évremond se rencontre tout d'abord avec les censeurs auxquels Racine avait répondu si faiblement dans sa première préface, et toute sa dissertation est comme le développement de cette critique générale, appliquée surtout aux deux personnages principaux de la tragédie, Alexandre et Porus. Alexandre pâlit devant Porus : « Il paraît que l'auteur a voulu donner une plus
» grande idée de Porus que d'Alexandre ; en quoi il n'était
» pas possible de réussir, car l'histoire d'Alexandre, toute
» vraie qu'elle est, a bien l'air d'un roman, et faire un
» plus grand héros, c'est donner dans le fabuleux, c'est
» ôter à son ouvrage non-seulement le crédit de la vérité,
» mais l'agrément de la vraisemblance. »

Mais sans donner dans le fabuleux, sans former « des

imaginations trop vastes et trop relevées », il y avait un moyen d'élever Porus au-dessus de son vainqueur : c'était de représenter celui-ci tellement petit qu'il devînt facile de le dominer. Or, au jugement de Saint-Évremond, c'est la faute qu'a commise Racine : « Il a fait de
» son Alexandre un prince si médiocre que cent autres
» le pourraient emporter sur lui comme Porus. Ce n'est
» pas qu'Ephestion n'en donne une belle idée ; que Taxile,
» que Porus même ne parlent avantageusement de sa
» grandeur ; mais, quand il paraît lui-même, il n'a pas
» la force de la soutenir... A parler sérieusement, je ne
» connais ici d'Alexandre que le seul nom ; son génie, son
» humeur, ses qualités ne me paraissent en aucun endroit.
» Je cherche dans un héros impétueux des mouvements
» extraordinaires qui me passionnent, et je trouve un
» prince si peu animé, qu'il me laisse tout le sang-froid
» où je puisse être. » Avouons-le, cette critique, reproduite presque textuellement par Fontenelle, dans ses *Réflexions sur la poétique*, est parfaitement fondée, et Racine, qui la combat dans sa seconde préface, n'a pas réussi à la réfuter. « J'ai tâché, dit-il, de représenter en
» Porus un ennemi digne d'Alexandre, et je puis dire que
» son caractère a plu extrêmement sur notre théâtre,
» jusque-là que des personnes m'ont reproché que je
» faisais ce prince plus grand qu'Alexandre. Mais ces per-
» sonnes ne considèrent pas que, dans la bataille et dans la
» victoire, Alexandre est en effet plus grand que Porus,
» qu'il n'y a pas un vers dans la tragédie qui ne soit à
» la louange d'Alexandre, que les invectives mêmes de
» Porus et d'Axiane sont autant d'éloges de ce con-
» quérant. » Oui, mais les sentiments et les pensées d'Alexandre parlant sur le théâtre doivent répondre à l'idée que nous nous faisons d'Alexandre combattant ; cette grandeur dont nous entretiennent ses amis, qu'avouent

ses ennemis eux-mêmes, il faut qu'elle éclate dans sa personne, dès qu'il paraît devant nous; il est fâcheux qu'il se présente « uniquement occupé, comme dit Fon-
» tenelle, de l'amour d'une petite Cléophile, que le spec-
» tateur n'estime pas beaucoup », et qu'à la nouvelle de l'attaque de son camp par Porus, au lieu de courir au danger, il reste à causer avec deux femmes.

Nous n'acceptons pas aussi complétement l'opinion de Saint-Évremond au sujet du caractère de Porus. Il a raison sans doute de vouloir que ceux qui représentent « quelques héros des vieux siècles entrent dans le génie
» de la nation dont il a été, dans celui du temps où il a
» vécu, et particulièrement dans le sien propre ». Il a raison de distinguer le romancier du poète dramatique, et de vouloir que « ces grands personnages de l'antiquité,
» si célèbres dans leur siècle, et plus connus parmi nous
» que les vivants mêmes, les Alexandre, les Scipion, les
» César, ne perdent jamais leur caractère entre nos
» mains. » Mais n'exagère-t-il pas, quand il demande au poète de dépouiller sa propre nature et d'aller jusqu'à « l'étrange »; quand il prétend que « le climat change les
» hommes comme les animaux et les productions, in-
» flue sur la raison comme sur les usages, et qu'une
» morale, une sagesse singulière à la région y semble
« régler et conduire d'autres esprits dans un autre
» monde »? Il oublie que, malgré la différence de mœurs, de langage, de costume, l'homme au fond est partout le même; il oublie surtout que le véritable intérêt de la tragédie, comme en général de la littérature, est dans la peinture des sentiments et des passions qui constituent l'homme de tous les pays et de tous les temps, et que le plus immortel des poètes est celui qui est le moins le peintre d'une certaine époque et d'une certaine nation, et le plus l'interprète de la nature universelle et im-

muable. On a vu de nos jours à quels abus pouvait conduire la couleur locale, et combien cette recherche d'une exactitude pour ainsi dire matérielle, peut faire oublier à l'auteur le fond même de son art, et lui ôter toute inspiration et toute chaleur. Je regretterai donc peu que les discours de Porus n'aient pas « quelque chose de plus étrange et de plus rare », que Racine n'ait pas imité l'exemple de Quinte-Curce dans cette harangue des Scythes tant admirée de Saint-Évremond, qu'il ne nous ait pas transportés dans le climat des Indes, au milieu de cette nature merveilleuse, de ces fleuves immenses, « de
» ces chariots, de ces éléphants, de ces éclairs, de ces
» foudres, de ces tempêtes ». Il est facile de se perdre dans ces détails; en recherchant cette sorte d'intérêt, le poète court grand risque de ne pas rencontrer cette autre plus importante que Saint-Évremond a raison de lui demander, c'est-à-dire « d'entrer dans l'intérieur et de tirer
» du fond de ces grandes âmes, comme a fait Corneille,
» leurs plus secrets sentiments ».

Sans doute, il n'y a pas assez de cette analyse profonde dans la tragédie d'*Alexandre*, et Saint-Évremond a encore raison sur ce point. Il critique aussi très-justement l'amour qui occupe tous les personnages de la pièce et derrière lequel disparaît « tout ce qu'il y a de plus grand et de plus précieux parmi les hommes ». Sans doute, il est ridicule « qu'on parle à peine du camp des deux rois
» qu'on asservit à des princesses purement imaginées;
» que la défense d'un pays, la conservation d'un royaume
» n'excite point Porus au combat, qu'il y soit animé
» seulement par les beaux yeux d'Axiane, et que l'unique
» but de sa valeur soit de se rendre recommandable
» auprès d'elle ». Il ne l'est pas moins qu'Alexandre sorte précipitamment du combat pour aller revoir Cléophile, et que l'intérêt de son amour lui fasse « remettre au

» hasard le succès de la bataille, au moment où elle de-
» vient douteuse ». Mais ces défauts si bien relevés ne se
réduisent pas à un simple oubli de la couleur locale; ce
sont des fautes choquantes contre la vérité des caractères,
contre la vraisemblance, contre la raison. Comme le dit
Saint-Évremond, les héros de la tragédie ont les mœurs
des chevaliers errants; mais il aurait pu ajouter qu'ils
ont celles des tragédies de Quinault et de ses contemporains, sans en excepter toujours les dernières pièces de
Corneille. Racine subissait encore l'influence de ce mauvais goût, héritage de Mlle de Scudéri et de ses émules.

La dissertation dont nous avons présenté les principaux traits n'était pas seulement une critique spirituelle
et juste de l'*Alexandre* : c'était, on peut le dire, un panégyrique continuel de Corneille; partout l'auteur y
exprimait son admiration pour le génie du grand poète,
et il se faisait surtout l'apologiste d'une tragédie récente
(1663), accueillie très-froidement, la *Sophonisbe*. Cet
hommage fut très-sensible à Corneille, qui aimait beaucoup la *Sophonisbe*. Il remercia vivement Saint-Évremond. Dans cette lettre dont nous avons cité un passage
directement applicable à Racine, le poète développait sa
théorie sur l'amour : « J'ai cru jusqu'ici que l'amour
» était une passion trop chargée de faiblesse pour être
» dominante dans une pièce héroïque; j'aime qu'elle y
» serve d'ornement et non pas de corps, et que les
» grandes âmes ne la laissent agir qu'autant qu'elle est
» compatible avec de plus nobles impressions. Nos dou-
» cereux et nos enjoués sont de contraire avis; mais vous
» vous déclarez du mien : n'est-ce pas assez pour vous
» en être redevable au dernier point? » Nous trouverons
ailleurs l'occasion de contester ce rôle secondaire d'une
passion, bien froide et bien peu tragique, dès qu'elle n'est
pas dominante; mais quels étaient ces *doucereux* et ces

enjoués ? A qui Corneille pensait-il en parlant, dans un autre passage de sa lettre, de « ces opiniâtres entêtements » qu'on a pour les héros refondus à notre mode » ? C'étaient encore des traits à l'adresse de l'auteur d'*Alexandre*, et ce nouvel incident ne contribua pas à rapprocher les deux poètes.

Si la *Dissertation sur Alexandre* n'avait pas eu d'autre résultat, il faudrait déplorer qu'elle ait été écrite ; mais, on peut l'affirmer, elle n'a pas été perdue pour Racine. Sans doute, au premier moment, malgré la bienveillance du début, elle blessa son amour-propre susceptible ; mais, comme toujours, la réflexion triompha de ce mouvement d'humeur ; il reconnut la justesse de la plupart des observations de Saint-Évremond et il ne les oublia pas en traçant les caractères de son *Andromaque*. On peut affirmer que le rapide et merveilleux progrès de son talent et de son goût fut en partie l'ouvrage de cette critique. La *Thébaïde* était une pièce pâle et médiocre ; *Alexandre*, une imitation plutôt qu'une œuvre originale : quelques caractères étaient calqués sur Corneille, d'autres se ressentaient de l'*Astrate*. Avec *Andromaque* apparut une tragédie nouvelle, moins forte et moins élevée que celle de Corneille, mais pleine de sensibilité et de naturel, d'expression et de vérité. Malgré des imperfections et des taches, malgré quelques défauts de jeunesse, un chef-d'œuvre était donné au théâtre français, et le public du temps ne s'y trompa pas. Voyons quelle attitude prit la critique en face de ces transports d'admiration, et comment elle accueillit une œuvre dont *Alexandre* ne permettait pas de pressentir les beautés supérieures.

CHAPITRE II

ANDROMAQUE (novembre 1667).

Témoignages de Perrault, de Robinet, de Subligny, sur le succès d'*Andromaque*. — Épître dédicatoire et première préface de Racine. — Compte rendu de Robinet. — Jugement de Saint-Évremond. — La *Folle querelle* de Subligny.

Nous avons cité le témoignage peu suspect de Perrault sur le succès de la tragédie nouvelle : « *Andromaque* fit autant de bruit à peu près que le *Cid*. » La *Muse* de Robinet, la *Gazette* de Renaudot, la pièce critique de Subligny, attestent à leur tour l'éclat de cette victoire. Selon Robinet[1], « les vers et tous les incidents » du poème ont charmé la cour :

> La cour qui, selon ses désirs,
> Tous les jours change de plaisirs,
> Vit jeudi certain dramatique,
> Poème tragique et non comique,
> Dont on dit que beaux sont les vers
> Et tous les incidents divers,
> Et que cette œuvre de Racine
> Maint autre rare auteur chagrine.

Il semble même, d'après ce récit, que la cour ait eu la primeur de la nouvelle pièce, et cette conjecture est fortifiée par les lignes suivantes de la *Gazette* du même

---

1. Lettre du 19 novembre 1667.

jour: « Le 17 novembre Leurs Majestés eurent le divertissement d'une fort belle tragédie, par la troupe royale, en l'appartement de la Reine, où étaient quantité de seigneurs et de dames de la cour. » On ne parle pas ainsi d'une œuvre déjà connue et représentée. Nous verrons plus tard que l'*Iphigénie* fut jouée à Versailles avant de paraître sur le théâtre de l'hôtel de Bourgogne ; il ne serait pas étonnant que l'*Andromaque*, « honorée des larmes » de la duchesse d'Orléans et dédiée à l'aimable princesse, eût obtenu la même faveur. La date du 10 novembre que donnent les frères Parfaict[1], pour la première représentation à la ville, a été justement contestée[2]; celle du 18, que propose M. P. Mesnard, semble plus plausible.

Quoi qu'il en soit, ce qui est incontestable c'est que l'apparition de la tragédie a été un grand évènement littéraire.

Cette œuvre de Racine
Maint autre rare auteur chagrine,

dit Robinet. La *Folle querelle* de Subligny donne une preuve piquante de la popularité de la nouvelle œuvre. Dans la famille où l'auteur nous transporte, *Andromaque* est le sujet de toutes les conversations, de toutes les disputes ; les valets comme les maîtres ne s'occupent pas d'autre chose ; on en parle au salon ; on en parle aussi vivement à l'antichambre, à la cuisine, jusqu'à l'écurie. « Cuisinier, cocher, palefrenier, laquais, et jusqu'à la » porteuse d'eau, en veulent discourir. Bientôt, dit un » des personnages de la comédie, la contagion gagnera » le chien et le chat du logis. » Une maîtresse demande-

---

1. *Histoire du théâtre français*, t. X, p. 185, note.
2. Paul Mesnard, Racine (*Grands écrivains de la France*), t. II, p. 3.

t-elle sa femme de chambre, celle-ci, répond un laquais, « est occupée à faire l'Hermione contre le cocher dont elle est coiffée ». Un maître reproche-t-il à son valet l'insuccès d'un message délicat : « Monsieur, dit celui-ci, » j'ai fait comme Oreste, qui ne laisse pas de tuer Pyrrhus, » quoique Cléone lui ait été dire qu'il n'en fasse rien. » La renommée d'*Andromaque* remplit donc toute la pièce; et si le critique prétend contester la valeur du succès, il en constate du moins, sans le vouloir, le retentissement et l'étendue.

Racine est justement fier de cette brillante fortune de son œuvre. Dans son Épître dédicatoire, il fait hommage d'*Andromaque* à son aimable protectrice, Henriette, duchesse d'Orléans, et il rappelle à Madame la part qui lui revient dans la composition et le succès de la tragédie : « Ce n'est pas sans sujet que je mets votre illustre nom » à la tête de cet ouvrage. Et de quel autre nom pourrais- » je éblouir les yeux de mes lecteurs que de celui dont » mes spectateurs ont été si heureusement éblouis? On » savait que Votre Altesse Royale avait daigné prendre » soin de la conduite de ma tragédie ; on savait que vous » m'aviez prêté quelques-unes de vos lumières pour y » ajouter de nouveaux ornements ; on savait enfin que » vous l'aviez honorée de quelques larmes dès la première » lecture que je vous en fis. Pardonnez-moi, Madame, » si j'ose me vanter de cet heureux commencement de » sa destinée. Il me console bien glorieusement de la » dureté de ceux qui ne voudraient pas s'en laisser tou- » cher. Je leur permets de condamner l'*Andromaque* » tant qu'ils voudront, pourvu qu'il me soit permis d'ap- » peler de toutes les subtilités de leur esprit au cœur de » Votre Altesse Royale. »

Ce n'est pas, on le voit, qu'*Andromaque* ait manqué de critiques, et Racine ne peut s'empêcher de leur lancer un trait en passant ; mais il fait bon marché de la censure de ces juges insensibles, et il s'en explique encore plus directement dans sa première préface : « Le public » lui a été trop favorable pour qu'il s'embarrasse du » chagrin particulier de deux ou trois personnes. »

Quelles sont ces personnes et quelle était la nature de leurs critiques ? Les deux mordantes épigrammes de Racine nous ont fait connaître les griefs du marquis de Créqui et du comte d'Olonne. La trop fidèle douleur d'Andromaque, veuve invraisemblable et ridicule, qui pleure encore son mari après une année, l'amour exagéré de Pyrrhus pour sa captive dont il fait sa maîtresse ; enfin, le rôle d'Oreste, ambassadeur sans dignité et sans respect pour le caractère dont il est revêtu ; tels sont les points sur lesquels portaient les objections des deux nobles censeurs. Mais on en faisait une autre que l'auteur a jugée plus grave et dont il a été plus ému ; car c'est la seule qu'il mentionne dans sa première préface, et il la combat tout au long. On s'indignait de la violence et des emportements de Pyrrhus : il manquait de respect et de galanterie avec Andromaque, de probité et d'honneur avec Hermione. C'était, dit-on, le grief du grand Condé ; Subligny en fera l'objet de plusieurs scènes de sa comédie ; Robinet y revient plus d'une fois dans son misérable compte rendu, dont nous ferons grâce aux lecteurs.

Comment Racine justifie-t-il le caractère de Pyrrhus, sur quelle autorité s'appuie-t-il pour le défendre ? Chose curieuse ! ce poète tant accusé d'altérer l'histoire, d'affadir les héros de l'antiquité et de « les assaisonner à la sauce douce », appelle à son aide la tradition historique, le témoignage des anciens poètes : « Mes personnages, » dit-il au commencement de sa première préface, sont » si fameux dans l'antiquité que, pour peu qu'on la

» connaisse, on verra fort bien que je les ai rendus tels
» que les anciens poètes nous les ont donnés ; aussi
» n'ai-je pas pensé qu'il me fût permis de rien changer
» à leurs mœurs. Toute la liberté que j'ai prise, ç'a été
» d'adoucir un peu la férocité de Pyrrhus que Sénèque,
» dans la *Troade*, et Virgile, dans le second livre de
» l'*Énéide*, ont poussée beaucoup plus loin que je n'ai
» cru le devoir faire ; encore s'est-il trouvé des gens qui
» se sont plaints qu'il s'emportât contre Andromaque et
» qu'il voulût épouser une captive à quelque prix que
» ce fût ; et j'avoue qu'il n'est pas assez résigné à la vo-
» lonté de sa maîtresse, et que Céladon a mieux connu
» que lui le parfait amour. Mais que faire ? Pyrrhus
» n'avait pas lu nos romans ; il était violent de son natu-
» rel et tous les héros ne sont pas faits pour être des
» Céladons. » Quoi ! c'est Racine qui écrit ces lignes !
Quoi ! il se moque, comme Corneille, des héros transformés en Céladons ! Ce fait prouve au moins qu'à l'époque où parut *Andromaque*, l'amour à la façon des romans de Mlle de Scudéri et des pièces de Quinault comptait encore beaucoup de partisans, et que Racine, loin de gâter son temps, l'a réformé ; car à une galanterie prétentieuse et fausse il a substitué l'expression naturelle et pathétique d'une sensibilité délicate, et souvent les transports saisissants d'une ardeur emportée et furieuse. L'amour, il est vrai, est l'âme de la nouvelle pièce ; c'est par lui que s'engage et se complique l'action ; c'est lui qui en précipite le dénoûment. Mais cet amour, profondément tragique dans le personnage d'Hermione, a aussi, sauf quelques traits de mauvais goût, dernier tribut payé à l'époque, un caractère puissant dans Pyrrhus et dans Oreste : c'est une passion de cœur, éminemment émouvante et sympathique, car on y sent la vérité et la vie. C'était là le grand progrès d'*Andromaque* sur *Alexandre*,

et il y en avait encore un autre : la légende de Pyrrhus et d'Andromaque se prêtait bien mieux que l'histoire d'Alexandre à une intrigue amoureuse. Les vers de Virgile, cités si à propos par Racine au début de sa deuxième préface, justifiaient l'infidélité et la violence de Pyrrhus, les fureurs et la vengeance d'Oreste. Comme le dit avec raison le poète, ce passage donnait « l'action, les acteurs » et même leurs caractères, excepté celui d'Hermione, » dont la jalousie et les emportements sont assez mar- » qués dans l'*Andromaque* d'Euripide ». Si la tradition était changée sur quelques points, qu'importe dans un sujet plus fabuleux qu'historique? et Racine n'avait-il pas le droit d'invoquer les poètes grecs, qui tant de fois, dans leurs tragédies, se sont écartés des traditions le plus généralement acceptées? Toujours est-il que cet épisode, même chez les anciens, est plein des fureurs et des fatales conséquences de l'amour, et que le poète moderne pouvait, sans choquer la vraisemblance, y développer librement cette passion. Alexandre, Porus, n'agissant au milieu d'une guerre si importante que sous l'inspiration et pour le plaisir d'une maîtresse, étaient des personnages ridicules et faux. Pyrrhus, dans les loisirs de sa petite cour, se livrant aux transports de sa nature violente et périssant victime de ses passions et de celles des autres, était une reproduction fidèle du Pyrrhus d'Euripide et de Virgile. On pouvait critiquer quelques détails de son langage; mais, pour le fond, il était, aussi bien que les autres personnages du drame, conforme à la tradition et à la vérité. C'était, dans une mesure suffisante, le héros antique ; c'était surtout l'homme de tous les pays et de tous les temps : or, selon nous, voilà le fond de l'art, voilà le mérite supérieur et capital du poème tragique.

Que pensa Saint-Évremond de cette transformation

où il avait le droit de reconnaître le fruit heureux de ses critiques? Applaudit-il à des progrès qui étaient en partie son œuvre? Lui qui avait eu des encouragements si flatteurs pour un poète encore novice, eut-il à cœur de rendre hommage au talent déjà mûr de l'auteur d'*Andromaque*? Il faut l'avouer, son appréciation fut bien froide et bien vague ; et, dans la sévérité précise et motivée de la *Dissertation sur Alexandre*, il y avait plus de bienveillance pour Racine que dans les louanges douteuses et embarrassées qu'il accorde à la nouvelle pièce. M. de Lionne la lui a envoyée en même temps que l'*Attila* de Corneille. Dans une première lettre, Saint-Évremond, quoique à peine il ait eu, dit-il, le loisir d'y jeter les yeux, rend compte à son ami de ses impressions : « Cette tragédie a bien l'air des belles
» choses ; il s'en faut presque rien qu'il n'y ait du grand.
» Ceux qui n'entreront pas assez dans les choses l'ad-
» mireront, ceux qui veulent des beautés pleines y cher-
» cheront je ne sais quoi qui les empêchera d'être tout
» à fait contents. » Que signifient ces précautions oratoires, ces formes restrictives, ces éloges retirés à mesure qu'on les accorde? Est-ce là une critique sérieuse et sincère? N'a-t-on pas le droit de réclamer d'un censeur si rigoureux plus de précision dans son blâme, plus d'arguments et de faits à l'appui de sa sentence? Il semble, en vérité, qu'il craigne de se compromettre et qu'il veuille ménager à la fois les amis et les ennemis du poète. Ce qui suit n'est pas moins vague. Montfleury, comédien de l'hôtel de Bourgogne, qui jouait *Oreste*, venait de mourir, épuisé, disait-on, par la fatigue de ce rôle [1]. M. de Lionne, en annonçant à son

---

1. Bayle, *Dictionn. historique*, à l'article ANDROMAQUE, note 1, cite à ce propos le passage suivant du *Parnasse réformé*, où l'on fait par-

ami cet évènement qui fit du bruit, ajoutait que la pièce y avait perdu. Saint-Évremond saisit cette idée et prend plaisir à y insister : « Vous avez raison de dire » que cette pièce est déchue par la mort de Montfleury ; » car elle a besoin de grands comédiens qui remplissent » par l'action ce qui lui manque. » Mais que ne précise-t-il ce qui manque à *Andromaque* ? Peut-on se contenter du jugement qu'il donne comme son dernier mot : « A tout prendre, c'est une belle pièce, qui est fort au-» dessus du médiocre, quoique un peu au-dessous du » grand. » Et cette appréciation superficielle est suivie de l'éloge pompeux d'*Attila* !

Cependant une lecture plus réfléchie aura peut-être modifié les sentiments de Saint-Évremond ; elle lui permettra du moins d'appuyer sa sévérité sur des arguments sérieux. Trois amis lui ont envoyé chacun de leur côté un exemplaire d'*Andromaque*; tous les trois lui ont demandé son jugement ; sans doute il voudra répondre par un examen approfondi à la curiosité déférante de ceux qui l'interrogent. C'est encore à M. de Lionne qu'il adresse cette seconde appréciation. « Votre *Andromaque* m'a semblé très-belle », dit-il en commençant ; mais il se hâte de corriger cet aveu par des réserves aussi nombreuses et aussi peu motivées que dans la première lettre : « Je crois qu'on peut aller plus loin

---

ler ainsi le fameux comédien : « Qui voudra savoir de quoi je suis » mort, qu'il ne demande point si c'est de la fièvre, de l'hydropisie ou de » la goutte, mais qu'il sache que c'est d'*Andromaque*. Je voudrais que » tous ces composeurs de pièces tragiques, ces inventeurs de passions » à tuer les gens, eussent comme Corneille un abbé d'Aubignac sur les » bras : ils ne seraient pas si furieux. Mais ce qui me fait le plus de » dépit, c'est qu'*Andromaque* va devenir plus célèbre par les cir-» constances de ma mort, et que désormais il n'y aura plus de poète » qui ne veuille avoir l'honneur de tuer un comédien en sa vie. »

» dans les passions, et qu'il y a encore quelque chose
» de plus profond dans les sentiments que ce qui s'y
» trouve : ce qui doit être tendre n'est que doux, et ce
» qui doit exciter de la pitié ne donne que de la ten-
» dresse. » Singulière critique d'une pièce où la passion
est si pathétique et si furieuse dans Hermione, la tendresse si aimable et si pénétrante dans Andromaque, où
il y a une science si profonde du cœur humain, où ces
luttes orageuses de l'âme, véritable source de l'émotion
dramatique, sont retracées avec un art si consommé,
avec une vérité si vivante !

Il est vrai que Saint-Évremond n'aime pas les veuves
au théâtre, excepté la seule Cornélie, parce qu'au lieu de
lui faire imaginer « des enfants sans père et une femme
» sans époux, ses sentiments tout romains rappellent
» l'idée de l'ancienne Rome et du grand Pompée[1] ». « In-
» troduisez, dit-il ailleurs, une mère qui se réjouit du
» bonheur de son fils, ou s'afflige de l'infortune de sa
» pauvre fille ; sa satisfaction ou sa peine fera peu d'im-
» pression sur l'âme des spectateurs. Pour être touché
» des larmes et des plaintes de ce sexe, voyons une
» amante qui pleure la mort d'un amant, non pas une
» femme qui se désole à la perte d'un mari. La douleur
» des maîtresses, *tendre et précieuse*, nous touche bien
» plus que l'affliction d'une veuve artificieuse ou inté-
» ressée, qui, toute sincère qu'elle est quelquefois, nous
» donne toujours une idée noire des enterrements et de
» leurs cérémonies lugubres. » Cette singulière opinion
prouve au moins que Saint-Évremond n'est pas, comme
d'autres partisans de Corneille, opposé à la peinture de
l'amour dans la tragédie[2]. Mais sa théorie sur les mères

1. *Dissertation sur Alexandre.*
2. *Ibid.* « Rejeter l'amour de nos tragédies comme indignes des

et les veuves au théâtre était éloquemment réfutée par la nouvelle tragédie. Andromaque, sans avoir une douleur *tendre et précieuse*, était aussi touchante et aussi tragique comme veuve et comme mère qu'Hermione comme amante. Et ne pouvait-on pas déjà opposer à Saint-Évremond l'Andromaque d'Homère et celle de Virgile, la mère d'Euryale chez le même poëte, la douleur déchirante de pères infortunés comme Priam, ou Évandre, ou Mézence? Non sans doute, ce n'est pas là une critique large et libérale, réfléchie et profonde. L'auteur n'est pas descendu en lui-même; il n'a pas interrogé avec calme et impartialité sa raison et son cœur. Il a jeté quelques traits brillants; il s'est payé de quelques grandes phrases; mais il ne nous a rien appris sur les qualités, rien sur les défauts de la tragédie qu'il juge; et sa conclusion n'est guère moins embarrassée que tout le reste : « A » tout prendre, Racine doit avoir plus de réputation » qu'aucun autre, excepté Corneille. » A la bonne heure; mais le critique ne paraît pas y tenir beaucoup; le mot *à tout prendre* ne rend pas l'aveu bien flatteur pour Racine; les adversaires du nouveau poète ne pourront

---

» héros, c'est ôter ce qui nous fait tenir encore à eux par un secret » rapport. J'avouerai qu'il n'y a point de sujet où une passion géné-
» rale que la nature a mêlée à tout ne puisse entrer sans peine et » sans violence. D'ailleurs, comme les femmes sont aussi nécessaires » à la représentation que les hommes, il est à propos de les faire » parler autant qu'on peut de ce qui leur est le plus naturel et dont » elles parlent mieux que d'aucune chose. Otez aux unes l'expression » des sentiments amoureux, et aux autres l'entretien secret où les » fait entrer la confidence, vous les réduisez ordinairement à des » conversations fort ennuyeuses. Presque tous leurs mouvements, » leurs discours, doivent être des effets de leur passion : leurs joies, » leurs tristesses, leurs craintes, leurs désirs, doivent sentir un peu » d'amour pour nous plaire. » Peut-on mieux justifier le théâtre de Racine?

pas en prendre ombrage et accuser Saint-Évremond de trahir leur cause.

La critique la plus étendue et la plus complète sur *Andromaque* est celle de Subligny. L'auteur l'a méditée à loisir, puisqu'elle ne parut qu'en mai 1668, et il a pu facilement pendant six mois la grossir de toutes les observations, de toutes les attaques dirigées contre la tragédie. La *Folle Querelle*, comédie en trois actes et en prose, représentée sur le théâtre du Palais-Royal le 18 mai 1668, fit grand plaisir à tous les ennemis de Racine; elle fut une douce consolation pour ceux qu'avait affligés ou alarmés le succès populaire d'*Andromaque*. Robinet se hâta d'annoncer la pièce, et, six jours avant la première représentation, il écrivait :

> Or, une plume fine et belle,
> Sous le nom de *Folle Querelle*,
> En[1] a fait même le sujet,
> Qu'on dit bien tourné tout à fait,
> D'une petite comédie
> Aussi plaisante que hardie,
> Et qu'enfin la troupe du roi
> Donnera vendredi, je crois.

Il revint à la charge, à l'époque où la *Folle Querelle*, complétée par une longue préface, fut publiée, « au » Palais, chez Joli, au coin de la galerie des prisonniers », comme Robinet a soin de l'indiquer à ses lecteurs. Nous voyons par ces vers, où l'on sent l'accent du triomphe, que l'ouvrage avait fait du bruit et causé une sensible douleur à Racine [2]. Apparemment, ce qui affligea surtout

---

1. Il vient de parler du poème d'*Andromaque*. (Lettre du 12 mai 1668.)
2. A propos de satyre, quoy !
    Sous ce nom, l'on voit, bonne foy,

l'auteur d'*Andromaque*, ce fut l'accueil empressé fait par Molière à cette pièce. Quoiqu'il eût donné à son ancien ami de justes motifs de ressentiment, il ne s'attendait pas sans doute à cette petite vengeance. Si l'on en croit Subligny, il alla jusqu'à attribuer la comédie à Molière lui-même. C'était assurément faire beaucoup d'honneur à cette œuvre, qui n'a rien de commun avec le talent et le style du grand poète comique, et Subligny a raison de triompher dans sa préface de cette prétendue méprise : « Cette comédie, dit-il, a diverti assez de
» monde dans le grand nombre de ses représentations,
» et elle a même assez plu à ses ennemis pour borner
» la vengeance qu'ils en ont tirée à publier que le plus
» habile homme que la France ait encore eu en ce
» genre d'écrire en était l'auteur, je veux dire M. de
» Molière. »

Quel est le caractère de cette pièce? On a dit que c'était la première des parodies : ainsi Subligny aurait eu l'honneur d'inventer ce genre aujourd'hui si répandu et si populaire. Cependant on se rappelle que la tragédie du *Cid* fut parodiée par Boisrobert, et que cette misérable bouffonnerie, provoquée par Richelieu, fut jouée au Palais-Cardinal par les marmitons de Son Éminence. La priorité appartient donc à Boisrobert. En outre, le mot de parodie ne donne pas une idée très-juste de l'œuvre de Subligny. Quelques situations de sa comédie sont bien calquées sur celles d'*Andromaque*, quelques scènes sont bien calculées de manière à reproduire certains passages de la tragédie, en les chargeant; mais le plus

Icy des écrits qui sont pires
Dix mille fois que des satyres,
Et qui font au moins plus de peur;
A maint et maint savant autheur.
(Lettre du 15 septembre 1668.)

souvent c'est une simple critique, comme le *Portrait du peintre* ou la *Satyre des Satyres* de Boursault. L'auteur, au lieu d'exprimer directement ses opinions, les met dans la bouche de ses personnages, et rend ses railleries plus vives et plus piquantes en les présentant quelquefois comme les éloges maladroits de sots admirateurs. Rien de plus commode que cette tactique, renouvelée de Boursault. On donne à l'auteur qu'on décrie des prôneurs maladroits, ignorants, emportés, ou même malhonnêtes; on fait de ses adversaires des personnes pleines d'esprit, de délicatesse et d'honneur : entre des parties si inégales, la lutte n'est pas un instant douteuse. Les admirateurs de la pièce attaquée, placés dans des situations défavorables, affublés de tous les ridicules, sont facilement vaincus. Mais les rires qu'ils provoquent atteignent-ils l'ouvrage censuré, et le critique a-t-il le droit de se targuer d'un pareil triomphe?

Telle est la première impression que fait la comédie de Subligny : on trouve que les partisans de Racine sont trop sacrifiés, que les ennemis de la nouvelle pièce ont la part trop belle. L'auteur nous transporte dans une riche famille bourgeoise, au moment de la grande vogue d'*Andromaque*. Nous avons vu quelle perturbation la tragédie jette dans cette famille : elle y occupe tous les esprits, y trouble toutes les têtes, et vient même traverser un mariage qui se prépare, celui d'Hortense avec Éraste, gentilhomme dont la poursuite est agréée par la mère de la jeune fille. Mais Éraste a un grand défaut aux yeux d'Hortense : il est admirateur passionné d'*Andromaque*, tandis que sa fiancée trouve la nouvelle pièce pleine de défauts, et aussi faiblement conçue pour les caractères et pour l'intrigue qu'elle est mauvaise pour le style. Il a un autre tort plus grave, quoique Subligny n'y insiste pas, afin de rejeter sur la tragédie tout le malheur d'Éraste : il n'est pas aimé, et le cœur d'Hortense appartient à un rival, Lysandre, pour qui la jeune fille se montre même assez facile. Enfin, on peut reprocher encore à Éraste de perdre sa cause par sa sottise et sa honteuse ignorance, d'être un personnage grossier et brutal, et, qui plus est, un fripon : car on apprend à la fin de la pièce « qu'il doit deux fois plus que son bien ne vaut » ; et la mère le congédie par ces mots : « Vous avez voulu me tromper ; le ciel n'a pas » permis que vous ayez réussi. » En vérité, l'auteur donne à Racine un bien triste défenseur ; il est bien injuste lorsqu'il veut rendre *Andromaque* coupable de ce mariage manqué, et il n'a pas le droit de conclure par la bouche d'un ami d'Éraste : « Voilà ce que t'a valu » l'*Andromaque*; l'auteur te doit être bien obligé. »

L'intrigue de cette petite pièce est fort peu de chose ; ce n'est qu'un prétexte à des entretiens dont *Andromaque* fait toujours le sujet, à des situations qui permettent de critiquer et le plan, et les caractères, et le style de la tragédie. Éraste presse la conclusion de son mariage qui devait être célébré dès le soir ; Hortense repousse ses prières, en s'armant toujours de quelque trait emprunté à la pièce nouvelle : « Ah ! s'écrie-t-elle, je serais aussi » bête qu'Andromaque, qui épouse Pyrrhus sur parole, » avant que d'avoir vu son fils en sûreté. » Éraste, lassé de ces faux-fuyants, s'emporte et menace : « L'heure de » notre mariage a été résolue, et puisque vous ne le » voulez point d'amitié, vous le voudrez de force ; songez- » y bien. » A ce mot, Hortense triomphe : « Ah ! ah ! » voilà le *songez-y bien* de Pyrrhus. Après qu'il a fait le » doucereux auprès d'Andromaque, il la traite de la » même façon. » Éraste est poussé à bout, il tutoie sa maîtresse : « Ah ! cruelle, fais, fais-moi mourir, achève. » Ce tutoiement est son coup de grâce. « Achève ? répond

» Hortense; d'où vient encore ce tutoiement? Est-ce
» que le titre d'amant disgracié vous a mis si fort au-
» dessus de moi, comme celui d'ambassadeur met Oreste
» au-dessus de Pyrrhus? » Et elle se retire avec ces
mots : « Adieu, Pyrrhus, adieu ! » Malheureux Éraste !
que de raisons n'a-t-il pas pour maudire *Andromaque !*
Combien l'opiniâtreté de son admiration est généreuse !
et qu'il ferait sagement de suivre les conseils de son
cousin Alcipe, qui le blâme d'aller rompre en visière
avec sa maîtresse pour une comédie ! « Quand tu aurais
» dit, lui représente l'officieux cousin, que l'*Andromaque*
» n'est pas une des meilleures pièces du monde, il y en
» a bien d'autres que toi qui le disent, qui n'ont pas de
» maîtresses à ménager. » Et comme il est lui-même
du nombre de ces juges peu enthousiastes, il profite
de l'occasion pour reprendre au long les critiques
d'Hortense.

Cependant Éraste trouve à propos un auxiliaire : c'est
une certaine vicomtesse, jeune veuve qui partage ses
sentiments littéraires, et qui n'a pas non plus d'éloignement pour sa personne. La pauvre vicomtesse n'est pas
épargnée dans l'exposition : on la représente comme une
sorte de précieuse, entichée de poésie et de romans, et
qui, au milieu de ses rêveries, a laissé perdre quarante
mille livres de rente. Voilà le nouveau personnage qui
vient défendre *Andromaque ;* mais ses éloges prolixes
ne servent pas mieux la cause de la tragédie que les
réponses brèves et peu motivées d'Éraste. « C'est peut-
» être, dit-elle, la tragédie où toutes choses sont de
» meilleur exemple ; et j'y songeais encore hier en ren-
» dant visite à une petite provinciale fort au-dessous de
» ma qualité, qui eut l'insolence de m'attendre dans sa
» chambre et sur son siége, au lieu de venir au-devant
» de moi. Hélas ! dis-je, cela est bien éloigné de l'honnê-

» teté de Pyrrhus qui, loin de souffrir qu'on amène
» Oreste à son audience, le va chercher où il est, pour
» savoir le sujet de son ambassade. » Elle n'est pas moins
touchée « du bon exemple de cette Andromaque, qui
» pleure son époux après plus d'un an, comme le premier
» jour », et elle se récrie sur la moralité de ce spectacle.
Alcipe ne manque pas de répondre sur le ton de M. d'O-
lonne : « D'accord, madame, cela est tout à fait rare. »
Au milieu de tous ces débats, les intérêts d'Éraste
sont de plus en plus compromis. Au deuxième acte, nous
faisons connaissance avec Lysandre, plus coupable
qu'*Andromaque* des rigueurs d'Hortense envers Éraste.
La fière ennemie de Racine est fort tendre avec cet amant
préféré ; elle souscrit très-facilement à un projet d'enlè-
vement, elle prolonge très-complaisamment ce rendez-
vous dans lequel la surprend Éraste. Excusons-la : ce
n'était peut-être qu'un artifice pour exciter la jalouse
colère de son malheureux fiancé, et provoquer des
reproches qu'elle repoussera victorieusement par de
nouveaux emprunts à *Andromaque*. Éraste est las de
cette pièce, qui lui amène tant de traverses. « Maudite
Andromaque ! » s'écrie-t-il ; et cependant un second entretien avec la vicomtesse vient affermir son admiration
chancelante et ranimer le feu de son enthousiasme. Loin
de tout contradicteur, les deux partisans d'*Andromaque*
peuvent à leur aise épancher leurs sentiments, et Éraste,
si réservé en présence d'Hortense ou d'Alcipe, se répand
ici en éloges malencontreux dont chacun est une critique.
Il n'est pas jusqu'à son ignorance grossière dont le malin
Subligny ne fasse une arme contre Racine. Éraste, peu
versé dans l'histoire, prend Ulysse pour un gentilhomme
français : « C'était, dit-il, le plus fin diable qui fût en
France. » La vicomtesse l'interrompt pour corriger cette
erreur : « Vous voulez dire en Grèce. — En Grèce, en

France, qu'importe? » répond Éraste ; ce qui veut dire, dans l'intention de Subligny, que les personnages de Racine sont des Français habillés à la grecque, des héros formés sur le modèle de la *Clélie*, où, suivant Éraste, Pyrrhus a appris son métier d'amoureux. Nous voilà loin de la préface de Racine et du reproche d'emportement et de grossièreté tant de fois adressé au personnage de Pyrrhus ! Mais Subligny n'est pas embarrassé pour si peu de chose : si Pyrrhus est emporté avec Hermione, il est galant et doucereux avec Andromaque. Cependant Hortense ne lui a-t-elle pas reproché le « Songez-y bien ? » ne s'est-elle pas raillée de sa colère et de ses menaces ? son langage alors est-il encore celui d'un *Céladon*? N'importe, il est convenu que Racine « accommode ses héros à la sauce douce ; » l'amour de Pyrrhus pour Andromaque est donc plein de douceur, de respect et de docilité.

Au début du troisième acte, les événements ont marché. Éraste a voulu déjouer les projets de Lysandre et d'Hortense, en faisant enlever sa prétendue; mais par une erreur qui précipite le dénoûment, au lieu d'Hortense, c'est la vicomtesse qu'il a enlevée. Ses ennemis triomphent, et Hortense lui apprend qu'elle va épouser Lysandre. Plus que jamais, au milieu des vives discussions qui s'engagent, *Adromaque* joue son rôle. C'est par le fameux discours de Pyrrhus à Hermione que la jeune fille accueille son malencontreux amant :

> Vous ne m'attendiez pas, monsieur, et je vois bien
> Que mon abord ici trouble votre entretien.

Et elle continue, toujours en parodiant Pyrrhus : « Oui,
» monsieur, j'avoue qu'*on vous avait voué la foi que je
» lui voue*. Une autre que moi vous dirait que sa mère

» aurait fait cela sans consulter son cœur, et que *sans*
» *amour* elle aurait été engagée à vous; mais je ne veux
» pas m'excuser. Si vous voulez, j'épouserai Lysandre,
» parce que je veux être traîtresse. *Éclatez contre moi :*

> » Donnez-moi tous les noms destinés aux parjures;
> » *Je crains votre silence et non pas vos injures,* etc. »

Le pauvre Éraste n'a pas le droit de se récrier : comment peut-il trouver mauvais un compliment emprunté à la tragédie qu'il admire tant?

Battu sur les caractères et sur la conduite de l'action, réduit à reconnaître qu'il « peut y avoir dans la pièce » des choses contre les règles », il se rejette sur la beauté du style : « Au moins, dit-il, il n'y en eut jamais de » si bien écrite; l'on ne vit jamais un langage plus net » et plus juste. » Mais, à l'instant, Hortense, Lysandre, le cousin Alcipe, entreprennent de lui prouver le contraire; et comme ces ennemis d'*Andromaque* ont fait une profonde étude de la tragédie qu'ils trouvent si mauvaise, comme ils en savent par cœur de nombreux passages, et qu'au besoin, « pour secourir leur mémoire troublée », ils peuvent tirer de leur poche le volume qui ne les quitte pas, nous entrons dans une critique minutieuse des vers de Racine. Les personnages occupés de si chers intérêts oublient leur rivalité et leur amour pour contester des expressions, attaquer des tournures de phrase, et traiter de galimatias des alliances de mots le plus souvent aussi heureuses que hardies.

Telle est la pièce de Subligny; mais ces trois actes n'ont pas suffi à l'auteur pour épancher sa verve satirique. Dans sa préface, il revient à la charge; il reprend un à un tous les défauts que sa comédie a déjà signalés. Le style surtout est pour lui l'objet d'un examen nouveau et fort étendu; en effet, « il a omis beaucoup de fautes de diction, dont l'énumération eût refroidi la pièce »; mais la matière ne lui manquait pas; car « il en a, dit-il, compté près de trois cents ». Sans nous donner, grâce à Dieu, sa liste complète, il communique au lecteur une bonne partie de son répertoire. Quelques-unes de ces observations sont justes et Racine en a profité; car les détails relevés par Subligny ont disparu dans la seconde édition d'*Andromaque*; mais beaucoup de tours nouveaux que le critique traitait de fautes ont été maintenus avec intention par le poète. Empruntés le plus souvent au latin, dignes par leur allure dégagée et rapide d'entrer dans une langue que la méthode sévère de Vaugelas avait quelque peu embarrassée et affaiblie, concis et brillants sans cesser d'être clairs, ils méritaient le droit de cité que Racine demandait et a conquis pour eux. Grâce à lui, ils ont passé dans les habitudes du style poétique, et, tandis que leur hardiesse scandalise Subligny, tandis qu'il réclame contre eux au nom du bon sens et crie au galimatias, à peine songeons-nous aujourd'hui à remarquer leur force et leur originalité [1]. Cependant cette partie de la critique de Subligny est encore la moins contestable; elle rendra

---

1. Subligny critique ces vers de l'acte II, sc. 2 :

Et ces peuples barbares
De mon sang prodigué sont devenus avares.

On n'est *avare*, dit-il, que d'une chose qui nous est chère; *prodigué* n'est pas juste; car puisqu'Oreste est vivant, son sang n'a pas été *prodigué*. Ne peut-on prodiguer sa vie sans mourir? Et le mot *avare* détourné de son sens le plus rigoureux ne donne-t-il pas à l'idée plus de force? Ces peuples sont avides de sang :

Ils n'apaisent leurs dieux que du sang des mortels.

Or celui d'Oreste est en leur pouvoir; lui-même, il le leur aban-

Racine plus sévère pour lui-même. Quoique le style d'*Andromaque* eût déjà, dans bien des passages, une facilité et un naturel pleins de douceur et de grâce, et quelquefois une élévation et une énergie saisissantes, on y sentait encore la jeunesse par quelques faiblesses, par quelques expressions plus brillantes que justes. Sans rien perdre de sa richesse et de sa couleur poétique, il joindra bientôt à ces qualités une précision et une rigueur qui défient l'examen le plus attentif.

Quelle est la valeur des autres critiques de Subligny? Nous avons pu déjà, soit à propos de la préface de Racine, soit en examinant le jugement de Saint-Évremond, apprécier et réfuter les plus générales, le rôle de l'amour dans la nouvelle tragédie, et la violation de la vérité historique. Subligny ne pardonne pas à Racine d'avoir

donne, et ils refusent de le verser! Ne peut-on dire qu'ils en sont avares?

Au Ier acte, sc. I, Oreste dit à Pylade :

> Je pensai que la guerre et la gloire
> De soins plus importants rempliraient ma *mémoire*.

Subligny chicane le mot *mémoire*, qu'il est facile de justifier. N'est-ce pas en occupant sa *mémoire* de pensées plus graves qu'Oreste en chassera Hermione? Peut-on, sans une sévérité injuste, demander à un écrivain en vers plus d'exactitude?

Subligny est encore plus rigoureux quand il condamne ces deux vers :

> Mais admire avec moi le sort dont la poursuite
> Me fait courir moi-même au piége que j'évite.

Il y voit trois fautes graves : *persécution* serait le mot propre, *moi-même* est une *belle cheville*; *éviter* est absurde; il faudrait dire *que je voudrais éviter*. — *Poursuite* est très-clair; *moi-même* appuie heureusement sur l'idée; *j'évite* est un latinisme qui n'embarrasse personne, et qui donne à la phrase plus de concision. Quel poète, chez les anciens et chez les modernes, résisterait à une analyse si minutieuse?

fait vivre Astyanax. Cependant « ce déguisement de
» l'histoire » se rencontrait déjà dans la *Franciade* de
Ronsard. Mais là, suivant le critique, « il sert à quelque
» chose de grand et d'ingénieux, puisque le poète tire
» d'Astyanax l'origine de plusieurs grands rois ; dans
» *Andromaque*, au contraire, on le sauve sans dire
» pourquoi, ni ce qu'il devient. » Apparemment Andromaque n'a pas de raisons pour sauver son fils ; apparemment la vie de cet enfant est inutile à la tragédie,
où elle forme le nœud de l'action, où elle donne lieu à
la douce effusion, aux perplexités, aux alarmes et à la
résolution désespérée d'Andromaque ! Rien ne rachète
cette faute d'histoire ! Que Racine ne songeait-il à nous
montrer dans Astyanax l'auteur de la monarchie française ? Bien plus que l'amour et les larmes de sa mère,
cette belle invention nous eût intéressés à sa personne,
et lui eût fait pardonner de vivre malgré la Fable !

Subligny insiste longuement dans sa préface sur
beaucoup d'autres objections sans importance ; il se
récrie, par exemple, sur la grosse imprudence de Pyrrhus qui emploie sa garde à veiller sur Astyanax, et se
livre sans défense aux coups d'Oreste et de ses Grecs.
C'est là, suivant Subligny, une *bévue impertinente*. Pyrrhus aurait pu du moins partager avec l'enfant. Que
n'a-t-il été plus frappé des paroles menaçantes d'Hermione ?

> Porte au pied des autels ce cœur qui m'abandonne !
> Va, cours ! Mais crains encor d'y trouver Hermione !

Que n'a-t-il écouté les sages conseils de Phénix ?

> Seigneur, vous l'entendez. Gardez de négliger
> Une amante en fureur qui cherche à se venger, etc.

Il est vrai, pourrait-on dire, que Pyrrhus, « impatient

» de revoir sa Troyenne » qui « lui parle du cœur, la
» cherche des yeux », n'a pas l'esprit assez libre pour
s'occuper d'un péril si vaguement annoncé par une
femme ; dans son ardeur amoureuse, il ne prête guère
l'oreille aux discours de son gouverneur. C'est en vain
que Phénix insiste ; Pyrrhus l'interrompt :

> Andromaque m'attend ; Phénix, garde mon fils.

Et il s'échappe sans avoir rien entendu. Tel est le délire de la passion, dont Racine a si bien pénétré tous les secrets. C'est la passion qui transporte Pyrrhus ; c'est elle qui l'a rendu coupable envers lui-même et envers Hermione ; elle a fait son crime, elle fait son aveuglement et fera son châtiment, et c'est là que se manifestent le sens et la moralité de la tragédie. Tous les personnages qui n'ont pas su rester en possession d'eux-mêmes, qui ont abandonné leur volonté et leur cœur aux aveugles mouvements de la sensibilité, Pyrrhus, Hermione, Oreste, expient cruellement leurs fautes. Andromaque seule, la noble et vertueuse épouse, la dévouée et tendre mère, est sauvée avec son fils ; elle commande, elle règne en Épire, et ce dénoûment, suffisamment justifié par Virgile, est d'accord à la fois avec le plaisir et avec la conscience du spectateur.

Ce que nous venons de dire réfute les critiques faites contre le caractère de Pyrrhus. Si ce personnage manque à sa parole et aux lois de l'honneur, il en est puni ; le poète n'a pas prétendu en faire le modèle d'un héros parfait. Mais il ne faut pas demander à Subligny de pénétrer l'art profond de Racine ; il faut lui pardonner même son inconcevable appréciation du caractère d'Hermione. Il est évident qu'il ne comprend rien à cette passion mêlée d'emportement et de tendresse, de faiblesse et d'énergie, de colère et de soumission. N'ose-t-il pas, ce savant moraliste, critiquer le désespoir d'Hermione et les reproches dont elle accable le trop docile ministre de ses fureurs? N'ose-t-il pas demander « qu'elle soit quelque temps sensible au plaisir d'être vengée »? Enfin, ne va-t-il pas jusqu'à condamner le sublime : *qui te l'a dit?* Il eût été, selon lui, préférable que Pyrrhus, « au lieu d'insulter à Hermione, lui témoignât quelque regret d'être infidèle ». Alors « elle aurait pu reprocher à Oreste la mort de son amant avec quelque vraisemblance ». Oui, sans doute; mais que devenait la peinture de cette passion, qui, même chez une femme superbe et violente comme Hermione, survit à tout, aux retards, aux hésitations, aux rebuts, enfin aux plus sensibles outrages? Que devenait cet amour, si pathétique parce qu'il éclate plus que jamais lorsqu'on le croit transformé en haine, parce qu'il trouve dans l'accomplissement de la vengeance commandée, la plus forte manifestation de son ardeur, l'expression la plus déchirante et la plus désespérée de sa puissance[1]?

Telles sont les principales objections de Subligny : les unes sont mesquines et puériles, les autres inintelligentes et absurdes. Le critique n'a pas aperçu les beautés qui ont fait la popularité durable de la tragédie; il n'en a pas été ému; il n'a pas l'air de les soupçonner. Selon lui, ce succès est de mauvais aloi, c'est une duperie et une surprise; le public s'est laissé prendre aux manéges d'un charlatan. Ce sont les conclusions expresses de la préface de Subligny. Bien qu'il ait

---

[1] Oreste, selon Subligny, a tort de ne pas prendre au mot Hermione, qui lui ordonne de tuer Pyrrhus. Il hésite à commettre ce crime épouvantable! Il se fait presser à toute heure! Peut-on si mal connaître le cœur humain? Combien Subligny en remontrerait à Racine!

quelques vagues éloges pour le *beau génie* de l'auteur, pour la *vigueur de ses pensées*, pour la *noblesse de ses sentiments*; il affirme que les partisans d'*Andromaque* ont été éblouis, « les plus beaux endroits où l'on s'est
» récrié sont toutes expressions fausses ou sens tron-
» qués, qui signifient tout le contraire ou la moitié de
» ce que l'auteur a conçu lui-même. » A ses yeux, la tragédie, sans être précisément « une très-méchante pièce, est encore bien loin d'être bonne ». Subligny craint qu'on ne gâte le jeune poète à force d'encens; il prétend lui rendre un véritable service, en le sauvant, comme il dit, de la fureur des applaudissements, « en
» l'empêchant de s'endormir sur la foi d'une perfection
» imaginaire, et de se figurer qu'il a atteint le grand
» Corneille, au-dessous duquel il restera toute sa vie, s'il
» ne corrige son style et la conduite de son théâtre. »

Cette protestation en faveur de Corneille ne pouvait manquer de se produire dans la critique de Subligny; comme les autres, il avait besoin de ce grand nom pour soutenir la faiblesse de ses attaques. Placée ainsi sous le patronage du fameux poète, sa comédie devait trouver un accueil plus empressé et plus complaisant. C'est là, sans doute, avec la malignité de l'esprit humain, ce qui en a fait le succès. On a ri et applaudi à la *Folle Querelle* pour humilier Racine, pour venger Corneille; on y est venu aussi parce que de tout temps les hommes sont curieux de satires, et se plaisent à voir travestir et ridiculiser les œuvres qui les ont le plus émus et transportés. Quant à Racine, assurément cette petite pièce lui a causé un sensible déplaisir; mais il en a très-certainement tiré profit. Elle l'a excité à donner à son style plus de précision et de rigueur, à créer un drame plus sévère, à concevoir des caractères vertueux comme on lui en demandait. En appréciant les progrès du poète dans son *Britannicus*, nous reconnaîtrons la justesse des vers que Boileau lui adressait plus tard :

> Et peut-être ta plume aux censeurs de Pyrrhus
> Doit les plus nobles traits dont tu peignis Burrhus.

CHAPITRE III

LES PLAIDEURS (nov. 1668); BRITANNICUS (déc. 1668).

Quelques mots sur la composition et le succès des *Plaideurs*. — Les deux préfaces de *Britannicus*. — Compte rendu de Robinet. — Compte rendu de Boursault. — Jugement de Saint-Évremond. — Quelques critiques de l'abbé Dubos et de Fontenelle.

Nous ne parlerons qu'en passant de la pièce des *Plaideurs*, dont l'histoire est bien connue. Racine, dans sa préface, a raconté lui-même l'origine de cette œuvre amusante, qu'il destinait d'abord à la troupe bouffonne des Italiens. Il explique comment il la composa, moitié avec les encouragements, moitié avec le concours de ses amis, dont les noms nous sont connus par le commentateur de Boileau, Brossette. C'étaient, outre le satirique, La Fontaine, Chapelle, Furetière, et quelques autres dont le rendez-vous habituel était la maison d'un traiteur fameux, à l'enseigne du *Mouton*. Là on prépara à frais communs « l'amusement » des *Plaideurs* : chacun apporta son contingent ; l'un fournit les termes du Palais[1], l'autre[2] donna l'idée de la dispute entre Chicaneau et la comtesse, et fit tracer ce personnage sur le

---

1. Selon Louis Racine, ce fut M. de Brilhac, conseiller au parlement.
2. Boileau. Chez son frère Jérôme, le greffier, il avait été témoin d'une aventure semblable entre la comtesse de Cressé et un ancien président à la Cour des monnaies.

modèle d'une célèbre plaideuse du temps, la comtesse de Cressé. L'avidité fameuse de Mme Tardieu, femme d'un juge au parlement, servit à peindre Babonnette, la défunte épouse de Perrin Dandin. On emprunta quelques traits à de célèbres avocats du temps, Patru et M. de Montauban. Tous ces matériaux, avec les incidents que fournissaient les *Guêpes* d'Aristophane, furent habilement mis en œuvre par Racine, et, après quelques jours, il présenta à ses amis une pièce en trois actes, vivement conduite, facilement et lestement versifiée, pleine de traits piquants, malins sans amertume, contre les plaideurs, les avocats et les juges, bien inférieure sans doute, comme force et comme portée, à la comédie politique du poète grec, mais très-gaie et très-digne du rire « des honnêtes gens ».

On sait cependant que les *Plaideurs* n'eurent d'abord aucun succès : les acteurs furent presque sifflés, et la pièce fut retirée après deux représentations. Comment Racine explique-t-il cette disgrâce? C'est, dit-il, que sans se soucier de l'intention de l'auteur, on voulut voir « dans cet amusement une comédie régulière ; » on l'examina, « comme on aurait fait une tragédie. Ceux
» même qui s'y étaient le plus divertis eurent peur de
» n'avoir pas ri dans les règles, et trouvèrent mauvais
» que je n'eusse pas songé plus sérieusement à les faire
» rire. Quelques autres s'imaginèrent qu'il était bien-
» séant de s'y ennuyer, et que les matières du Palais ne
» pouvaient pas être un sujet de divertissement pour les
» gens de cour. » Cependant un juge compétent, Molière, présent à la seconde représentation, ne partagea pas le mépris affecté du public : « Ceux qui se moquent de la comédie, dit-il tout haut, mériteraient qu'on se moquât d'eux. » Un autre suffrage vengea bientôt avec plus d'éclat le poète. Un mois après l'échec des *Plai-*

deurs, les comédiens de l'hôtel de Bourgogne, appelés à Versailles, en risquèrent la représentation après une tragédie : « Le roi, dit Louis Racine, ne crut pas déshono-
» rer sa gravité ni son goût par de grands éclats de
» rire. » Dès lors le sort des *Plaideurs* changea complétement : non-seulement, comme le rapporte Racine, « la cour ne fit pas scrupule de s'y réjouir », non-seulement « ceux qui avaient cru se déshonorer de rire à
» Paris furent obligés de rire à Versailles pour se faire
» honneur »; mais la pièce, reprise à l'hôtel de Bourgogne, eut un grand succès, et attira longtemps la foule.

Cette revanche éclatante a désarmé Racine : les traits légers et bénins que nous avons cités suffisent à sa vengeance; et sa préface, si bienveillante et si douce que plus tard il n'aura rien à en retrancher, montre partout la satisfaction qu'il éprouve. Il la conclut par ces lignes :
« Je puis dire que notre siècle n'a pas été de plus mau-
» vaise humeur que le sien (celui d'Aristophane), et
» que, si le but de ma comédie était de faire rire, jamais
» comédie n'a mieux attrapé son but. Ce n'est pas que
» j'attende un grand honneur d'avoir assez longtemps
» réjoui le monde; mais je me sais quelque gré de
» l'avoir fait, sans qu'il m'en ait coûté une seule de ces
» sales équivoques et de ces malhonnêtes plaisanteries
» qui coûtent maintenant si peu à la plupart de nos
» écrivains, et qui font retomber le théâtre dans la tur-
» pitude d'où quelques auteurs plus modestes l'avaient
» tiré. » Certes, Racine avait le droit de se rendre ce témoignage. Son triomphe était pur autant que légitime, et il y puisa sans doute du courage et de l'ardeur pour l'achèvement d'une œuvre bien plus importante, fruit de longues méditations et de longues veilles, espoir d'une gloire nouvelle, plus solide et plus éclatante, la tragédie de *Britannicus*.

Les deux préfaces de Racine ne nous laissent pas ignorer le travail que le poète s'était imposé pour cette pièce, et le succès qu'il s'en était promis. La première, qui est la plus étendue, la plus intéressante, mais aussi la plus amère de toutes les protestations du poète contre la critique, débute par cet aveu. Il y parle « du soin » qu'il a pris pour travailler cette tragédie, de ses » efforts pour la rendre bonne. » La deuxième préface, dans laquelle la vivacité juvénile de la première est singulièrement adoucie et corrigée, s'explique encore plus fortement : « Voilà, dit Racine, celle de mes tra- » gédies que je puis dire que j'ai le plus travaillée. » Et, lorsqu'il écrivait ces lignes [1], il n'était pas seulement l'auteur de trois tragédies : il avait composé encore *Bérénice, Bajazet, Mithridate* et *Iphigénie*. Il conservait donc, après six années de réflexion, l'opinion qu'il avait eue de sa tragédie dès l'époque de son achèvement, celle que lui avait exprimée Boileau : « Vous » n'avez rien fait de plus fort. » La seconde préface témoigne que, « selon la plupart des connaisseurs », *Britannicus* était encore, en 1676, « la plus solide des » œuvres du poète, et la plus digne de louanges ». C'est ce jugement que rappelait Voltaire dans ces lignes si justes et si bien senties : « On démêla dans Agrippine » des beautés vraies, solides, qui ne sont ni gigantesques, » ni hors de la nature, et qui ne surprennent pas le » parterre par des déclamations ampoulées. Le déve- » loppement du caractère de Néron fut regardé comme » un chef-d'œuvre. On convint que le rôle de Burrhus » est admirable d'un bout à l'autre... *Britannicus* fut la » pièce des connaisseurs. »

Mais cet art profond et caché, cette force sobre, con-

---

1. En 1676. Édition complète de ses œuvres, après *Iphigénie*.

tenue, toujours éloignée de l'exagération et de l'emphase, cette grandeur sans ostentation, furent-ils à la portée du vulgaire? Les critiques, qui avaient tant reproché à Racine d'altérer l'histoire, lui surent-ils gré de cette frappante peinture de la Rome impériale, de ce tableau de la jeunesse de Néron, si énergiquement tracé d'après Tacite, de cette copie si fidèle et si digne de l'original? Racine avoue lui-même dans sa seconde préface que « le succès ne répondit pas d'abord à ses espérances ». A peine, ajoute-t-il, la pièce « parut sur
» le théâtre qu'il s'éleva quantité de critiques qui sem-
» blaient la devoir détruire. Je crus moi-même que sa
» destinée serait à l'avenir moins heureuse que celle
» de mes autres tragédies. »

La première préface s'explique plus librement sur « ces nombreux censeurs et sur les efforts de certaines » gens pour décrier *Britannicus* ». Et l'on devine facilement quelle passion anime ces ennemis acharnés de la nouvelle tragédie, à quelle école ils appartiennent. Le poëte, après avoir énuméré et combattu les objections, porte à son tour l'attaque dans leur camp : « Que fau-
» drait-il faire pour contenter des juges si difficiles? La
» chose serait aisée, pour peu qu'on voulût trahir le
» bon sens. Il ne faudrait que s'écarter du naturel
» pour se jeter dans l'extraordinaire. Au lieu d'une ac-
» tion simple, chargée de peu de matière, telle que
» doit être une action qui se passe en un seul jour, et
» qui, s'avançant par degrés vers sa fin, n'est soutenue
» que par les intérêts, les sentiments et les passions
» des personnages, il faudrait remplir cette même ac-
» tion de quantité d'incidents, qui ne se pourraient pas-
» ser qu'en un mois, d'un grand nombre de jeux de
» théâtre d'autant plus surprenants qu'ils seraient moins
» vraisemblables, d'une infinité de déclamations où l'on

» ferait dire aux acteurs tout le contraire de ce qu'ils
» devraient dire. »

C'était clairement, trop clairement sans doute, désigner les admirateurs du vieux Corneille. Racine se gardera bien de conserver dans sa seconde préface un passage qui frappait moins les partisans exagérés de son illustre devancier que ce devancier lui-même, respectable à tant de titres. Plût au ciel qu'il n'eût pas du moins attaqué plus directement Corneille, et que le ressentiment ne l'eût pas entraîné à examiner dans le détail ces tragédies dont il venait de faire une critique générale! Citons ces lignes où le jeune poète, trop sensible à l'injustice et à la mauvaise foi de ses détracteurs, se donne tant de torts, même quand il a raison : « Il faudrait, par
» exemple, représenter quelque héros ivre, qui se voudrait faire haïr de sa maîtresse de gaieté de cœur[1]; un
» Lacédémonien » grand parleur[2]; un conquérant qui
» ne débiterait que des maximes d'amour[3]; une femme
» qui donnerait des leçons de fierté à des conquérants[4]. »
Non certes; si fondées que soient ces critiques, il n'appartenait pas à Racine de les faire, ni d'achever sa vengeance par une allusion à ce Luscius de Lanuvium, ennemi de Térence, si aigrement relevé par celui-ci dans les prologues de ses comédies. « Je prie le lecteur de me
» pardonner cette petite préface que j'ai faite pour lui
» rendre raison de ma tragédie. Il n'y a rien de plus
» naturel que de se défendre quand on se croit injustement attaqué. Je vois que Térence même semble
» n'avoir fait des prologues que pour se justifier contre
» les critiques d'un vieux poète malintentionné, *ma-*

---

1. Lysandre dans la tragédie d'*Agésilas*.
2. Agésilas.
3. César dans la *Mort de Pompée*.
4. Cornélie dans la même tragédie, Viriate dans *Sertorius*.

» *levoli veteris poetæ*, et qui venait briguer des voix
» contre lui jusqu'aux heures où l'on représentait ses
» comédies :

« Occepta res agi :
» Exclamat... »

Semblable en effet à ce vieil auteur, Corneille, nous l'avons vu, assistait à la première représentation de *Britannicus*. Un passage de la première préface nous apprend qu'il s'était récrié contre deux anachronismes relatifs à Britannicus et à Narcisse : « Britannicus n'en-
» trait que dans sa quinzième année lorsqu'il mourut;
» on le fait vivre, lui et Narcisse, deux ans plus qu'ils
» n'ont vécu. Je n'aurais point parlé de cette objection,
» si elle n'avait pas été faite avec chaleur par un homme
» qui s'est donné la liberté de faire régner vingt ans
» un empereur qui n'en a régné que huit, quoique ce
» changement soit bien plus considérable dans la chro-
» nologie, où l'on suppute les temps par les années
» des empereurs. » Racine désigne ici bien clairement Corneille, et la tragédie à laquelle il fait allusion est celle d'*Héraclius*, où le règne de Phocas est prolongé de douze ans[1]. Nous avons condamné et nous condamnons encore ces représailles : les objections du vieux poète colportées par ses amis, les appréciations superficielles et injustes des critiques du temps n'auraient pas dû pousser jusque-là le jeune auteur de *Britannicus*.

---

1. Dans *Sertorius*, Sylla vit six ans de plus que ne le veut l'histoire. Cet anachronisme brouille toutes nos idées sur cette époque; Voltaire fait observer aussi (préface du *Triumvirat*) que Ptolémée, au moment de la mort de Pompée, était un enfant de douze à treize ans, incapable de diriger une délibération, Cornélie, une femme de dix-huit ans, qui ne vit jamais César, n'aborda point en Égypte et ne joua aucun rôle dans les guerres civiles. — Ici Corneille a suivi Lucain.

Mais n'avons-nous pas le droit de réclamer pour lui quelque indulgence et de plaider au moins les circonstances atténuantes? Quand on a lu les comptes rendus de Robinet et de Boursault, peut-on se défendre de partager la douleur et l'irritation de Racine?

Robinet, dans sa lettre du 21 décembre 1669, annonce qu'il a vu *Britannicus*. Il daigne trouver que l'auteur est en progrès, au moins pour la pureté du langage, et il fait l'éloge de ces vers

> D'un style magnifique,
> Et tous remplis de politique.

Après ces encouragements accordés à Racine qui a su profiter des leçons de ses maîtres, Robinet se récuse; car, lui aussi, il est poète tragique, et il a composé un *Britannicus*. Il ne peut donc honnêtement juger pour le fond l'œuvre de son concurrent. Mais cette réserve, qu'on pourrait croire inspirée par un sentiment de modestie, n'est qu'un prétexte pour amener l'éloge de sa pièce et pour en comparer les mérites avec les défauts choquants de celle de Racine :

> Et je suis quasi près de croire
> (Mais peut-être m'en fais-je accroire)
> Que je l'ai tout au moins traité
> Avec moins d'uniformité,
> Que, plus libre dans ma carrière,
> J'ai plus varié ma matière;
> Qu'avecque plus de passion,
> De véhémence et d'action,
> J'ai su pousser le caractère
> Et de Néron et de sa mère;
> Qu'en chaque acte, comme on a fait,
> Je ne finis pas le sujet
> Faute de quelques vers d'attente
> Pour joindre la scène suivante;

> Que j'ai tout de même, à mon gré,
> Chaque incident mieux préparé.
> Et qu'étant, dans la catastrophe,
> Un tant soit peu plus philosophe,
> Je ne la précipite point.

Ainsi cet homme, qui se refusait délicatement à juger l'œuvre de son rival, a trouvé moyen de critiquer et la monotonie du sujet, et la froideur des caractères principaux, et la conduite inhabile de l'action, où les actes ne sont pas liés, où les incidents sont mal préparés, où la catastrophe se précipite contre toutes les règles de l'art. Au reste, si Robinet est franc, s'il déclare, sans fausse honte, qu'il a laissé loin derrière lui l'auteur populaire d'*Andromaque*, il n'est point cependant présomptueux : il a eu soin de reconnaître au début qu'*il pouvait s'en faire accroire*. Il renouvelle, en terminant, cette modeste concession :

> Mais, comme j'ai dit, sur ce point,
> Il peut être que je me flatte.

Accusez-le maintenant de s'estimer trop et de ne savoir pas se tenir en garde contre la vanité et les illusions du poète !

La critique de Boursault n'est guère supérieure aux vers de Robinet ; mais son compte rendu a du moins le mérite de nous faire connaître diverses circonstances de la première représentation de *Britannicus*. Ce récit forme l'introduction assez étrange d'un petit roman intitulé *Artémise et Poliante*. L'auteur, homme enjoué et de belle humeur, commence sur ce ton badin : « Il » était sept heures sonnées à tout ce qu'il y a d'hor- » loges depuis la porte Saint-Honoré jusqu'à la porte » Saint-Antoine, et depuis la porte Saint-Martin jus-

» qu'à la porte Saint-Jacques, c'est-à-dire qu'il était
» sept heures sonnées par tout Paris, quand je sortis
» de l'hôtel de Bourgogne où l'on venait de représenter
» pour la première fois le *Britannicus* de M. Racine,
» qui ne menaçait pas moins que de mort violente tous
» ceux qui se mêlent d'écrire pour le théâtre. » L'auteur qui s'en est autrefois mêlé, lui aussi, mais « si peu
» que par bonheur il n'est personne qui s'en souvienne »,
était comme les autres en grande appréhension ; et
« dans le dessein de mourir d'une plus honnête mort
» que ceux qui seraient obligés de s'aller pendre, il
» s'était mis dans le parterre pour avoir l'honneur de se
» faire étouffer ». Mais, contre son attente, il s'est trouvé
fort à son aise ; car les marchands de la rue Saint-Denis,
habitués de l'hôtel de Bourgogne, selon Boursault, s'étaient rendus « au spectacle du *marquis de Cour-*
» *boyer*, qui ce jour-là justifiait publiquement qu'il était
» noble [1] ».

Après la fine ironie de ce début, Boursault nous rend compte de la présence de Corneille « qu'il aperçut tout seul dans une loge », et de celle « d'un admirateur des nobles vers de Racine » qu'il désigne par l'initiale D***
et qui est certainement Despréaux. Il croit railler bien spirituellement son ennemi le satirique, en décrivant les vives émotions que Boileau manifestait pendant la représentation. « Son visage, qui au besoin passerait
» pour un répertoire du caractère des passions, épou-
» sait toutes celles de la pièce l'une après l'autre, et se
» transformait comme un caméléon, à mesure que les
» acteurs débitaient leurs rôles. » Certes, on ne pouvait

---

1. Il s'agit d'une exécution capitale. Le marquis de Courboyer, gentilhomme huguenot, condamné à mort pour une dénonciation calomnieuse de lèse-majesté contre le sieur d'Aunoy, eut la tête tranchée en Grève, le vendredi 13 décembre 1669.

faire mieux l'éloge et du spectateur, juge si sensible des beautés littéraires, et du poète, pour qui cette émotion était le plus bel hommage. Ni l'un ni l'autre ne durent être bien offensés de cette remarque, prétendue maligne, et de la phrase qui la concluait : « Je ne sais rien de » plus obligeant que d'avoir à point nommé un fond de » joie et un fond de tristesse au très-humble service de » M. Racine. »

Boursault nous apprend ensuite un autre détail important : c'est l'existence, à l'hôtel de Bourgogne, d'*un banc formidable* où les auteurs se réunissaient « pour » décider souverainement des pièces de théâtre », autrement dit pour les soutenir de leurs applaudissements ou les faire tomber. Mais, cette fois, ils n'ont pas osé rester en groupe. De peur de se faire reconnaître, ils se « sont dispersés »; ils contemplent la pièce *incognito*, « désavouant d'abord, par crainte de la mort, leur glo- » rieuse qualité, puis rassurés par le troisième acte, et » enfin complétement ranimés par le cinquième, le plus » méchant de tous, qui eut pourtant la bonté de leur » rendre tout à fait la vie ».

Boursault arrive, on le voit, à la critique de la tragédie contre laquelle il a déjà lancé, en passant, quelques traits. Des connaisseurs auprès desquels il était placé et dont il a écouté les sentiments ont trouvé les vers « fort épurés »; mais « Agrippine leur a paru fière » sans sujet, Burrhus vertueux sans dessein, Britan- » nicus amoureux sans jugement, Narcisse lâche sans » prétexte, Junie constante sans fermeté, et Néron cruel » sans malice. D'autres qui, pour les trente sols qu'ils » avaient donnés à la porte, crurent avoir la permission » de dire ce qu'ils en pensaient, trouvèrent la nouveauté » de la catastrophe si étonnante et furent si touchés de » voir Junie, après l'empoisonnement de Britannicus,

» s'aller rendre religieuse de l'ordre de Vesta, qu'ils au-
» raient nommé cet ouvrage une tragédie chrétienne, si
» on ne les eût assurés que Vesta ne l'était pas. »

Ces jugements ne paraissent pas déplaire à Boursault;
mais il va nous donner bientôt sa propre sentence. En
effet, après la représentation du chef-d'œuvre de Racine,
« ou du moins de ce qu'on croyait qui le dût être »,
Boursault est allé souper chez une dame de grande qualité et de grand mérite. Il devait y réciter des fragments
d'une nouvelle pièce; mais à son arrivée, on commença
par lui demander des nouvelles de celle qu'il venait de
voir, et voici, nous dit-il lui-même, de quelle manière
il parla : « Quoique rien ne m'engage à vouloir du bien
» à M. Racine et qu'il m'ait désobligé sans lui en avoir
» donné aucun sujet, je vais rendre justice à son ou-
» vrage, sans examiner qui en est l'auteur. » Quels sont
ces torts de Racine envers Boursault? Est-ce d'avoir
soutenu contre lui la cause de Molière ou de Boileau?
Est-ce d'avoir accueilli le *Portrait du peintre* par quelque
mot piquant? Nous l'ignorons; mais en dépit de cette
généreuse et chrétienne théorie du pardon des injures,
le ton de Boursault est celui d'un homme prévenu et
malveillant, et la sévérité blessante de son langage n'est
pas justifiée par la solidité et la profondeur de ses jugements. Il ne conteste pas l'éloge que ses voisins ont fait
du style de la tragédie. Dès cette époque, il semble que
la supériorité de Racine sur ce point soit reconnue.
Robinet lui-même s'est incliné devant la pureté et la
magnificence des vers. Boursault fait de même : « Il est
» constant que dans le *Britannicus* il y a d'aussi beaux
» vers qu'on en puisse faire, et cela ne me surprend
» pas; car il est impossible que M. Racine en fasse de
» méchants. » Cependant Boursault ne laisse pas de
railler quelques exclamations qui lui semblent indignes

du style de la poésie : « Ce n'est pas qu'il n'ait répété
» en bien des endroits : *Que fais-je, que dis-je*, et *quoi
» qu'il en soit*, qui n'entrent guère dans la belle poésie. »
Nous voilà loin du galimatias que Subligny signalait
dans les vers d'*Andromaque !* En tout cas, il serait facile
de répondre à Boursault que le style de la poésie dramatique n'est pas celui de l'ode ou de l'élégie. Dans un
genre où le poète doit s'effacer derrière ses personnages,
où ceux-ci s'entretiennent sur le ton d'une conversation
noble et distinguée, mais le plus souvent familière, ces
formes sont naturelles, et moins choquantes qu'une
pompe et une élévation soutenues.

Boursault passe ensuite à l'examen de l'action, et il
se borne à répéter à peu près ce qu'il a déjà dit dans
le récit de la représentation : « Le premier acte promet
» quelque chose de fort beau et le second ne le dément
» pas ; mais, au troisième, il semble que l'auteur se soit
» lassé de travailler, et le quatrième, qui contient une
» partie de l'histoire romaine, et qui, par conséquent,
» n'apprend rien qu'on ne puisse voir dans Florus et
» dans Coëffeteau, ne laisserait pas de faire oublier qu'on
» s'est ennuyé au précédent, si, dans le cinquième, la
» façon dont Britannicus est empoisonné et celle dont
» Junie se rend vestale ne faisaient pitié. » Comment
concilier l'intérêt que Boursault reconnaît au quatrième
acte avec l'ennui de ces récits historiques, où le poète
a pillé Florus et son traducteur et continuateur alors
célèbre, Coëffeteau ? Comment expliquer ce jugement
sévère sur le troisième acte, où les emportements
d'Agrippine sont rendus avec une énergie si digne de
Tacite, où le charme des explications de Britannicus et
de Junie repose si doucement des fortes scènes qui précèdent, où, dans la rencontre dramatique des deux
frères, des deux rivaux, Racine a donné, quoi qu'on en

dise, tant de grandeur au jeune Britannicus, où il a retrouvé la force, la rapidité concise, les traits soudains, les répliques vives et frappantes du dialogue de Corneille? Enfin, si l'entrée de Junie dans le corps des vestales est une invention peu historique, et qui a le tort de faire penser au dénoûment habituel des grandes passions et des grandes infortunes au XVIIe siècle, qui peut « faire pitié » à Boursault dans la mort de Britannicus? Que trouve-t-il de « si méchant » dans un récit presque entièrement traduit de Tacite? Sans doute, le cinquième acte a moins d'intérêt que les précédents, et, après le récit de la catastrophe, les scènes qui complètent le dénoûment paraissent un peu froides. Cependant il faut au moins excepter de cette condamnation les sublimes imprécations d'Agrippine; il faut aussi tenir compte des nécessités de l'action qui forçaient Racine à nous instruire du sort des divers personnages. « Pour
» moi, dit le poëte en repoussant cette critique, j'ai
» toujours compris que la tragédie étant l'imitation
» d'une action complète où plusieurs personnes concou-
» rent, cette action n'est point finie que l'on ne sache
» en quelle situation elle laisse ces mêmes personnes.
» C'est ainsi que Sophocle en use presque partout ; c'est
» ainsi que, dans l'*Antigone*, il emploie autant de vers
» à représenter la fureur d'Hémon et la punition de
» Créon après la mort de cette princesse, que j'en ai
» employé aux imprécations d'Agrippine, à la retraite de
» Junie, à la punition de Narcisse et au désespoir de
» Néron, après la mort de Britannicus[1]. » La réponse de Racine est juste, sans doute; mais lui-même il a re-

---

1. Première préface. Ce morceau n'est pas reproduit dans la seconde; ce qui semble prouver que Racine, après réflexion, acceptait, au moins en partie, la critique.

connu plus tard que l'objection n'était pas sans valeur ; car il a supprimé la scène où Junie reparaissait. Il a fait mieux : dans ses tragédies postérieures, et surtout dans *Mithridate,* dans *Phèdre* et dans *Athalie,* il a rendu ses dénoûments plus rapides et plus frappants, sans qu'ils soient moins complets. Le spectateur quitte le théâtre aussi bien instruit du sort de tous ceux qui l'intéressent ; mais, pour lui donner cette satisfaction, le poète n'a pas eu besoin de diminuer l'effet de la catastrophe, de refroidir et d'effacer nos impressions. Il a gardé pour la fin son coup le plus fort, et il nous renvoie tout pleins de la pensée du principal personnage et de l'émotion produite par son triomphe ou sa chute, sa récompense ou son châtiment [1].

Après ces critiques, Boursault passe à l'éloge des acteurs. Mais que pense-t-il des caractères ? Il faut croire qu'il s'en tient au jugement de ses voisins du parterre ; car il ne dit mot de cette partie importante de la tragédie. Ainsi, ni la figure énergique et passionnée d'Agrippine, ni la mâle et simple vertu de Burrhus, ni la cruauté encore timide de Néron et le rapide développement de ses mauvaises passions, ni la scélératesse profonde et terrible de Narcisse, n'ont trouvé grâce devant Boursault. N'avons-nous pas le droit après cela de reléguer sa critique au rang de celle de Robinet, et de confondre dans un pareil mépris le compte rendu du gazetier et celui du poète nouvelliste ? Pour comble de ressemblance, Bour-

---

1. D'après le *Bolœana,* Boileau blâmait aussi ce dénoûment, ou du moins la retraite de Junie. Il disait encore que Britannicus est trop petit devant Néron. Nous avouons que cette dernière critique nous paraît peu fondée : Britannicus n'est pas si humble et si timide qu'on l'a prétendu, et il brave fièrement Néron au troisième acte. Au reste, le *Bolœana,* comme tous les recueils du même genre, ne mérite pas une confiance entière.

sault, comme Robinet, joindra bientôt la pratique à la théorie. Il deviendra, lui aussi, poète tragique, et ses pièces de *Germanicus* et de *Marie Stuart* enseigneront à Racine les véritables règles et la véritable perfection de l'art.

Trouverons-nous dans les œuvres de Saint-Évremond une appréciation plus sérieuse? La lettre où il donne à M. de Lionne son sentiment sur *Britannicus* n'est pas plus satisfaisante que celle où il jugeait *Andromaque*. On y trouve encore ces restrictions singulières qui ressemblent au désir de ménager tous les partis : « *Britan*
» *nicus*, dit-il, passe, à mon sens, l'*Alexandre* et l'*Andro-*
» *maque*; les vers en sont plus magnifiques, et je ne
» serais pas étonné qu'on y trouvât du sublime. » Et lui-même, qu'en pense-t-il? n'a-t-il pas d'opinion formée sur ce point, ou a-t-il peur de se compromettre en l'exprimant? En outre, est-ce bien la magnificence qui caractérise le progrès du style de Racine dans sa tragédie? Les mérites éminents qu'il convenait d'y signaler n'était-ce pas une simplicité nerveuse, une vigueur bien ménagée, une concision digne de Tacite? Du moins le critique ne reproche pas, comme Boursault, à la pièce de n'être que de l'histoire romaine mise en vers. Mais il fait à Racine une autre querelle; il accuse vivement l'horreur du sujet et l'aversion qu'inspirent les principaux personnages : « Je déplore le malheur de cet au-
» teur d'avoir si dignement travaillé sur un sujet qui ne
» peut souffrir une représentation agréable. En effet,
» l'idée de Narcisse, d'Agrippine et de Néron, l'idée,
» dis-je, si noire et si horrible qu'on se fait de leurs
» crimes, ne saurait s'effacer de la mémoire du specta-
» teur; et quelques efforts qu'il fasse pour se défaire de
» la pensée de leurs cruautés, l'horreur qu'il s'en forme
» détruit en quelque manière la pièce. » N'y a-t-il donc

pas aussi des scélérats dans le théâtre de Corneille, à commencer par Rodogune? Saint-Évremond, qui défend ce personnage contre M. de Barillon, ne fonde-t-il pas son apologie sur d'excellentes raisons? « Pourquoi, dit-
» il, bannir de notre scène Rodogune, et y recevoir avec
» applaudissements Électre et Oreste? Pourquoi Atrée y
» fera-t-il servir à Thyeste ses propres enfants dans un
» festin? Pourquoi Néron y fera-t-il empoisonner Bri-
» tannicus? Pourquoi Hérode, roi des Juifs, roi de ce
» peuple aimé de Dieu, fera-t-il mourir sa femme? Pour-
» quoi Amurat fera-t-il étrangler Roxane et Bajazet? »
D'accord; mais Saint-Évremond ne songeait pas, en écrivant ces lignes, qu'il avait condamné *Britannicus*. En s'appuyant sur cet exemple, il nous apprend lui-même quelle valeur il faut accorder à des critiques si légèrement faites et si facilement oubliées.

Les attaques dont nous avons rendu compte ne sont pas les seules qu'ait provoquées la tragédie à sa naissance : les deux préfaces de Racine prouvent qu'il y en avait eu d'autres plus précises. La première porte sur le caractère de Néron, trop cruel selon les uns, trop bon selon les autres. Racine n'a pas de peine à repousser cette accusation contradictoire : « Il ne faut, dit-il aux
» premiers, qu'avoir lu Tacite pour savoir que, si Né-
» ron a été quelque temps un bon empereur, il a tou-
» jours été un très-méchant homme... J'avoue, répond-
» il aux seconds, que je ne m'étais pas formé l'idée
» d'un bon homme dans la personne de Néron : je l'ai
» toujours regardé comme un monstre. Mais c'est ici un
» monstre naissant : il n'a pas encore mis le feu à
» Rome, il n'a pas encore tué sa mère, sa femme, ses
» gouverneurs : à cela près, il me semble qu'il lui
» échappe assez de cruautés pour empêcher que per-
» sonne ne le méconnaisse. » La seconde préface com-

plète cette apologie : « Néron a en lui les semences de
» tous les crimes ; il commence à vouloir secouer le
» joug... Il cache sa haine sous de fausses couleurs...
» C'est un monstre naissant, qui n'ose encore se décla-
» rer et qui cherche des couleurs à ses méchantes ac-
» tions. »

C'est par Tacite que Racine réfute ceux qui l'accusaient d'avoir fait de Narcisse « un très-méchant homme
» et le confident de Néron ». Cet affranchi avait, dit
l'historien, une conformité merveilleuse avec les vices
encore cachés du prince, *cujus abditis adhuc vitiis mire
congruebat*, et si, à l'avénement de Néron, Agrippine le
força à se tuer, ce fut malgré Néron[1]. Cette sympathie
autorisait suffisamment, selon nous, le changement que
Racine s'est permis d'apporter ici à l'histoire. Même sans
alléguer les anachronismes que s'est permis Corneille, il
est facile de répondre aux objections des contemporains, reproduites depuis par l'abbé Dubos[2] et par bien
d'autres. Narcisse n'est pas un de ces personnages
que leur importance et leur célébrité commandent au
poète de respecter rigoureusement. Ce serait, de sa part,
une faute grave d'abréger ou d'étendre la vie d'Alexandre
ou de César ; mais, pour une figure secondaire, il a droit
de réclamer un peu de la liberté due à l'invention dramatique. Pourvu qu'il ne dénature pas le caractère du
personnage, pourvu que les actions qu'il lui prête soient
en rapport avec sa vie tout entière, pourvu qu'en prolongeant ses jours il n'altère pas un événement important de l'histoire, sa licence est très-légitime.

On peut en dire autant de la mort de Britannicus.
Qu'importe que le jeune prince ait péri deux ou quatre

---

1. *Annales*, XIII, 1.
2. *Réflexions critiques sur la poésie et la peinture.*

ans après l'avénement de Néron, que la transition de celui-ci pour arriver de la vertu au crime ait été un peu plus ou un peu moins longue? Quant à l'âge de Britannicus, Racine répond d'abord en s'appuyant d'Aristote : « Le héros de la tragédie doit avoir quelque imperfec » tion; » puis, avec beaucoup plus de raison et de force : « Un jeune prince de dix-sept ans qui a beaucoup de » cœur, beaucoup d'amour, beaucoup de franchise et » beaucoup de crédulité, qualités ordinaires d'un jeune » homme, m'a semblé très-capable d'exciter la compas- » sion. » Il aurait pu ajouter que la véritable héroïne du drame est Agrippine; et il s'en explique dans la seconde préface, quand il dit de ce personnage si admirablement tracé : « C'est elle que je me suis surtout efforcé de bien » exprimer, et ma tragédie n'est pas moins la disgrâce » d'Agrippine que la mort de Britannicus. »

Reste Junie qu'on accusait aussi au nom de l'histoire; et cette critique a été reproduite avec beaucoup de vivacité et d'étendue par l'abbé Dubos[1]. Junia Calvina, dit cet écrivain, n'était pas à Rome dans le temps de la mort de Britannicus. Elle avait été exilée sous Claude, comme coupable d'inceste avec son frère. Elle ne fut rappelée que plus tard par Néron. En outre, le caractère que lui donne Néron est démenti par Tacite, qui la traite de véritable *effrontée*. Nous répondrons ici, comme pour Narcisse et Britannicus : qu'importe? Junia, que Tacite mentionne dans une phrase de ses *Annales*, est-elle vraiment un personnage historique? Comme le dit Racine dans sa première préface : « Qu'auraient à répondre mes censeurs, si je leur disais » que cette Junia est un personnage inventé, comme » l'Émilie de *Cinna*, comme la Sabine d'*Horace?* »

---

1. *Réflexions critiques sur la poésie et la peinture.*

Il est une autre critique dont Racine ne parle pas et dont l'initiative appartient sans doute à Fontenelle ; elle a rapport à la *bassesse* de Néron qui se cache pour contraindre les sentiments et le langage de Junie, et la force à désespérer celui qu'elle aime. C'est là, selon Fontenelle, « un ressort ridicule, digne de la comédie ». Selon nous, cette situation n'excite pas le rire, elle fait naître la pitié et l'indignation ; elle nous intéresse plus vivement au sort des deux jeunes gens ; elle nous fait trembler pour eux. Néron n'en devient pas ridicule, mais plus haïssable : la scène est donc belle et tragique. Nous retrouverons cette question à propos de *Mithridate*, et nous reconnaîtrons que le caractère comique ou tragique d'une situation dépend moins du ressort employé que de la nature des passions soulevées, que des conséquences prévues de l'incident.

En dépit des cabales et des critiques, la tragédie de *Britannicus* ne tarda pas être placée au rang qu'elle méritait. « Les critiques se sont évanouies, dit l'auteur, la pièce est demeurée. » Le roi fut, comme toujours, un de ceux qui se déclarèrent le plus hautement, et dont le suffrage contribua le plus à consoler le poète. On sait d'ailleurs que la tragédie eut l'honneur d'exercer une influence directe sur la conduite de Louis XIV. Frappé des vers du quatrième acte :

> Pour toute ambition, pour vertu singulière,
>   Il excelle à conduire un char dans la carrière, etc. ;

il renonça dès lors à paraître dans les ballets. Ce fait, raconté par Louis Racine, et confirmé par une lettre de Boileau [1], semble démenti par la comédie-ballet des

---

1. A M. de Monchesnal (sept. 1707).

Amants magnifiques, jouée à Saint-Germain en Laye, au commencement de février 1670, c'est-à-dire six semaines après la première représentation de *Britannicus*. Si l'on en croit la liste des personnages donnée par Molière, Louis XIV aurait représenté dans ce divertissement Neptune et Apollon [1]. Cependant une lettre de Robinet prouve, à n'en pas douter, que le roi s'abstint. Le gazetier écrit le 15 février :

> Le divertissement royal
> Dont la cour fait son carnaval,
> Est un ballet ou comédie
> . . . .
> Qui, dit-on, a grandement plu.
> . . . .
> Mais c'est tout ce que j'en puis dire,
> Sinon que notre auguste sire
> *Fait danser et n'y danse point*,
> M'étant trompé dessus ce point,
> Quand sur un livre j'allai mettre
> Le contraire en mon autre lettre.

Comment récuser un témoignage si formel et si voisin du fait? Ne peut-on même expliquer par la première erreur de Robinet celle que la liste de Molière a perpétuée? Les deux rôles étaient destinés au roi : Louis XIV les avait acceptés et étudiés; jusqu'à la fin on crut qu'il les remplirait, et, sur la foi du bruit général, Robinet, dans sa lettre du 8 février, désigna le roi comme acteur dans le ballet. Mais, au dernier moment, l'auguste personnage s'abstint. « Il fit danser et ne dansa point. » Robinet, instruit du fait, s'empressa de rectifier son premier témoignage. Or, la pièce de Molière ne fut ni repré-

---

1. Ier intermède, scène 3 : vers pour le roi représentant Neptune. — VIe intermède, scène 6 : vers pour le roi représentant Apollon.

sentée à Paris ni imprimée. Après sa mort, le manuscrit fut vendu par sa veuve au libraire Thury, et les *Amants magnifiques* ne furent publiés qu'en 1682 dans une édition complète des œuvres du poète. A cette époque, on pouvait avoir oublié les incidents de la représentation du ballet : nul ne songea à rectifier les indications de Molière, et c'est ainsi qu'on a pu soutenir que Louis XIV, même après *Britannicus*, s'était donné en spectacle à la cour. Nous le croyons, l'effet des vers de Racine fut plus prompt, et cette leçon involontaire porta des fruits presque instantanés.

Certes, l'auteur de *Britannicus* n'avait pas songé à cette application, et cela même la fit accueillir avec docilité par un prince qui « aimait à prendre sa part d'un sermon, mais n'aimait pas qu'on la lui fît ». Nous arrivons à une tragédie où il put encore se reconnaître, mais, cette fois, de l'aveu et par la volonté du poète, à *Bérénice*, pièce aimable, que la nature du sujet condamnait à rester bien loin d'*Andromaque* et de *Britannicus*, mais que l'auteur a soutenue par l'exquise perfection du style et par le charme d'une douce et pénétrante sensibilité. Les circonstances qui contribuèrent au grand succès de cette tragédie contribuèrent aussi à la vivacité des débats qu'elle souleva, à la vogue des critiques publiées contre elle. Cette fois encore, la joie de Racine fut mêlée de quelque amertume, son triomphe troublé par quelques protestations dont nous allons rendre compte.

CHAPITRE IV

BÉRÉNICE (21 nov. 1670).

La *Bérénice* de Racine et le *Tite et Bérénice* de Corneille. — Comptes rendus de Robinet. — Critique de *Bérénice* par Villars et réfutation de cette critique par Subligny. — Critique de *Tite et Bérénice* par Villars. — Jugement de Saint-Évremond sur les deux pièces. — Comédie critique de *Tite et Titus ou les Bérénices*. — Parodie de *Bérénice* à la comédie italienne.

Nous n'avons pas à revenir sur l'origine de cette tragédie ni sur les circonstances qui en firent l'occasion d'une rivalité directe entre les deux plus grands poètes tragiques de la France. La princesse qui, attirée, dit-on, à ce sujet par des sentiments personnels et par un retour sur sa propre situation, l'avait suggérée à la fois à Corneille et à Racine, et qui avait voulu ménager à la cour comme à elle-même le plaisir de cette lutte involontaire, avait cessé de vivre quand les deux pièces furent représentées. Il n'est pas douteux que son suffrage n'eût été de tout point favorable au plus jeune des deux concurrents, et que l'œuvre élégante et délicate de Racine n'eût complétement satisfait son désir et ses espérances. En effet, si cette tragédie nous paraît aujourd'hui inférieure aux autres ouvrages du poète, il faut avouer qu'elle réunissait alors toutes les conditions du succès. L'amour y remplit toute l'action, et cet amour, plein de grâce et d'effusion, sinon d'énergie et de véhémence, n'en était que plus conforme au goût d'une cour toute occupée, elle aussi, d'intrigues galantes, de passions délicates et ingénieuses[1]. Le naturel et l'harmonie d'un style enchanteur ajoutaient encore au charme de ces peintures où l'on aimait à se reconnaître ; et, pour achever l'effet de ces beaux vers, on pouvait souvent les appliquer au souverain, alors entouré de tous les prestiges de la jeunesse et de la beauté, de la gloire et de la puissance. On songeait à lui quand Bérénice décrivait avec tant d'émotion l'éclat de son amant[2] :

> Cette pourpre, cet or qui rehaussait sa gloire,
> Et ces lauriers encor témoins de sa victoire ;

quand elle montrait ces yeux

> Qu'on voyait venir de toutes parts
> Confondre sur lui seul leurs avides regards ;

quand elle peignait

> Ce port majestueux, cette douce présence.

Et c'était encore vers le roi que se portaient toutes les pensées, lorsque Bérénice, après ce tableau où s'était complu son amour, s'écriait avec une douce ivresse :

> Ciel ! avec quel respect et quelle complaisance
> Tous les cœurs en secret l'assuraient de leur foi !
> Parle ! peut-on le voir sans penser, comme moi,
> Qu'en quelque obscurité que le sort l'eût fait naître,
> Le monde en le voyant eût reconnu son maître ?

1. M. Cousin, dans sa passionnée et piquante *Histoire de la jeunesse de Mme de Longueville*, rapproche avec raison la *Bérénice* des charmants ouvrages de Mme de La Fayette, *Zaïde* et la *Princesse de Clèves*.
2. Act. I, sc. 5.

Il ne faut donc pas s'étonner que la fortune de Bérénice ait été brillante, que le roi, comme Racine le rappelle dans son épître dédicatoire à Colbert, y ait trouvé du plaisir, « qu'elle ait été honorée de tant de larmes, e » que la trentième représentation en ait été aussi suivie » que la première[1]. » Ceux même qui se firent les censeurs de la pièce, lui rendirent hommage en avouant qu'elle les avait touchés. Si l'abbé de Villars, « par la » faute des règles que Corneille lui a trop bien apprises, » a été privé, à la première fois qu'il a vu la *Bérénice*, » du plaisir qu'y prenaient des gens moins instruits, le » second jour il s'est ravisé, il a laissé *mesdemoiselles* » *les règles* à la porte, et il a pleuré comme un igno- » rant. » Racine aura le droit de répondre dans sa préface qu'une pièce « qui touche les spectateurs et qui » leur donne du plaisir, ne peut être absolument contre » les règles; que la principale règle est de plaire et de » toucher, et que toutes les autres ne sont faites que » pour parvenir à cette première. »

Il s'en fallut bien que *Tite et Bérénice* de Corneille excitât d'aussi vives émotions, et attirât aussi longtemps la cour et la ville. C'est en vain que Robinet l'annonce avec grand fracas, six jours à l'avance, au début de sa lettre du 22 novembre :

> La première (nouvelle) en forme d'avis,
> Dont maints et maints seront ravis,
> Est que ce poème de Corneille,
> Sa *Bérénice* sans pareille,
> Se donnera, pour le certain,
> Le jour de vendredy prochain
> Sur le théâtre de Molière.

Il a soin de ne rien dire de la tragédie de Racine, qui

---

[1] Préface de Racine.

avait été représentée la veille à l'hôtel de Bourgogne. Il est bien forcé cependant de la mentionner dans sa lettre du 29 novembre; mais il a trouvé un excellent moyen de se dispenser d'en faire l'éloge, c'est de déclarer qu'il ne l'a point entendue :

> Au grand théâtre de l'Hôtel,
> Ce m'a dit un sage mortel,
> Une autre *Bérénice* on joue,
> Que de grande tendresse on loue.
> Mais n'ayant été l'auditeur
> Ni peu, ni prou le spectateur
> De ce poëme dramatique,
> Point d'en parler je ne me pique.

Cependant il n'est pas quitte encore avec cette tragédie pour laquelle il affecte une si dédaigneuse indifférence. Le 20 décembre, il rend compte du mariage de Mlle de Thianges, nièce de Mme de Montespan, avec ce duc de Nevers qui fut depuis l'ennemi de Racine. Or, dans les fêtes brillantes de ce mariage, on joua la pièce qui avait alors le plus d'éclat, c'est-à-dire *Bérénice*. Il faut que Robinet en prenne son parti et raconte cette représentation :

> L'excellente troupe royale
> Joua miraculeusement,
> C'est-à-dire admirablement,
> Son amoureuse *Bérénice* :
> Et chacun en rendant justice
> Tant aux actrices qu'aux acteurs,
> Les traita de vrais enchanteurs.

Mais l'auteur, qu'en a-t-on dit? Robinet se garde bien de nous l'apprendre; et l'affectation de ce silence est encore plus sensible par l'éloge enthousiaste qu'il fait ensuite, immédiatement après les vers que nous venons de citer, de la tragédie de Corneille :

> La *Bérénice* de Corneille
> Qu'on peut, sans qu'on s'en émerveille,
> Dire un vrai chef-d'œuvre de l'art,
> Sans aucun *mais*, ni *si*, ni *car*,
> Est fort suivie et fort louée.

Mais quoi que raconte Robinet des louanges qu'obtient *Tite et Bérénice* et du nombreux public qui la suit, nous le savons par les registres mêmes du théâtre de Molière : sur les vingt et une représentations qu'eut la tragédie, les deux premières seulement attirèrent une foule considérable ; les quinze suivantes ne firent que des recettes moyennes ; quant aux quatre dernières, elles furent presque nulles, et, au renouvellement de l'année dramatique, après les fêtes de Pâques, la pièce de *Tite et Bérénice* disparut sans retour de l'affiche. Sans doute, les amis du poète eurent la ressource d'accuser l'insuffisance de la troupe, dont cependant Robinet se déclare fort content ; sans doute, Fontenelle expliquera plus tard l'avantage de Racine par le talent des acteurs « qu'on a eu le bonheur ou l'art d'enlever à Corneille ». Mais cette insinuation que nous avons réduite à sa juste valeur ne suffit pas à expliquer la fortune différente des deux œuvres ; et, pour en juger, il nous suffira d'interroger les censeurs mêmes de Racine. S'ils se montrent sévères pour *Bérénice*, ils sont impitoyables pour sa rivale, et leur condamnation de *Tite et Bérénice* est exprimée avec une franchise sans ménagement et sans réserve, disons mieux, avec la plus blessante rudesse.

Au premier rang de ces critiques, par l'étendue des appréciations, par l'époque où elles parurent, par le retentissement qu'elles eurent à la ville et à la cour, se place l'abbé de Villars. Il commença par s'attaquer à Racine, et son livre, à qui cette raison suffisait bien pour assurer les suffrages de tous les amis de Corneille, leur fut encore plus cher par le respect et l'admiration que l'auteur témoignait au grand poète. Dès le début, Villars se donnait pour son élève; c'était par les œuvres de Corneille et par les leçons qu'il en avait recueillies qu'il justifiait la condamnation de la tragédie de Racine; c'était de ce nom et de cette autorité imposante qu'il couvrait et protégeait sa critique. Comment les amis de Corneille auraient-ils deviné que ce même Villars deviendrait, quelques mois plus tard, le juge rigoureux de *Tite et Bérénice*, et que, dans son étrange et rare impartialité de franchise, il compenserait les coups portés à Racine par des coups plus violents infligés à son rival? Si Mᵐᵉ de Sévigné avait prévu cette contrepartie, sans doute elle eût été moins charmée de l'auteur et de son livre; la critique lui aurait paru dans son ensemble moins « plaisante et ingénieuse »; elle eût moins facilement pardonné ces « cinq ou six petits mots qui ne » valent rien du tout et même qui sont d'un homme » qui ne sait pas le monde ».

Nous avons déjà cité un de ces mots ridicules, qui « font quelque peine » à Mᵐᵉ de Sévigné. Racine, dans sa préface, les relève avec moins d'indulgence. Après s'être glorifié des suffrages qu'il a obtenus, il parle avec un dédain plus affecté que réel « du libelle qu'on a fait » contre lui ». Il demande ce qu'il peut répondre « à un » homme qui ne pense rien, et qui ne sait pas même » construire ce qu'il pense ». Il raille fort vivement la prétendue science de Villars, et il achève sa vengeance par ces traits mordants qu'il a réservés comme un dernier et plus sensible châtiment : « Je lui pardonne de ne

» pas savoir les règles du théâtre, puisque heureuse-
» ment pour le public il ne s'applique pas à ce genre
» d'écrire. Ce que je ne lui pardonne pas, c'est de sa-
» voir si peu les règles de la bonne plaisanterie, lui qui
» ne veut pas dire un mot sans plaisanter. Croit-il ré-
» jouir beaucoup les honnêtes gens par ces *hélas de*
» *poche*, ces *mesdemoiselles mes règles*, et quantité
» d'autres basses affectations qu'il trouvera condamnées
» dans tous les bons auteurs, s'il se mêle jamais de les
» lire? »

On voit assez à l'étendue et au ton de ce passage que la critique de Villars n'a pas laissé Racine aussi indifférent qu'il veut bien le dire. On ne s'acharne pas ainsi contre un ennemi qu'on juge méprisable, et la riposte est trop vive pour que l'attaque n'ait pas rencontré quelque point sensible. En effet, si le persifflage de Villars n'est pas des plus fins, si sa gaieté n'est pas des plus communicatives, il faut avouer que ses observations ne sont pas toujours sans valeur, et qu'il a mis le doigt sur la plupart des défauts ou des faiblesses de la tragédie. D'ailleurs *Bérénice* prêtait bien plus que ses devancières à la malignité de la censure, et le succès de Villars tient moins à la supériorité de son goût qu'à la matière sur laquelle il l'a exercé.

Cependant, sa critique, prônée par le parti nombreux des admirateurs exclusifs de Corneille, ne manqua pas non plus de contradicteurs. Par un singulier changement de rôle, un des premiers adversaires de Racine, l'auteur de la *Folle Querelle*, se fit tout à coup le champion de son ancien ennemi, et cette vivacité qu'il avait mise à censurer *Andromaque*, il la tourna tout entière contre le censeur de *Bérénice*. Est-ce de sa part un généreux effort d'impartialité? Est-ce le désir de réparer ses torts d'autrefois? A-t-il voulu flatter les sentiments de quelque grand personnage, et complaire au roi, qui, dit-il lui-même, « a été content de *Bérénice* »? Il est probable que ce motif entra plus ou moins dans un si brusque revirement. Mais sans doute il y vit surtout un nouveau moyen d'attirer sur lui l'attention du public. Villars avait enlevé à Subligny le rôle d'adversaire de la tragédie : Subligny prit résolûment le rôle opposé, plus piquant encore par le contraste avec sa conduite passée : voilà sans doute le fond de sa tactique. Un véritable admirateur de Racine aurait-il, comme Subligny le fit plus tard, infligé à ce poète l'outrage d'un rapprochement avec Pradon? Aurait-il réparti avec une si révoltante égalité l'éloge et le blâme entre un chef-d'œuvre et une pièce ridicule? On se rappelle d'ailleurs que Subligny avait débuté comme critique par un pompeux éloge de la tragédie d'*Alexandre,* publié dans la *Muse de la cour*[1].

Le premier grief de Villars contre *Bérénice,* c'est que les règles y sont mal observées. Et d'abord « la scène ne
» s'ouvre pas assez près de la catastrophe. Antiochus
» nous apprend que Titus épouse Bérénice ce jour
» même; il vaudrait mieux qu'il nous dît que Titus
» veut renvoyer Bérénice et qu'il préparât la reine à
» cette inconstance. De cette façon, le premier acte ne
» serait pas un hors-d'œuvre. » Subligny n'accepte pas cette critique. Selon lui, « une des plus grandes beautés
» de la fable tragique, c'est de faire que l'aventure qui
» doit finir tragiquement aille bien avant dans la joie,
» avant d'être troublée par les accidents funestes qui
» composent la catastrophe. » Ainsi, le premier acte, en nous peignant la sécurité et la joie de Bérénice, nous rendra plus sensibles à son désespoir. La réponse est

---

1. Voy. page 104.

juste, et l'on peut y ajouter que, dès ce premier acte, l'inquiétude commence pour le spectateur. Titus n'a point encore parlé; Antiochus nourrit en secret un reste d'espérance; Phénice, suivante de la reine, est pleine de craintes qu'elle avoue à sa maîtresse. Bérénice seule est confiante : son amour est trop ardent, elle a trop besoin de croire à son bonheur pour ne pas se faire longtemps illusion. Même quand Titus aura paru devant elle, triste, embarrassé, s'accusant d'ingratitude, laissant échapper dans ses discours interrompus les noms de Rome et de l'empire, même lorsque Antiochus aura rempli son triste message, elle refusera de se rendre, ou du moins elle luttera avec une ardeur fiévreuse contre le doute qui s'empare de son cœur. Elle s'attachera énergiquement à cet espoir qu'on veut lui ravir, elle essayera longtemps de se tromper elle-même. Mais cette sublime déraison, que Villars a osé blâmer, fait tout le pathétique de ce personnage et l'intérêt croissant de la tragédie. Dès l'exposition, nous craignons une catastrophe que la douce effusion de Bérénice nous rendra plus cruelle; au second acte, nous voyons se préparer le coup fatal contre lequel se débat longtemps la victime : l'émotion est admirablement soutenue et graduée.

Selon Villars, l'auteur ne s'est pas moins écarté des règles dans la conception et le développement des caractères. « Corneille, dit-il, m'avait dépravé le goût dans » ses pièces, et m'avait accoutumé à chercher des ca- » ractères vertueux, ce que je n'avais garde de trouver » ici. » Titus, en effet, aux yeux de Villars, est doublement coupable : « Ce n'est pas un héros romain, c'est un » amant fidèle qui file le parfait amour à la Céladon; il » fait tout pour l'amour et rien pour son honneur. » D'autre part, « c'est un traître, un parjure, un malhon-

» nête homme ; il est retenu par la crainte du sénat, en
» un temps où les empereurs étaient hors de page ; il n'a
» donc point de bonnes raisons à dire à Bérénice. Un
» honnête homme, dit en concluant le critique, emporte
» ce fruit de cette pièce, qu'il doit quitter ce qu'il aime,
» quand il ne peut le conserver sans dommage. » Comment concilier des reproches si contradictoires ? Villars
ne s'en est guère mis en peine. Quant à Subligny, il s'attache surtout à réfuter la première partie de la critique.
« Les petits esprits, dit-il à Villars, s'imaginent que,
» quand Titus se sépare de Bérénice, quand il est insen» sible à ses larmes, quand il a des duretés pour elle,
» qui lui font dire à lui-même qu'il est un barbare, ils
» croient que c'est *pour son honneur ;* mais vous êtes
» trop fin pour vous laisser tromper à cela. » Mais Titus
pleure en quittant Bérénice ? — « M. Racine vous aurait
» bien plu davantage, répond Subligny, s'il avait fait
» comme M. Corneille, et qu'au lieu de faire pleurer Ti» tus il nous l'eût représenté comme l'effroi du genre
» humain, comme un mangeur de petits enfants. » Et
il défend avec chaleur ce vers touchant qui *fait rire,* selon Villars :

Vous êtes empereur, seigneur, et vous pleurez !

Mais Titus veut mourir, et « s'il a quelquefois des re» tours assez romains, des commencements de senti» ments magnanimes, des bouffées héroïques », tout
cela « n'aboutit qu'à se tuer par maxime d'amour ».
A cette objection, Subligny ne répond rien de bien satisfaisant. Elle est en effet assez grave. Car qu'un prince
qui s'est enfermé huit jours pour délibérer sur ce qu'il
doit faire ; qui parle avec tant de résolution, en homme
si maître de lui-même, à Paulin, à Antiochus, à Bérénice

même de son devoir, de sa gloire, de l'exemple des anciens Romains ; qui regarderait comme une honte
d'abandonner l'empire pour suivre Bérénice, pour aller

> Soupirer avec elle au bout de l'univers [1] ;

croie tout à coup avoir trouvé dans le suicide « une plus
» noble voie » pour s'affranchir de ses tourments, et
s'imagine qu'en mourant par désespoir d'amour, il sui-
vra le « chemin enseigné »

> Et par plus d'un héros et par plus d'un Romain ;

voilà, nous l'accordons à Villars, qui est peu héroïque,
peu en rapport avec tous les discours de Titus. Ce que
l'on pourrait dire, c'est qu'il ne veut par cette menace
que vaincre la funeste résolution de Bérénice, forcer la
reine à vivre en la rendant, comme il dit, « responsable
des jours » de son amant. Mais cet artifice serait-il bien
tragique, et la dignité de l'empereur, qui vient d'alléguer
d'un ton si grave l'exemple des anciens Romains, n'en
recevrait-elle pas quelque atteinte ? Tel est le malheur
de la position où le sujet plaçait le principal personnage
de la pièce. Malgré tout l'art du poète, il ne peut échapper complétement à la froideur ; il fait quelquefois penser à Énée, si embarrassé en face de Didon. Quelque habilement que Racine ait présenté des situations si
difficiles, cette résistance d'un homme aux prières d'une
femme, ces raisons calmes opposées à des reproches
passionnés, à des transports et à des larmes, choqueront
toujours. Quand Titus expose ensuite dans un long discours sa résolution de mourir, quand il prétend concilier

1. Act. V. s 6.

par ce parti extrême son amour et son devoir, et justifier un acte insensé par de sérieux et solides arguments, nous ne sommes pas plus satisfaits : on se tue par entraînement, par désespoir ; on ne fait pas sagement une folie.

Villars est bien plus faible quand il critique le caractère de Bérénice, « modèle accompli, dit-il, du dé- » règlement d'une passion emportée. » Elle ne se souvient plus de sa religion, elle devient païenne, et « la » juive ne parle plus que des *dieux* et des *immortels*: » ayant oublié Dieu, elle en oublie la loi et se résout à » mourir en désespérée. » Il y a dans cette critique une allusion à quelques fautes de langage corrigées plus tard par Racine. A ces exclamations : *dieux, grands dieux!* le poète substitua facilement des expressions qui se conciliaient avec la religion de Bérénice. Mais Villars ne prend-il pas bien au sérieux cette qualité de juive ? Fera-t-on un crime à un poète, à un romancier, d'avoir poussé jusqu'au suicide, même chez un chrétien, le délire de la passion ? D'ailleurs, Bérénice ne se porte pas à cette extrémité. Elle fait un sublime effort sur son désespoir : elle vivra, elle s'exilera de cette Rome où elle laisse tout ce qu'elle aime. Elle annonce noblement à Titus sa résolution : elle se sépare de son amant avec une simplicité digne et ferme ; elle n'est donc pas si *déréglée* et si *perdue*.

Cependant, ce dénoûment ne plaît pas à Villars : il le trouve « très-particulier et très-peu attendu ». Pour nous, il nous semble aussi touchant qu'il est simple, et Racine l'a très-bien justifié : « Je n'ai point poussé Bé- » rénice jusqu'à se tuer comme Didon, parce que Bé- » rénice n'ayant pas ici avec Titus les derniers engage- » ments que Didon avait avec Énée, elle n'est pas » obligée, comme elle, de renoncer à la vie. A cela

» près, le dernier adieu qu'elle dit à Titus et l'effort
» qu'elle fait pour s'en séparer n'est pas le moins tra-
» gique de la pièce. »

Le caractère de Bérénice a donné lieu à une autre critique attribuée quelquefois par erreur au grand Condé. Elle est en effet d'un ami de Racine, du poète Chapelle. Racine lui demandait son avis sur la tragédie ; il se fit quelque temps prier, et enfin répondit :

> Marion pleure, Marion crie,
> Marion veut qu'on la marie.

Le mot ne fut pas perdu pour les adversaires de Racine. Barbier aura soin de l'insérer dans sa pièce satirique. Villars l'a développé en l'exagérant : « Bérénice n'est ni
» reine ni honnête femme. Elle fait des efforts pour
» porter son amant à se mettre au-dessus des lois ; elle
» le prend par tant d'endroits qu'elle le tourne enfin en
» ridicule. » Le désintéressement de l'amour de Bérénice, son indifférence pour les grandeurs attachées à cette union, le courageux sacrifice qu'elle accomplit protestent contre cette épigramme injuste dans sa généralité. Il est vrai cependant que la dignité de Bérénice souffre un peu de cette situation fausse où elle se trouve deux fois en face de Titus. Ces objections, ces prières, ces instances, qui vont se briser contre la sagesse de Titus, font d'autant plus ressortir son empressement que Titus est plus embarrassé. L'exemple de Didon ne saurait ici être invoqué : Bérénice, qui n'a pas avec son amant « ces derniers engagements » que la reine de Carthage avait avec Énée, doit être plus réservée et plus fière. Ce défaut, comme celui de la froideur de Titus, tient au sujet : il était impossible au poète d'y échapper entièrement.

Nous abandonnerons assez volontiers à Villars le rôle d'Antiochus. Ce personnage, placé en tiers entre Titus et Bérénice et confident de leurs amours, fait assez triste figure; les malheurs et les lamentations de cet amant discret et patient inspirent une pitié qui n'est pas tout à fait tragique. Nous ne dirons pas, comme Villars, qu'il a toujours un *toutefois* et un *hélas de poche* pour amuser le théâtre; mais nous regrettons que son désespoir s'épanche au dénoûment par un *hélas!* qui finit assez faiblement la pièce.

Après quelques autres critiques de peu de valeur, quoique très-longuement développées, Villars attaque en général le style de la pièce qui n'est, dit-il, depuis le commencement jusqu'à la fin, « qu'un tissu galant de
» madrigaux et d'élégies, et cela pour la commodité
» des dames, de la jeunesse, de la cour et des faiseurs
» de recueils de pièces galantes. » « Les scènes, dit-il
» ailleurs, ne sont pas liées, le théâtre reste plusieurs
» fois vide, la plupart des scènes ne sont pas nécessaires;
» mais le moyen d'ajuster tant d'élégies et de madri-
» gaux ensemble, avec la même suite que si l'on eût
» voulu faire une comédie dans les règles? Qu'importe
» aux dames que l'auteur porte le cothurne ou le bro-
» dequin, pourvu qu'elles pleurent et que de temps
» en temps elles puissent s'écrier : *Cela est joli!* Si la
» majesté du cothurne plaît aux savants, *la jeunesse, les*
» *dames et les barbons que les dames corrompent* (qui ne
» sont pas en petit nombre) s'accommodent mieux de
» la galanterie de l'escarpin. » Villars s'arrête complai-samment sur ces épigrammes tant de fois répétées par les amis de Corneille : il conclut que toute la pièce n'est que la matière d'une scène.

De ces deux critiques, dont l'une porte sur le style, l'autre sur le vide d'une action si peu chargée d'intrigue,

Subligny a heureusement réfuté la première. Il cite de nombreux passages de la tragédie, la réponse d'Antiochus à Bérénice, le discours où Titus déclare énergiquement à Paulin qu'il sacrifie son bonheur aux lois de son pays[1]; ce beau monologue où il s'accuse d'avoir déjà perdu tant de journées[2], et ce dernier entretien où il déclare à sa maîtresse désespérée et près de mourir qu'il persiste dans sa résolution[3]. « Quelle douceur, s'écrie » Subligny, pour une maîtresse à qui l'on conte de telles » fleurettes! Voilà ce tissu galant de madrigaux et d'élé- » gies! Avouons que cela s'appelle *filer le parfait amour* » *à la Céladon!* Pousse-t-on le tendre chez les sylphes » de cette façon-là? » Certes, si l'on retranche la scène où Titus veut mourir, Subligny a raison. Cependant, quoique les sentiments exprimés dans la pièce soient naturels, expressifs, souvent même dignes, énergiques et d'une grandeur sans emphase, l'effet général n'est pas assez tragique. Il faut pour la tragédie des passions plus violentes, sources d'agitations plus profondes et plus terribles; il faut l'amour désordonné d'Hermione, de Roxane et de Phèdre. Alors les âmes reçoivent une forte secousse; alors l'action la moins chargée de faits est bien remplie, et la théorie de Racine sur la simplicité trouve son application. Il a raison de soutenir dans sa préface que « l'invention consiste à faire quelque chose avec rien ». Il a prouvé, même dans *Bérénice*, la vérité de cette théorie et la puissance de son art; car, on peut le dire, de rien ou de presque rien il a fait une pièce aimable, propre à émouvoir doucement la sensibilité. Mais, dans des sujets plus tragiques, il réussira encore

1. Act. II, sc. 2.
2. Act. IV, sc. 5.
3. Act. V, sc. 6.

mieux à éviter la froideur des longs entretiens avec les confidents, des monologues trop prolongés et trop calmes, à occuper tellement le spectateur que nulle part il ne trouve de langueur et de vide, à ne sacrifier aucun personnage, enfin à se passer des invraisemblances d'une intrigue compliquée, sans que l'intérêt cesse d'être vif, sans que notre cœur soit moins satisfait que notre raison.

Plus on songe à la dissertation de Villars, plus on est surpris de celle dont il la fit suivre. Sans cesse il a répété le nom de Corneille; sans cesse il s'en est servi pour admonester l'auteur de *Bérénice*; son écrit, finit comme il commence, par une protestation en faveur du vieux poète : « Je ne puis souffrir, dit-il ironiquement, qu'on
» accuse M. Racine de n'entendre pas le théâtre, qu'on
» le blâme d'avoir voulu entrer en lice avec Corneille,
» et que M. de*** s'écrie :

« Infelix puer, atque impar congressus Achilli ! ».

Ainsi, en posant la plume, il s'élève encore contre la rivalité de Racine avec Corneille; il raille le malheureux jeune homme que sa témérité ou d'imprudents amis ont engagé dans cette lutte inégale. Et cependant de quelle façon il parlera, quelques semaines après, de *Tite et Bérénice!* avec quelle rigueur irrespectueuse et brutale il condamnera le style, l'action et les caractères de cette tragédie ! Dès le début il gourmande sans ménagement, sans pitié, le poète, objet de son culte : « N'en
» déplaise à la vieille cour, M. Corneille a oublié son
» métier, et je ne le trouve point en toute cette pièce.
» On lui dit, pour le consoler de tant de vers misérables,
» durs, sans pensée, sans français et sans construction,
» que l'art du théâtre y est merveilleusement observé;

» non pas qu'on le trouve ainsi, mais parce que cela
» devrait être. » Il ne juge pas moins durement l'intrigue, et les éloges qu'il donne à Racine contrastent singulièrement avec le ton ironique et dénigrant de sa première appréciation : « Il n'a pas voulu faire une tra-
» gédie simple, comme M. Racine, et soutenir jusqu'au
» bout un sujet simple par la beauté de l'expression,
» par la délicatesse des pensées, par les emportements
» de la passion, et par l'harmonie des vers. A la bonne
» heure !... Je ne le blâme pas d'avoir introduit plu-
» sieurs personnages épisodiques, mais je lui sais mau-
» vais gré, premièrement de les avoir mal choisis, puis
» de s'en être mal servi. » Mais comment qualifier son jugement sur les deux héroïnes de la tragédie, Bérénice et Domitie, « ces deux harengères qui nous apprennent
» l'une de l'autre des choses qui nous feraient horreur,
» si la manière dont elles le disent ne nous faisait rire » ? En vérité, les ennemis les plus déclarés de Corneille auraient présenté avec plus de ménagement des critiques malheureusement trop fondées. Ou Villars pousse loin l'héroïsme de l'impartialité, ou il s'est fait dans son esprit un revirement bien étrange.

Au reste, à l'exception de Robinet, aucun des amis de Corneille n'osa se faire le panégyriste de *Tite et Bérénice*. Saint-Évremond, sévère pour l'œuvre de Racine, ne l'est pas moins pour sa rivale. « Dans les tragédies
» de Quinault, dit-il [1], vous désireriez souvent de la dou-
» leur où vous ne voyez que de la tendresse ; dans le
» *Titus* de Racine vous voyez du désespoir où il ne fau-
» drait qu'à peine de la douleur. L'histoire nous apprend
» que Titus, plein d'égards et de circonspection, renvoya
» Bérénice en Judée pour ne pas donner le moindre

1. *Dissertation sur les caractères des tragédies.*

» scandale au peuple romain; et le poète en fait un
» désespéré qui veut se tuer lui-même plutôt que de
» consentir à cette séparation. » Remarquons toutefois
que cette dernière critique porte à faux : loin que Titus
refuse la séparation, c'est lui qui l'impose à Bérénice;
s'il menace de mourir, c'est à cause de la résolution de
la reine, et parce qu'il ne peut concilier autrement son
honneur de prince et ses engagements avec sa maîtresse.
Saint-Évremond n'avait pas bien lu ce qu'il condamnait. D'ailleurs son jugement sur le Titus de Corneille
n'est pas non plus de tout point acceptable : « Corneille,
» dit-il, n'a pas eu de sentiments plus justes sur le sujet
» de son Titus. Il nous le représente prêt à quitter Rome
» et à laisser le gouvernement de l'empire pour aller
» faire l'amour en Judée. Certes, il va contre la vérité
» et la vraisemblance, ruinant le naturel de Titus et le
» caractère de l'empereur pour donner tout à une passion éteinte ; c'est vouloir que ce prince s'abandonne
» à Bérénice comme un fou, lorsqu'il s'en défait comme
» un homme sage ou dégoûté. » Mais avec un tel personnage, la tragédie ne devenait-elle pas impossible?
Comment mettre sur la scène un amant *dégoûté?* Quel
intérêt aurait présenté un homme si sage et si froid ?
Ou rejetez absolument le sujet, ou, le sujet admis, avouez
que les deux poètes ne pouvaient conformer leur héros
au type que vous leur tracez.

Indépendamment des dissertations de Villars, les deux
Bérénice suscitèrent encore, deux ans après leur apparition, une comédie critique, imprimée à Utrecht, en
1673, sous ce titre : *Tite et Titus ou les Bérénice.* L'auteur de cette petite pièce qui ne fut pas représentée a
gardé l'anonyme; c'est un badinage assez piquant conçu
à peu près sur le modèle des *Dialogues des morts* de
Lucien. La scène est au Parnasse, dans le temple de

Mémoire, séjour d'Apollon et des Muses. Quatre personnages différents se présentent à la porte de cet auguste édifice; c'est d'une part Tite et la Bérénice de Corneille, de l'autre Titus et la Bérénice de Racine. Le même objet les amène au temple : chacun d'eux vient porter plainte au tribunal d'Apollon contre un imposteur qui lui a volé son nom. Ils ont eu soin de se pourvoir d'avocats : Thalie, la muse de la comédie, prête son ministère à Tite et à la Bérénice de Corneille ; la grave Melpomène défend les intérêts des héros de Racine. Dans le premier acte, les avocats se mettent en rapport avec leurs clients, étudient leur cause, en recherchent le fort et le faible. Le second acte est consacré aux interrogatoires et aux plaidoyers. Au troisième acte, Apollon, après de vains essais de conciliation, prononce la sentence.

Tel est le cadre dans lequel l'auteur a fait entrer ses critiques contre les deux tragédies, et surtout contre celle de Corneille. En effet il la condamne aussi durement que Villars ; il ne ménage ni le style, que les Muses et Apollon traitent de « jargon indéchiffrable et de galimatias », ni les personnages, dont les sentiments forcés, la conduite bizarre, le ton de matamore, sont relevés partout dans la pièce. Quant à la *Bérénice* de Racine, les habitants du Parnasse sont assez d'avis, comme Villars, que l'action en est un peu languissante. Thalie, qui voit arriver de compagnie Titus et Bérénice, s'étonne de cette réunion : « Vous vous étiez pourtant
» séparés avec assez de cérémonie, et votre adieu avait
» été assez long pour tenir plus longtemps et pour ne
» vous réunir plus tôt. » Mais les critiques portent principalement sur les caractères de Bérénice et de Titus. Bérénice est « une coureuse à qui l'amour fait faire d'in-
» dignes lâchetés, d'horribles faiblesses; elle souffre
» patiemment qu'un traître la méprise et la trompe;

« elle lui témoigne autant d'amour, lors même qu'elle
» voit les ruses qu'il emploie pour se défaire d'elle ; lors
» même qu'il la chasse, elle lui avoue qu'elle croit qu'il
» l'aime véritablement. » Et ces reproches adressés par
la Bérénice de Corneille à sa rivale, celle-ci les accepte
comme son principal titre, comme la preuve irrécusable
qu'elle est la vraie Bérénice. « Être Bérénice, dit-elle,
» c'est être la plus tendre, la plus fidèle et la plus sou-
» mise amante qui fut jamais ; c'est aimer l'empereur
» Titus plus que toutes choses, et même plus que sa
» propre gloire. »

Mais si la passion de Bérénice est trop abandonnée et
trop peu digne, en revanche Titus est un amant bien
froid et bien cruel, bien malhonnête et bien perfide. Ce
nouveau critique n'accuse pas, il s'en faut, le héros de
Racine de filer le parfait amour comme un *Céladon*;
il n'est pas du tout d'accord avec Saint-Évremond. Il
prodigue à Titus les noms de *fripon* et de *traître*; il
s'indigne des prétextes dont il colore son improbité, et
des consolations qu'il donne à Bérénice éperdue. « Le
sénat (qui n'y songeait pas) pourrait bien être mécontent du mariage ; » quelle mauvaise défaite ! « Ils lais-
seront un bel exemple à la postérité ! » quel efficace
remède au désespoir de sa victime ! En vérité Titus n'est
pas un amant, n'est pas un homme ; sa conduite fait
horreur ; ce n'est plus de la pitié qu'on éprouve pour le
malheur de Bérénice ; ce sentiment dégénère en une
indignation qui ne laisse aucune place au plaisir ! Tel
est le langage d'Apollon et de tous les adversaires de
Titus. On voit que le critique n'entend pas raillerie sur
le code de la galanterie, et ne se rit pas, comme les
amis de Corneille, des « sottes tendresses de cœur [1] ».

---

1. C'était aussi l'opinion du fameux Bussy Rabutin. Bayle (*Dic-*

Malgré ces reproches, le jugement d'Apollon, au dénoûment de la comédie, est complétement favorable à la tragédie de Racine. Le dieu des vers, après avoir subi un long discours de Domitie et avoir tancé vertement « ce galimatias qui le met hors de lui [1] », rend son arrêt. Et d'abord il condamne Domitie « à être bernée » au milieu de la place pour avoir profané le lieu sacré » par son discours barbare. » Il continue en ces termes : « Il sera fait sursis au jugement de Tite, jusqu'à ce » qu'il ait fait entendre et déclaré plus nettement ce

tionnaire historique, article BÉRÉNICE) cite une lettre d'une dame au comte de Bussy, à propos de la tragédie de Racine, puis une réponse de Bussy, enfin une réplique de la dame. La correspondance est sévère pour la pièce, où elle n'aime guère que Bérénice ; encore l'accuse-t-elle d'un excès de tendresse. Bussy répond : « Vous m'aviez préparé » à tant de tendresse, que je n'en ai pas tant trouvé. Du temps que » je me mêlais d'en avoir, il me souvient que j'eusse donné le reste » à Bérénice. Cependant il me paraît que Titus ne l'aime pas tant qu'il » dit, puisqu'il ne fait aucun effort en sa faveur à l'égard du sénat et » du peuple romain, etc. »

1. Cizeron-Rival (*Récréations littéraires*, p. 68) raconte une anecdote plaisante à propos du style de la tragédie de Corneille. Baron, qui devait jouer le rôle de Domitian, alla demander à Molière l'explication de quelques vers du 1er acte (scène 2) :

> Faut-il mourir, madame ? et, si proche du terme,
> Votre illustre inconstance est-elle encore si ferme
> Que les restes d'un feu que j'avais cru si fort
> Puissent dans quatre jours se promettre ma mort ?

Molière lui dit qu'il ne les entendait pas non plus. « Mais, attendez, » ajouta-t-il, M. Corneille doit venir souper avec nous aujourd'hui, » et vous lui direz qu'il vous les explique. » Corneille, consulté, finit par répondre : « Je ne les entends pas trop bien non plus, mais réci-» tez-les toujours. Tel qui ne les entendra pas les admirera. » Cette réponse fait songer au spirituel passage de La Bruyère sur « ces longues suites de vers pompeux auxquelles certains poètes sont sujets dans le dramatique. » (Chap. I, *Des ouvrages de l'esprit*.)

» qu'il aime et ce qu'il hait, ce qu'il veut et ce qu'il ne
» veut pas. La Bérénice sera admonestée de ne plus
» tomber dans une bizarrerie aussi blâmable que celle
» qui lui fait quitter Tite dès que le sénat lui permet de
» l'épouser, et que ce vice, pour être si ordinaire à son
» sexe, n'en est pas moins blâmable. » Voilà les personnages de Corneille bien nettement condamnés. Nous
savons déjà ce qu'Apollon dira de ceux de Racine :
» C'a été une grande imprudence à Titus de s'être
» exposé au jugement du vulgaire, qui ne comprend
» point les forces de l'amour de la gloire, et c'est bien
» employé s'il a passé pour un fripon. Mais, pour la
» Bérénice, comme elle n'est d'aucune perplexité,
» qu'elle paraît tout à fait innocente et qu'on ne voit
» pas qu'il y ait rien de sa faute dans son malheur, la
» pitié qu'elle excite est trop grande pour donner du
» plaisir ; elle dégénère sans cesse en horreur et en in-
» dignation. » Mais à quelles conclusions aboutit cet
arrêt si longuement motivé? « Il y a plus d'apparence,
» déclare Apollon, que Titus et Bérénice sont les véri-
» tables. » Ainsi les personnages de Racine triomphent;
mais ce n'est pas sans subir un dernier trait de satire
qui frappe également, il est vrai, leurs adversaires :
« Les uns et les autres auraient mieux fait de se tenir
» au pays d'histoire dont ils sont originaires que d'avoir
» voulu passer dans l'empire de la poésie, ce à quoi ils
» n'étaient nullement propres, et où, pour dire la
» vérité, on les a amenés, à ce qu'il me semble, assez
» mal à propos. » C'était, nous l'avons vu, l'opinion de
Boileau ; sans doute aussi, malgré le charme de beaucoup de scènes de Bérénice, ce sera toujours un peu le
sentiment de la postérité.

Bien longtemps après l'époque des premières représentations de Bérénice, quand Racine avait déjà cessé

depuis quelques années d'écrire pour le théâtre, les comédiens italiens donnèrent une parodie de quelques scènes de cette tragédie [1]. Louis Racine le rappelle dans ses *Mémoires* : « Mon père, dit-il, assista à cette parodie
» bouffonne et y parut rire comme les autres ; mais il
» avouait à ses amis qu'il n'avait ri qu'extérieurement.
» La rime indécente qu'Arlequin mettait à la suite de la
» reine Bérénice le chagrinait au point de lui faire
» oublier le concours du public à ses pièces, les larmes
» des spectateurs et les éloges de la cour. C'était dans
» de pareils moments qu'il se dégoûtait du métier de
» poète. » Louis Racine oublie qu'à cette époque son père y avait déjà renoncé. Quoique cette parodie, insérée dans la comédie d'*Arlequin Protée*, soit le plus souvent bien misérable, l'auteur y a placé assez heureusement quelques vers dont l'expression familière prêtait au ridicule. Voltaire en indique quelques-uns dans son commentaire sur *Bérénice* et dans la préface de sa tragédie des *Scythes*. Il paraît que, dès l'époque de la représentation, on avait pris plaisir à les relever, et qu'au moment où Bérénice disait à Antiochus :

Eh quoi ! seigneur, vous n'êtes point parti ?

Visé s'écria du parterre : « Qu'il parte, qu'il parte ! » Selon Voltaire, on s'égaya surtout aux dépens du confident Paulin ; on signala dans son rôle quelques vers naïfs comme celui-ci :

Cet amour est ardent, il le faut confesser ;

quelques exclamations banales, quelques phrases inter-

---

1. Dans *Arlequin Protée*, comédie en trois actes de M. de Fatouville, conseiller au parlement de Rouen, représentée le 11 octobre 1683.

rompues qui le rendent un peu ridicule [1]. Le nom de Paulin acquit une certaine célébrité, et dans la farce de la comédie italienne, Arlequin, travesti en Titus, ne pouvant obtenir de Scaramouche, devenu Paulin, une réponse satisfaisante, s'écrie :

Parle, achève. Fi donc! *quel Paulin!* quelle bête!

Le mérite de la tragédie ne tenait certes pas à ces misères. Sur ces vingt ou trente vers d'une simplicité un peu familière, la plupart sont relevés par la vérité et la délicatesse du sentiment. Comme le dit Voltaire, « ces naïvetés, qu'on appelait négligences, sont liées » à des beautés réelles. » Mais l'esprit satirique n'y regarde pas de si près. C'était une trop bonne fortune de pouvoir critiquer le style d'un poète, à qui, sur ce point, ses adversaires mêmes rendaient hommage. Du moins, ces attaques étaient de bonne guerre, et Racine a pu en profiter. Mais que dire d'une autre manœuvre racontée par Voltaire? Il a vu, dit-il, autrefois, une tragédie de *Saint Jean-Baptiste*, supposée antérieure à *Bérénice*, et dans laquelle on avait inséré une tirade [2] de cette pièce, pour faire croire que Racine l'avait volée. « Cette supposition maladroite était, ajoute-t-il, assez » démentie par le style barbare du reste de la pièce; » mais ce trait suffit pour faire voir à quels excès se

---

1. Act. IV, sc. 6.

PAULIN.   Quel rang dans l'avenir...
TITUS.   Non, je suis un barbare.

Ibid., sc. 8.

PAULIN.   Rome...
TITUS.   Il suffit, Paulin, nous allons les entendre.

2. Act. IV, sc. 1.

» porte la jalousie, surtout quand il s'agit de succès de
« théâtre. » Ainsi, tous les expédients furent bons aux
adversaires de Racine ; sa renommée croissante ne découragea pas leur haine, et la tragédie de *Bajazet* nous
les montrera renforcés d'un nouvel auxiliaire, Visé, et
d'un nouveau moyen de publicité, le *Mercure galant*.

CHAPITRE V

BAJAZET (4 ou 5 janvier 1672).

Grand succès de la tragédie. — Sentiment de Corneille. — Compte rendu et critique de Visé dans le *Mercure galant* ; — de Robinet dans sa *Gazette*. — Réponse de Racine dans sa première et sa deuxième préface. — Examen d'une nouvelle de Segrais, *Floridon ou l'Amour imprudent*. — Jugement de Mme de Sévigné après la représentation et après l'impression de la pièce.

Le succès de la tragédie de *Bajazet* ne fut pas moins éclatant que celui de *Bérénice*. Dès son apparition, elle fit grand bruit : ce fut l'affaire importante des premiers mois de l'année nouvelle ; toute la cour, et, comme dit Mme de Sévigné, « tout le bel air » se pressa longtemps pour la voir au théâtre de l'hôtel de Bourgogne. Elle eut des admirateurs enthousiastes, tels que M. de Tallard, qui proclamèrent l'immense supériorité de Racine sur tous ses rivaux, et même sur Corneille. Les témoins les plus mal disposés pour le poète sont forcés d'avouer la popularité de la tragédie. Visé, qui commençait à publier son *Mercure*, rendit compte, dans sa lettre du 9 janvier, de cette représentation trop importante pour être omise. Bien décidé à contester le mérite de la pièce, il débute néanmoins par ces lignes : « On repré- » senta ces jours passés sur le théâtre de l'hôtel de » Bourgogne une tragédie intitulée *Bajazet*, et qui *passa* » pour un ouvrage admirable. » On voit que l'auteur tient à rester en dehors de cette opinion qu'il rapporte ;

mais, du moins, il ne la nie pas, et, plus loin, il dira encore sur ce ton d'ironie amère qui règne dans tout l'article : « Le mérite de l'auteur est si grand qu'on ne » peut trouver de place sur le Parnasse aujourd'hui » digne de lui être offerte. » Le témoignage de Robinet n'est pas moins formel : dans sa lettre du 16 janvier, il annonce

> Que Bajazet à *turque trogne*,
> Triomphe à l'hôtel de Bourgogne,

et il ajoute, sur la foi de la renommée, car il n'a pas encore vu la pièce, que Racine

> A fait un spectacle pompeux,
> Le plus beau qui soit sous les cieux.

Enfin Mme de Sévigné écrit le 13 janvier à sa fille : » Racine a fait une pièce qui s'appelle *Bajazet*, et qui » lève la paille; vraiment elle ne va pas en *empirando* » comme les autres. » (Elle entend sans doute par les autres *Britannicus* et *Bérénice*, tragédies qu'elle juge très-inférieures à *Andromaque*.) Puis elle rapporte à sa fille le jugement de M. de Tallard : « Voilà ce qui s'ap- » pelle bien louer, ajoute-t-elle. Nous en jugerons par » nos yeux et nos oreilles :

> » Du bruit de *Bajazet* mon âme importunée [1]

» fait que je veux aller à la comédie. Enfin nous en ju- » gerons. »

On comprend que cet enthousiasme, quelquefois si

---

1. *Alexandre*, act. I, sc. 2 :
> Du bruit de ses exploits mon âme importunée.

peu mesuré, ait jeté dans un excès contraire les partisans de Corneille, et qu'il leur ait été difficile de rendre bonne et impartiale justice à une œuvre dont les panégyristes avaient tant de passion. Le jugement de Corneille, colporté par Segrais, servit à Visé et à Robinet comme de mot d'ordre pour critiquer la tragédie. On se rappelle que le vieux poète avait dit à son ami pendant la représentation de *Bajazet* : « Il n'est pas un seul per- » sonnage qui ait les sentiments qu'il doit avoir et que » l'on a à Constantinople : ils ont tous, sous un habit » turc, les sentiments qu'on a au milieu de la France. » C'est sur ce texte que tous les adversaires de Racine ont fondé leur critique; ils n'ont fait tous que l'étendre et le commenter. Le persifflage de Visé commence par là : « Le sujet de cette tragédie est turc, dit-il, à ce que rap- » porte l'auteur dans sa préface. » Or, comme la pièce de Racine n'était pas encore publiée, la phrase de Visé est une épigramme. Le moyen de discerner le sujet de cette œuvre prétendue historique, sans le témoignage formel du poète? Mais Visé ne se contente pas de ce trait malin : il conteste tout le sujet de la tragédie; il accuse Racine d'avoir imaginé le personnage de Bajazet, d'avoir dénaturé tous les faits, et il prend soin de venger la vérité historique si impudemment outragée par le poète. « Voici en peu de mots, dit-il, ce que j'ai appris de cette » histoire dans l'historien du pays, par où vous jugerez » du génie admirable du poète, qui, sans en prendre » presque rien, a su faire une tragédie si achevée. » Encore de l'ironie! Mais c'est le ton habituel de Visé quand il fait à Racine l'honneur de juger ses œuvres; il réserve la critique sérieuse pour des écrivains de plus de valeur, pour Boyer, par exemple, et pour l'abbé Cotin. Il rétablit donc avec beaucoup de soin et d'étendue les événements altérés dans la tragédie. Il démontre qu'Amurat avait trois frères quand il partit pour le siége de Babylone, qu'il en fit étrangler deux, *dont aucun ne s'appelait Bajazet*, et que le troisième, Ibrahim, fut sauvé de sa fureur parce que le sultan n'avait pas d'enfant pour lui succéder. Quant à la sultane favorite, elle accompagna le Grand Seigneur dans son voyage, et le grand visir, Mehemet-Pacha, assista aussi au siége de Babylone. Visé ne cache pas la source où il a puisé ces précieux renseignements : « Il les a vus, dit-il, dans une » relation faite par un Turc du sérail, et traduite en » français par M. du Loir, qui était alors à Constanti- » nople. » Il a bien le droit d'ajouter : « Cependant, » l'auteur de *Bajazet* fait demeurer ingénieusement le » grand visir dans Constantinople sous le nom d'Aco- » mat, pour favoriser les desseins de Roxane, qui se » trouve dans le sérail de Byzance, quoiqu'elle fût dans » le camp de Sa Hautesse, et tout cela pour élever » à l'empire Bajazet, dont le nom est très-bien in- » venté. »

L'argument était sans réplique, et la tragédie ne pouvait s'en relever. Cependant Racine fut peu embarrassé et peu ému d'une inculpation si grave. La première édition de son *Bajazet* parut le 20 février 1672, six semaines après la première représentation. Il fit précéder la tragédie d'une préface courte et calme, où l'on chercherait en vain un trait de satire. Sans doute l'âge, la réflexion, les réprimandes et les conseils de Boileau, lui apprenaient à dominer la promptitude de son humeur; sans doute aussi, rassuré par les progrès toujours croissants de sa renommée, il devenait indulgent pour des clameurs de plus en plus impuissantes. Sans nommer le rédacteur du *Mercure galant* et sans faire allusion à sa critique, il se contenta d'établir sur des autorités imposantes tous les faits niés par le gazetier. Voici le dé-

but de cette préface, telle qu'il la publia en 1672 :
« Quoique le sujet de cette tragédie ne soit encore dans
» aucune histoire imprimée, il est pourtant très-véri-
» table. C'est une histoire arrivée dans le sérail, il y a
» plus de trente ans. M. le comte de Cézy était alors
» ambassadeur à Constantinople. Il fut instruit de
» toutes les particularités de la mort de Bajazet, et il y
» a quantité de personnes à la cour qui se souviennent
» de les lui avoir entendu conter lorsqu'il fut de retour
» en France. M. le chevalier de Nantouillet est du
» nombre de ces personnes, et c'est à lui que je suis re-
» devable de cette histoire, et même du dessein que j'ai
» pris d'en former une tragédie. J'ai été obligé pour
» cela de changer quelques circonstances ; mais, comme
» ce changement n'est pas fort considérable, je ne
» pense pas aussi qu'il soit nécessaire de le marquer au
» lecteur. »

Mais, en face des indications précises de Visé, cet exposé n'est-il pas un peu vague ? L'existence de Bajazet, personnage si ingénieusement inventé, selon le *Mercure*, est-elle suffisamment démontrée ? Sans doute Racine pensa qu'il y avait lieu de compléter sa justification, et, dans l'édition de 1676, il ajouta le développement qui forme aujourd'hui le commencement de la préface. Le poète établit d'abord qu'Amurat, contrairement à l'assertion de Visé, a eu quatre frères ; il a soin de les nommer et de tracer rapidement leur histoire, très-peu conforme aux indications du *Mercure*. Le troisième, dans l'ordre de la naissance, est Bajazet :
« C'était, dit Racine, un prince de grande espérance...
» Amurat, ou par politique ou par amitié, l'avait épar-
» gné jusqu'au siége de Babylone. Après la prise de
» cette ville, le sultan victorieux envoya un ordre à
» Constantinople pour le faire mourir : ce qui fut con-

» duit et exécuté à peu près de la manière que je le re-
» présente. » Un peu plus loin, il revient sur les particularités de cette mort : « M. de Cézy fut, dit-il, instruit
» des amours de Bajazet et des jalousies de la sultane.
» Il vit même plusieurs fois Bajazet, à qui on permettait
» de se promener quelquefois à la pointe du sérail, sur
» le canal de la mer Noire. M. le comte de Cézy disait
» que c'était un prince de bonne mine. Il a écrit depuis
» les circonstances de sa mort, et il y a encore plu-
» sieurs personnes de qualité qui se souviennent de lui
» en avoir entendu faire le récit lorsqu'il fut de retour
» en France. »

Ce qui est assez piquant, c'est que le récit de Racine
eût trouvé, au besoin, sa confirmation dans un petit ouvrage publié déjà depuis quinze ans par un de ses ennemis littéraires. En effet, en 1657, Segrais avait donné
sous ce titre: *Les Nouvelles françaises, ou les Divertissements de la princesse Aurélie*, six petits romans, dont le
dernier, *Floridon, ou l'Amour imprudent*, a, pour le sujet et les personnages, des rapports frappants avec le
Bajazet de Racine[1]. Dans la nouvelle comme dans la
tragédie, le sultan Amurat « s'est contenté d'emprison-
» ner fort étroitement Ibrahim, qui était fils d'une
» même mère que lui, s'assurant sur la stupidité qui
» paraissait en ce prince. » Quant à son autre frère Bajazet, « quoiqu'ils fussent nés de différentes sultanes, il
» l'aimait d'une amitié si extraordinaire, qu'il ne pou-
» vait être un moment sans lui. Il est vrai que, si la
» beauté, la vertu et la bonne grâce ont quelque droit
» sur l'âme d'un barbare, toutes ces qualités, qui étaient

---

1. Nous devons ce renseignement à M. Saint-Marc Girardin, qui, dans une de ses spirituelles leçons de la Sorbonne, a rapproché la nouvelle de Segrais de la tragédie de Racine. L'analyse que nous donnons est faite d'après l'ouvrage même de Segrais.

» en ce jeune prince au suprême degré, méritaient un
» traitement particulier. » Mais, ce qui entretient les
bonnes dispositions du sultan, c'est l'amour que Bajazet
inspire à Roxane, mère d'Amurat. L'auteur nous raconte comment la sultane mère fait connaître sa passion à Bajazet. Celui-ci, considérant la puissance de
Roxane qui gouverne sous le nom de son fils, n'hésite pas à répondre à cet amour; tel est d'ailleurs le
conseil d'Achomat, vieil eunuque qui a élevé son enfance, et qui se charge des messages des deux amants.
Mais, pour écarter les soupçons du sultan et de sa cour,
la sultane met en tiers dans ses entrevues avec Bajazet
une jeune esclave nommée Floridon, qu'elle a comblée
de richesses et élevée au rang envié de sa favorite. Bientôt Bajazet et Floridon s'aiment : la contrainte même et
les périls de cette passion l'irritent encore. Roxane, inquiète des froideurs de Bajazet, a des soupçons que confirment des lettres trouvées dans la robe du prince.
Mais sa vengeance est bien modeste, et, pour moi, je
n'oserais dire qu'elle est plus conforme aux mœurs
orientales qu'aux mœurs françaises, tant elle me semble
contraire à la nature de l'amour, et, en général, à la nature humaine. Elle établit sa rivale dans un palais à
Péra, elle l'y entoure de magnificence, et, ce qui est
plus magnanime, elle permet à Bajazet d'aller chaque semaine passer une journée avec sa maîtresse; mais, si
les deux amants ne savent pas se contenter de cette généreuse concession, elle les fera périr dans les plus
cruels tourments. Voilà certes une amante bien facile,
et qui entend la jalousie tout autrement que la Roxane
de Racine!

Bientôt cependant la sultane soupçonne qu'elle est
trompée. Pour s'assurer de la vérité, elle feint une maladie : Bajazet en profite pour aller voir Floridon.

Roxane qui l'a suivi dans une barque à la faveur d'un déguisement, ne peut plus conserver aucun doute : elle rentre au sérail, désespérée, et combattue encore par son amour dans la résolution de faire périr Bajazet. Un message du sultan vient précipiter le dénoûment. Amurat, depuis trois à quatre ans, faisait la guerre en Asie; après plusieurs victoires, il s'était emparé de Bagdad, ville que Segrais, par la même erreur que Racine, confond avec l'ancienne Babylone. Il voulait porter la guerre dans le royaume de Perse; mais les janissaires, rebutés par les fatigues de cette longue campagne, murmurent, se révoltent, et parlent d'opposer au sultan son frère Bajazet. Alors Amurat se souvient des maximes de l'empire ottoman, et il envoie l'ordre de faire périr Bajazet. Un premier messager est mis à mort par l'ordre de Roxane, qui feint de le prendre pour un imposteur; mais un second courrier qu'Amurat a envoyé, non par défiance, mais pour « prévenir le retardement et les accidents des chemins », arrive au moment même où la sultane se voyait si cruellement trahie par celui pour qui elle bravait tant de périls. Roxane répond que le sultan est maître absolu, et dès le soir Bajazet meurt, étranglé par les muets.

Telle est l'histoire que raconte très-élégamment Segrais, et il ne nous laisse pas ignorer le sort des personnages qui survécurent au dénoûment de ce drame. L'empereur, dit-il, mourut deux ou trois mois après son retour à Constantinople, et eut pour successeur l'imbécile Ibrahim. Roxane n'inquiéta pas sa rivale, et même elle aima le fils que Floridon eut de Bajazet; Segrais nous apprend que ce jeune homme, parti pour un pèlerinage à la Mecque, fut pris par les chevaliers de Malte. Quant à Roxane, elle gouverna longtemps sous le nom de son fils Ibrahim, puis sous ceux des deux jeunes fils d'Ibrahim, jusqu'à ce qu'elle eût été dépouillée du gouvernement et de la vie par une intrigue du grand visir qui lui fit succéder la sultane, mère des deux princes.

L'analyse de la nouvelle de Segrais ne permet pas de douter que le fond de l'histoire soit le même chez lui et chez Racine. Quant aux transformations qu'elle a reçues dans la tragédie, elles sont si nombreuses et si importantes, qu'en supposant même que Racine eût emprunté à Segrais l'idée de sa pièce, son œuvre serait encore originale. La création du rôle d'Acomat dont l'ambition a fait naître la passion de Roxane, les intérêts politiques qui se mêlent aux intrigues d'amour et qui les dominent, la loyauté de Bajazet, qui aimait Atalide avant d'être instruit de la passion de la sultane et dont la froideur se prête mal au rôle qu'on veut lui faire jouer, la condition même d'Atalide, qui n'est pas, comme Floridon, une esclave favorite, mais une princesse du sang impérial, et que le grand visir veut épouser pour s'en faire un appui ; enfin et surtout la passion furieuse, saisissante de Roxane, et la catastrophe terrible qui termine la tragédie, toutes ces différences capitales réfuteraient sans peine l'accusation de plagiat. D'ailleurs comment s'expliquer que ni Segrais, qui assistait avec Corneille à la première représentation de Bajazet, ni le *Mercure galant*, n'aient signalé ces emprunts ; que Visé ait manqué cette occasion d'accabler Racine de ses traits piquants ? Nous croyons que les récits du comte de Cézy et du chevalier de Nantouillet ont suffi à Racine, sans qu'il ait eu besoin d'aller chercher dans les nouvelles de Segrais le fond de cette histoire. Il y a plus : un passage de la nouvelle précédente prouve clairement, ce nous semble, que Segrais avait puisé ses renseignements à la même source. La princesse Aurélie qui va raconter l'histoire de Floridon, et qui n'est autre que la fameuse Mademoiselle, fille de Gaston d'Orléans, dit qu'elle la tient « d'une personne de qualité qui a été si longtemps » ambassadeur à Constantinople, et qui la racontait avec » tant d'agrément ». Cette personne de qualité est évidemment M. le comte de Cézy, et la phrase de Segrais s'accorde très-bien avec celle de la préface de Racine. La nouvelle de Segrais ne sert donc qu'à établir plus fortement le caractère historique de l'œuvre de Racine, et la comparaison fait ressortir encore l'art merveilleux du poète, les ressources qu'il a tirées de ce sujet, et ce que son génie a su lui donner de profondeur et de pathétique.

Après s'être défendu, comme nous l'avons montré, sur la question d'histoire, l'auteur se justifie, par l'éloignement du pays et par l'exemple des *Perses* d'Eschyle, d'avoir osé mettre sur la scène des faits si récents [1]. « Les personnages turcs, dit-il, quelque modernes qu'ils » soient, ont de la dignité sur notre théâtre ; on les » regarde de bonne heure comme anciens. Ce sont des » mœurs et des coutumes toutes différentes. »

Mais cette dernière phrase ne pouvait manquer de faire sourire Visé et les autres adversaires de Racine. Comment ose-t-il parler des mœurs et des coutumes des Turcs, lui qui a transporté Constantinople à Paris, et si bien civilisé ses personnages qu'ils ont toute la politesse et la galanterie de la cour de Louis XIV ? A-t-il oublié le jugement ironique du *Mercure?* « Je ne puis » être pour ceux qui disent que cette pièce n'a rien

---

1. Comme l'a remarqué M. Saint-Marc Girardin, ce n'était pas la première fois que les Turcs paraissaient sur la scène française. Déjà Mairet avait fait jouer *le Grand Soliman*, et Scudéri *l'illustre Bassa*. Ajoutons à ces indications *le Grand Tamerlan* et *Bajazet* de J. Maignon, 1648.

» d'assez turc ; il y a des Turcs qui sont galants ; et puis
» elle plaît, il n'importe comment ; et il ne coûte pas
» plus, quand on a à feindre, d'inventer des caractères
» d'honnêtes gens et de femmes tendres et galantes, que
» ceux de barbares qui ne conviennent pas au goût des
» dames de ce siècle, à qui sur toutes choses il est im-
» portant de plaire. » A-t-il été si peu sensible aux vers
de Robinet ?

> Champmeslé, dessus ma parole,
> De Bajazet soutient le rôle
> *En Turc aussi doux qu'un François,*
> *En musulman des plus courtois.*

Apparemment Racine n'avait pas d'abord jugé fort sérieuse cette objection, reproduite depuis par Fontenelle, par Houdar de la Motte, par l'abbé Dubos, et même, sur un point, par Voltaire. Dans sa première préface, il ne crut pas nécessaire de la combattre dans les règles, et il se borna à parler rapidement de l'étude consciencieuse qu'il avait faite de l'histoire des Turcs : « La » principale chose à quoi je me suis attaché, ç'a été de » ne rien changer ni aux mœurs ni aux coutumes de la » nation ; et j'ai pris soin de ne rien avancer qui ne fût » conforme à l'histoire des Turcs et à la nouvelle *Rela-* » *tion de l'empire ottoman,* que l'on a traduite de l'an- » glais. Surtout je dois beaucoup aux avis de M. de la » Haye, qui a eu la bonté de m'éclaircir sur toutes les » difficultés que je lui ai proposées. » Ces lignes, avec le passage que nous avons cité plus haut, formaient toute la première préface. Mais la critique des mœurs françaises de la tragédie ayant fait fortune, Racine, dans l'édition de 1676, prit plus directement et plus au long la défense de sa pièce, et surtout des personnages les

plus attaqués, Roxane, Atalide et Bajazet. Il effaça les lignes que nous venons de citer, et il termina la seconde préface, telle que nous l'avons aujourd'hui, par un paragraphe qui, malgré sa modération, fut supprimé à partir de 1697 : « Je me suis attaché à bien exprimer
» dans ma tragédie ce que nous savons des mœurs et
» des maximes des Turcs. Quelques gens ont dit que
» mes héroïnes étaient trop savantes en amour et trop
» délicates pour des femmes nées parmi des peuples qui
» passent ici pour barbares. Mais, sans parler de tout
» ce qu'on lit dans les relations des voyageurs, il me
» semble qu'il suffit de dire que la scène est dans le
» sérail. En effet, y a-t-il une cour au monde où la
» jalousie et l'amour doivent être si bien connus que
» dans un lieu où tant de rivales sont enfermées en-
» semble, et où toutes ces femmes n'ont point d'autre
» étude, dans une éternelle oisiveté, que d'apprendre
» à plaire et à se faire aimer? Les hommes vraisem-
» blablement n'y aiment pas avec la même délicatesse.
» Aussi ai-je pris soin de mettre une grande différence
» entre la passion de Bajazet et les tendresses de ses
» amantes. Il garde au milieu de son amour la férocité
» de sa nation. Et si l'on trouve étrange qu'il consente
» plutôt de mourir que d'abandonner ce qu'il aime et
» d'épouser ce qu'il n'aime pas, il ne faut que lire
» l'histoire des Turcs; on verra partout le mépris qu'ils
» font de la vie; on verra en plusieurs endroits à quels
» excès ils portent les passions, et ce que la simple
» amitié est capable de leur faire faire : témoin un des
» fils de Soliman qui se tua lui-même sur le corps de
» son frère aîné, qu'il aimait tendrement, et que l'on
» avait fait mourir pour lui assurer l'empire. »

Dans ce passage important, Racine défend sa tragédie sur trois points principaux : la vérité des mœurs, la vraisemblance de la passion de Roxane et d'Atalide, enfin l'exactitude même de ce caractère de Bajazet, tant de fois attaqué et du vivant du poète et après sa mort. Nous avons dit, à l'occasion d'*Alexandre*, dans quelle mesure il nous semble que le poète tragique doit observer la vérité particulière de costume et de mœurs. Racine, sans s'attacher puérilement à donner à son œuvre par quelques curiosités de langage ce que nous appelons la couleur locale, a montré, selon nous, une connaissance suffisante des usages, et, comme il dit, des maximes du pays. Il a marqué heureusement par quelques détails habilement placés la civilisation et le peuple où il nous transporte. Dès la première scène, nous sommes instruits de cette politique cruelle des sultans, qui punit les frères du souverain

> De l'honneur dangereux d'être sortis d'un sang
> Qui les a de trop près approchés de son rang.

Ne connaissons-nous pas aussitôt la loi du sérail, qui affranchit les sultans des lois de l'hymen, et cette autre, oubliée par Amurat en faveur de Roxane, qui ne donne à la favorite le titre de *sultane* qu'après la naissance d'un fils? Le souvenir du grand Soliman et de l'artificieuse Roxelane n'est-il pas à propos rappelé dans une scène importante du deuxième acte[1]? Racine a-t-il oublié la position et les dangers des grands visirs, dont il a présenté dans Acomat l'image si énergique et si frappante? A-t-il oublié ce conseil des *ulémas*[2], interprètes sacrés de la loi, qu'Acomat a soin de gagner à sa cause, et l'étendard redouté du prophète[3], qu'on dé-

1. Act. II, sc. 1.
2. Act. I, sc. 2.
3. Act. III, sc. 2.

ploie seulement aux jours des grands périls, et la porte sacrée

> D'où les nouveaux sultans font leur première entrée[1];

et ces muets[2], exécuteurs des vengeances du maître, et le fatal lacet[3] que Roxane fait préparer pour Bajazet? Nous tenons peu à ces traits et à beaucoup d'autres que nous pourrions citer : à nos yeux, le mérite de la tragédie n'est pas là. Mais comment dire que Racine est resté en dehors de l'histoire et de la vie du peuple auquel il empruntait son sujet et ses personnages, comment soutenir qu'il en a complètement négligé la physionomie?

Sans doute, cette vérité de détail ne compenserait pas l'anachronisme flagrant des caractères; et s'il était vrai que tous les personnages de la tragédie fussent français, le souvenir du sérail, des muets, des janissaires, de la politique des sultans, n'en ferait pas de véritables Turcs. Mais à cette vérité générale, la plus importante de toutes, le caractère d'Acomat n'unit-il pas merveilleusement la vérité locale? Quoi de plus conforme à la vraisemblance historique que ce visir conspirant pour se prémunir contre les dangers que lui font sa gloire et l'amour des soldats, politique habile et sans scrupule, peu soucieux de la foi jurée dont les sultans lui ont appris à ne pas être esclave[4], hardi, résolu, flegmatique, habile à mettre en jeu les passions qui l'entourent et qu'il méprise, et trouvant jusqu'au bout des ressources dans son énergie? Et Roxane, cette femme violente et cruelle, qui use si despotiquement de sa puissance, qui sans cesse mêle la

1. Act. II, sc. 3.
2. Act. IV, sc. 5.
3. *Ibid.*
4. Act. II. sc. 3.

menace à l'expression de l'amour, et ne laisse à Bajazet d'autre alternative que de l'épouser ou de mourir, n'est-elle pas une véritable sultane? N'est-ce pas une frappante image de cette orgueilleuse Roxelane, qui exerça longtemps sur le farouche Soliman un empire absolu? Sans doute, Atalide a plus de délicatesse; mais sa vertu et sa douce sensibilité, opposées aux passions emportées et à l'humeur sanguinaire de Roxane, font ressortir encore par le contraste la terrible énergie de la sultane. D'ailleurs, elles n'ont rien de choquant ni d'absolument contraire à la vraisemblance, et il nous semble que Racine justifie suffisamment, pour ce personnage comme pour Roxane, cette science de l'amour et de la jalousie, assez naturelle au milieu du sérail.

Reste le caractère le plus attaqué, celui de Bajazet. La plupart des critiques l'ont sacrifié. Voltaire ne le ménage pas, et l'on sait les vers du *Temple du goût* :

> Racine observe les portraits
> De Bajazet, de Xipharès,
> De Britannicus, d'Hippolyte;
> A peine il distingue leurs traits.
> Ils ont tous le même mérite :
> Tendres, galants, doux et discrets;
> Et l'Amour qui marche à leur suite,
> Les croit des courtisans français.

Nous avons déjà défendu Britannicus contre cette accusation de douceur et de discrétion. Bajazet la mérite-t-il mieux, et Racine s'abusait-il quand il croyait « avoir » mis une grande différence entre la passion de Bajazet » et les tendresses de ses amantes » ? S'abusait-il quand il signalait en lui cette *férocité*, c'est-à-dire, dans le sens latin du mot, cette fierté de sa nation qu'il garde au milieu de son amour; quand il justifiait ce calme que les menaces et les dangers n'ébranlent pas, ce mépris de la vie, par les maximes et la pratique des Turcs? Nous ne voyons pas, pour nous, que Bajazet soit si galant et si tendre. Il s'entretient avec Atalide moins de son amour pour elle que de sa haine et de son mépris pour Roxane, de son honneur, de sa gloire, de ses ancêtres qu'il dégraderait en épousant une esclave. Grave, loyal, scrupuleux même dans sa loyauté, il rougit du détour que l'intérêt seul d'Atalide peut lui faire supporter; il est près de le reprocher à son amante [1]. En face de Roxane, il soutient bien mal un rôle qui répugne à sa fierté autant qu'à son cœur : il faut toute la passion de Roxane pour que l'illusion de la sultane résiste à cette froideur, pour que ses craintes ne deviennent pas plus tôt une affreuse certitude. A la fin de la pièce, Bajazet aura le droit de répondre à ses reproches que ce n'est pas lui qui l'a trompée, mais elle-même. Avec quel orgueil méprisant il la repousse, quand, pour prix de l'empire qu'elle lui donne, elle veut le titre d'épouse légitime ! Quelle noble et tranquille fermeté il oppose à ses transports, à ses supplications, à ses menaces ! Il ne sort qu'une fois de ce calme, c'est quand Roxane détrompée veut encore lui faire grâce, à la condition qu'il contemplera le supplice de sa rivale. Alors il écrase de son indignation cette femme sanguinaire :

> Je ne l'accepterais que pour vous en punir,
> Que pour faire éclater aux yeux de tout l'empire
> L'horreur et le mépris que cet offre m'inspire [2].

Plus nous étudions ce caractère, moins nous pouvons

---

1.   Ah ! loin de m'ordonner cet indigne détour,
     Si votre cœur était moins plein de son amour,
     Je vous verrais sans doute en rougir la première. (Act. II, sc. 5.)

2. Act. V, sc. 4.

souscrire à la condamnation des critiques; moins il nous semble que la figure de Bajazet se confonde parmi celles des galants doucereux et vulgaires; plus elle nous paraît avoir d'originalité et de relief, plus nous la trouvons digne de la tragédie.

Le jugement de Mme de Sévigné se rapproche en partie de ceux que nous avons déjà combattus. Cependant sa première impression a été favorable à la tragédie. Après l'avoir vu représenter, elle écrit à sa fille[1] : » La pièce de Racine m'a paru belle. La Champmeslé » m'a paru la plus miraculeusement bonne comédienne » que j'aie jamais vue. » Elle continue par quelques détails sur cette actrice que par une allusion plaisante elle appelle sa *belle-fille;* puis elle revient à *Bajazet.* Elle y trouve « quelque embarras sur la fin »; mais elle y reconnaît « bien de la passion, et de la passion moins » folle que celle de *Bérénice;* elle y a pleuré plus de « vingt larmes ». Cependant, « à son petit sens, elle ne » surpasse pas *Andromaque* ». Après avoir rendu justice à Racine, elle n'oublie pas de répondre à l'insolente admiration de M. de Tallard, et de proclamer avec force l'incomparable supériorité de son ami Corneille.

La lecture de *Bajazet* changea les sentiments de Mme de Sévigné, et rendit son appréciation beaucoup plus sévère. Elle fait passer la pièce à sa fille[2] : « Si je » pouvais, lui dit-elle, vous envoyer en même temps la » Champmeslé, vous trouveriez la pièce bonne; mais » sans elle, elle perd la moitié de son prix. Je suis folle » de Corneille! » ajoute-t-elle immédiatement, sans transition, comme se détournant dédaigneusement des œuvres de son indigne rival. Mais c'est dans la lettre du

---

1. Lettre du 15 janvier 1672.
2. Lettre du 9 mars 1672

16 mars que se trouve son jugement le plus explicite et le plus rigoureux. Elle trouve que le personnage de Bajazet « est glacé ». Elle reproduit la critique de Corneille et du *Mercure :* « les mœurs des Turcs sont mal observées; ils ne font point tant de façons pour se marier. » Elle en ajoute une autre sur le dénoûment : « il n'est pas bien préparé : on n'entre point dans les raisons de cette grande tuerie. » Une admiratrice de l'auteur de *Rodogune* devait peut-être moins se formaliser d'un dénoûment sanglant; en outre, ce dénoûment, que Boileau[2] admirait à l'égal de l'exposition, nous semble très-bien motivé et très-clair. L'ordre de Roxane a fait périr Bajazet; elle-même a été frappée par l'envoyé d'Amurat, Orcan, dont l'arrivée est annoncée au troisième acte, et que le sultan

Avait chargé secrètement
De lui sacrifier l'amante après l'amant [2].

Ces paroles d'Osmin achèvent l'explication de la catastrophe : aucun embarras, ce nous semble, ne peut rester dans l'esprit du spectateur ou du lecteur.

La conclusion de Mme de Sévigné est « qu'il y a des » choses agréables dans la tragédie, mais rien de par- » faitement beau; rien qui enlève, point de ces tirades » de Corneille qui font frissonner; » et cette dernière ligne amène un nouvel hymne à la gloire du vieux poète. Nous l'avons dit, ces préférences sont très-justifiables. Sans parler de tant d'autres motifs, on comprend que l'esprit de Mme de Sévigné ait été plus sensible aux traits sublimes de Corneille, à ces tirades « qui

---

1. *Bolœana.*
2. Act. V, sc. 11.

enlèvent et font frissonner », qu'à la perfection soutenue et au pathétique puissant de Racine. Mais elle n'aurait pas dû resteindre à l'agrément le mérite de la tragédie nouvelle. Elle aurait dû appliquer à la critique de *Bajazet* le principe qu'elle professe en faveur de son vieil ami : « pardonnons-lui de méchants vers en faveur » de divines et sublimes beautés qui nous transpor- » tent. » Les endroits « froids et faibles » qu'elle trouve dans les pièces de Racine devaient lui être pardonnés en considération de tant de beautés de sentiment, de passion et de caractères, d'un art si consommé dans la conduite de l'action, de tant de naturel et de variété, de délicatesse et d'harmonie dans le style. Si Racine eut connaissance de ces critiques, elles durent lui être plus sensibles que celles du *Mercure* ou de la *Gazette en vers*. Mais la voix des censeurs se perdait dans le bruit des éloges et des applaudissements dont il était comblé. Sans se troubler de ces rares protestations, il se livra avec cette sage lenteur, ce travail patient et consciencieux, ce respect de l'art et du public qui font la supériorité des auteurs du grand siècle, à l'étude et à l'exécution de son *Mithridate*.

CHAPITRE VI

MITHRIDATE (janvier 1673).

Succès de *Mithridate*. — Jugement de Mme de Coulanges. — Compte rendu de Robinet. — Critique de Visé. — Les deux préfaces de Racine.

L'époque où nous sommes arrivés est la plus heureuse et la plus brillante de la vie littéraire de Racine. Depuis *Bérénice* jusqu'à *Iphigénie*, chacune de ses tragédies est l'occasion d'un succès retentissant; on les attend avec impatience, on les accueille avec enthousiasme. Au moment où *Mithridate* fut représenté sur le théâtre de l'hôtel de Bourgogne, Racine venait d'être admis à l'Académie française. La séance où il fut reçu avec Fléchier et l'historien Gallois [1], se place à l'époque du premier éclat de la nouvelle pièce. Cet honneur, d'autant plus précieux pour le poète qu'il pouvait craindre de l'attendre encore longtemps, les applaudissements d'un nombreux public qui se pressait aux représentations de *Mithridate*, tout se réunit pour rendre la joie de Racine aussi vive que complète, et jamais elle ne fut moins troublée par les attaques de la critique, car nous ne trouvons pas que cette tragédie ait encouru à son apparition d'autre censure que celle du *Mercure galant*.

Nous pouvons juger par une lettre de Mme de Cou-

---

1. 12 janvier 1673.

langes à Mme de Sévigné de l'admiration de cette dame et de l'enthousiasme de la cour, dont elle exprime les sentiments autant que les siens : « *Mithridate*, écrivait-» elle [1], est une pièce charmante : on y pleure, on y est » dans une continuelle admiration ; on la voit trente » fois, on la trouve plus belle la trentième que la première. » Robinet, sauf le style, ne s'exprime pas autrement. Il devait pourtant avoir sur le cœur la mauvaise fortune de *Pulchérie* qu'il avait célébrée dans sa *Gazette*, et où il avait trouvé une si « noble critique » du genre et du poète à la mode. Cependant, il s'abstint, en parlant de *Mithridate*, de toute attaque, de toute insinuation, et il semble l'admirer aussi franchement que la cour [2].

Seul Visé resta fidèle à son système de dénigrement, et il retrouva, pour rendre compte de *Mithridate*, l'ironie dont il avait assaisonné sa critique de *Bajazet*. « J'aurais, » dit-il, longtemps à vous entretenir, s'il fallait que je » rendisse un compte exact des jugements qu'on a faits » du *Mithridate* de M. Racine. Il a plu comme font tous » les ouvrages de cet illustre auteur. » Ainsi Visé commence par reconnaître le succès de la pièce ; mais cet aveu renferme une protestation rendue plus claire par d'autres passages voisins sur le *Cléodate* de Th. Corneille et sur le *Démarate* de Boyer. Visé, ne pouvant contester les triomphes de Racine, a pris le parti de les rejeter sur des cabales, sur un fol engouement, sur la bonne fortune de l'auteur. La tragédie de *Mithridate* prouve clairement, au jugement de Visé, la force de « la préoccupation favorable à l'auteur ». Il a complétement bouleversé l'histoire ; il a ridiculement travesti le carac-

---

1. Le 24 février.
2. Lettre du 25 février 1673.

tère de Mithridate ; mais n'a-t-il pas toute licence, et n'est-il pas, quoi qu'il fasse, assuré de plaire? « Quoi-
» qu'il ne se soit quasi servi que du nom de Mithridate,
» et de ceux des princes ses fils et de celui de Monime,
» il ne lui est pas moins permis de changer la vérité des
» histoires anciennes pour faire un ouvrage agréable,
» qu'il lui a été d'habiller à la turque nos amants et nos
» amantes. Il a adouci la grande férocité de Mithridate,
» qui avait fait égorger Monime sa femme, et, quoique
» ce prince fût barbare, il l'a rendu en mourant un des
» meilleurs princes du monde. Il se dépouille en faveur
» d'un de ses enfants de l'amour et de la vengeance,
» qui sont les plus violentes passions où les hommes
» soient sujets, et ce grand roi meurt avec tant de
» respect pour les dieux qu'on pourrait le donner pour
» exemple à nos princes les plus chrétiens. » Visé conclut par des louanges ironiques comme son début :
« Ainsi M. Racine a atteint le but que doivent se pro-
» poser tous ceux qui font de ces sortes d'ouvrages, et
» les principales règles étant de plaire, d'instruire et de
» toucher, on ne saurait donner trop de louanges à cet
» illustre auteur, puisque sa tragédie a plu, qu'elle est
» de bon exemple, et qu'elle a touché les cœurs. »
Il semble que ce dernier trait soit une allusion à la préface de *Bérénice*. Racine y disait à propos des règles, au nom desquelles on attaquait sa pièce : « la principale
» règle est de plaire et de toucher; toutes les autres ne
» sont faites que pour parvenir à cette première. »
A la règle de plaire et de toucher, Visé ajoute à dessein celle d'instruire. *Mithridate* l'a si bien remplie! La mort de ce roi est si chrétienne, et la tragédie tout entière, qui nous enseigne à vaincre les passions les plus violentes, est de si bon exemple !

Voyons cependant ce qu'il faut penser des deux critiques de Visé. Certes elles sont graves, et Racine était bien loin d'y souscrire, lorsque, dans sa première préface, après avoir rappelé la célébrité de son héros « dont » la vie et la mort font une partie considérable de l'his- » toire romaine, » il écrivait cette phrase : « excepté » quelques événements que j'ai un peu rapprochés par » le droit que donne la poésie, tout le monde reconnaîtra » aisément que j'ai suivi l'histoire avec beaucoup de » fidélité. » Il se croyait bien sûr de l'assentiment des lecteurs ; car, sans s'arrêter à prouver cette assertion, il justifia seulement par l'autorité de Florus, de Plutarque, de Dion et d'Appien, le dessein moins connu de Mithridate, et signala l'influence de ce plan gigantesque sur la révolte de Pharnace et de l'armée, et sur la mort du héros.

Mais apparemment la critique de Visé avait trouvé des approbateurs ; car Racine, dans l'édition de 1676, ajouta à sa préface plusieurs passages destinés évidemment, bien que le ton ne soit pas celui d'une apologie ni d'une réplique, à défendre les points contestés de sa tragédie. Le premier paragraphe fut fortifié des lignes suivantes : « Il n'y a guère d'action éclatante dans la vie » de Mithridate qui n'ait trouvé place dans ma tragé- » die. J'y ai inséré tout ce qui pouvait mettre en jour » les mœurs et les sentiments de ce prince, je veux dire » sa haine violente contre les Romains, son grand cou- » rage, sa finesse, sa dissimulation, et enfin cette jalou- » sie qui lui était si naturelle, et qui a tant de fois coûté » la vie à ses maîtresses. » A l'appui du dessein prêté à Mithridate, le poète apporta encore une citation de Dion Cassius[1] ; enfin il passa en revue les trois autres personnages de sa tragédie, Monime, Xipharès et Pharnace,

---

1. Paragraphe 5 de la Préface.

pour alléguer ses autorités[1]. Le caractère de Monime lui a été fourni par Plutarque, et Racine justifie par une citation de cet auteur les traits nobles et touchants qu'il a donnés à son héroïne. Il est vrai que ce passage même, où la triste mort de Monime est racontée, dépose contre la fidélité historique du dénoûment, et confirme, au moins sur un point, la critique de Visé : depuis longtemps, à l'époque où Racine place son action, Monime avait péri victime de la féroce jalousie de son époux.

Racine prouve ensuite l'existence historique de Xipharès et de sa mère Stratonice, qui livra à Pompée les trésors de Mithridate. Mais a-t-il eu le droit de prolonger la vie du prince qui, suivant le témoignage de quelques auteurs, fut enveloppé dans le châtiment de sa mère? Racine se borne à cette phrase : « Il y a des historiens » qui prétendent que Mithridate fit mourir ce jeune « prince pour se venger de la perfidie de sa mère. » Mais il ne cite pas, sans doute faute de les avoir trouvés, ceux qui s'écartent de cette opinion. Il est plus fort en parlant de Pharnace : il prouve facilement que le caractère de ce personnage et son rôle dans la tragédie sont conformes aux récits des historiens.

Restent donc deux points où l'histoire, de l'aveu plus ou moins formel de Racine, a été changée : l'existence de Monime et sans doute celle de Xipharès à l'époque de la mort de Mithridate; leur place au milieu des événements qui accompagnent et précipitent le dénoûment. Il s'agit de voir si cette altération de l'histoire est une grande faute, et si elle n'est pas autorisée par ce que Racine appelle le droit de la poésie. Or le but de sa tragédie, c'est de retracer le caractère de Mithridate, c'est de nous dépeindre sa mort. Sur ces deux points

1. Paragraphes 6, 7, 8 et 9.

essentiels le poète était astreint à une fidélité rigoureuse ; il fallait que les paroles, les sentiments, la conduite du terrible monarque fussent en rapport avec les récits et les portraits de tant d'historiens ; qu'on le vît avec « sa » haine violente contre les Romains, son courage, sa » finesse, sa dissimulation, sa jalousie. » Il fallait que Pharnace parût comme le lâche protégé de Rome, comme le fils perfide qui précipite la mort de son père, et reçoit sa part des dépouilles ; il fallait que cette trahison fît la catastrophe. Des faits si connus ne pouvaient être changés. Mais qu'à ce fond historique Racine ait mêlé un drame intime, que les démêlés politiques du père et du fils se compliquent dans la pièce d'une rivalité d'amour, que ce nouveau motif de haine et de vengeance soit entré dans le crime de Pharnace, qu'importe, si cette complication n'amène aucune invraisemblance, si elle permet de peindre certains côtés du caractère de Mithridate et de marquer plus fortement les autres, si les personnages introduits pour le besoin de ce drame sont historiquement possibles, si leur position, leur caractère sont dans les convenances du sujet et dans la couleur du temps, enfin, si leur part dans l'action peut se concilier avec les récits de l'histoire ?

Mais le caractère même de Mithridate est-il vrai, et Racine qui en fait ressortir la fidélité a-t-il raison contre les critiques de Visé ? On a rarement contesté l'expression vigoureuse et saisissante que l'auteur a su donner à la haine du monarque contre les Romains, à son infatigable et intrépide audace, à la grandeur et à la puissance de ses plans. Sans doute un illustre écrivain de nos jours[1] s'est plu à rabaisser le beau discours du troi-

---

1. M. Cousin, *Du vrai, du beau et du bien*: « La scène si vantée » de Mithridate exposant son plan de campagne à ses fils est un

sième acte, si fortement pensé et écrit, si nourri d'arguments solides, de faits précis, de souvenirs et de preuves historiques, en outre, comme Racine le remarque, si intimement lié à l'action[1]; il l'a dédaigneusement rejeté au rang des *morceaux de rhétorique*. Mais peut-être est-il permis de ne pas se rendre à cette condamnation sévère, prononcée en passant, sans exposé de motifs, sur le ton d'un décret plutôt que d'un jugement. Nous osons le croire, cette scène, admirée depuis deux siècles, n'est pas indigne de Corneille; aussi bien que le discours d'Agrippine, elle pourrait être balancée avec les scènes politiques et militaires de *Cinna*, de *Sertorius* et de la *Mort de Pompée*.

On a plus souvent critiqué cette passion dont la violence, peu naturelle chez un vieillard, fait de Mithridate le rival de ses deux fils, et surtout l'artifice auquel il s'abaisse pour surprendre les sentiments de Monime et de Xipharès. Sur le premier point, l'histoire de toute la vie de Mithridate, cette jalousie féroce qui lui fit tant de fois sacrifier ses maîtresses, les mœurs de l'Orient, donnent gain de cause à Racine : sans ce trait important, son tableau eût été moins original, moins exact et moins complet. Nous croyons que le second trait n'est pas moins conforme au génie de l'homme et de la nation, à cet esprit de dissimulation propre au farouche guerrier, et dont l'histoire moderne de l'Orient offrirait tant d'exemples fameux. Des dominateurs, non moins redoutables que Mithridate, ont été aussi astucieux et,

» morceau de la plus belle rhétorique qui ne peut entrer en parallèle
» avec les scènes politiques et militaires de *Cinna*, de *Sertorius*, sur-
» tout avec la première scène de la *Mort de Pompée*.

1. « J'ai encore lié ce dessein de plus près à mon sujet; je m'en
» suis servi pour faire connaître à Mithridate les secrets sentiments
» de ses deux fils, etc. »

si l'on veut, aussi bassement perfides, en attirant dans leurs piéges les ennemis qu'ils voulaient détruire. Mais cette astuce est terrible comme celle du tigre : on ne songe pas à en rire, parce qu'on tremble pour les malheureux qu'elle menace. On déteste le bourreau, on a pitié de la victime; la situation est saisissante et l'émotion vraiment tragique. Ne peut-on pas répondre ainsi à Fontenelle et à ceux qui, après lui, ont critiqué l'artifice de Néron et celui de Mithridate? La comparaison même d'Harpagon et de Mithridate n'est-elle pas le triomphe de Racine? La position semble la même; mais quelle différence dans le caractère des hommes et dans les conséquences de l'artifice! Aucun danger ne menace Cléante et Marianne; Monime et Xipharès, comme Britannicus et Junie, sont sous le coup de la mort. La jalousie d'Harpagon est désarmée et impuissante; celle de Mithridate et de Néron déchire et tue. On peut le dire avec Voltaire[1] : « L'une amuse, réjouit, fait rire les honnêtes gens; l'autre attendrit, effraye, fait verser des larmes. » L'une est du ressort de la comédie, l'autre rentre de droit dans le domaine du poëte tragique.

Quant à la critique de Visé sur le dénoûment, elle a bien peu de valeur. En dépit des spirituelles plaisanteries du gazetier sur la fin chrétienne du héros, il est bien vrai que les plus violentes passions se calment en face de la mort, et qu'à ce moment suprême, l'âme s'élève et s'épure, la raison reprend ses droits et dompte les plus impérieux mouvements du cœur. De plus, Mithridate récompense en Xipharès l'héritier de sa haine contre Rome, l'espoir de sa vengeance, le fils généreux qui a immolé son amour à son devoir, qui a exposé ses jours pour sauver des mains des ennemis un père em-

---

1. Préface d'*Hérode et Marianne*.

porté et cruel. Il punit du même coup Pharnace qui l'a trahi. Cette dernière scène, en nous montrant jusqu'au bout le héros avec sa profonde intelligence de la politique romaine, avec cette haine d'un vaincu qui se console à la pensée des maux infligés au vainqueur, et qui compte sur les amis de Pharnace pour le châtiment du parricide[1]; cette scène complète l'effet de la tragédie. Elle affermit, elle achève notre admiration, et c'est avec une conviction plus forte que nous nous écrions : Non, les contemporains de Racine et la postérité ne se sont pas trompés. Ce n'est pas à tort que Boileau, La Bruyère, Voltaire, Vauvenargues, La Harpe, ont vu dans cette tragédie un des chefs-d'œuvre de la scène française, et dans le caractère qui la domine un des plus beaux efforts de l'esprit humain. Ce n'est pas à tort qu'ils ont jugé que Racine « avait l'âme tragique », et qu'ils ont accordé au peintre de Burrhus, d'Acomat, de Mithridate et de Joad le talent de saisir et de retracer les héros[2]. Nous osons, après eux, soutenir que Mithridate est un héros; nous osons trouver de la grandeur jusque dans ce personnage de Xipharès, trop sacrifié par Voltaire. Nous osons surtout admirer l'héroïsme simple et sans étalage de Monime, et, avec un de nos maîtres[3], donner à cette noble femme le nom de *Cornélienne* et

---

1. Fiez vous aux Romains du soin de son supplice !

2. « Racine, dit M. Cousin (*Du vrai, du beau et du bien*), n'était pas » né pour peindre les héros. » Il dit plus haut : « Il n'a pas l'âme » tragique, il n'aime ni ne connaît la politique et la guerre. » Que de vraie politique dans *Mithridate* et dans *Iphigénie*! D'ailleurs, la politique et la guerre sont-elles le fond de la tragédie? Quoi! le peintre d'Hermione, de Roxane et de Phèdre, d'Agrippine et d'Athalie, d'Andromaque et de Clytemnestre, n'avait pas l'âme tragique!

3. M. Nisard, *Histoire de la littérature française*, t. III, liv. III, chap. XIII : « Au milieu des embûches dont elle est entourée, elle

voir en elle une sœur de Pauline, plus gracieuse peut-être et plus sensible, mais non moins pure ni moins grande.

» n'est rassurée et tranquille que quand son devoir a parlé et qu'elle
» n'a plus à risquer que sa propre vie. C'est un écho épuré du lan-
» gage de Pauline, c'est son esprit devenu sentiment. »

CHAPITRE VII

IPHIGÉNIE.

Représentation d'*Iphigénie* à Versailles (18 août 1674); à l'hôtel de Bourgogne (janvier 1675).— *Entretien sur les tragédies de ce temps*, par l'abbé de Villiers. — Remarques sur l'*Iphigénie* par un anonyme. — L'*Iphigénie* de Le Clerc (24 mai 1675). — *Apollon vendeur de Mithridate*, par Barbier d'Aucour.

On connaît les beaux vers de Boileau :

> Que tu sais bien, Racine, à l'aide d'un acteur,
> Émouvoir, étonner, ravir un spectateur !
> Jamais Iphigénie, en Aulide immolée,
> N'a coûté tant de pleurs à la Grèce assemblée,
> Que dans l'heureux spectacle à nos yeux étalé
> En a fait, sous son nom, couler la Champmeslé.

L'amitié de Boileau qui, deux ans plus tard, consolait par ce doux souvenir le poète accablé de l'échec de *Phèdre*, n'exagérait pas le succès de la tragédie d'*Iphigénie*, et son témoignage est confirmé par tous les contemporains. L'éclat de l'apparition d'*Iphigénie* se mêla à celui des événements publics. Louis XIV venait de s'emparer pour la seconde fois de la Franche-Comté, qui désormais devait rester unie à la France. Pour célébrer cette importante conquête, il donna à Versailles de brillantes fêtes; et parmi les plaisirs qu'il offrit à sa cour, figure la tragédie nouvelle. L'auteur d'une *Relation des*

divertissements de Versailles dit que l'*Iphigénie* fut représentée le 18 août 1674 par la troupe des comédiens du roi, et que « ce dernier ouvrage de M. Racine reçut
» de toute la cour l'estime qu'on a toujours eue pour
» ses pièces. » Robinet est bien plus explicite et plus complet. Il s'étend avec une complaisance qui, de sa part, a lieu de surprendre, sur les transports et l'émotion de la cour; et ce passage de sa lettre du 1er septembre est d'autant plus important, qu'il contredit complétement l'opinion des frères Parfaict[1], et prouve jusqu'à l'évidence que l'*Iphigénie* n'avait pas encore été jouée à Paris :

> La très-touchante *Iphigénie*,
> Ce chef-d'œuvre du beau génie
> De Racine, ravit la cour,
> Quand elle la vit l'autre jour
> Si fidèlement récitée
> Et dignement représentée
> Par les grands acteurs de l'hôtel.
> . . . .
> Alors mortelle ni mortel,
> Alors et ni dieu ni déesse,
> De tous ceux qui se trouvaient là,
> A ce rare spectacle-là,
> Ne put onc retenir ses larmes.
> . . . .
> L'auteur fut beaucoup applaudi,
> Aussi vrai que je vous le di;
> Et même notre auguste sire
> L'en louangea fort, c'est tout dire.

1. Les frères Parfaict (*Histoire du Théâtre-Français*. t. XI) concluent du témoignage de l'auteur de la *Relation* que l'*Iphigénie* avait déjà été jouée à l'hôtel de Bourgogne. Ils s'en appuient pour avancer l'époque des premières représentations, placées jusque-là au commencement de 1675, et les fixent au mois de février 1674. Ils n'ont pas connu le passage de la *Gazette* de Robinet que nous citons ici, ni les autres témoignages qui confirment celui-là.

Ce passage permettait déjà d'affirmer qu'il s'agissait d'une œuvre tout à fait nouvelle. Cet effet prodigieux, ces applaudissements dont l'auteur a été couvert, ces félicitations du roi se concilieraient mal avec la supposition d'une tragédie déjà représentée, déjà connue. Mais les derniers vers de Robinet suppriment toute espèce de doute :

> Ce divertissement de roy
> Sera donné, comme je croy,
> Aux chers habitants de Lutèce,
> Qui le verront avec liesse
> Pendant le quartier hyvernal ;
> Et moi d'un si charmant régal
> D'avoir ma part j'ai grande envie,
> Si jusqu'alors je suis en vie.

Ainsi la cour avait bien eu la primeur de cette tragédie; c'était bien « un divertissement de roi » que lui avaient donné Racine et Louis XIV, en lui ménageant la surprise et la première émotion de ce chef-d'œuvre. Quelles fêtes que celles dont le programme comprenait un pareil événement littéraire ! quel temps que celui où, pour célébrer les conquêtes de la France, on pouvait offrir à la noblesse des plaisirs si rares et si exquis !

Il est probable que l'*Iphigénie*, dont le succès sur la scène de l'hôtel de Bourgogne était préparé par ce premier triomphe, y fut donnée, suivant l'opinion conservée par Louis Racine[1], dans les premiers jours de

---

1. Après avoir donné la date reçue de 1675, Louis Racine ajoute en note : « Les auteurs du *Théâtre français* disent en 1674 et se » fondent sur une autorité qui peut être douteuse. C'est ce que je ne » puis décider. » Au témoignage de l'abbé d'Olivet, l'*Iphigénie* de Le Clerc fut représentée *cinq* ou *six mois* après celle de Racine. Or elle est du 24 mai 1675, ce qui fait à peu près cinq mois. Si l'on adopte l'opinion des frères Parfaict, la tragédie de Racine serait antérieure

l'année 1675. Les représentations furent sans doute retardées par celles de *Suréna*. Nous trouvons que cette tragédie fut jouée en décembre 1674[1]. Par une juste déférence pour le glorieux vieillard, les comédiens de l'Hôtel donnèrent à sa tragédie le pas sur celle de Racine. Peut-être aussi pensèrent-ils que cet arrangement serait favorable aux deux pièces : le *Suréna*, pour se soutenir, avait besoin de paraître avant l'*Iphigénie*; celle-ci, loin de craindre la priorité d'une œuvre si imparfaite, devrait au contraste un succès plus vif. Plus tôt sans doute que ne l'auraient voulu les comédiens de l'Hôtel, l'indifférence du public pour *Suréna* laissa la place à la pièce de Racine; mais cette disgrâce, qui n'était pas imprévue, fut bien compensée pour eux par la longue et fructueuse popularité d'*Iphigénie*. En effet, la victoire de Racine ne fut pas moins complète à Paris qu'à Versailles. Les auteurs mêmes qui attaquèrent son œuvre ou qui voulurent lui faire concurrence en reconnurent l'heureuse fortune : « L'*Iphigénie* de M. Racine, » dit Le Clerc dans sa préface, a eu tout le succès qu'il

---

de quinze à seize mois à celle de Le Clerc. La date de 1675 est confirmée encore par une lettre de Bayle. Il écrit le 28 mai 1675 à M. Minutoli : « L'*Iphigénie* de M. Coras se joue enfin par la troupe » de Molière, après que celle de M. Racine s'est assez fait admirer » à l'hôtel de Bourgogne. » Il est évident, d'après cette phrase, que les deux tragédies sont de la même année, et que la seconde n'attendit pour se produire que la fin des représentations de la première.

1. Lettre de Bayle (15 décembre 1674) : « On joue à l'hôtel de » Bourgogne une nouvelle pièce de M. Corneille l'aîné dont j'ai oublié le nom, qui fait à la vérité du bruit, mais pas eu égard au re» nom de l'auteur. » Et il cite un mot bien cruel de M. Montausier au grand poète : « Monsieur Corneille, j'ai vu le temps que je faisais » d'assez bons vers; mais, ma foi, depuis que je suis vieux, je ne » fais rien qui vaille. Il faut laisser cela pour les jeunes gens. »

» pouvait souhaiter; » et il avoue « qu'elle semblait
» avoir épuisé tous les applaudissements. » L'abbé de
Villiers, dans son *Entretien sur les tragédies de ce
temps*, ne s'exprime pas moins nettement. A l'époque
où il publia son petit écrit, les adversaires de Racine an
nonçaient déjà et prônaient d'avance une seconde *Iphigénie*, qui devait être, selon eux, « incomparablement
plus belle » que la première. L'abbé de Villiers, par la
bouche de son principal interlocuteur, conseille sagement aux poètes « que désigne le bruit public » de travailler sur un autre sujet. « J'ai de la peine à croire,
» ajoute-t-il, que leur *Iphigénie* soit jouée durant trois
» mois, comme celle que nous avons vue[1]. »

Ainsi les suffrages du roi, les applaudissements et les
larmes de la cour, l'empressement et la faveur prolongée de la ville, rien ne manqua à la nouvelle pièce de
Racine. Nous voyons cependant que ce grand succès ne
découragea pas les contradicteurs; et, sans compter les
examens critiques, on lui suscita la concurrence d'une
seconde *Iphigénie*. Avant d'apprécier l'œuvre de Le
Clerc et de Coras, et de juger le débat que l'épigramme
de Racine a rendu célèbre, arrêtons-nous à deux dissertations, dont l'une précéda la nouvelle *Iphigénie* et dont
l'autre ne fut que de deux jours postérieure à son apparition.

Nous avons déjà indiqué le caractère du petit ouvrage
de l'abbé de Villiers, et averti qu'il ne fallait pas voir en
lui un détracteur de Racine ni d'*Iphigénie*. Les deux
personnages de son dialogue, Cléarque et Timante,

---

1. Chauffepié (*Supplément au Dictionnaire historique* de Bayle) dit :
« Suivant une tradition qui est restée, dit-on, parmi les comédiens
» de Paris, jamais pièce, dans sa naissance, ne resta plus longtemps
» sur le théâtre et ne fit couler tant de pleurs. » Il donne aussi la
date de 1675.

s'accordent à trouver la tragédie fort belle, et à dire
« qu'ils y ont pleuré en plus d'un endroit. » C'est sur le
mérite même de la pièce et sur l'émotion qu'elle a
causée que le critique se fonde pour arriver à l'objet
véritable de son *Entretien*, c'est-à-dire à la suppression
de l'amour dans la tragédie. Timante, qui exprime ses
idées et ses sentiments, parle ainsi : « On peut dire que
» le grand succès d'*Iphigénie* a désabusé le public
» de l'erreur où il était qu'une tragédie ne pouvait se
» soutenir sans un violent amour. En effet, tout le
» monde a été pour cette tragédie, et il n'y a que deux
» ou trois coquettes de profession qui n'en ont pas été
» contentes : c'est sans doute parce que l'amour n'y
» règne pas, comme dans le *Bajazet* ou la *Bérénice*. »
Notons, en passant, cette opposition piquante de *deux
ou trois coquettes*, et ce singulier reproche adressé à
une tragédie où les modernes ont trouvé quelquefois
trop de galanterie. Les objections de Cléarque nous
donneront bien d'autres renseignements curieux sur le
goût de l'époque.

C'est surtout au nom de la morale que l'abbé de
Villiers veut bannir l'amour de la tragédie. La peinture
de l'amour est, à ses yeux, le principal danger des représentations dramatiques, et cet argument lui est commun
avec tous les adversaires anciens et modernes du
théâtre. Comme saint Augustin, comme le prince de
Conti dans son *Traité de la Comédie*[1], comme plus tard
Bossuet et Rousseau, Timante craint pour les spectateurs
l'effet contagieux de cette passion ; il la condamne au
théâtre comme dans les romans. « Ceux qui se plaisent
» à ces livres, dit-il, entrent insensiblement dans les
» sentiments des personnes dont ils lisent les aven-

---

[1] Publié en 1656.

» tures... L'esprit se nourrit de toutes ces idées de ten-
» dresse. » Qu'est-ce donc quand l'amour se produit sur
la scène, où, comme dit Bossuet, « tout paraît effectif,
» où de vraies larmes dans les acteurs en attirent
» d'aussi véritables dans ceux qui regardent, où de
» vrais mouvements mettent en feu tout le parterre et
» toutes les loges [1] ! » Sans trouver d'expressions aussi
fortes, aussi éloquentes, pour peindre ce danger du
théâtre, l'abbé de Villiers redoute, comme le grand théologien, cette participation du spectateur aux choses de la scène. Il touche aussi en passant à la grave question des acteurs, qui a inspiré à Bossuet des pages si émouvantes, et il voudrait que les rôles de femmes pussent être supprimés. Mais s'il est moins absolu dans ses conclusions que Bossuet et le prince de Conti, si, au lieu de demander la suppression du théâtre, il se contente d'une simple réforme, c'est qu'il a cru, contrairement à eux, que la tragédie peut subsister sans l'amour ; c'est qu'il a prétendu combattre, même au point de vue de l'art, le règne exclusif de cette passion sur la scène moderne. Selon lui, le théâtre peut être réconcilié avec la religion; l'art est d'accord avec la morale, et, pour établir sa théorie, il s'appuie sur l'exemple des anciens, sur les plus belles tragédies modernes, et en particulier sur *Iphigénie*.

Dans un pareil sujet, le contraste entre les poètes du paganisme et la pratique des poètes chrétiens ne pouvait manquer d'être présenté. Mais l'abbé de Villiers n'a pas bien compris la raison de cette différence, et il a fait honneur à la sagesse des écrivains et à la sévérité des mœurs de leur époque de ce qui tient à l'infériorité de la civilisation. Si l'amour a peu de place dans la tragédie

---

1. *Maximes sur la comédie.*

ancienne, ce n'est pas, comme le veut Timante, parce que Sophocle et Euripide « ont négligé le goût des dames » athéniennes et ont voulu donner des leçons à la jeu- » nesse d'Athènes », c'est que, dans la condition d'infériorité et d'isolement où la femme était placée chez les anciens, d'après les mœurs qui reléguaient la jeune fille dans l'intérieur du gynécée, et faisaient du mariage une affaire où la volonté et le cœur des jeunes gens n'étaient pas consultés, les sentiments tant de fois exploités par les poètes modernes ne pouvaient même prendre naissance. Non, sans doute, on ne trouverait pas dans le drame antique l'amour élevé et chevaleresque d'une Chimène et d'un Rodrigue, d'un Sévère et d'une Pauline, d'un Xipharès et d'une Monime, ni la pure et délicate tendresse d'une Bérénice, d'une Atalide ou d'une Iphigénie ; mais on ne peut en tirer cette conclusion que les mœurs d'Athènes ou de Rome étaient supérieures à celles de nos sociétés modernes. L'amour paraît aussi sur le théâtre comme dans la vie des anciens ; mais tantôt c'est une passion furieuse où le corps a plus de part que l'âme, une maladie attribuée à la colère du ciel, comme le délire dont est fatalement frappée la Phèdre d'Euripide ; tantôt ce sont des attachements de jeunesse qui excluent par leur objet et leur but toute délicatesse et toute pureté, et où le mariage ne paraît guère que comme réparation d'une faute déjà commise. Les tableaux qu'ils fournissent à la comédie n'auraient pas été admis sur notre théâtre. On avouera donc qu'au point de vue moral l'avantage est pour les modernes, et que les éloges de l'abbé de Villiers portent à faux.

Les admirateurs de la tragédie grecque sont plus forts quand, pour proclamer sa prééminence, ils s'appuient sur l'art : c'est là une question tout autre, et l'abbé de Villiers n'aurait manqué, pour la développer, ni d'arguments sérieux ni d'exemples concluants. Mais le théâtre grec était alors trop mal connu et de la société et peut-être de l'auteur lui-même, pour que le critique ait profité des ressources que sa cause y aurait trouvées. Le contradicteur de Timante l'invite à changer de terrain, en déclarant « qu'il est trop ignorant pour comprendre la » beauté des tragédies grecques », et en avouant « qu'il » n'a pu jamais en lire une tout entière ». Timante passe donc bien vite aux modernes, et il soutient « qu'à l'ex- » ception de quelques pièces qui sont toutes d'amour, » les plus belles tragédies qu'on ait vues depuis trente » ans se sont soutenues par d'autres beautés que celles- » là. » Et il cite Andromaque et Cornélie, qu'il confond assez peu justement dans une même appréciation, et « qui, dit-il, ne respirent que la vengeance; » il cite Cléopâtre, « qui n'écoute que son ambition et qui, cepen- » dant, se fait admirer comme Andromaque et Cornélie. » Il fait ressortir la terrible perplexité de Phocas, « cher- » chant un fils entre deux princes qui ne veulent point » le reconnaître pour père », et le beau caractère de Nicomède, plein de mépris pour les menaces de ses ennemis. Il se fonde encore sur les délibérations d'Auguste et de Cinna, de Sertorius et de Pompée, sur celle de Mithridate. Il affirme que ces belles scènes font le véritable intérêt des tragédies où elles se rencontrent, de même qu'il voit tout le charme de la tragédie d'*Iphigénie* dans la tendresse et les embarras d'Agamemnon, dans les larmes et la douloureuse résignation d'Iphigénie, dans le désespoir furieux de Clytemnestre.

Certes les opinions de Timante, exprimées aujourd'hui, ne rencontreraient guère de contradicteurs. Il nous est facile d'admettre avec lui que l'amour n'est pas le ressort essentiel et nécessaire de la tragédie, et que la peinture exclusive de cette passion donne à notre théâtre une sorte d'uniformité qui nuit à l'intérêt. Nous ne ferons de réserve que pour l'amour emporté, source de terribles déchirements et de funestes catastrophes, pour l'amour d'Hermione et de Roxane, pour celui de Phèdre, que l'auteur aurait sans doute justifié dans Racine, comme il le justifie dans Euripide. Enfin, nous ne serions pas éloignés d'accepter, au moins en principe, l'exclusion de l'amour dans *Iphigénie*. Sans approuver l'Achille que Timante nous propose et qui serait, quoi qu'il en dise, bien mesquin et bien peu conforme à l'histoire[1], nous pourrions nous en tenir à celui d'Euripide.

Mais Timante aurait-il eu aussi facilement raison auprès de ses contemporains? étaient-ce bien les beautés sévères qu'il a signalées qu'on admirait dans le théâtre de Racine et même dans celui de Corneille? Cléarque, le défenseur de l'amour, n'est-il pas beaucoup plus de son temps? Or, non-seulement il prétend que la pièce ne se soutiendrait pas sans l'amour d'Achille et d'Iphigénie, sans la jalousie d'Ériphile; mais il nous apprend qu'on a trouvé quelque puérilité dans la tendresse d'Iphigénie pour son père. Chose étrange! de nos jours on est tenté de reprocher à l'héroïne de Racine trop de dignité, trop de réserve, trop de courage; d'éminents critiques[2] lui ont préféré la jeune fille d'Euripide avec son naïf

---

1. Il voudrait qu'Achille agît par jalousie pour Agamemnon et par esprit d'indépendance. Il regrette aussi le personnage de Ménélas, qui, ce nous semble, n'eût pas été supporté sur notre scène. Il aurait voulu encore que Racine « eût tiré Oreste du berceau pour le » faire paraître sur le théâtre en âge d'agir. » Qu'auraient dit les partisans de l'histoire et ceux qui trouvaient déjà dans la pièce des scènes trop familières?

2. M. Villemain, *Cours d'histoire de la littérature au* XVIIIe *siècle*. — M. Saint-Marc Girardin, *Cours de littérature dramatique*. — M. Patin, *Études sur les tragiques grecs*.

abandon, avec son horreur de la mort et son ardent amour pour la vie. On a regretté que Racine n'ait pu rester plus près de son modèle, et nous voyons que des contemporains lui reprochent de ne s'en être pas assez écarté ! et l'abbé de Villiers fait dire à Cléarque ces paroles singulières : « Les empressements que témoigne » Iphigénie pour être caressée de son père ne sont pas » les plus beaux endroits de la pièce, et j'ai vu bien des » gens qui n'approuvaient pas qu'une fille de l'âge » d'Iphigénie courût après les caresses de son père. » Qu'eût-on dit si le poète avait conservé les images familières de l'original, si, dans sa pièce, Iphigénie eût rappelé le temps heureux où, assise sur les genoux de son père et caressant son visage, elle faisait avec lui des projets d'avenir? On voit comment Racine, si bien-fait pour sentir la grâce naïve de ces détails, a été conduit à modifier Euripide, comment il a dû rapprocher ses personnages du ton et des mœurs modernes, et quelle peine il a eue, malgré ces changements, à faire accepter d'une société jalouse de l'étiquette et digne jusqu'à la roideur le pathétique simple et doux de la famille.

On peut opposer à l'abbé de Villiers d'autres exemples. Nous avons entendu Timante vanter la fameuse délibération d'Auguste et de Cinna, et placer dans les scènes de ce genre la véritable beauté de cette tragédie et de plusieurs autres. Quelle est, cependant, à cet égard, l'opinion du prince de Conti? Selon lui, « en voyant » jouer Cinna, on se récrie beaucoup plus sur toutes les » choses tendres et passionnées qu'il dit à Émilie, et sur » toutes celles qu'elle lui répond, que sur la clémence » d'Auguste, à laquelle on songe peu, et dont aucun des » spectateurs n'a jamais songé à faire l'éloge en sortant » de la comédie ». Timante aborde quelque part dans son entretien avec Cléarque la question des tragédies

chrétiennes; il soutient « qu'elles peuvent plaire à la
» cour et aux gens du monde, pourvu qu'elles soient
» conduites par d'excellents auteurs qui aient assez de
» génie pour en soutenir la majesté. » A l'appui de sa
thèse, il pourrait, ce semble, citer *Polyeucte*, et s'il a
négligé de s'en prévaloir, c'est sans doute parce que
l'amour y a une place. Mais que pense le prince de Conti
de la partie chrétienne de cette belle tragédie? « Il n'y a
» rien, dit-il, de plus sec et de moins agréable que ce
» qui est saint dans cet ouvrage, et rien de plus délicat
» et de plus passionné que ce qui est profane... Y a-t-il
» personne qui ne soit mille fois plus touché de l'afflic-
» tion de Sévère, lorsqu'il trouve Pauline mariée, que
» du martyre de Polyeucte? » Singulier jugement qui
nous confond! En vérité, il fallait que le prince de Conti
et ses contemporains allassent au théâtre le cœur bien
préoccupé des idées d'amour, et qu'ils y portassent cette
disposition mauvaise dont s'accuse saint Augustin et qui
faisait pour lui le danger du spectacle. On sait que l'hôtel
de Rambouillet condamna *Polyeucte*, et les sentiments
de Saint-Évremond sont de tout point conformes à ceux
du prince de Conti : « Ce qui eût fait, dit-il, un beau
» sermon faisait une misérable tragédie, si les entre-
» tiens de Pauline et de Sévère, animés d'autres senti-
» ments et d'autres passions, n'eussent conservé à l'au-
» teur la réputation que les vertus chrétiennes de nos
» martyrs lui eussent ôtée. » Il prend donc le contre-pied
de l'opinion de l'abbé de Villiers ; il conclut en con-
damnant la représentation des choses saintes, « qui fait
» perdre au théâtre tout son agrément », et il déclare
l'esprit de notre religion « directement opposé à celui
» de la tragédie ». Quelle passion la remplira donc?
Nous l'avons déjà dit, l'amour; et Saint-Évremond « n'en
» voit pas qui nous excite mieux à quelque chose de

» noble et de généreux, quand il s'agit d'un honnête
» amour. »

Ainsi, ces témoignages le prouvent, la théorie de l'abbé de Villiers était trop contraire à l'esprit du temps pour être appliquée, et l'expérience est venue donner un démenti formel à ses affirmations. Une tragédie, conforme en tout aux idées de Timante, fut proposée au jugement du xviie siècle. L'amour n'y avait aucune place. La religion faisait le fond du sujet. Celui qui la mettait en œuvre, ce n'était pas un de ces poètes médiocres à qui l'abbé de Villiers ne veut pas confier l'application du nouveau système : c'était Racine lui-même, « si digne de tenter l'entreprise ». Cependant l'entreprise ne réussit pas, et cette cour dont le critique vante le goût et les lumières ne sut pas discerner les beautés supérieures d'*Athalie*. Quoi qu'il en soit, il faut savoir gré à l'abbé de Villiers d'avoir voulu étendre le cercle de la tragédie, sans pourtant lui demander une intrigue compliquée. Car c'est encore là un de ses mérites ; il a compris cette simplicité d'action si chère à Racine, et il en fait ressortir le prix. « Il n'est pas nécessaire, fait-il
» dire à un de ses personnages, que les histoires soient
» merveilleuses ; la plus simple aventure peut servir
» de fond à une belle tragédie, pourvu qu'elle soit
» traitée avec art. Et j'approuve fort le sentiment d'un
» de nos plus excellents poètes, qui dit que l'action
» d'une tragédie ne saurait être trop simple. »

L'*Iphigénie* donna naissance à une autre pièce critique, bien plus agressive que celle-ci, et d'une valeur beaucoup moindre. L'auteur a gardé l'anonyme. Nous voyons seulement par la dernière page de sa dissertation qu'elle fut achevée au moment où apparaissait l'*Iphigénie* de Le Clerc et Coras ; et le jugement de l'œuvre de Racine est suivi d'une courte appréciation de cette tragédie rivale, pour laquelle le critique, malgré ses prétentions à l'impartialité, ne peut s'empêcher de témoigner quelque tendresse.

Les *Remarques sur l'Iphigénie* commencent par des éloges pour le style de la pièce. C'est un hommage qu'on ne refusait plus au talent supérieur de Racine comme écrivain : « Rien de plus pur ni de plus proprement » écrit que son *Iphigénie*... Je regarde M. Racine » comme une des plus délicates plumes de notre » siècle. » Mais c'est à peu près le seul mérite que l'auteur reconnaisse à la tragédie ; et à part le style, rien ne trouve grâce à ses yeux, ni la conception du sujet, ni le développement de l'action, ni les caractères.

Sans nous arrêter à une foule d'objections mesquines et puériles, nous repousserons seulement les attaques les plus graves, et d'abord nous justifierons le caractère d'Agamemnon.

Selon l'auteur anonyme, Agamemnon est un roi impie, un père barbare, un ambitieux sans excuse. Impie ! parce que, dans les premiers transports du désespoir, il s'est révolté contre l'ordre de Diane, parce que la chair et le sang se sont troublés en lui et lui ont arraché des blasphèmes, courte inspiration de la douleur ! Père barbare, ambitieux calme et résolu ! lui dont les déchirements se révèlent à nous dès la première scène par ce cri sublime :

> Non, tu ne mourras pas, je n'y puis consentir !

et dont le cœur est jusqu'au bout le théâtre d'une lutte si pathétique ! N'a-t-il pas envoyé Arcas pour prévenir l'arrivée d'Iphigénie, pour ordonner à la fille et à la mère de retourner sur leurs pas ? Sans doute, quand elles arrivent, frappé par ce coup « qui rompt tous les

» ressorts de sa vaine prudence », ébloui par l'éloquence d'Ulysse, lié par le nouvel engagement qu'il vient de prendre, il semble se résigner. Sa résolution est arrêtée; elle résiste à l'effusion de la tendresse d'Iphigénie; plus tard, quand le fatal secret est dévoilé, la douleur contenue, les prières muettes, la noble résignation de la jeune fille, le désespoir déchirant de Clytemnestre ne l'ont pas vaincue. Les emportements d'Achille viennent (du moins le malheureux père le dit et le croit) la raffermir et la rendre immuable. Cependant les actes d'Agamemnon démentent aussitôt ces paroles cruelles. Il a beau s'écrier :

> Achille menaçant détermine mon cœur;
> Ma pitié semblerait un effet de ma peur!

Il a beau appeler ses gardes. Aussitôt, à la pensée d'un ordre cette fois irrévocable, il s'arrête épouvanté, et cet ambitieux féroce, ce père sans entrailles, ne demande sa fille et sa femme que pour les presser de fuir. Il les a sauvées! l'abominable trahison d'Ériphile arrête seule le succès de ce dernier effort! Ainsi, jusqu'au dénoûment, Agamemnon est père; jusqu'au dénoûment la nature l'emporte en lui, non sans des luttes qui rendent le triomphe plus émouvant, sur la religion et sur l'amour du pouvoir. Jamais reproche ne fut plus injuste et plus absurde que celui du critique anonyme, et le rapprochement qu'il fait d'Agamemnon et de Félix n'est pas moins révoltant. Il comprend très-bien, dit-il, que Félix sacrifie son gendre; mais il ne comprend pas la conduite d'Agamemnon. Or, Félix, pour l'intérêt de sa place, dans l'espoir d'une alliance illustre et utile, malgré les supplications de sa fille, malgré les instances généreuses de Sévère, dont il ne sait pas comprendre le noble caractère, sacrifie lâchement et maladroitement son gendre. Agamemnon, malgré l'ordre des dieux, malgré l'intérêt des Grecs, malgré celui de son rang et de sa gloire, malgré les orgueilleuses menaces d'Achille, veut sauver sa fille. Voilà le père que le critique juge bien plus méprisable et plus dénaturé que Félix !

On pense bien qu'il n'entend pas raison sur le changement de la catastrophe, et sur l'invention du personnage d'Ériphile. « Ce sont là, dit-il, des événements » trop connus, qu'on ne peut changer. » En vain Racine, dans sa préface, allègue la diversité des traditions. Le critique n'en prêche pas moins un respect religieux pour la tradition d'Euripide, à laquelle il accorde le privilège d'être historique, et il déclare que « les autorités de M. Racine ne justifient rien ». Après cette condamnation péremptoire, il entre dans l'examen du personnage d'Ériphile. Il y relève d'abord de prétendues invraisemblances, qui importent peu au fond de la tragédie ; puis il condamne son rôle dans la pièce et le caractère que lui a donné le poète. Il s'étonne de son amour pour Achille qui l'a réduite en esclavage, et de sa haine pour Iphigénie. Il ignore sans doute que l'amour est un sentiment impérieux qui étouffe souvent tous les autres. Il oublie que l'héroïsme d'Achille, la compassion respectueuse qu'il a témoignée à sa captive, ont pu hâter l'effet de cette sympathie soudaine et irrésistible. Il ne sait pas que la jalousie a pour conséquences fatales la haine et l'ingratitude, que les bienfaits d'une rivale ne font qu'irriter cette passion dont Racine a peint si éloquemment toutes les fureurs. Il n'a pas vu que la jalousie donne à la douce Iphigénie elle-même quelques torts envers sa protégée : cette femme violente et fière, encore aigrie par le malheur, ne pardonnera pas l'affront qu'elle a subi. Enfin, il ne comprend pas que les mauvais sentiments et l'indigne trahison d'Ériphile servent le dessein du poète, en augmentant notre intérêt pour Iphigénie de la haine que nous vouons à sa rivale, en redoublant notre anxiété et nos alarmes, en nous faisant souhaiter le châtiment de la dénonciatrice, en nous rendant plus complète et plus pure la joie du dénoûment.

Mais ce dénoûment n'est pas du goût du critique. Il raille l'empressement d'Ériphile à s'avouer, sur la foi de Calchas, fille de parents qu'elle n'a jamais connus, à s'élancer au-devant du coup, à se frapper elle-même. — Si elle devait refuser de croire aux paroles de Calchas, pourquoi est-elle venue le consulter? Si elle comprend que le bonheur d'Iphigénie est assuré, qu'elle-même s'est rendue odieuse aux Grecs et à Achille, que la vie ne lui réserve plus que misère et que honte, doit-elle tenir à vivre? En saisissant le fer de Calchas, n'est-elle pas fidèle à son caractère et à ses résolutions [1]? Sans doute, on peut attaquer, au nom de la simplicité et de l'effet général de l'action, l'introduction de ce personnage; on peut trouver que le danger d'Iphigénie suffisait bien, sans des intérêts d'amour et de jalousie, à remplir le drame. Mais si l'on prend en lui-même ce caractère si habilement rattaché à l'intrigue, si nécessaire au dénoûment, on reconnaîtra que Racine l'a supérieurement développé, et qu'il ne pouvait être peint avec plus de vérité, plus de force et plus de conséquence.

Après d'autres futiles objections, l'auteur critique l'amour d'Achille et la résignation trop courageuse

---

1. Act. II, sc. 1 :

    ... Leur hymen me servira de loi;
    S'il s'achève, il suffit, tout est fini pour moi;
    Je périrai, Doris...

d'Iphigénie. « Achille est plus héros dans Euripide que
» dans M. Racine ; il agit par pitié, par sentiment de
» l'injure que lui a faite Agamemnon, tandis que
» l'Achille de M. Racine agit par un sentiment qui est
« celui de tous les hommes. » Nous avons déjà expliqué
ce changement par le goût du siècle. Nul n'y a échappé,
ni Rotrou, qui écrivait une *Iphigénie* en 1640, ni Le
Clerc. Nous verrons quel est le caractère de l'amour
dans la tragédie du noble rival de Racine. Quant à
Rotrou, rien de plus ridicule, il faut l'avouer, que cette
passion qui naît brusquement, au quatrième acte, lorsque
déjà Achille s'est fait le défenseur d'Iphigénie, et
dont la déclaration est si étrange et si intempestive
qu'Iphigénie reproche au héros

D'ajouter la risée à son malheur extrême.

Mais, dans Racine, l'amour d'Achille est intimement
lié à toute l'action ; nulle part il n'est entaché de ces
traits de froide et subtile galanterie qu'on trouve encore
dans Pyrrhus ; il ne nuit en rien à la grandeur et à
l'énergie du personnage. Quoi qu'on ait dit, Achille
amoureux est encore Achille : en face d'Iphigénie, il ne
parle pas en soupirant docile ; il exhale sans ménagement
sa colère contre Agamemnon ; il jure de sauver
sa fiancée malgré les Grecs et malgré elle-même ; il
résiste aux supplications d'Iphigénie, et l'accuse de trop
aimer un père barbare. Partout c'est l'homme bouillant,
emporté, violent, opiniâtre [1], qu'Horace peint d'après
Homère. C'est le héros de l'*Iliade*, reproduit, nous
oserions le dire, avec plus de vérité et d'éclat par Racine
que par Euripide.

1. Impiger, iracundus, inexorabilis, acer. (*Ad Pis*, v. 121.)

Quant à la résignation trop facile d'Iphigénie, on a pu voir par quelques traits de l'*Entretien* de l'abbé de Villiers que les contemporains n'auraient pas tous été de l'avis de l'auteur anonyme. Racine, pour ne pas choquer trop vivement les convenances de son temps, a dû donner à sa princesse une dignité, un respect de son rang, étrangers à la simple jeune fille d'Euripide. En outre, la résignation d'Iphigénie n'est pas si facile que le prétend le critique : elle ne prend pas si vite son parti. Ses sentiments, pour être plus contenus que ceux de l'Iphigénie grecque, n'en ont pas moins une expression vraie et touchante ; ce discours si courageux n'en est pas moins, comme l'a dit un délicat et ingénieux écrivain [1], « plein de prières muettes » ; ce n'en est pas moins la vie qu'elle demande. On peut, malgré des traits choquants de mauvais goût, préférer l'abandon naïf de l'Iphigénie d'Euripide ; mais qu'on lise sans prévention la scène de Racine, et l'on ne pourra s'empêcher de sentir l'accent du cœur.

Ce juge qui censure avec tant de rigueur des fautes au moins contestables, a-t-il au moins signalé les mérites supérieurs d'*Iphigénie*? Que pense-t-il de l'habile et insinuante éloquence d'Ulysse, de l'admirable scène de la dispute entre Achille et Agamemnon, des douleurs et des pathétiques emportements de Clytemnestre? Il n'a pas vu, il n'a pas voulu voir ces beautés, où Racine surpasse Euripide. Peut-être, après tout, est-ce impuissance plutôt que prévention. Il fallait qu'il y eût chez lui beaucoup de l'un et de l'autre, pour qu'il ait accordé, à la fin de sa dissertation, de si pompeux éloges à la nouvelle *Iphigénie*, et lui ait en somme décerné la palme.

---

1. M. Saint-Marc Girardin, *Cours de littérature dramatique*, t. I, chap. II, p. 22.

Selon lui, si la tragédie de Racine a l'avantage « des brillants et des grâces », celle qu'il attribue à M. Coras a l'avantage de la « conduite ». « Le sujet en a été digéré
» d'une manière plus simple; il est chargé de moins
» d'incidents, et les mêmes sentiments n'y sont point
» rebattus ni déguisés sous des expressions diffé-
» rentes. » Au reste, le plan de la nouvelle *Iphigénie* est presque en tout conforme aux vues du savant critique. De là sans doute son admiration pour l'art de l'auteur. Quelque méprisables que soient ces suffrages, il n'était pas inutile de les mentionner ici; car ils prouvent une fois de plus la malveillance contre laquelle luttait Racine, l'ineptie d'une partie de ceux qui se constituaient ses juges. Certes, l'épigramme contre Le Clerc et Coras était de sa part une bien bénigne vengeance; et, sans parler de la révoltante injustice du critique anonyme et de l'intention mauvaise qui avait inspiré la nouvelle *Iphigénie*, la préface outrecuidante de Le Clerc suffit pour justifier le châtiment que Racine infligea à la pièce et à ses auteurs.

« J'avouerai de bonne foi, dit Le Clerc, que, quand
» j'entrepris de traiter le sujet d'*Iphigénie en Aulide*, je
» crus que M. Racine avait choisi celui d'*Iphigénie dans*
» *la Tauride*, qui n'est pas moins beau que le premier.
» Ainsi le hasard seul a fait que nous nous sommes
» rencontrés, comme il arriva à M. de Corneille et à lui
» dans les deux *Bérénice*. » Malheureusement, la prétention de Le Clerc est absolument dépourvue de vraisemblance, et l'exemple dont il s'appuie tourne contre lui. Ce n'était point par l'effet du hasard, mais par la volonté de la duchesse d'Orléans, que Corneille et Racine s'étaient rencontrés, et sans doute leur œuvre était fort avancée quand chacun d'eux apprit qu'il aurait un rival; les tragédies, commandées en même temps, pa-

rurent, nous l'avons vu, presque simultanément. Mais la seconde *Iphigénie* fut donnée neuf mois après la fameuse représentation de Versailles. Si l'œuvre de Le Clerc était déjà commencée, il a mis bien du temps à la finir; il a bien peu songé à prévenir le reproche qu'il repousse dans sa préface, voire même celui de plagiat. D'ailleurs nous savons par l'abbé de Villiers que la pièce était annoncée et prônée d'avance, et qu'on la déclarait incomparablement plus belle que la tragédie de Racine. On peut donc l'affirmer : la concurrence fut préméditée et volontaire, et les adversaires de Racine eurent recours à cette nouvelle manœuvre pour combattre sa renommée. Ceux qui lui donnèrent bientôt Pradon pour émule purent bien s'aveugler jusqu'à croire que Le Clerc, aidé de Coras, soutiendrait la lutte avec le grand poète, et qu'ils pourraient entraîner le public dans la complicité de leurs préférences intéressées et ridicules. Mais leurs espérances furent bien trompées ; et, quoique Le Clerc se félicite dans sa préface de l'accueil fait à la pièce « qui a été assez heureuse pour trouver des partisans », après cinq représentations elle disparut sans retour du théâtre de l'hôtel Guénégaud. Apparemment ces partisans étaient ceux qui avaient si bruyamment annoncé la tragédie, et entre autres le critique anonyme.

Le Clerc continue et complète dans sa préface la comparaison de celui-ci entre les deux *Iphigénie*, et il fait modestement ressortir les avantages de la sienne : « M. Racine a suivi Euripide où je l'ai quitté, et il l'a » quitté où je l'ai suivi : il peut avoir eu ses raisons » comme j'ai eu les miennes. » Il est clair que ces dernières sont bien préférables, et ce qui suit n'en laisse pas douter : « M. Racine a cru que le sacrifice de la vé- » ritable Iphigénie donnerait de l'horreur ; il n'a fait

» qu'exciter la compassion et arracher des larmes. »
Apparemment cette compassion ne fut pas très-vive, ni ces larmes très-abondantes, puisque la pièce attira et retint si peu les spectateurs. D'ailleurs, Le Clerc l'oublie, dans la tragédie qu'il s'arroge, Iphigénie n'est pas plus sacrifiée que dans celle de Racine. Ulysse, en effet, vient raconter que Diane elle-même, montée sur son char, est intervenue pour sauver la victime; et la déesse a consolé Achille par l'espoir de posséder un jour son amante. Mais ce dénoûment nous est moins agréable que celui de Racine, d'abord parce que nous croyons peu au miracle, puis surtout parce que l'Iphigénie de Le Clerc est trop insignifiante pour nous faire ardemment souhaiter qu'elle échappe à la mort.

Le Clerc poursuit par la critique du personnage d'Ériphile le complaisant parallèle de son œuvre avec celle de Racine : « Il a trouvé que le sujet était trop nu, s'il
» ne donnait une rivale à Iphigénie, et il m'a paru que
» les irrésolutions d'un père combattu par les sentiments
» de la nature et par les devoirs d'un chef d'armée, que
» le désespoir d'une mère qui apprend qu'elle l'a con-
» duite au supplice, lorsqu'elle s'attendait à la voir
» l'épouse du plus fameux héros de la Grèce; que la
» constance de cette fille qui s'offre généreusement à
» être la victime des Grecs, enfin que la juste colère
» d'Achille, dont le nom avait servi pour la conduire à la
» mort, j'ai jugé, dis-je, que toutes ces choses suffisaient
» pour attacher et pour remplir l'esprit de l'auditeur
» pendant cinq actes. » Sans doute, le véritable intérêt du drame est dans la peinture des passions qu'énumère ici Le Clerc; là aussi sont les beautés supérieures de la tragédie de Racine. Mais Le Clerc a-t-il réussi, comme il semble le croire, à animer ces terribles scènes, à donner à ces agitations et à ces douleurs une expression drama-

matique et puissante? Les irrésolutions d'Agamemnon sont bien tranquilles et bien froides. Quand Ménélas paraît avec la lettre arrachée à Oronte, et adresse à son frère des reproches qui révoltent dans sa bouche, la colère du grand roi est bien modeste; il accuse bien platement l'égoïsme de Ménélas et son indigne amour pour Hélène :

> Téméraire ! Mais non, je retiens ma colère,
> Ingrat, et sens encor que je suis votre frère.
> . . . .
> Vous voulez réparer le désordre d'Hélène,
> En donnant à ma fille une mort inhumaine ;
> Et lorsque par surprise on m'y fait consentir,
> Vous osez condamner jusqu'à mon repentir.
> Nommez ce repentir une fausse sagesse,
> Funeste à mon honneur et fatal à la Grèce;
> *La vôtre est bien plus fausse en rêvant nuit et jour*
> *A l'ingrate moitié* qui rit de votre amour.
> Sa honte eût dû vous faire oublier tous ses charmes,
> Nous devrions rougir de vous prêter nos armes.

MÉNÉLAS.

> Pouvez-vous l'accuser, et savoir que son cœur
> N'aime et ne put jamais aimer son ravisseur?

AGAMEMNON.

> Qu'elle soit criminelle *ou pleine d'innocence,*
> Ma fille ne doit point mourir pour sa vengeance[1].

Voilà, il faut l'avouer, des hommes très-modérés et qui savent se garder des entraînements de la passion.

Agamemnon n'est pas moins maître de lui quand il apprend l'odieux stratagème dont sa fille va être la victime. En effet, conformément au récit de Dictys de Crète, que l'écrivain anonyme proposait à l'imitation

1. Act. II, sc. 2.

de Racine, Ulysse s'est rendu à Argos; il a remis à Clytemnestre

> Le seing d'Agamemnon avec art contrefait.

Le prétexte trompeur de l'hymen d'Achille a achevé l'effet de cette lettre supposée, et a décidé le départ de la fille et de la mère. Voilà l'honnête artifice qu'Ulysse raconte non sans complaisance à Ménélas, et dont celui-ci le félicite avec effusion :

> Que vous conduisez bien toutes vos entreprises [1]

Cependant Clytemnestre et Iphigénie arrivent. Agamemnon les reçoit avec un trouble malheureusement bien peu sensible. Resté seul avec sa femme, il l'interroge assez maladroitement sur le motif de leur arrivée :

> Rendez sur ce point mon esprit éclairci,
> Madame, quel sujet vous a conduite ici?

Clytemnestre, sans s'étonner de la question, montre la lettre qu'elle a conservée fort à propos. A cette révélation inattendue, le malheureux pourra-t-il se contenir? Ne poussera-t-il pas au moins un cri de stupéfaction et d'horreur? Non, rien ne le prend au dépourvu, rien ne l'étonne; il dit (*à part*) :

> L'écriture en est fausse, et le seing contrefait;
> Dissimulons pourtant... (*Haut*) C'est ma lettre en effet.

Son parti est pris; il se résigne : il veut seulement éloigner Clytemnestre. Mais sans doute il exhalera plus tard son indignation, il flétrira la conduite infâme d'Ulysse?

---

1. Act. II, sc. 4.

Loin de là, il la mettra sur le compte des dieux, et Achille aura le droit de lui dire :

> Vous pouvez excuser ce lâche scélérat,
> Qui, par son imposture et par son attentat,
> A supposé mon nom et votre caractère
> Pour immoler la fille et pour tromper sa mère?

Mais pourquoi en vouloir à Agamemnon? Sa placidité ne se dément jamais, et loin de répondre fièrement aux reproches d'Achille, il courbe la tête avec une humilité vraiment chrétienne. Il est vrai qu'Achille lui-même est assez bénin : il faut l'en louer; il y aurait eu cruauté de sa part à trop maltraiter un si bon homme.

Le caractère de Clytemnestre est-il plus vigoureusement tracé que celui d'Agamemnon? Il faut reconnaître que certaines parties de ce rôle contrastent par l'expression du style avec la platitude et la froideur de tout le reste. Par malheur, ces passages sont presque littéralement empruntés à Rotrou, et là où Le Clerc n'a pas copié le vieux poète, le mouvement et le tour de ses périodes sont évidemment calqués sur Racine. Ces emprunts à Rotrou sont continuels; mais nulle part ils ne sont plus complets, plus suivis, plus impudents que dans les scènes où Clytemnestre et Iphigénie arrivent au camp [1], où la reine implore la protection d'Achille [2], et dans celle où elle reproche à Agamemnon sa résolution barbare [3].

---

1. Act. III, sc. 2, dans les deux tragédies.
2. Act. III, sc. 6; Rotrou, act. III, sc. 5.
3. Act. IV, sc. 4; Rotrou, act. IV, sc. 3.
4. Voici un exemple de ces plagiats. Nous marquons en caractères italiques tous les emprunts faits à Rotrou :

> CLYT. D'où vient ce triste accueil que l'on nous fait ici ?
> Quelle morne douleur ternit ce front auguste?
> AGAM. Ne la condamnez pas; *elle n'est que trop juste.*
> IPH. *Et quel sujet, seigneur, auriez-vous de pleurer?*

Quant à l'imitation de Racine, quoique l'auteur la déguise avec plus de soin et se garde de tout emprunt matériel qui le trahirait, la comparaison des morceaux la rend incontestable [1].

AGAM. *Le long éloignement qui va nous séparer.*
IPH. *Souffrez qu'auprès de vous je sois toute ma vie.*
(Rotrou : *Je consume ma vie.*)
AGAM. *Que ne peut ton destin répondre à ton envie!*
IPH. *Qui peut, si vous voulez, m'éloigner de vos yeux ?*
Ne suis-je pas à vous ?
AGAM. *Non, tu dépends des dieux.*
. . . .
CLYT. *J'ignore quel secret cet entretien nous cache.*
AGAM. *Il n'est pas à propos qu'une fille le sache.*
. . . .
AGAM. *Les dieux sont irrités, ne leur demandez rien.*
Laisse-nous un moment ; ta présence me tue.
(Rotrou : *Et ce regard me tue.*)
J'ai peine à rétablir ma constance abattue,
Il était nécessaire au repos de mes jours
Ou de ne le voir plus, ou de te voir toujours.

[1]. Les réminiscences de Racine sont surtout nombreuses dans l'expression de la douleur et du désespoir de Clytemnestre.

Barbare, tu crois donc que sa mère y consente,
Qu'elle livre au supplice une fille innocente ?
. . . .
Je serais de sa mort la première complice ?
Moi-même je l'aurais conduite au sacrifice ?
Non, non, de ses beaux jours mes jours sont le soutien ;
Il faut percer mon cœur pour aller jusqu'au sien.
Je défendrai sans toi les droits de la nature
Contre la tyrannie et contre l'imposture.
Car la divinité que fait parler Calchas
N'a jamais approuvé de tels assassinats ;
On ne la vit jamais autoriser les crimes. (Act. IV, sc. 3.)

. . . . . Quoi! Calchas l'inhumain
Tremperait dans ton sang sa parricide main !
Il pourrait dans ton cœur observer avec joie
Les présages heureux de la chute de Troie ! (Ibid., sc. 4.)

Que de rapports entre ces vers et ceux de Racine :

Le ciel, le juste ciel, par le meurtre honoré,

Que si ce double secours fait défaut à Le Clerc, il lui reste encore celui de Coras. Bien que, dans sa préface comme dans l'épigramme, il s'efforce de réduire la part de son collaborateur, il avoue pourtant qu'il lui doit environ cent vers. Or, nous serions porté à placer dans la centaine une ou deux tirades qui n'appartiennent ni à Rotrou ni à Racine, et dont le tour précis et ferme n'a rien de commun avec les périphrases banales, les impropriétés, les faiblesses qui sont le caractère général de la tragédie [1].

Au reste, si le personnage de Clytemnestre est moins effacé que les autres, ce n'est pas qu'il approche de la déchirante et sublime expression de la Clytemnestre de Racine, et que la scène où Agamemnon doit répondre

> Du sang de l'innocence est-il donc altéré?
> . . . .
> . . . . Ah! toute ma raison
> Cède à la cruauté de cette trahison!
> Un prêtre, environné d'une foule cruelle,
> Portera sur ma fille une main criminelle,
> Déchirera son flanc, et d'un œil curieux,
> Dans son cœur palpitant consultera les dieux!
> . . . .
> Non, je ne l'aurai point amenée au supplice,
> Ou vous ferez aux Grecs un double sacrifice.
> Ni crainte ni respect ne m'en peut détacher;
> De mes bras tout sanglants il faudra l'arracher. (Acte IV, sc. 4.)

1. Le passage suivant, qui n'appartient pas à Rotrou et qui contraste avec le style de Le Clerc, pourrait être attribué à Coras :

> De tout ce que je vois quelle sera la suite?
> Que dois-je, Agamemnon, juger de ta conduite?
> Qu'ai-je fait qui mérite un si dur traitement?
> De ce grand hyménée est-ce l'apprêt charmant?
> Je n'entends que soupirs, que murmures, que plaintes,
> Que mots entrecoupés qui redoublent mes craintes;
> Et je sens malgré moi se glisser dans mon cœur
> Je ne sais quels soupçons qui me comblent d'horreur.
> En quelque lieu du camp que je porte la vue,
> Je vois de tous côtés la terreur répandue.
> J'en ignore la cause et veux m'en éclaircir;
> J'en cherche la raison et crains d'y réussir. (Act. III, sc. 4.)

aux prières de sa fille et aux reproches de sa femme puisse être comparée à celle du grand poète. Racine, avec beaucoup d'art et de profondeur, avait renversé l'ordre adopté par Euripide. Il avait compris que les vœux timides d'Iphigénie devaient précéder les imprécations de Clytemnestre. Celle-ci, avant d'éclater, devait attendre l'effet des larmes et de la touchante résignation de sa fille ; et la réponse d'Agamemnon, en lui enlevant tout espoir, devait rendre le déchaînement de sa fureur plus violent et plus terrible. Jusque-là, il fallait qu'elle contînt les sentiments qui grondaient en elle, et qu'elle restât dans une inquiète et menaçante immobilité. Quelques critiques cependant blâmèrent cette admirable disposition de scène : ils auraient préféré à ces trois discours si bien motivés, si vraisemblables dans leur étendue comme dans leur expression, les interruptions et les brusques réparties d'un dialogue. Sans doute, Le Clerc a voulu se garder de ce reproche ; mais la scène, telle qu'il l'a composée, est une éclatante justification de celle de Racine. Non-seulement le langage d'Iphigénie est d'une extrême faiblesse, et son héroïsme qui accepte la mort est aussi froid qu'invraisemblable ; mais son intervention coupe mal à propos les plaintes de Clytemnestre, et les rend moins pathétiques, en diminuant l'odieux du rôle d'Agamemnon. Enfin, la partie la plus violente des emportements de Clytemnestre perd de sa force par l'absence du roi. Celui-ci, en effet, après avoir répondu à sa fille, non sans beaucoup de réminiscences de l'Agamemnon de Racine, s'esquive tout à coup : il disparaît, on ne sait comment, mais fort à propos pour lui, car il n'entendra pas les menaces que sa femme lui adresse en arrière :

> Digne héritier d'Atrée, achève une aventure
> Dont la simple pensée étonne la nature ;

> Donne un spectacle aux Grecs, plus triste, plus affreux,
> Que celui du festin qu'il fit de ses neveux !
> Une seconde fois de sa route ordinaire
> Fais reculer d'horreur l'astre qui nous éclaire ;
> Mais crains que ce ne soit une leçon pour moi,
> Qu'un exemple *si grand* ne me serve de loi,
> Et que sur toi, d'un coup également funeste,
> Je ne venge et ma fille et les fils de Thyeste !

Voilà des vers d'une précision assez remarquable : il est vrai que Rotrou en a sa bonne part. Le Clerc en conservant les idées, les rimes et une grande partie des expressions, s'est borné à effacer quelques traits de mauvais goût et à corriger quelques tournures vieillies ou languissantes [1].

Nous avons déjà dit que l'Iphigénie de Le Clerc court au-devant de la mort. Elle mérite en bonne justice les reproches que le critique anonyme adressait à la première Iphigénie, et qu'il n'épargne pas non plus, il est vrai, à la seconde. Elle rougirait d'exprimer un vœu timide, un regret pour la vie, d'affaiblir ainsi la résolution d'Agamemnon ; elle ne veut plus même l'appeler son père :

> Grand roi, car j'aurais peine à vous nommer mon père,
> De peur de réveiller des sentiments trop doux

[1]. Act. IV, sc. 4.

> Va, père indigne d'elle, et digne fils d'Atrée,
> Par qui la loi du sang fut si peu révérée,
> Et qui crut comme toi faire un exploit fameux
> Au repas qu'il dressa du corps de ses neveux ;
> Soûle-toi du plaisir de voir les mains sanglantes,
> *Du vermeil animé de ces roses vivantes.*
> Mais garde de m'en faire une leçon pour toi !
> Cette main peut pécher contre la même loi ;
> Et par ton propre exemple à toi-même funeste,
> Venger sur toi mon sang et celui de Thyeste !

> Dans le cœur d'un héros de sa gloire jaloux;
> Portez le coup mortel sans crainte qu'il m'étonne.
> . . . .

Et quand sa mère demande que la fille d'Hélène soit punie du crime de sa mère, Iphigénie proteste; elle ne veut pas qu'Hermione lui ravisse sa gloire. Et cependant elle aime Achille! elle a fait à sa confidente Clytie un long aveu de sa passion! Malgré un vœu qui la consacrait au service de Diane, elle n'a pas résisté « aux regards languissants, aux timides soupirs » du héros; le respect pour les droits de la déesse, la crainte de sa colère n'ont point combattu ce sentiment profane, et aujourd'hui la voilà empressée de mourir!

L'Achille de Le Clerc « qui, suivant le critique » anonyme, fait un peu plus le héros que celui de » Racine, d'autant qu'il n'est pas si amoureux, » est sans doute, en dépit de ces éloges, le personnage le plus faible de la tragédie. En apprenant l'arrivée prochaine d'Iphigénie, il avoue à Ulysse les sentiments que la jeune fille lui inspire :

> Ah! je brûle déjà du désir de la voir!
> . . . .
> Cette jeune princesse a des charmes si doux!

Ulysse, pour refroidir cette ardeur, déclare à Achille qu'Iphigénie est consacrée au culte de Diane, et

> Que l'aveugle tyran des hommes et des dieux
> Ne peut rien sur son cœur, pouvant tout par ses yeux.

Cette confidence, loin de décourager Achille, l'excite encore par l'attrait de la difficulté :

> Que sa conquête, Ulysse, honorerait Achille!
> Elle est digne de lui, plus elle est difficile.

Il y a quelque différence entre ce langage et celui de l'Achille de Racine. Il n'y en a pas moins dans la scène où il promet son appui à Clytemnestre, et dans celle où il presse Iphigénie d'autoriser ses efforts. Dans l'une, sa colère s'exprime bien faiblement; dans l'autre, la déclaration de son amour, l'aveu d'Iphigénie, viennent bien mal à propos refroidir la situation et y mêler l'expression d'une tendresse de comédie. Enfin, nous l'avons déjà dit, il n'est pas plus impétueux dans sa querelle avec Agamemnon. Si le critique anonyme le trouve plus héros que l'Achille de Racine, qu'est-ce donc pour lui que l'héroïsme?

La longue préface de Le Clerc se termine par quelques lignes à l'adresse de Coras et de ceux qui lui attribuaient une grande part dans la tragédie. Le Clerc, quoi qu'en dise l'épigramme, est trop content de la pièce, même après l'épreuve de la représentation, pour ne pas combattre vivement cette erreur. Il tient surtout à détromper le critique, si bienveillant pour la seconde *Iphigénie*, mais si mal instruit de son véritable auteur, puisqu'il l'attribue à Coras. A quoi se réduisent toutes ces suppositions? Le Clerc va nous le dire : « Comme
» je ne suis pas d'humeur à m'enrichir du bien d'autrui,
» je dirai au lecteur qu'il y a dans tout le cours de cette
» tragédie environ une centaine de vers épars çà et là
» que je dois à M. Coras et que j'ai choisis parmi quel-
» ques autres qu'il avait faits en quelques scènes dont
» je lui avais communiqué le dessein. C'est ce qui a fait
» croire à celui qui nous a donné des remarques sur les
» deux *Iphigénie* et à quelques autres qu'il était l'auteur
» de l'ouvrage. Je lui céderais volontiers toute la gloire
» qu'on pourrait en espérer, si je ne croyais la devoir
» au changement que j'y ai apporté par l'avis de per-
» sonnes éclairées et pour qui j'ai toute sorte de défé-

» rence. » Ainsi, qu'on ne s'y trompe pas, Le Clerc ne doit rien à cette collaboration ; ce n'est pas pour avoir emprunté les vers de Coras, mais pour les avoir changés qu'il a réussi ; Coras n'a rien à réclamer dans une gloire qu'il a failli compromettre. Voilà l'homme dont l'abbé d'Olivet dit « qu'il poussait la modestie jusqu'à l'humilité » ; voilà l'aveu que l'historien de l'Académie regarde comme une preuve éclatante de cette vertu. Il admire que Le Clerc se soit cru forcé de déclarer « qu'un misé- » rable poète, connu seulement par la satire, lui a fourni » une centaine de vers ». Quelle sévérité de conscience ! quel miracle de probité ! En vérité, les frères Parfaict ont bien raison de répondre à d'Olivet : « Cette déclara- » tion pourrait être regardée plutôt comme une marque » de la mauvaise foi de M. Le Clerc envers M. Coras, » que l'on savait dans le monde avoir part à l'*Iphigénie* » en question, et que M. Le Clerc cherche ici à réduire » à peu de chose. » En outre, l'homme qui, en cent passages, a copié textuellement ou suivi de près les vers de Rotrou sans en dire un mot dans sa préface, qui évidemment s'est inspiré plus d'une fois de Racine, tout en prétendant que les deux œuvres n'ont de commun que le titre et les scènes puisées dans Euripide, est fort suspect, lorsqu'il conteste un fait aussi accrédité que la collaboration de Coras.

Quant au mérite relatif des deux auteurs, les frères Parfaict paraissent aussi d'un avis fort opposé à celui de l'abbé d'Olivet : « En supposant, disent-ils, que les cent » vers les plus passables appartiennent à M. Coras, il » faudra convenir que le surplus est du dernier détes- » table. » Cette conclusion est bien justifiée par les nombreux plagiats de Le Clerc. Que lui reste-t-il donc dans la tragédie ? Tout ce qui est emphatique et banal, plat et incorrect, tout ce qui rend la pièce insipide dans son ensemble, et encore moins soutenable à la lecture qu'elle ne l'était à la scène.

Dans l'année qui suivit celle où parurent les deux *Iphigénie*, Racine réunit pour la première fois ses œuvres publiées jusque-là séparément, et donna ainsi à ses contemporains l'occasion d'étudier et de suivre le merveilleux progrès de son talent depuis la *Thébaïde* jusqu'à *Iphigénie*. Mais, en même temps, un de ses ennemis profitait de cette publication pour reprendre dans une critique générale les principales objections des Saint-Évremond, des Boursault, des Subligny, des Villars, des Robinet, des Visé, contre les neuf pièces du poète. En effet, l'allégorie satirique de Barbier d'Aucour, *Apollon vendeur de Mithridate, ou Apollon charlatan* n'est pas autre chose qu'une reproduction en vers badins de ce qui avait été dit de plus violent et de plus injuste contre le génie et les ouvrages de Racine, avec des attaques à sa personne et à son caractère. Il ne faut chercher dans cette satire aucune vue nouvelle; il ne faut pas s'attendre non plus à ce que l'auteur fasse grâce à Racine sur quelques points, même sur le style. Il décrie tout, condamne tout, sans aucun souci d'impartialité et de justice. Le ton est partout celui de la haine; on y sent partout cette amertume et ce fiel, caractère des luttes religieuses comme des rancunes politiques.

Barbier d'Aucour ne s'est pas mis en frais d'imagination pour son allégorie : il lui a suffi de jouer spirituellement sur le nom de Racine et sur quelques autres, comme ceux de Port-Royal, de Le Maître de Sacy, de Champmeslé, de Molière. Sur ce thème ingénieux, il a écrit plusieurs centaines de vers libres, racontant dans tous ses détails l'histoire de cette misérable plante pour laquelle Apollon a conçu une si folle tendresse, et analysant en homme habile et expert tous les sucs extraits de cette racine doucereuse. Voici le début de la pièce :

> Un jour, dans le sacré vallon
> Qu'arrosent les eaux du Permesse,
> Le capricieux Apollon
> Conçut pour une plante une folle tendresse.
> Et pour lui donner un renom,
> Ce grand pipeur en médecine
> Vendit au son du violon
> Cette misérable *Racine.*

Il remonte à l'humble origine de cette racine :

> D'abord sous un vieux mur de mousse revêtu,
> On la vit s'élever de terre,
> Et passer, en rampant comme le faible lierre,
> Pour une plante sans vertu.

Mais Port-Royal et Le Maître de Sacy l'ont cultivée; grâce à eux, elle a porté une fleur hérissée d'épines, dont l'ingrate devait déchirer la main qui la forma :

> Mais par la vertu sans égale
> D'un *Maître* de nom et de fait
> Qui répandit sur elle une liqueur *Royale*,
> Elle sortit enfin de son être imparfait,
> Et poussa hors du sein de l'herbe
> Certaine fleur fière et superbe,
> Qui vint en pointe de buisson
> Déchirer la main délicate
> A qui cette petite ingrate
> Devait son art et sa façon.

Il est vrai que la racine se corrigea bien de cette rudesse piquante réservée à ses seuls bienfaiteurs : elle se polit par l'*étude de plus d'un jardinier français;* elle s'adoucit jusqu'à faire l'office

> De la racine de réglisse.

C'est ainsi que Barbier arrive au développement de la critique tant de fois reproduite contre Racine, et qu'il flétrit pareillement du titre de Céladons tous les personnages de son théâtre :

> Son suc est dangereux à prendre.
> . . . .
> Voyez comme il endort dans un honteux repos
>   Les princes, les rois, les héros,
>   Sur les bords du fleuve de Tendre.
>   Au lieu d'inspirer aux grands cœurs
>   De tant de célèbres vainqueurs
> L'amour de la vertu, le désir de la gloire,
>   Il déshonore leur victoire
> Par de faibles soupirs et par d'indignes pleurs.

Comment donc s'expliquer la vogue de cette insipide racine ? Ce n'est pas d'elle-même que lui venaient ses vertus :

> Mais elle avait, dit-on, des vertus sans pareilles,
> Depuis que dans un *Champ orné de mille fleurs*[1]
> Elle empruntait l'éclat d'une assez belle *Rose*[2],
>   Qui, la comblant de ses faveurs,
> La fit passer souvent pour une bonne chose.

Barbier d'Aucour reproduit ici une critique souvent adressée à Racine par ses envieux. C'est aux acteurs, et surtout à la fameuse Champmeslé, qu'il doit ses succès et sa gloire. Ainsi le déclare Fontenelle et beaucoup d'autres. Mme de Sévigné, rendant compte à sa fille de la tragédie de Bajazet, voudrait envoyer à Mme de Grignan la Champmeslé *pour lui réchauffer la pièce.*

Après ces généralités, le critique passe en revue les

---

1. Champmeslé.

2. Ici sans doute, l'auteur joue sur le nom du président Rose, secrétaire du roi.

pièces de Racine, en commençant par la *Thébaïde*, œuvre qui ne lui appartient que de nom :

> Car, pour dire la vérité,
> Phœbus par la racine en fut si peu la cause,
> Qu'Apollon par un autre avait tout inventé.

Cet autre, nous l'avons vu, c'est Rotrou, à qui Racine avait fait d'abord un emprunt qui disparut à l'impression.

A propos d'*Alexandre*, Barbier ne manque pas de reproduire les critiques de Saint-Évremond. Il reproche au charlatan d'avoir

> Rempli d'une vertu si rare
> Un prince indien et barbare
> Qu'il eut plus qu'Alexandre et d'esprit et de cœur,
> Et fit voir un vaincu plus grand que son vainqueur.

Mais rien n'égale, pour la finesse et l'urbanité, l'appréciation d'*Andromaque* :

> La racine s'ouvrant une nouvelle voie
> Alla signaler ses vertus
> Sur les débris pompeux de la fameuse Troie,
> Et fit un grand sot de Pyrrhus,
> D'Andromaque une pauvre bête
> Qui ne sait où porter son cœur,
> Ni même où donner de la tête,
> D'Oreste, roi d'Argos, un simple ambassadeur,
> Qui n'agit toutefois avec le roi Pylade
> Que comme avec un argoulet.

On reconnaît dans ces vers toutes les critiques de la *Folle Querelle*. Barbier n'oublie pas non plus la grave irrévérence dont Racine s'est rendu coupable envers un poète encore populaire, il paraît, en dépit de Malherbe et de Boileau; il reproche à l'auteur d'*Andromaque* d'avoir disposé, malgré la *Franciade*, des destinées du jeune Astyanax,

> Et, pour changer la catastrophe,
> Donné des soufflets à Ronsard.

Barbier n'est pas plus content de la comédie des *Plaideurs*, et il est heureux de faire du succès tardif de cette œuvre spirituelle un échec complet et lamentable. Il ne se donne pas la peine de formuler longuement son arrêt contre *Britannicus;* il lui suffit de dire en passant qu'Apollon

> Porta sa Racine dans Rome,
> Où, se montrant cruelle avec peu de raison,
> Contre Britannicus, qui n'était qu'un jeune homme,
> Elle fit l'effet du poison.

A propos de *Bérénice*[1], il n'oublie pas de reprocher à Racine les soupirs et les larmes de Titus. Il n'oublie pas non plus le mot de Chapelle, et il prend plaisir à reproduire et à commenter cette épigramme qui avait été, dit-on, sensible au poète :

> O nocière Junon, faut-il qu'elle périsse !
> Compatissez de grâce à l'amoureux supplice
> De cette pauvre Marion,
> Qui gémit, qui pleure et qui crie,
> Tant elle veut qu'on la marie.

---

1. Cependant, dans les *Sentiments de Cléanthe* (2ᵉ partie), en réfutant Villars, qui avait publié contre lui une *Apologie du P. Bouhours*, il témoigne moins de mépris pour *Bérénice* et pour Racine : « Par quelle raison, dit-il, aurions-nous échappé au censeur de *deux* » *excellents poètes*, dont l'un n'a pas daigné lui répondre et l'autre » n'a dit qu'en deux mots pourquoi il ne lui répond pas ? »

On devine que le mot de Corneille aura fourni à Barbier toute la matière de son jugement sur *Bajazet*. Comme Visé et Robinet, il accuse les Turcs de Racine d'être des Français. Il critique aussi, comme Mme de Sévigné, la grande tuerie de la fin :

> Lorsque la fureur turque eut joué de son reste,
>   Toute leur sequelle en pleura ;
> Mais c'était aussi grand dommage
> Que tant de gens morts à la fois
> Qui n'étaient Turcs que de visage,
> Car pour les mœurs, pour le langage,
>   C'étaient des naturels françois.

Arrivant à la tragédie de *Mithridate*, l'auteur plaisante agréablement sur la *vertu du mithridate*, qui n'a pu garantir le roi de Pont du suc pernicieux de la racine. Comme toujours, il se borne à reproduire des critiques déjà faites :

> Apollon, plus puissant que mille opérateurs,
> Déterra Xipharès, ressuscita Monime,
> Dont ce prince (Mithridate) avait fait une double victime,
> Et vint, malgré la mort et ses pâles froideurs,
> De deux fantômes vains rallumer les ardeurs.

Reste *Iphigénie*, qui était encore dans sa nouveauté, et dont l'ironie même de Barbier constate le succès. Molière est mort : Apollon, ne pouvant plus égayer son empire, prend le parti de le plonger dans la douleur, et, par le moyen de la nouvelle tragédie, il le noie d'un déluge de larmes :

> Mais, à propos de pleurs, je me suis laissé dire
> Que ce maître Apollon, n'ayant plus de quoi rire
> Depuis qu'il a perdu l'usage du *moly* (Molière),
>   Qui fut un simple si joly,

D'un déluge de pleurs va noyer son empire.
En effet, sa *Racine* attendrit tant de cœurs,
Lorsque d'Iphigénie elle anime les charmes,
Qu'elle fait chaque jour, par des torrents de larmes,
Renchérir les mouchoirs aux dépens des pleureurs.

Puis Barbier attaque l'invention d'une seconde Iphigénie :

La fausse est distillée avec la véritable ;
Est-il rien de si pitoyable ?

Il n'est pas plus satisfait du dénoûment :

Mais la fille d'Agamemnon,
N'est donc pas la victime ? Non.
La Racine est assez hardie
Pour la garantir du trépas.
Une autre doit mourir, quoi que Calchas die ;
Le sujet de la tragédie
Est celle qui ne mourra pas.

Quant aux caractères, voici ce qu'il en pense : Iphigénie

De l'innocente Agnès a l'air et la parole,
Hors qu'en son caquet doucereux
La belle enfant affecte un style
Qui marque un cœur plus langoureux
Et moins digne du grand Achille.

Ulysse soutient mal son caractère, et

Se borne à signaler son éloquente voix
Par un récit patibulaire.

Mais Clytemnestre, et ses fureurs, et son désespoir ?
Mais les cruelles agitations d'Agamemnon ? Mais la

colère impétueuse d'Achille? Barbier ne juge pas à propos d'en parler; il aura tout dit par ces vers :

> Amis, pourquoi donc la pleurer (Iphigénie)?
> Vous feriez mieux de séparer
> Son père et son amant qui sont prêts à se battre.

Il ne manque à cette appréciation qu'un dernier trait, l'éloge de la tragédie de Le Clerc. Mais l'auteur, épuisé par un effort si long, par une inspiration si sublime, est pressé d'en finir, et sa pièce se termine brusquement par une piquante antithèse :

> Tout beau, répond Phœbus à ce donneur d'avis,
> Ne troublez pas le cours des pleurs que j'ai fait naître;
> Des petits et des grands nos secrets sont suivis;
> Je suis bon charlatan, si je ne suis bon maître.

On voit combien cette satire, dont nous avons cité les passages les plus saillants, est pauvre et vide. Cependant, il ne manqua pas de gens pour la célébrer. Les frères Parfaict témoignent qu'on la regarda « comme le modèle » d'une critique badine », et l'on trouverait encore cette opinion dans quelques dictionnaires historiques qui l'ont acceptée sur parole, sans en vérifier la justesse. Les frères Parfaict sont bien plus vrais quand ils la jugent « mal imaginée, plus mal conduite, pleine d'allu- » sions froides, et très-faiblement versifiée ». En somme, cette pièce n'a d'intérêt qu'en nous montrant l'acharnement de certaines haines qui poursuivaient Racine. Elle nous prépare à tout attendre d'ennemis si passionnés. Par là elle nous conduit à la cabale qui fut l'effort extrême et l'assouvissement le plus complet de leur fureur: après la concurrence de Le Clerc, après la satire envenimée de Barbier d'Aucour, l'intrigue montée contre *Phèdre* semblera moins prodigieuse.

CHAPITRE VIII

PHÈDRE.

Cabale de l'hôtel de Bouillon. — Représentation de la *Phèdre* de Racine (1er janvier 1677) et de la *Phèdre* de Pradon (3 janvier). — Querelle des sonnets. — Préface de Pradon. — Comptes rendus du *Mercure galant*. — Examen de la tragédie de Pradon. — Dissertation sur les tragédies de *Phèdre et Hippolyte* par Subligny.

Voici en quels termes Louis Racine raconte, d'après Boileau, la célèbre affaire qui faillit entraîner la chute de *Phèdre* : « Un rival aussi peu à craindre que Le Clerc se rendit bien plus redoutable que lui, quand la *Phèdre* parut en 1677. Il en suspendit quelque temps le succès par la tragédie qu'il avait composée sur le même sujet et qui fut représentée en même temps. La curiosité de chercher la cause de la première fortune de la Phèdre de Pradon est le seul motif qui la puisse faire lire aujourd'hui. La véritable raison de cette fortune fut le crédit d'une puissante cabale dont les chefs s'assemblaient à l'hôtel de Bouillon. Ils s'avisèrent d'une nouvelle ruse, qui leur coûta, disait Boileau, quinze mille livres : ils retinrent les premières loges pour les six premières représentations de l'une et de l'autre pièce, et par conséquent ces loges étaient vides ou remplies quand ils voulaient [1]. »

---

[1]. *Mémoires sur la vie de Racine*, 1re partie.

Ce récit, qui donne tous les torts à l'hôtel de Bouillon, a été contesté par un critique de la plus grande autorité. M. Sainte-Beuve s'appuie sur un passage très-curieux des manuscrits [1] de Brossette, l'ami et le commentateur de Boileau, et il cite textuellement tout le morceau. Dans un voyage que Brossette fit de Lyon à Paris en 1711, il fut conduit, le 4 juin, par un officier du duc d'Orléans, M. de Chatigny, chez Mlle Deshoulières, fille de la célèbre auteur. Curieux de tout ce qui intéressait Boileau, il interrogea cette demoiselle, alors âgée de cinquante ans, sur les relations qu'avait eues sa mère avec Boileau, et sur les causes de leur inimitié. Mlle Deshoulières répondit en racontant l'histoire de la représentation de *Phèdre* et des sonnets ; et c'est cette conversation, que Brossette mit par écrit en rentrant chez lui, qui est reproduite par M. Sainte-Beuve. Nous en citerons les points principaux : « Quoique M. Racine fût bien au-dessus de Pradon, il ne laissait pas de le regarder comme une espèce de concurrent, surtout quand il sut que Pradon composait en même temps que lui la tragédie de *Phèdre* par émulation, et qu'il avait doublé celle de M. Racine sur le récit que Pradon en avait ouï faire. (Notons en passant cet aveu d'une amie de Pradon, de la fille de sa protectrice.) La *Phèdre* de M. Racine et celle de M. Pradon furent prêtes à être jouées en même temps. Celle de M. Racine fut promise et annoncée pour le premier jour de l'année 1677, celle de Pradon fut jouée quelques jours après (le 3 janvier) à l'hôtel de Guénégaud. Ma mère voulut voir la première représentation de la *Phèdre* de Racine : elle envoya retenir une loge, quelques jours d'avance, à l'hôtel de Bourgogne ; mais Champmeslé (le mari de la

---

1. *Causeries du lundi*, t. XIII, 1858. *Les Nièces de Mazarin*, p. 318.

célèbre actrice), qui avait soin des loges, fit toujours dire aux gens qui venaient de la part de Mme Deshoulières, qu'il n'y avait pas de places, et que toutes les loges étaient retenues. Ma mère sentit l'affectation de ce refus et en fut piquée : « J'irai pourtant, en dépit d'eux, » dit-elle, et je verrai la première représentation. » Quand l'heure de la comédie fut venue, elle se mit en négligé avec une de ses amies qui prit des billets. Elle se cacha tout de son mieux sous une grande coiffe de taffetas, et au lieu d'entrer par la porte du théâtre, comme elle avait accoutumé de faire, elle entra par la porte des loges, et s'alla placer au fond des secondes loges, car toutes les autres étaient remplies. »

Après avoir vu la pièce, « qui fut jouée en perfection », Mme Deshoulières revint souper chez elle avec cinq ou six personnes, du nombre desquelles était Pradon. Elle n'aimait pas Racine; le refus qu'elle avait essuyé ne l'avait pas disposée en faveur de la tragédie : elle composa donc, pendant ce même souper, un sonnet satirique, qui fut écrit aussitôt par quelques-uns des convives, et dont on distribua des copies dès le lendemain matin. Parmi ceux qui le colportaient avec le plus d'ardeur était l'abbé Tallemant l'aîné, « le sec traducteur du français d'Amyot ». « Dès onze heures du matin, raconte Mlle Deshoulières, il vint d'un air fort empressé apporter à ma mère une copie de ce sonnet qu'il avait copié lui-même pour elle. » Elle ajoute que sa mère « prit ce sonnet comme une chose nouvelle, et fut la première à le montrer comme le tenant de l'abbé Tallemant. » Voici, sauf un tiercet difficile à citer, cette petite pièce :

> Dans un fauteuil doré, Phèdre, tremblante et blême,
> Dit des vers où d'abord personne n'entend rien.
> Sa nourrice lui fait un sermon fort chrétien
> Contre l'affreux dessein d'attenter sur soi-même.

Hippolyte la hait presque autant qu'elle l'aime ;
Rien ne change son cœur ni son chaste maintien.
La nourrice l'accuse ; elle s'en punit bien.
Thésée a pour son fils une rigueur extrême.
. . . .
. . . .
Il (Hippolyte) meurt enfin traîné par ses coursiers ingrats ;
Et Phèdre, après avoir pris de la mort aux rats,
Vient, en se confessant, mourir sur le théâtre.

Le sonnet arriva promptement à la connaissance de Racine et de ses amis. Tout en se doutant peut-être que la protectrice de Pradon y avait eu part, ils ne jugèrent pas qu'elle en fût le principal auteur. Comme dit Mlle Deshoulières, « ils ne firent pas à Pradon l'honneur de le lui attribuer ; » ils crurent donc qu'il était l'œuvre du duc de Nevers. Le noble poète avait assisté à la représentation ; il n'aimait point Racine et Boileau, contre lequel il avait écrit ; on savait qu'il rimait à toute heure, à toute occasion ; en outre certains traits de cette pièce, un peu forts pour une dame, semblaient porter le cachet de ce singulier personnage, très-original et souvent très-peu réservé dans son style. On avouera que l'erreur était excusable. Ce qui le fut moins, ce fut un passage de la réponse, dont les personnalités blessantes devaient irriter le duc de Nevers et sa famille.

En effet, après un ou deux jours, les amis de Racine répandirent à leur tour un sonnet sur les mêmes rimes. On y raillait vivement le duc italien comme poète, comme prôneur de Pradon, comme partisan des modernes dans la querelle du temps, comme mari jaloux, et, ce qui était moins convenable, comme frère et admirateur un peu trop passionné de Mme de Mazarin. Nous citerons le sonnet, sauf le tiercet sur la fameuse exilée :

Dans un palais doré, Damon, jaloux et blême,
Fait des vers où jamais personne n'entend rien.

Il n'est ni courtisan, ni guerrier, ni chrétien,
Et souvent pour rimer il s'enferme lui-même.

La Muse par malheur le hait autant qu'il l'aime.
Il a d'un franc poète et l'air et le maintien ;
Il veut juger de tout et n'en juge pas bien.
Il a pour le phœbus une tendresse extrême.
. . . .
. . . .
Il se tue à rimer pour des lecteurs ingrats ;
L'*Énéide* est pour lui pis que la mort aux rats,
Et, selon lui, Pradon est le roi du théâtre.

« Cette réplique, dit Mlle Deshoulières, fit un bruit terrible à la cour, et chacun prit parti pour ou contre. » On l'attribua à Racine et à Boileau. « La cabale de Mme de Bouillon et du duc de Nevers, laquelle favorisait Pradon contre M. Racine, fit de grandes clameurs. » L'orgueilleux Nevers menaça les deux amis, et bien qu'ils désavouassent la pièce, protestant qu'ils n'y étaient pour rien, il leur répliqua par un troisième sonnet, où il daignait leur pardonner, sous réserve d'une correction salutaire de coups de bâton :

Racine et Despréaux, l'air triste et le teint blême,
Viennent demander grâce et ne confessent rien.
Il faut leur pardonner parce qu'on est chrétien ;
Mais on sait ce qu'on doit au public, à soi-même.

Damon, dans l'intérêt de cette sœur qu'il aime,
Doit de ces scélérats châtier le maintien ;
Car il serait blâmé de tous les gens de bien,
S'il ne punissait pas leur insolence extrême.
. . . .
. . . .
Vous en serez punis, satiriques ingrats ;
Non pas en trahison, d'un sou de mort aux rats,
Mais de coups de bâton donnés en plein théâtre.

Mais ces menaces insolentes ne furent pas du goût de personnages plus haut placés que le neveu de Mazarin. Le grand Condé chargea son fils, le duc Henri Jules, d'écrire aux deux amis la lettre suivante : « Si vous » n'avez pas fait le sonnet, venez à l'hôtel de Condé, où » M. le Prince saura bien vous garantir de ces menaces, » puisque vous êtes innocents; et, si vous l'avez fait, » venez aussi à l'hôtel de Condé, et M. le Prince vous » prendra aussi sous sa protection, parce que le sonnet » est très-plaisant et plein d'esprit. » Cettre lettre, qui bientôt fut aussi connue que les sonnets, calma un peu l'emportement de l'irascible Italien. Cependant Pradon, à la table de M. Pellot, premier président du parlement de Rouen, raconta calomnieusement que Boileau avait été assailli dans une rue par une vigoureuse décharge de coups de bâton. Tallemant propagea le bruit; un professeur de rhétorique du collége de Navarre, pour faire sa cour au duc de Nevers, le recueillit dans un quatrième sonnet, dont voici les premiers vers :

> Dans un coin de Paris, Boileau, tremblant et blême,
> Fut hier bien frotté, quoiqu'il n'en dise rien;
> Voilà ce qu'a produit son style peu chrétien, etc.

Mais cette histoire arriva encore aux oreilles du grand Condé, et il fit dire au duc de Nevers, et même, selon Brossette, en termes assez durs, « qu'il vengerait comme » faites à lui-même les insultes qu'on s'aviserait de » faire à deux hommes d'esprit qu'il aimait et qu'il » prenait sous sa protection. » Cette seconde intervention, plus directe que la première, termina la querelle : les ennemis de Racine et de Boileau jugèrent prudent de se taire. Plus tard, dit Niceron, les deux poètes assurèrent que le sonnet était l'œuvre de jeunes seigneurs, leurs admirateurs et leurs amis, le chevalier de Nantouillet, le comte de Fiesque, le marquis d'Effiat, M. de Guilleragues et M. de Manicamp.

Si l'on accepte le récit de Mlle Deshoulières, il faut admettre que Mme de Bouillon n'est entrée dans la querelle qu'à la suite des sonnets, et qu'en louant pour six représentations les premières loges des deux théâtres, elle a eu pour excuse un légitime mécontentement et le désir de venger son frère. Sans doute Louis Racine, d'après le témoignage de Boileau qui, bien qu'ami de Racine, mérite aussi d'être cru, désigne formellement les six *premières* représentations; et la manœuvre devait, ce semble, avoir moins d'efficacité quand déjà la pièce de Racine avait pu être appréciée par le vrai public : cependant, nous sommes d'autant plus disposé à adopter l'explication de Mlle Deshoulières, qu'elle décharge d'une grave faute la mémoire de la spirituelle protectrice de La Fontaine. A l'époque de la représentation de Phèdre, Mlle Deshoulières avait quinze ans; elle a donc pu bien connaître toutes les circonstances de cette affaire. Le respect que les contemporains témoignent pour son caractère ne permet guère de suspecter sa véracité; et ses aveux sur le procédé peu loyal de Pradon et sur la cabale de Mme de Bouillon et du duc de Nevers prouvent encore en faveur de son impartialité.

Il reste toujours acquis que les écus de Mme de Bouillon faillirent amener la chute de la tragédie de Racine, et que Pradon leur dut un succès fort nouveau pour lui et dont il triomphe orgueilleusement dans la préface de sa pièce. Elle ne demeura pas trois mois au théâtre, comme il le prétend dans ses *Nouvelles remarques sur tous les ouvrages du sieur D****[1], mais elle atteignit le

---

1. 1685. « Le public m'en fit la justice tout entière pendant trois

chiffre de dix-neuf représentations [1]. Cependant il paraît que le parterre finit par se venger du tour qu'on lui avait joué à lui-même autant qu'à Racine : il se soulagea d'abord de son ennui par d'outrageux sifflets, puis il déserta tout à fait le théâtre. Pradon eut alors la ressource de s'en prendre aux intrigues de Racine, et, ce qui semble bien impudent, de placer dans son épître dédicatoire à Mme de Bouillon le mot de cabale! Cette dame avait bien travaillé, on l'avouera, elle et ses amis, à la chute d'un chef-d'œuvre, et au triomphe d'une pièce « impertinente et méprisable de tout point [2] » ; il osa cependant lui adresser cet éloge que nous transcrivons textuellement : « On sait que Votre Altesse ne juge » jamais des ouvrages par cabale ou par prévention. » Il osa, dans son orgueilleuse et impertinente préface, parodier ainsi, au sujet de sa tragédie, les vers de Boileau :

> La *cabale* en pâlit, et vit en frémissant
> Un second Hippolyte à sa barbe naissant;

et il accusa Racine et Boileau d'avoir empêché les meilleures actrices de jouer dans sa pièce. Il revient encore sur cette imputation dans ses *Nouvelles remarques*. Suivant lui, les deux amis auraient intrigué auprès du roi pour apporter obstacle à la représentation de sa *Phèdre;* puis, n'ayant pas réussi du côté de la cour, ils se seraient rejetés sur les actrices. Voici pour-

---

» mois. Il n'en fut point ennuyé pendant si longtemps. » Il y revient à deux fois.

1. *Histoire du Théâtre-Français*, t. XII, p. 54. Seize du 3 janvier au 9 février; et de plus trois, le 4 mai et les jours suivants, à la réouverture du théâtre.

2. Jugement de M. de Valincour, dans sa lettre à d'Olivet sur la vie de Racine (*Histoire de l'Académie française*).

tant la vérité sur cette affaire : les premières actrices de l'hôtel Guénégaud furent plus modestes que Pradon, qui se croyait le rival de Racine ; elles ne voulurent pas entrer en concurrence avec Mlle de Champmeslé, et refusèrent toutes deux le rôle de Phèdre. Pradon dut le confier à une actrice secondaire. Tel est ce mauvais procédé que le public, dit Pradon, « a vu avec indignation et avec mépris » ; voilà en même temps (que l'on concilie si l'on peut ces deux choses) l'explication de l'inconstance de ce public, qui a délaissé la *Phèdre* de l'hôtel Guénégaud pour apporter tout le tribut de ses applaudissements à la *Phèdre* de l'hôtel de Bourgogne. Celle-ci n'a-t-elle pas l'avantage d'être interprétée par une excellente actrice ? N'est-ce pas à l'habileté de ces acteurs que Racine doit tout le succès de ses ouvrages, et Boileau n'a-t-il pas eu bien raison de dire :

> Que tu sais bien, Racine, *à l'aide d'un acteur*,
> Émouvoir, étonner, ravir un spectateur !

Combien Pradon triomphe de ce vers ! « M. Despréaux » a bien raison, dit-il[1] ; les tragédies de M. Racine » perdent de leur prix à la lecture, quand elles ne sont » plus soutenues par l'action touchante d'une personne » qui nous intéresse pour elles, par un son de voix » admirable, qui va nous réveiller dans le cœur les pas- » sions les plus endormies... Il n'y a que la muse du » grand Corneille qui, au jugement de tout le monde, » porte et conserve partout ses ornements solides ; il » n'y a que l'impression des œuvres de ce grand » homme, qui

> » De Corneille vieilli sait consoler Paris. »

1 *Nouvelles remarques.*

C'est ainsi que, tantôt en se targuant d'un succès qu'il exagère sans pudeur, tantôt en alléguant, à propos d'une œuvre qui n'a vécu que par la cabale, les cabales de ses adversaires, tantôt en attribuant à la Champmeslé tout l'honneur des triomphes de Racine, tantôt enfin en opposant à son ennemi le nom de Corneille, Pradon pense faire illusion à lui-même et aux autres sur le dénoûment final de cette affaire. Malgré sa préface, comme malgré l'or de Mme de Bouillon, la tragédie de Racine fut bientôt jugée un chef-d'œuvre. Elle fut jouée à Versailles comme à Paris; et, dans des fêtes données à Fontainebleau au mois d'octobre, quand déjà l'œuvre de Pradon était profondément oubliée, on représenta devant la cour la *Phèdre*, aussi bien que l'*Iphigénie*, le *Bajazet* et le *Mithridate*[1].

Juste à l'époque de la représentation des deux *Phèdre*, le *Mercure galant* reparaissait après une interruption de trois années. Le premier volume est d'avril 1677, et il contient les nouvelles des mois de janvier, février et mars. Parmi les événements de ce trimestre, en première ligne Visé rencontrait l'affaire des *Phèdre*. Il se garda bien de faire allusion à la querelle des sonnets, dont le dénoûment n'avait pas été, en somme, plus favorable à l'hôtel de Bouillon que celui du complot contre Racine. Mais il dut parler des deux tragédies qui, par suite de cette affaire, se trouvaient, à la honte du XVIIe siècle, rapprochées l'une de l'autre, et, malgré leur prodigieuse inégalité, regardées comme rivales. Bien que Visé n'ait garde de témoigner de l'admiration pour la *Phèdre* de Racine, ou même de la faire connaître par une analyse un peu étendue, il faut lui savoir gré d'avoir écarté tout d'abord la pensée d'une comparaison entre

---

1. *Mercure galant*, octobre 1677.

les deux pièces, et d'avoir au moins indiqué la monstrueuse ineptie de la conception de Pradon. « Je ne con-
» çois pas, dit-il, qu'on veuille juger de ces deux pièces
» par comparaison, puisqu'elles n'ont rien de commun
» que le nom des personnages qu'on y fait entrer. »

Pradon, en effet, par un effort de génie, avait réussi à détruire tout l'intérêt, tout le sombre pathétique d'un sujet consacré par la Fable et par la poésie; il avait réussi à rendre puérilement impossible et absurde un drame terrible, si beau déjà et si vrai dans Euripide. Phèdre, dans sa pièce, n'est que la fiancée de Thésée! On peut juger des conséquences de cette belle invention, et l'on trouvera bien modeste le blâme de Visé, quand il dit : « La situation, telle que l'a faite M. Pradon, est facile à
» traiter, car il est naturel de préférer un jeune prince
» à un roi qui en est le père. » Les réflexions qu'il ajoute font ressortir, il est vrai, assez fortement l'énormité de cette faute : « Quand il faut représenter une femme qui,
» n'envisageant son amour qu'avec horreur, oppose
» sans cesse le nom de belle-mère à celui d'amante, qui
» déteste sa passion, et ne laisse pas de s'y abandonner
» par la force de sa destinée, qui voudrait se cacher à
» elle-même ce qu'elle sent, et ne souffre qu'on lui en
» arrache le secret que dans le temps où elle se voit
» prête d'expirer, c'est ce qui demande l'adresse d'un
» grand maître ; et ces choses sont tellement essentielles
» au sujet d'Hippolyte, que c'est ne pas l'avoir traité que
» d'avoir éloigné l'image de l'amour incestueux qu'il
» fallait nécessairement faire paraître. » Que l'on rapproche de la tragédie de Racine cette analyse du caractère de Phèdre, on reconnaîtra « cette adresse d'un grand maître » nécessaire au succès d'une si difficile entreprise. Visé, en même temps qu'il rendait ainsi plus sensible l'ineptie de l'œuvre de Pradon, démontrait, sans

le vouloir apparemment, la sublimité de la pièce combattue et raillée par ses amis.

Il ne faut pas s'attendre à trouver sur ce point dans Visé un aveu formel. Il fait l'éloge du style de Racine; mais il évite de s'expliquer sur le mérite général de son ouvrage. Un hommage complet aurait trop déplu à son parti et lui aurait trop coûté à lui-même; une censure eût été en contradiction flagrante avec la critique de la pièce de Pradon. A défaut de la tragédie, il attaque du moins le sujet, dont il voudrait « qu'on eût épargné » l'horreur aux spectateurs français »; puis il revient aussitôt à Pradon, qui a évité cette horreur : « Mais, » observe Visé, puisqu'il s'est permis de changer ce qu'il » y avait de plus essentiel au sujet, il est d'autant plus » responsable de tout ce qui a pu blesser les délicats. »

Dans le *Mercure* d'avril, Visé consacre encore quelques pages aux deux *Phèdre*. A cette époque, les deux tragédies étaient imprimées : Pradon avait écrit cette impudente préface dont nous avons cité déjà quelques traits, et qui, au témoignage de Visé, fut du goût de « beaucoup de gens ». Le journaliste donne à ses abonnés son jugement après lecture. Toujours très-économe de louanges pour Racine, il atténue autant que possible ses critiques contre Pradon : « M. Racine est toujours » M. Racine, et ses vers sont trop beaux pour ne pas » donner à la lecture le même plaisir qu'ils donnent à » les entendre réciter au théâtre. Pour M. Pradon, il » avoue qu'ayant été obligé de faire sa pièce en trois » mois, il n'a pas eu le temps d'en polir les vers avec » tout le soin qu'il y aurait apporté sans cela. C'est » une négligence forcée qu'apparemment il n'aura pas » dans le premier ouvrage qu'il fera paraître. » Visé accepte-t-il comme excellente cette singulière excuse que Pradon donne en effet dans sa préface, et n'y a-t-il pas dans la dernière phrase du critique quelque peu d'ironie? La suite nous le fait croire : « Il n'est pas » assuré, dit-il, que cet ouvrage, quelque achevé qu'il » nous le donne, ait un succès aussi avantageux que » l'a eu son *Hippolyte*. Il y a des occurrences qui, selon » qu'elles sont plus ou moins favorables, augmentent » ou diminuent le prix des choses ; et je tiens que le » secret de faire réussir celles de cette nature, c'est d'en » faire parler beaucoup, quand même on n'en ferait » dire que du mal. » Ces réflexions si justes ne semblent pas le fait d'un homme enthousiaste de la tragédie. Il est vrai qu'il se défend, sur le ton du célèbre « *Je ne dis pas cela* », de les appliquer à Pradon : « Ce que je dis est » une chose générale, et mon dessein n'est pas de parler » de M. Pradon. »

Puis Visé passe à l'examen de cette fameuse préface, qui « paraît, dit-il, à quelques-uns brillante jusqu'à » éblouir[1]. » Le gazetier ne dit pas absolument qu'il soit d'avis contraire ; mais il a soin de mentionner « l'opposition de certains critiques difficiles à satisfaire, » qui ne sauraient souffrir que l'auteur s'excuse sur ce » qu'Euripide n'a point fait le procès à Sénèque, ni » Sénèque à Garnier, pour avoir traité le même sujet. » Pradon, en effet, commençait sa préface par cette justification de son procédé envers Racine. Apparemment les critiques chagrins qui ne se rendaient pas à un argument si fort, répondaient qu'il est bien différent d'emprunter à un écrivain d'un autre pays, d'un autre âge,

---

1. Pradon, dans ses *Nouvelles remarques*, se rend aussi témoignage sur ce point. Il parle avec orgueil de sa Préface « qui fit assez de » bruit dans le monde, qui, au goût des plus fins, parut assez pleine » de sel, et qui servit de réponse à la satire que D... avait déjà faite » et lue à des personnes de premier rang. » (Il veut parler de *l'Épître à Racine*.)

le sujet et même quelques développements d'une tragédie, ou d'entrer directement en lutte avec un poète contemporain, de lui enlever une idée qu'il a déjà commencé à mettre en œuvre, et d'entreprendre, d'achever précipitamment une pièce, pour la produire au même moment que la tragédie déjà annoncée et attendue[1].
Peut-être aussi trouvaient-ils assez impudent l'aveu de Pradon : « Au reste, j'avoue franchement que ce n'a » point été l'effet du hasard qui m'a fait rencontrer avec » M. Racine, mais un pur effet de mon choix. J'ai trouvé » le sujet de Phèdre beau dans les anciens : j'ai tiré mon » épisode d'Aricie des tableaux de Philostrate, et je n'ai » point vu d'arrêt de la cour qui me défendît d'en faire » une pièce de théâtre. » Visé applaudit à cet aveu, d'autant plus méritoire « qu'on avait dit le contraire avant » que la pièce parût » ; il félicite le poète « d'avoir cru » que ce déguisement démentait la sincérité dont il fait » profession ». En vérité, la continuation du mensonge eût causé peut-être moins de dégoût que cette franchise effrontée. L'hypocrisie sauvait du moins les apparences; on pouvait y voir un sentiment de pudeur et le désir de colorer aux yeux du public un vilain procédé. Au reste, il est possible que Visé ne pense pas autrement, et qu'avec ses habitudes d'ironie, il ait voulu seulement faire ressortir la double tactique de Pradon : d'abord des protestations mensongères, quand le cynisme d'un aveu eût compromis le succès de la manœuvre ; puis une fastueuse profession de sincérité, lorsque les faits étaient connus et qu'on n'avait plus besoin de feindre.

Mais que faudrait-il penser de la franchise de Pradon,

---

1. Bayle, dans une lettre du 4 octobre 1676, écrit à M. Minutoli : M. de Racine travaille à la tragédie d'*Hippolyte*, dont on attend un » grand succès. »

si, comme nous en avons exprimé le soupçon, l'auteur a connu d'avance l'intrigue et les principales situations de la tragédie de Racine ; si, en lisant son œuvre, on est surpris de trouver, malgré l'extrême différence du sujet, de nombreux passages où il a tenté de reproduire les idées, les sentiments de la *Phèdre* ; si ces imitations mal déguisées s'étendent jusqu'au style? Ne parlons pas d'Aricie, bien que l'idée de ce personnage ait sans doute été suggérée à Pradon moins par Philostrate que par les bruits recueillis sur la *Phèdre* de Racine, lue déjà en plus d'un salon. D'ailleurs, l'Aricie de Pradon, confidente et rivale de Phèdre, ressemble à l'Atalide de Racine plutôt qu'à son Aricie. Mais que de fois on rencontre dans la pièce, et surtout dans les rôles de Phèdre et d'Hippolyte, des vers qui ressemblent à des emprunts ! Phèdre, dans l'aveu de cet amour vainement combattu, dit à Œnone :

> Même aux pieds des autels que je faisais fumer,
> J'offrais tout à ce dieu que je n'osais nommer.

L'héroïne de Pradon dit à son tour à sa confidente Aricie :

> Du sacrifice, hélas ! Phèdre fut la victime,
> Et, sans plus respecter la sainteté du lieu,
> Mon cœur n'y reconnut qu'Hippolyte pour dieu.

Quand la Phèdre de Pradon, à la nouvelle du retour imprévu de Thésée, se trouble et est saisie de remords bien peu justifiés, puisqu'elle n'est pas la femme de ce prince, elle reproduit dans un langage fort pauvre les sentiments exprimés avec tant de puissance et de sublimité par la Phèdre de Racine :

> Quoi ! l'âme tout en feu, d'Hippolyte embrasée,
> Irai-je recevoir l'infortuné Thésée ?

Irai-je m'exposer à ses chagrins jaloux ?
Thésée est cependant un héros, *mon époux*.

(Elle se trompe, elle n'est que sa fiancée, et elle oublie que, dans une scène précédente, elle a justifié par là son amour pour Hippolyte. Mais on trouverait dans cette pièce bien d'autres inconséquences.)

Que ne puis-je changer de cœur et de visage !
Je crains que de mon fils il n'y trouve l'image.
Mon trouble, ma rougeur, mes regards languissants,
Tout parle d'Hippolyte et du feu que je sens.
Mon front va me trahir, et ma langue interdite
M'accuser à Thésée et nommer Hippolyte.
Mes yeux en sont remplis, mon cœur en est atteint,
Et dans tous mes transports Hippolyte est dépeint.
Il vient avec Thésée ! Ah ciel ! ils sont ensemble !
Je les verrais tous deux [1] !

En vérité, on ne peut se défendre de voir dans ces vers une pâle imitation du beau morceau de Racine :

Juste ciel ! qu'ai-je fait aujourd'hui ?
Mon époux va paraître et son fils avec lui [2].
. . . .

et de la fin de la scène :

Ah ! je vois Hippolyte,
Dans ses yeux insolents je lis ma perte écrite...

Ailleurs, la Phèdre de Racine, désespérée et furieuse à la nouvelle de l'amour d'Hippolyte, s'écrie :

Hippolyte est sensible et ne sent rien pour moi [3] !

1. Acte II, sc. 4.
2. Acte III, sc. 3.
3. Acte IV, sc. 5.

La Phèdre de Pradon exprime un sentiment différent avec le même vers :

> Si son cœur est sensible, il peut l'être pour moi.

Si cette rencontre est fortuite, il faut avouer qu'elle est merveilleuse, surtout rapprochée de tant d'autres. Voltaire a déjà comparé [1] la déclaration d'Hippolyte à Aricie dans les deux pièces, pour faire remarquer le contraste du style. Mais si le langage de l'Hippolyte de Pradon est aussi plat que celui de l'Hippolyte de Racine est élégant et délicat, la situation, l'idée, le sentiment, ont une ressemblance difficile à expliquer sans un plagiat. On connaît les vers de Racine :

> Mon arc, mes javelots, mon char, tout m'importune ;
> Je ne me souviens plus des leçons de Neptune ;
> Mes seuls gémissements font retentir les bois,
> Et mes coursiers oisifs ont oublié ma voix.

Pradon traduit dans le style le plus nu et le plus commun ces nobles images :

> Depuis que je vous vois, j'abandonne la chasse ;
> Elle fit autrefois mes plaisirs les plus doux,
> Et quand j'y vais, ce n'est que pour penser à vous.

Le souvenir de Racine est encore plus sensible dans un autre passage. Racine, on se le rappelle, dans la scène où Hippolyte demande à son père la permission de quitter Trézène [2], faisait dire au jeune homme :

> Assez dans les forêts mon oisive jeunesse
> Sur de vils ennemis a montré mon adresse ;
> Ne pourrai-je en fuyant un indigne repos,
> D'un sang plus glorieux teindre mes javelots ?

1. Préface de *Mariamne*.
2. Acte III, sc. 5.

> Vous n'aviez pas encore atteint l'âge où je touche,
> Déjà plus d'un tyran, plus d'un monstre farouche,
> Avait de votre bras senti la pesanteur.
> . . . .
> Et moi, fils inconnu d'un si glorieux père,
> Je suis même encor loin des traces de ma mère.

A son tour l'Hippolyte de Pradon rougit de ne s'être encore signalé qu'à la chasse[1] :

> A mon âge, Thésée avait purgé la terre
> De cent monstres cruels qui lui faisaient la guerre.
> Cependant jusqu'ici ma stérile valeur
> D'un vil sang répandu ne peut me faire honneur.
> Mon nom, à peine écrit sur l'écorce des arbres,
> N'est point encor gravé sur l'airain ou les marbres,
> Et le nom d'Hippolyte et ses plus grands exploits
> Sont connus seulement aux échos de ces bois.

Nous arrêterons ici ces rapprochements qu'on pourrait multiplier; nous consentirons même à expliquer par une imitation commune de Sénèque la ressemblance de la déclaration de Phèdre, de la réponse d'Hippolyte, du récit de la mort du jeune homme dans les deux pièces. Et pourtant bien des vers, bien des hémistiches, font penser à Racine[2], et l'auteur semble avoir suivi ce mo-

---

1. Acte II, sc. 2.
2.
> Une *montagne d'eau*, s'élançant vers le sable,
> *Roule*, s'ouvre, *et vomit* un monstre épouvantable.
> Sa forme est d'un taureau; ses yeux et ses naseaux
> Répandent un déluge et de flammes et d'eaux;
> *De ses longs beuglements les rochers retentissent,*
> Jusqu'au fond des forêts les cavernes gémissent.
> Dans la vague écumante il nage en bondissant,
> *Et le flot irrité le suit en mugissant.*
> . . . .
> Mais ses chevaux fougueux que le monstre intimide
> *Ne reconnaissent plus de maître ni de guide.*

Peut-on lire ces vers sans se demander si Pradon n'avait pas sous les yeux le récit de Racine?

dèle de beaucoup plus près que Sénèque et Euripide.

Mais comment put-il connaître la tragédie? Sans doute, ses amis et lui trouvèrent moyen d'assister aux lectures que Racine en fit dans les derniers mois de l'année 1676. Chacun des membres de la cabale nota dans sa mémoire les principales situations, s'appliqua à saisir au vol quelques traits saillants, à retenir quelques vers, et ce précieux butin porté au trésor commun ne fut pas perdu pour le poète. Qui sait même si l'on n'acheta pas les communications de quelque comédien, si l'on ne trouva pas des arguments assez forts pour obtenir la copie complète ou partielle de la tragédie? Le témoignage de Mlle Deshoulières fortifie ces soupçons, puisqu'elle avoue que Pradon « doublait la tragédie de Racine sur le récit qu'il en avait ouï faire », puisqu'elle parle de la « cabale qui favorisait ce poète contre M. Racine ». Quant à Pradon, le plagiat était dans ses habitudes; trop souvent, dans ses deux premières pièces, il avait copié Racine pour s'être fait scrupule de profiter des ressources dues à l'activité et aux persuasives sollicitations de ses protecteurs.

La rivalité de Pradon, les manœuvres de ses amis, l'insolence de sa préface, ne furent pas les seuls dégoûts de Racine. Il eut encore à subir la critique prétentieuse et pauvre de Subligny, l'ineptie de ses reproches et de ses éloges, son absurde et solennelle affectation d'impartialité. Subligny commence sa *Dissertation sur les tragédies de Phèdre et Hippolyte* par des allusions aux intrigues et aux querelles dont nous avons fait l'histoire; c'est tout ce bruit qui l'a décidé à dire son mot sur les deux pièces. D'ailleurs, il daigne reconnaître que la lutte entre les deux champions n'est pas égale. Cependant l'audace de Pradon n'en est que plus noble : il aura l'honneur d'avoir défié un si fameux adversaire.

Mais que pense Subligny du procédé même de Pradon?
Dans une longue période aussi lourde qu'elle est prétentieuse, il donne à entendre que Racine a bien pu s'attirer par quelques torts cette rivalité; et sa phrase, sous forme de prétérition, renferme plus d'une insinuation contre le grand poète. Il n'ose prononcer entre les deux adversaires; il n'ose décider si la pauvre et plate tragédie de *Pyrame et Thisbé* a pu réellement alarmer l'auteur de tant de chefs-d'œuvre; si la chute de *Tamerlan* ne s'explique pas facilement par l'ineptie de la conception et la faiblesse pitoyable des vers, sans que Racine ait cabalé contre l'ouvrage. Il lui faut de la complaisance pour admettre que les deux principales actrices aient décliné la redoutable concurrence de la Champmeslé. Il ne comprend pas qu'une femme de talent ait refusé le rôle ridicule et faux de la Phèdre de Pradon, et qu'avec un tel désavantage elle ait craint d'affronter la comparaison d'une grande comédienne, dont une création sublime allait soutenir et élever encore le talent!

Après ces longs préliminaires, Subligny commence l'examen des deux pièces; et d'abord il en condamne le sujet qu'il trouve peu propre au théâtre français. L'exemple d'Euripide et de Sénèque ne justifie pas Racine et Pradon; car, chez les païens, Phèdre était moins criminelle que chez nous : « c'était un article de foi
» qu'elle n'avait ni le pouvoir ni la liberté de résister à
» ses impulsions dominantes. » En bonne justice, Subligny n'aurait pas dû étendre ce reproche à la pièce de Pradon, dont l'héroïne, malgré les singuliers remords que lui prête l'auteur, n'est ni adultère ni incestueuse. Au reste, Subligny semble bientôt se raviser et démentir son premier reproche; car il n'approuve pas l'auteur d'avoir altéré un sujet si connu : « Il fallait, dit-il, le
» traiter dans son affreuse vérité ou ne le point traiter

» du tout. » Il reconnaît que Pradon « en craignant d'en-
» freindre les lois de la modestie ou de la bienséance, a
» violé les règles du théâtre et du bon sens. » Nous ne
serons pas aussi sévère que le critique sur le respect dû
à la mythologie. Nous ne croyons pas, comme lui, que
changer de telles traditions ce soit choquer le bon sens
et manquer aux règles du théâtre; mais nous répéterons
qu'en s'écartant du sujet donné par la mythologie, Pradon a ôté à sa pièce toute raison d'être. Dans la position
où il place ses personnages, les combats et les remords
de Phèdre, sa terreur à la nouvelle du retour de Thésée,
l'accusation calomnieuse qu'elle intente elle-même
contre Hippolyte, les imprécations et la vengeance de
Thésée, sont inconcevables, monstrueux, absurdes. L'auteur ne se tire de ces impossibilités qu'en oubliant à tout
moment son sujet, en faisant parler sa Phèdre comme si
elle était et se croyait la femme de Thésée.

Revenons à la censure du sujet tel que l'a développé
Racine. « L'idée d'inceste, dit le critique, glace nos
» cœurs. J'ai vu les dames les moins délicates n'entendre
» les mots dont cette pièce est farcie qu'avec le dégoût
» que donnent les termes les plus libres, et je trouverais
» M. Racine fort dangereux, s'il avait fait cette odieuse
» criminelle aussi aimable et autant à plaindre qu'il en
» avait envie, puisqu'il n'y aurait point de vice qu'il ne
» pût embellir et insinuer agréablement après ce succès. »
Était-ce donc la première fois que l'inceste était produit
sur la scène française, et Subligny avait-il oublié l'*Œdipe*
de Corneille? Non, sans doute; car il cite un peu plus
loin cette tragédie pour y prendre un argument contre
Racine : « Le grand génie qui a mis Œdipe sur notre
» théâtre a eu soin de ne plus le faire voir, dès qu'il est
» convaincu de son crime. » Mais la conviction des spectateurs ne devance-t-elle pas celle d'Œdipe? Dès que

celui-ci paraît sur la scène, ne sait-on pas ce qu'il est et dans quel abîme les destins l'ont précipité? Et pourtant on supporte sa vue, on supporte celle de l'infortunée Jocaste. Pourquoi donc frémirait-on en contemplant Phèdre, qui n'a pas assouvi sa passion, mais qui en rougit et la cache, qui veut mourir « pour ne point faire » un aveu si funeste », qui, dans cette confidence même arrachée par les larmes et les prières d'Œnone, nous peint si vivement ses combats, son horreur d'elle-même? Subligny la traite d'*odieuse criminelle*, et pourtant ce n'est qu'à la nouvelle de la mort de Thésée qu'elle se permet une espérance, qu'elle hasarde une démarche. Sa déclaration même n'est pas complétement volontaire; ce n'est pas de sang-froid qu'elle marche au-devant du péril où elle succombe. L'auteur a ménagé avec un art admirable cette pente où elle glisse et qui la mène « à franchir les bornes de l'austère pudeur ». Jusqu'ici, quoi qu'en dise Subligny, si elle n'est pas *aimable*, elle est du moins bien à plaindre, et nous la jugeons plus malheureuse encore que coupable.

Mais la calomnie dont Hippolyte est victime? Avec quelle habileté Racine a rejeté sur Œnone ce qu'elle a de plus odieux! Comme il a su atténuer le crime de Phèdre, d'abord par le trouble où la jette la vue d'Hippolyte, puis par la démarche qu'elle tente pour détromper Thésée, puis par la nouvelle de cet amour qui change brusquement le cours de ses idées, arrête l'aveu déjà sur ses lèvres, et l'arrache un moment à ses remords pour la jeter dans toutes les angoisses, dans toutes les fureurs de la jalousie! Et ensuite quel retour déchirant sur sa conduite, quelle horreur pour ses crimes! de quelles malédictions elle accable et Œnone et elle-même! Quelle leçon dans ces douleurs d'une âme si cruellement torturée par sa passion, même avant qu'elle s'en punisse par un humiliant aveu et par la mort! N'en déplaise à Subligny, nous croyons que Racine, sans nous donner de sympathie pour le crime de Phèdre, a réussi à nous attendrir sur sa personne, à nous faire plaindre une coupable qui se condamne et se châtie elle-même si sévèrement. Nous croyons de plus que ces peintures n'ont pas pour effet « d'embellir le vice et de » l'insinuer agréablement ». Nous dirons plutôt avec Racine, appuyé de Boileau et même du sévère Arnauld, qu'on en reçoit une impression utile et morale; car « les moindres fautes y sont sévèrement punies, la seule » pensée du crime y est regardée avec autant d'horreur » que le crime même; les passions n'y sont présentées » aux yeux que pour montrer tout le désordre dont elles » sont cause; et le vice y est peint partout avec des cou- » leurs qui en font connaître et haïr la difformité [1]. »

Après la condamnation du sujet, Subligny examine comparativement les caractères dans les deux pièces. Il commence par Thésée, et trouve celui de Racine « trop » crédule et trop imprudent » Il ne songe pas que l'auteur n'a pas voulu présenter Thésée comme un personnage parfaitement sage et maître de lui. Pour le succès de la calomnie, ne fallait-il pas lui donner un caractère violent et emporté? Enfin Thésée pouvait-il refuser créance au crime d'Hippolyte sans tomber dans le soupçon d'un crime plus monstrueux encore et moins croyable? L'accusation, dit Subligny, est bien mieux motivée et plus forte dans Sénèque et dans Euripide. Sans doute, puisque d'un côté c'est Phèdre elle-même qui vient sans pudeur accuser un innocent, et que de l'autre, la mort de la reine, les tablettes accusatrices qu'elle a laissées, sont des preuves qui semblent irréfu-

---

1. Préface de *Phèdre*.

tables. Dans les idées des anciens, où Phèdre n'est qu'une victime de la colère de Vénus et un instrument de sa vengeance contre Hippolyte, cette conduite s'explique ; c'est une dernière conséquence du délire dont la déesse a frappé la reine. Mais, chez les modernes, une telle conception eût-elle été supportable? et n'est-ce pas alors que Subligny eût pu traiter l'héroïne de Racine d'*odieuse criminelle?*

Subligny juge le Thésée de Pradon « un peu meil- » leur », et sa crédulité « un peu mieux fondée ». Cependant, à son avis, tous les incidents imaginés par l'auteur sont « grossiers et très-faibles, et traînent dans » les farces les plus triviales ». Enfin, oublie-t-il que le Thésée de Pradon n'est que le fiancé de Phèdre? En appelant sur son fils, par un simple motif de jalousie, une mort infaillible, n'est-il pas le plus cruel et le plus odieux des pères?

Arrivé au caractère de la Phèdre de Racine, Subligny se borne à reproduire, avec plus de violence, sa première condamnation. « C'est, dit-il, une forcenée. » M. Racine lui donne trop d'amour, trop de fureur et » trop d'effronterie. » — Et ce critique sévère admire sans réserve la Phèdre de Sénèque, misérable dévergondée qui se complaît dans ses crimes, qui va, devant le cadavre d'Hippolyte tué par sa calomnie, accabler Thésée d'invectives, et lui demander compte du sang qu'elle-même a fait répandre! Il admire beaucoup la retenue de la Phèdre d'Euripide « qui meurt de dépit et » de honte parce que sa nourrice a révélé sa passion à » Hippolyte »; et il ne songe pas que cette femme si réservée imagine, exécute la calomnie la plus abominable, car elle est sans retour, sans rétractation possible, et la mort lui donne la plus forte des sanctions. Au reste, Subligny, injuste pour la Phèdre de Racine, traite aussi durement que nous le pourrions faire celle de Pradon : « On ne sait ce qu'elle est, ni ce qu'elle dit ; » elle n'a point de caractère arrêté ; sa politique est sans » fondement, et toutes ses actions, aussi bien que ses » discours, ne signifient aucune chose. »

Le critique n'est pas mécontent de l'Aricie de Racine. Quant à celle de Pradon, il ne l'épargne pas plus que sa Phèdre. « M. Pradon, dit-il, ne lui a pas donné un » caractère assez judicieux ; c'est elle qui fait l'amour à » Hippolyte, qui lui dit tout ce qu'il devait dire de plus » tendre, et elle découvre comme une étourdie sa » passion devant Phèdre, par un mot que la personne la » moins raisonnable n'aurait pas prononcé. » Il faut avouer qu'Aricie n'a guère de retenue, et qu'elle répond avec un empressement bien peu déguisé à la déclaration d'Hippolyte. Il faut avouer aussi qu'elle trahit bien ridiculement devant Phèdre l'amour qu'elle a dissimulé jusque-là ; et l'on ne pouvait imiter avec plus d'ineptie la terrible situation d'Atalide. Phèdre, abusée par sa confidente et par Hippolyte lui-même, se croit aimée du jeune homme. Elle raconte qu'elle a vu le père en présence du fils, et que celui-ci, fort habile apparemment à feindre un amour qu'il ne sent pas, n'a pu se contenir même devant Thésée :

> Son désordre a fait voir un feu qu'il voulait taire.
> . . . .
> Thésée est pénétrant, il a paru surpris
> De trouver de l'amour dans les yeux de son fils.

Un grand danger menace donc Hippolyte. Mais Aricie sait fort bien que les soupçons de Thésée sont imaginaires. Elle sait qu'un mot de son amant ou d'elle-même dissipera les doutes du roi, et même assurera leur union : car, dans la pièce de Pradon, la princesse

PHÈDRE. 319

n'est pas le dernier rejeton d'une famille proscrite, et Thésée tout le premier, sans connaître l'amour des deux jeunes gens, a formé le projet de les unir. Cependant, malgré tant de raisons pour être tranquille, elle ne peut contenir son épouvante et son désespoir ; elle éclate, comme Atalide à la nouvelle subite de la mort résolue, commandée de Bajazet. Elle s'écrie :

> Que deviendrais-je, hélas ! si cet amant si tendre
> Périssait.....

Phèdre, brusquement tirée de sa confiance, ne ménage pas la rivale qui s'est si maladroitement déclarée :

> Dieu ! qu'est-ce que je vois !
> Vous feriez juger, à vos sens interdits,
> Que le père vous touche ici moins que le fils [1].

Et elle interroge Aricie sur ce ton délicat :

> Est-ce vous, est-ce moi qui le fait soupirer ?

Aricie veut réparer le mal causé par son inconcevable sottise :

> Ah ! sans doute, madame,
> S'il soupire, vos yeux ont fait naître la flamme.

Phèdre répond encore par un mot dérobé à Racine :

> Souhaitez-le [2], du moins !

---

1. Racine, *Britannicus*, acte II, sc. 3 :
   La sœur vous touche ici beaucoup moins que le frère.
2. *Britannicus*, acte III, sc. 8.
   Souhaitez-le, c'est tout ce que je puis vous dire.

et la jalousie fait naître en elle des tourments qu'elle exprime par ce vers pathétique :

> Je suis dans un état affreux, épouvantable !

On voit encore ici une trace évidente des plagiats de Pradon. Racine avait renouvelé le caractère et la passion de Phèdre par ce ressort original et sublime de la jalousie, qui est la meilleure justification de l'épisode d'Aricie et d'Hippolyte ; Pradon a voulu que sa Phèdre éprouvât aussi de la jalousie. La grande différence, c'est que, chez Racine, cette passion est naturelle dans sa cause, autant que saisissante et terrible dans ses effets, tandis que Pradon fait le plus pauvre et le plus inepte emploi des ressources qu'il a volées.

Subligny insiste peu sur les autres caractères. Il trouve qu'Hippolyte « est un bon et simple jeune » homme », qu'OEnone est « copiée d'après la nourrice » d'Euripide » ; quant aux autres personnages, ils ne valent pas « qu'on s'y arrête ». Le rapprochement de l'Hippolyte grec avec celui de Racine aurait fourni cependant bien des observations ; mais Subligny n'était pas de force à comprendre la beauté de l'Hippolyte d'Euripide. Ajoutons qu'à cette époque il eût été difficile, même à des juges plus éclairés et plus instruits, de goûter complétement ce caractère, et que Racine devait presque nécessairement le modifier. « Pourquoi a-t-il » fait son Hippolyte amoureux ? » disait Arnauld. Mais Hippolyte, n'ayant d'autre sentiment que son amour pour la chasse et son culte idéal pour Diane, eût été bien froid pour notre scène ; et quand Racine répondait : « Qu'auraient dit nos petits-maîtres, si j'avais fait Hip- » polyte insensible ? » il ne se justifiait pas aussi fortement qu'il eût pu le faire et qu'il l'avait fait déjà dans sa préface.

Après ces observations générales, Subligny prend scène par scène les deux pièces, et surtout celle de Racine, dont il trouve moyen de censurer le plus souvent et la conduite et le style. A part quelques observations justes, mais gâtées par une forme blessante et grossière, ces critiques sont petites et puériles, ou révoltantes d'injustice.

Voici en quels termes Subligny apprécie l'admirable scène de la confidence : « Cette languissante conversation » de Phèdre et d'Œnone est prise tout entière et mot » pour mot d'Euripide; mais elle n'en est pas moins » belle, et j'estimerais autant cette traduction qu'une » chose inventée, si elle n'était point ennuyeuse. » Pénètre qui pourra la pensée du critique, pour qui le beau peut s'allier avec le languissant et l'ennuyeux. Nous ne chercherons pas à expliquer cette contradiction; nous nous étonnerons seulement de cette appréciation singulière d'une des scènes les plus saisissantes et les plus pathétiques de la tragédie. Il est vrai que Racine, sans l'avoir prise « mot pour mot » à Euripide, en a puisé les principaux traits dans ce poète. Mais, puisque Subligny aime tant la rapidité, il aurait dû remarquer du moins que Racine a réduit beaucoup les proportions de l'original. Sans doute cette différence a ses raisons, et la situation, telle que la prolonge le poète grec, est partout intéressante et animée comme dans le cadre plus restreint de l'auteur français. Mais on voit sans peine que Subligny connaît peu Euripide et Sénèque. S'il vante leur œuvre, ce n'est pas qu'il soit capable de l'apprécier, c'est qu'il veut rabaisser celle de Racine.

Arrivé à la magnifique confidence de Phèdre, le critique, au lieu d'être ému, trouve que « la reine fait un » énorme détail de tous les mouvements de sa tendresse » criminelle », et voilà tout ce que lui inspire cet admirable récit, où les emportements de l'amour sont peints avec une force qui égale ou surpasse Sapho et Virgile.

On a souvent apprécié et loué comme ressort dramatique la supposition de la mort de Thésée, incident si heureusement emprunté à Sénèque. Subligny juge que cette mort « n'est ni judicieusement préparée, ni solide- » ment établie ». Et pourtant, depuis six mois, on est sans nouvelles de Thésée ; c'est en vain que Théramène a parcouru, pour s'informer de lui, toutes les parties de la Grèce. D'ailleurs, nous le saurons par le héros lui-même, il n'échappera que par hasard aux cachots du roi d'Épire, qui a fait périr cruellement Pirithoüs. De plus, Hippolyte ne croit pas sans réserve à cette nouvelle : il espère encore en la protection de Neptune ; dès qu'il apprend qu'on peut douter, il recommande de tout écouter, de ne négliger aucun bruit [1]. Quant à Œnone et à Phèdre, cette nouvelle les arrache à une situation terrible ; elle les sauve comme par miracle : elles s'y attachent avec toute l'ardeur du désir et du besoin.

Nous abandonnons plus volontiers la déclaration d'Hippolyte. Subligny n'a pas tort de trouver le jeune homme trop élégant pour un amoureux si novice et si honteux de lui-même, et de juger « qu'il excuse bien » galamment et en bien bon style la rudesse de ses » expressions champêtres ». Ce qu'on pourrait dire, c'est que la peinture de cet amour frais et pur repose agréablement du délire et des agitations fiévreuses de Phèdre, et que les traits gracieux d'Aricie font un heureux contraste avec la figure ardente et passionnée de sa rivale.

---

1. Acte II, sc. 6.

    N'importe : écoutons tout, et ne négligeons rien.

Subligny s'amuse ensuite aux dépens de « l'arrivée » bourgeoise » de Thésée, de sa crédulité, de sa prière à Neptune, « aussi injuste que mal digérée », du trouble naturel et touchant de ce père courroucé, mais ému à la pensée de la mort qui va frapper son fils même criminel. Le critique daigne trouver du bon dans la scène merveilleuse de la jalousie, et approuver le détour adroit par lequel l'auteur « remet la rage dans le » cœur de Phèdre ». Mais au lieu de se récrier sur des beautés si neuves, que rien ne surpasse dans aucune littérature, il s'attache à chicaner quelques mots[1]. Il trouve le discours d'Œnone pour calmer les remords de sa maîtresse fait à contre-temps; il condamne comme mal placée la réflexion morale de Phèdre sur les flatteurs : « Elle n'a pas assez de sang-froid pour pro- » noncer ces judicieuses sentences. » Quoi ! la magni-

---

1.   La mort est le seul dieu que j'osais implorer.

« La mort, dit-il, n'est pas un dieu; il fallait au moins dire *déesse*. »

Les dieux mêmes, les dieux de l'Olympe habitants.

» Quelle cheville! s'écrie Subligny. Quoi! cette expression, qui ne se
» souffrirait pas dans la poussière des classes, est exposée impudem-
» ment sur le théâtre! »

Plus haut, il a critiqué avec raison, mais toujours sur un ton acerbe, la phrase d'Œnone :

Les ombres par trois fois ont obscurci les cieux,
Depuis que le sommeil n'est entré dans vos yeux.
. . . .

« Ces vers sentent plus le Phœbus de collége que l'Apollon de cour. »

Il condamne avec autant de rigueur quelques licences poétiques, quelques hardiesses légitimes ou au moins fort excusables au milieu des difficultés de notre poésie; il s'indigne de quelques taches dont la rareté seule est étonnante. Mais il attaque surtout des expressions familières qui lui semblent *bourgeoises*, et que Racine, si souvent accusé de notre temps pour sa *noblesse*, a fort heureusement introduites dans la poésie.

fique apostrophe de Phèdre, les imprécations dont elle accable Œnone, sont des réflexions froides et déplacées? Quoi! la passion ne respire pas dans chacun de ces vers? et cette condamnation des flatteurs que Subligny traite de « judicieuses sentences » n'est pas animée par l'accent du plus amer désespoir? L'émotion, la flamme est partout, et Subligny se plaint de rester froid! Assurément, c'est que rien ne saurait fondre la glace de son cœur.

Subligny ne manque pas de s'étendre complaisamment sur la critique du fameux récit attaqué dès le XVII° siècle par Fénelon et par La Motte. Il est assez inutile aujourd'hui de reconnaître que, dans ce morceau célèbre, Racine, ordinairement si discret, a abusé de la poésie. Entraîné par le désir de lutter avec Euripide et Sénèque, il a trop prodigué la richesse et l'harmonie; ce langage pompeux n'est pas celui d'une douleur récente et vive : Fénelon et La Motte ont raison contre Boileau. Mais cette critique, pour être juste, doit être restreinte à quelques vers : que l'on supprime la description du monstre et de l'effet produit par son apparition, tout le reste, malgré l'éclat des vers, est convenable et naturel; il n'y a plus rien que Théramène n'ait pu dire.

L'appréciation de la dernière scène couronne dignement l'examen de Subligny. « Enfin, dit-il, Phèdre » vient faire sa confession générale. Je crois que si » M. Racine n'avait eu une forte envie de faire paraître » Phèdre aussi belle empoisonnée que charmante empoi- » sonneuse, il aurait supprimé cette scène; car enfin elle » est inutile, mal inventée, désagréable, et M. Pradon » a mieux fait de ne faire qu'un récit de la mort de » cette criminelle, joint à celui d'Hippolyte. » Inutile, une scène sans laquelle la justification d'Hippolyte resterait incomplète, sans laquelle la vertu « gémirait soupçonnée », sans laquelle il manquerait quelque chose au châtiment de la coupable, puisqu'elle n'aurait pas la honte d'un aveu ! mal inventé, un tableau si frappant et si dramatique ! désagréable, un dénoûment qui achève d'atténuer l'odieux du personnage de Phèdre, et qui, en nous la montrant juge si inflexible d'elle-même, désarme en partie notre sévérité ! Et à cette émouvante apparition de Phèdre pâle, confuse, mourante, Subligny eût préféré un récit ! Il ose, en présence de cette belle scène, évoquer le souvenir des misérables vers de Pradon ! Il est vrai qu'il n'est pas satisfait de tous ceux de Racine, et qu'il critique « les grandes épithètes » du discours de Phèdre. Pour nous, loin d'en être choqué comme Subligny, nous avons toujours trouvé qu'elles convenaient admirablement à la situation. La coupe, l'harmonie du vers, tout est en rapport avec le ton d'une femme accablée et près de mourir. Loin d'y voir une négligence de Racine, nous y verrions volontiers un calcul de son art.

La lecture de la dissertation de Subligny ne prépare guère aux conclusions de l'auteur : « M. Racine n'a pas » fait de tragédie où il y ait tant de beautés et tant de » défauts qu'en celle-là. » Le critique nous avait bien montré les défauts ou ce qu'il jugeait tel ; mais il n'avait guère signalé ces beautés si nombreuses. Au reste, il n'y a pas moins de contradiction entre sa critique de la pièce de Pradon et le jugement général auquel il s'arrête. Il a énuméré les invraisemblances absurdes de l'action, « la sottise de Phèdre, qui se laisse prendre aux soupirs » d'Hippolyte, le ridicule du récit de Thésée, la pauvreté » insupportable du récit de la mort de Phèdre et d'Hip» polyte ». L'acte IV et l'acte V lui ont paru « si confus, que n'ayant pu les entendre qu'avec dégoût, il n'a pu les retenir avec exactitude ». Et après cette condamnation

si complète et si peu ménagée, il conclut que « la tra-
» gédie est mieux intriguée que celle de M. Racine,
» qu'elle surprend davantage les esprits et excite un
» peu plus la curiosité. » Et cette conclusion monstrueuse, inconcevable, sans cesse démentie par Subligny
lui-même, a été acceptée de confiance par les auteurs
du *Dictionnaire historique*[1], des *Anecdotes dramatiques*,
des *Annales poétiques*, et d'autres compilations copiées
sur celles-là ! Elle a survécu longtemps à la critique de
Subligny et à la tragédie de Pradon ! Certes, des faits si
révoltants étaient utiles à constater; ils achèvent d'expliquer les dégoûts de Racine, et nous pouvons l'affirmer en finissant : autant que Pradon, Mme Deshoulières et la cabale de l'hôtel de Bouillon, Subligny est
coupable de cette résolution qui a rendu stériles pour
les lettres douze années de la maturité du grand poète,
et fait de son retour à l'art dramatique un heureux et
court accident.

---

1. Bayle appelle les deux *Phèdre* deux tragédies *très-achevées*. Voyez Voltaire (Préface de *Mariamne*); il semble réduire au style toute la différence entre Pradon et Racine.

CHAPITRE IX

ESTHER ET ATHALIE.

Explications de Mme de Caylus sur l'origine de la pièce d'*Esther*. — Représentations de Saint-Cyr (1689). — Comptes rendus de Mme de Sévigné. — Couplets satiriques. — Affaire d'*Athalie* (1691). — — Récit de Mme de Caylus. — Représentations de Versailles en 1702. — Les tragédies saintes à Saint-Cyr après *Athalie*. — La *Judith* de Boyer (1695).

Rien n'est plus connu que les circonstances qui, après onze années de silence, ramenèrent Racine à la poésie dramatique. Ce n'est pas qu'en cédant aux instances de Mme de Maintenon, il crût revenir à un passé avec lequel il avait rompu, et dont le souvenir ne cessa jamais de troubler son âme. Dans sa pensée comme dans celle de son auguste protectrice, il s'agissait non d'acquérir de la gloire, d'obtenir les applaudissements dangereux d'un nombreux public, mais de travailler pour le plaisir et l'instruction de jeunes filles, de composer une œuvre dont le bruit ne franchirait pas les murs de la maison de Saint-Cyr. Mme de Maintenon s'en expliqua nettement avec Racine dans une lettre dont Mme de Caylus nous a laissé l'analyse. « Nos petites filles, lui disait-elle,
» viennent de jouer votre *Andromaque*, et l'ont si bien
» jouée qu'elles ne la joueront de leur vie ni aucune
» autre de vos pièces. » Puis, elle le priait « de lui faire
» dans ses moments de loisir quelque poème moral ou

» historique dont l'amour fût entièrement banni, et
» dans lequel il ne crût pas que sa réputation fût inté-
» ressée, parce que la pièce resterait ensevelie à Saint-
» Cyr. Peu lui importait, ajoutait-elle, que l'ouvrage fût
» contre les règles, pourvu qu'il contribuât aux vues
» qu'elle avait de divertir les demoiselles de Saint-Cyr
» en les instruisant. »

Au rapport de Mme de Caylus, cette lettre jeta Racine dans une agitation dont elle explique finement la raison principale : « La commission était délicate pour un
» homme qui, comme lui, avait une grande réputation
» à soutenir, et qui, s'il avait renoncé à travailler pour
» les comédiens, ne voulait pas du moins détruire l'opi-
» nion que ses ouvrages avaient donnée de lui. » En effet, bien que Mme de Maintenon demandât à l'auteur une pièce « sans importance, faite dans ses moments de
» loisir », l'exécution d'une pareille œuvre devait être pour lui un sacrifice bien plus coûteux que le silence. Cette pièce, pour laquelle on n'exigeait aucun respect des règles, qui devait être dépouillée de la passion indispensable, suivant les idées du temps, à l'intérêt et au succès d'un ouvrage dramatique, qui, pour être à la portée des jeunes actrices, ne devait avoir ni beaucoup d'étendue ni beaucoup de force, échapperait-elle à toute publicité ? Les anciens ennemis de Racine n'avaient pas désarmé ; et, sans compter la faveur du roi et de Mme de Maintenon, les débats littéraires du temps avaient suscité au poète de nouveaux adversaires qui avaient encore fortifié le parti. C'est au moment où éclatait dans toute sa force la querelle des anciens et des modernes, que Mme de Maintenon demandait à Racine un divertissement pour des petites filles ! On comprend qu'il ait hésité, qu'il ait redouté la censure de ses ennemis qui sauraient bien s'emparer de la pièce, la soumettre, en

dépit de son origine et de son objet, à une sévère
analyse, et proclamer partout la décadence de l'auteur
d'*Andromaque* et d'*Iphigénie*. Peut-être aussi craignait-
il pour lui l'effet de l'âge et du changement d'études et
d'existence; peut-être craignait-il de ne pas retrouver à
cinquante ans l'ardeur, la sensibilité et l'éclat de sa
brillante jeunesse.

Boileau conseilla énergiquement à son ami de s'abs-
tenir. Mais un tel refus était difficile. D'ailleurs Racine
n'avait pas perdu toute confiance en lui-même; sans
doute il pensa que, sans s'écarter des vues de Mme de
Maintenon, il pourrait faire une œuvre qui ne serait pas
indigne de son passé. Ses ennemis lui avaient reproché
de n'être que le peintre de l'amour; peut-être lui-même,
en étudiant Sophocle et Euripide, avait-il regretté que
le goût du temps le condamnât au continuel développement de cette passion. La beauté de l'Écriture sainte,
devenue, depuis sa conversion, l'objet habituel de ses
méditations, avait dû souvent remuer son âme : dans ces
cantiques qui l'avaient déjà si bien inspiré, dans ces
psaumes et ces prophéties, pleins d'une poésie si variée
et si riche, ne pourrait-il trouver de quoi soutenir son
imagination et colorer son style? N'était-ce pas même
l'occasion d'exécuter un dessein qui souvent, comme il
le dit dans sa préface, « lui avait passé dans l'esprit,
» c'est-à-dire d'introduire sur la scène française les
» chœurs du théâtre ancien, de lier, comme dans les tra-
» gédies grecques, le chœur et le chant avec l'action, et
» d'employer à chanter les louanges du vrai Dieu cette
» partie du chœur que les païens employaient à chanter
» les louanges de leurs fausses divinités? » Par là
tous les vœux de Mme de Maintenon seraient exaucés :
les jeunes élèves seraient exercées au chant comme à la
déclamation; les airs ne seraient plus « composés sur

» des paroles extrêmement molles et efféminées, capables
» de faire des impressions dangereuses sur de jeunes
» esprits [1] », mais sur les pensées les plus instructives,
sur les images les plus sublimes de l'Écriture. Quant au
fond du poème, sans prétendre se conformer sévèrement
à toutes les règles de l'art, et concevoir un plan aussi
savant et aussi compliqué que ceux d'*Andromaque* ou
de *Bajazet*, il trouverait sans doute dans la Bible le
sujet de scènes gracieuses, propres à former une action
« agréable », à servir d'occasion et de lien aux chants,
et, comme il le dit, « à rendre la chose plus vive et moins
» capable d'ennuyer ». Voilà ce que cherchait Racine, et
ce qu'il crut rencontrer dans le sujet d'*Esther*; voilà le
cadre qu'il se traça et d'après lequel il écrivit sa pièce.
Boileau lui-même entra dans ces raisons : « Il fut enchanté,
» nous dit Mme de Caylus ; et il exhorta son ami à tra-
» vailler, avec autant de zèle qu'il en avait eu pour l'en
» détourner. » Sans doute, comme Mme de Maintenon et
la cour, il ne fut pas moins charmé de l'exécution que
de l'idée, et il dut porter sur l'œuvre nouvelle le même
jugement que Mme de Caylus : « Si l'on fait attention au
» lieu, au temps et aux circonstances, on trouvera que
» Racine n'a pas moins marqué d'esprit en cette occa-
» sion que dans d'autres ouvrages plus beaux en eux-
» mêmes. » Faute de tenir compte de tous ces faits, on
a souvent jugé *Esther* avec une sévérité qui va jusqu'à
l'injustice. Il en fut ainsi, nous le verrons, dès le temps
de Racine, en dépit ou peut-être à cause du succès inespéré que la pièce valut au poète.

On sait en effet que « ce divertissement d'enfants [2] »
devint, comme dit Mme de la Fayette [3], « l'affaire la plus

1. Préface d'*Esther*.
2. *Id., ibid.*
3. *Mémoires.*

» sérieuse de la cour ». Mme de Maintenon et le roi prirent plaisir à donner aux jeunes actrices l'auditoire le plus brillant : ce fut une faveur avidement recherchée d'être admis aux représentations de Saint-Cyr ; on ne put faire sa cour sans prodiguer les éloges à la pièce et à ses interprètes, et la froideur et l'indifférence eurent leurs dangers. Un jour, Mme de Coulanges avait remarqué avec peine le silence d'une spectatrice, la maréchale d'Estrées. « Il faut, lui dit-elle, que madame la maré-
» chale ait renoncé à louer jamais rien, puisqu'elle ne
» loue pas cette pièce. » La maréchale se plaignit que Mme de Coulanges « voulait lui faire une affaire ».

Nous connaissons ce détail par une dame que nous n'avons pas trouvée très-disposée à l'admiration pour Racine, par Mme de Sévigné. Dès l'époque des répétitions, elle donne à sa fille des nouvelles de la pièce qui faisait déjà du bruit. « Mme de Maintenon est fort occupée
» de la comédie qu'elle fait jouer par ses petites filles ; ce
» sera une fort belle chose, à ce que l'on dit[1] » Deux jours plus tard, le 26 janvier, les représentations commencèrent ; Mme de Sévigné l'annonce à sa fille dans sa lettre du 28 : « On a déjà représenté à Saint-Cyr la
» comédie ou tragédie d'*Esther*. Le roi l'a trouvée admi-
» rable ; M. le Prince a pleuré. Racine n'a rien fait de plus
» beau ni de plus touchant ; il y a une prière d'Esther
» pour Assuérus qui enlève. » Plus tard, elle en parle d'après son ami, M. de Pomponne, qui a été invité à Saint-Cyr « comme un homme d'une profonde sagesse ».
« M. de Pomponne fut content au dernier point. Racine
» s'est surpassé ; il aime Dieu comme il aimait ses maî-
» tresses ; il est pour les choses saintes comme il était
» pour les profanes. La sainte Écriture est suivie exactement

---

1. Lettre du 14 janvier 1689.

» dans cette pièce ; tout est beau, tout est grand, tout est
» traité avec dignité. » Ailleurs elle dit : « Si j'étais dévote,
» j'aspirerais à voir cette pièce. » Il est certain qu'elle y
aspirait, et qu'elle fut heureuse et reconnaissante de
l'invitation qu'elle reçut dans le courant de février.

Le récit qu'elle fait de cette représentation est fort piquant[1]. Mme de Sévigné n'a eu garde de s'exposer au même affront que Mme d'Estrées ; elle a eu soin d'écouter la pièce « avec une attention qui fut remarquée, et de
» laisser de temps en temps échapper de certaines
» louanges sourdes et bien placées qui n'étaient peut-être
» pas sous les fontanges de toutes les dames. » Et quand le roi est venu lui demander si elle a été contente, elle lui a fait part « de ses sincères admirations, sans bruit et
» sans éclat ». Il était plus habile de répondre comme elle : « Sire, je suis charmée, ce que je sens est au-dessus
» des paroles », que de multiplier les exclamations. Aussi Mme de Sévigné a-t-elle les honneurs de la journée : le roi, Mme de Maintenon, M. le Prince, les plus grands personnages de la cour lui ont adressé quelques paroles flatteuses ; elle a été « l'objet de l'envie » ; elle est rentrée chez elle charmée de tout le monde et de la pièce, qu'elle loue cependant avec mesure, sans que la joie ôte rien à la délicatesse de son goût : « Je ne puis vous
» dire l'excès de l'agrément de cette pièce : c'est une
» chose qui n'est pas aisée à représenter et qui ne sera
» jamais imitée ; c'est un rapport de la musique, des vers,
» des chants, des personnes, si parfait et si complet,
» qu'on n'y souhaite rien ; les filles qui font des rois et
» des personnages sont faites exprès : on est attentif, et on
» n'a point d'autre peine que celle de voir finir une si
» aimable pièce ; tout y est simple, tout y est innocent,

---

1. Lettre du 21 février 1689.

» tout y est sublime et touchant ; cette fidélité de l'his-
» toire sainte donne du respect ; tous les chants, conve-
» nables aux paroles, qui sont tirés des Psaumes ou de
» la Sagesse, et mis dans le sujet, sont d'une beauté qui
» ne se soutient pas sans larmes. » Et elle conclut par un
trait qui résume heureusement ses impressions et le
mérite de l'œuvre : « La mesure de l'approbation qu'on
donne à cette pièce est celle du goût et de l'attention. »
Ainsi, elle n'est pas de ces courtisans dont Mme de la
Fayette parle avec un peu d'humeur, qui « d'un petit di-
» vertissement fort agréable ont voulu faire un chef-
» d'œuvre supérieur à tout ce qui s'était fait en ce genre-
» là ». Mme de Sévigné réunit dans ses éloges la pièce,
la musique, les actrices, la mise en scène. C'est surtout
de l'ensemble qu'elle est charmée ; ce qui la touche dans
l'ouvrage, c'est la reproduction fidèle de l'histoire sainte,
et non-seulement l'exactitude des faits, mais encore plus
sans doute la vérité de la couleur, du ton, du langage.
Elle n'y cherche pas une tragédie dans les règles, mais
des tableaux gracieux que l'inspiration des livres saints
rend quelquefois sublimes. Elle n'avait donc rien à
désavouer dans son premier jugement ; et, quand l'*Esther*
aura été publiée, quand « l'impression, cette requête
» civile contre l'approbation publique », suivant l'expression de M. de la Feuillade, « aura produit son effet ordinaire », quand surtout les ennemis de Racine auront eu le
temps d'opposer leur sévérité à la complaisance des spectateurs de la cour, elle aurait pu maintenir son appréciation et ne pas écrire cette phrase qui ressemble à une
rétractation : « Pour moi, je ne réponds que de l'agrément
» du spectacle qui ne peut être contesté. »

En effet, le grand succès d'*Esther* et les suffrages au-
gustes qu'elle obtint, ne protégèrent pas Racine contre
les critiques. Le mot de Mme de Sévigné : « Il aime Dieu

» comme il aimait ses maîtresses », ne fut pas du goût de ses adversaires ; ils le retournèrent en disant qu'il s'entendait mieux à parler d'amour que de Dieu. On voit par le récit de Louis Racine que ces attaques vinrent particulièrement des auteurs, des confrères de Racine à l'Académie française : « Plusieurs de ceux qui avaient
» répété si souvent dans leurs épîtres dédicatoires, ou
» dans leurs discours académiques, que le roi était au-
» dessus des autres hommes autant par la justesse de
» son goût que par la grandeur de son rang, ne regar-
» dèrent pas dans cette occasion sa décision comme une
» loi pour eux. » Puis il rend compte d'une apologie manuscrite d'*Esther*, que le hasard a fait tomber entre ses mains, et dont l'auteur avoue que le jugement du public n'a pas été favorable à la pièce, et qu'il est même déjà un peu tard pour en appeler. Cependant l'apologiste entreprendra, dit-il, de montrer qu'elle a été condamnée sans examen, et que tout son mérite n'est pas reconnu. A l'appui du même fait vient une injurieuse épigramme répandue à l'époque d'*Athalie*, et attribuée à Fontenelle :

> Gentilhomme extraordinaire,
> Poète missionnaire,
> Transfuge de Lucifer,
> Comment diable as-tu pu faire
> Pour renchérir sur *Esther*[1] ;

ainsi que d'autres couplets conservés dans le même recueil :

> Quand je vois tous tes vers tomber sans harmonie,
> Quand je vois dans *Esther* dépérir ton génie,
> Hypocrite rimeur, historien trop payé,
> Avec tout l'univers ma langue se délie,

---

1. *Ch. histor.*, t. VII, p. 113.

> Et je dis : O fatale loi!
> Quoi! faut-il voir un si grand roi
> Entre les mains de l'auteur d'*Athalie* [1]!

Pour attirer à Racine des inimitiés puissantes, on ne manqua pas d'exagérer et d'envenimer les allusions qu'on croyait voir dans la pièce. L'altière Vasthi était Mme de Montespan; Aman fut Louvois. Ce n'était pas la première fois qu'on cherchait à exciter ce ministre contre les poètes chers à son rival d'influence, Colbert. Pradon avait reproché méchamment à Boileau de n'avoir loué ni Louvois, ni son père, Le Tellier[2]. On publia que Racine n'avait pas craint d'attaquer directement le fameux ministre, peu aimé de Mme de Maintenon, en mettant dans la bouche d'Aman cette parole orgueilleuse échappée, disait-on, à Louvois : « Il sait qu'il me doit » tout! » Louvois et Le Tellier passaient pour les principaux instigateurs de la révocation de l'édit de Nantes, que Colbert, disait-on, aurait bien su empêcher[3]. Ce fut une raison décisive pour faire de la persécution des juifs l'image de celle des protestants. Des couplets attribués à un jeune seigneur, le baron de Breteuil, depuis introducteur des ambassadeurs, expliquèrent toutes ces

---

1. *Ch. histor.*, t. VII, p. 358.
2. *Nouvelles remarques sur les ouvrages du sieur D**** (1685).

> Mais ta muse s'oublie et s'endort quelquefois.
> Ne te souvient-il pas de l'appui de nos lois,
> Le Tellier, dont la haute et la rare prudence
> De l'auguste Thémis tient en main la balance?
> Ne te souvient-il plus de son auguste fils,
> Louvois, à qui le soin de la guerre est commis?
> Il est vrai que leurs noms. . . . .
> . . . .
> N'attendent pas tes vers pour rehausser leur gloire.
> Quand tu perds la mémoire avec le jugement,
> Ils pardonnent sans peine à ton égarement.

3. Colbert était mort en 1683.

allusions qui faisaient de la pièce une perpétuelle allégorie :

> Racine, cet homme excellent,
> Dans l'antiquité si savant,
> Des Grecs imite les ouvrages ;
> Il peint, sous des noms empruntés,
> Les plus illustres personnages
> Qu'Apollon ait jamais chantés.
>
> Sous le nom d'Aman le cruel,
> Louvois est peint au naturel ;
> Et de Vasthy la décadence
> Nous retrace un portrait vivant
> De ce qu'a vu la cour de France
> A la chute de Montespan.
>
> La persécution des Juifs
> De nos huguenots fugitifs
> Est une vive ressemblance ;
> Et l'Esther qui règne aujourd'hui
> Descend des rois[1] dont la puissance
> Fut leur asile et leur appui.
>
> Pourquoi donc, comme Assuérus,
> Notre roi, comblé de vertus,
> N'a-t-il pas calmé sa colère ?
> Je vais vous le dire en deux mots :
> Les Juifs n'eurent jamais affaire
> Aux jésuites et aux dévots.

Cette chanson respectait du moins Mme de Maintenon, et laissait croire qu'il n'avait pas dépendu d'elle de jouer jusqu'au bout le rôle d'Esther. Mais on ajouta un cinquième couplet fort injurieux pour elle :

> Comme la Juive d'autrefois,
> Cette Esther qui tient à nos rois

---

1. « Quelques-uns prétendaient que Jeanne d'Albret, après la mort d'Antoine de Navarre, avait épousé secrètement d'Aubigné, qui a

Éprouva d'affreuses misères ;
Mais plus dure que l'autre Esther,
Pour chasser la foi de ses pères
Elle prend la flamme et le fer.

C'est ainsi que la malignité trouvait à s'exercer à propos d'une pièce dont le sujet et tous les incidents étaient historiques, et qu'une œuvre inspirée par la piété, destinée aux plaisirs innocents de jeunes filles, devenait l'occasion de scandales qu'on cherchait à faire retomber sur Racine. Celui-ci cependant ne se découragea pas, et, au lieu de répondre aux critiques qui accusaient sans doute le plan d'*Esther* et quelques-uns des personnages, il voulut leur prouver qu'il saurait, quand il le voudrait, même sans la ressource d'un sujet profane, faire une tragédie régulière et complète. Il composa son *Athalie*, c'est-à-dire la pièce la plus achevée de notre théâtre pour la simplicité et la force de la conception et de l'intrigue, pour la vigueur et la conséquence des caractères, pour la vérité saisissante de la couleur, pour la majesté du spectacle, pour l'énergie, la magnificence, la hardiesse biblique, et en même temps l'exquise et merveilleuse pureté du style. Il devenait difficile de soutenir que Racine ne savait faire parler que des Français, qu'il n'entrait pas dans le caractère et le génie des nations mortes, qu'il ne pouvait remplir une action que par les agitations et les fureurs de l'amour. Dans *Athalie*, il marquait profondément les traits du peuple juif ; il développait un sujet tout à fait en dehors des habitudes du théâtre ; il échappait complètement aux traditions et aux influences de son temps. On sait pourtant quelle fut la fortune de cette tragédie, proclamée par Boileau le chef-

---

» écrit l'histoire de son temps. » (*Chansons histor.*, t. VII, p. 290, note manuscrite.)

d'œuvre de Racine. On l'avait attendue impatiemment.
« Racine, écrivait Mme de Sévigné, va travailler à une
» autre tragédie, » et quoiqu'elle jugeât l'histoire d'Esther
« unique », et que ni Judith, ni Ruth, ni aucun autre
sujet ne lui parût se prêter aussi bien au but de l'auteur, elle comptait pour le succès sur le talent de Racine :
« Il a pourtant bien de l'esprit; il faut espérer[1]. » Et
cependant, malgré cette attente, malgré le goût qu'*Esther* avait donné au roi pour les pièces saintes et pour
les représentations de Saint-Cyr[2], le travail le plus
achevé de Racine fut le moins apprécié de tous, et rien
dans l'histoire littéraire n'est plus célèbre que la disgrâce
d'*Athalie*.

Cherchons, aidé du récit de Mme de Caylus, à nous
rendre compte de cette affaire qui a été très-inexactement expliquée. On sait que la tragédie devait paraître
avec autant de solennité que celle d'*Esther*. Les jeunes
actrices avaient étudié et connaissaient leur rôle; « mais,
» dit Mme de Caylus, dans le temps que tout était prêt
» pour la représentation, Mme de Maintenon arrêta le
» spectacle. » Était-ce qu'elle n'eût pas compris la beauté
de la pièce? craignait-elle qu'elle déplût au roi, et qu'il
s'appliquât certains passages où la malignité pouvait
voir des leçons pour lui? Mais la suite du récit de Mme de
Caylus dément cette explication : « Mme de Maintenon fit
» seulement venir à Versailles une fois ou deux les actrices pour jouer dans sa chambre devant le roi avec
» leurs habits ordinaires. » Et elle ajoute que, malgré
l'absence de tout appareil scénique, de toute illusion
théâtrale, la tragédie fut vivement goûtée : « Cette pièce

---

1. Lettre du 21 mars 1689.
2. Mme de Sévigné dit : « Le roi y a pris goût, on ne verra autre
» chose. »

» est si belle, que l'action n'en parut pas refroidie : il me
» semble même qu'elle produisit alors plus d'effet qu'elle
» n'en a produit sur le théâtre de Paris. » Ainsi, au rapport de Mme de Caylus, le roi et Mme de Maintenon ne se seraient pas aussi étrangement trompés sur le mérite d'*Athalie;* ils n'auraient pas été froissés, comme on l'a supposé, par de prétendues allusions [1].

1. Dans les précédentes éditions de cet ouvrage, nous nous appuyions encore sur une lettre de Boileau à Racine qui a été publiée pour la première fois par M. Aimé Martin, *Œuvres complètes* de Racine, 1844, t. VI, p. 197. Elle serait importante si l'authenticité n'en était fortement suspecte. En voici le texte : « Le contre-temps de votre
» indisposition a été bien fâcheux ; car en arrivant à Versailles, j'ai
» joui d'une merveilleuse bonne fortune ; j'ai été appelé dans la
» chambre de Mme de Maintenon, pour voir jouer devant le roi, par
» les actrices de Saint-Cyr, votre pièce d'*Athalie*. Quoique les élèves
» n'eussent que leurs habits ordinaires, tout a été le mieux du monde
» et a produit un grand effet. Le roi a témoigné être ravi, enchanté,
» ainsi que Mme de Maintenon. Pour moi, trouvez bon que je vous
» répète que vous n'avez pas fait de meilleur ouvrage. Adieu, mon
» cher monsieur, je suis fort pressé aujourd'hui. Si j'avais plus de
» loisir, je vous rapporterais un mot charmant de M. de Chartres,
» sur votre pièce, et qui a fait dire de grands biens de vous au roi ;
» mais je vous verrai vraisemblablement demain, et j'aime mieux at-
» tendre à vous dire cela de vive voix. »
M. Mesnard (Racine, t. III, p. 556, note) relève judicieusement les invraisemblances de ce langage : « Pourquoi apprendre à Racine que
» c'était par les actrices de Saint-Cyr que sa pièce avait été jouée,
» et avec leurs habits ordinaires? Racine le savait de reste. » Il trouve peu convenable que Boileau, quelque pressé qu'il fût, ait remis au lendemain la citation d'un mot charmant de M. de Chartres. Quant à cet austère évêque, Godet des Marais, qui avait blâmé les représentations d'*Esther* comme dangereuses pour la modestie des jeunes filles, et qui, suivant La Baumelle, avait refusé d'assister avec son collègue et ami Fénelon à la répétition d'*Athalie* donnée à Saint-Cyr, le 22 février 1691, il n'est pas vraisemblable qu'il ait été plus tard invité à Versailles, et que, non content d'approuver par sa présence ce qu'il avait toujours condamné, il ait prononcé « un mot charmant »; sans doute un mot d'éloge pour la tragédie. En outre,

Un détail que Mme de Caylus a négligé et que nous connaissons par le *Journal* de Dangeau, fortifie les conclusions de ce récit. Avant les représentations de Versailles, le roi avait assisté à Saint-Cyr à trois répétitions très-simples, sans théâtre et sans costumes, de la nouvelle pièce. A la seconde, qui est du jeudi 8 février 1691, Mme de Maintenon avait admis quelques dames. Le roi amena à la troisième, le jeudi 22 février, le roi et la reine d'Angleterre et cinq ou six personnes au nombre desquelles était Fénelon. Son jugement était donc déjà formé avant qu'*Athalie* fût jouée dans la chambre de Mme de Maintenon.

Il paraît aussi, au témoignage de M. Lavallée [1], que, sur le désir du roi, d'autres représentations semblables eurent lieu encore à Versailles, cette année même et les deux suivantes, en présence des princes du sang et de quelques personnes de distinction. En 1699, quand fut célébré le mariage du duc de Bourgogne et de la princesse de Savoie, Mme de Maintenon fit venir encore dans sa chambre les jeunes filles de Saint-Cyr pour jouer *Athalie*. « Le spectacle fut fort touchant et fort agréable, dit Dangeau. Cela se fit fort en particulier [2]. »

Enfin, en 1702, Mme de Maintenon ramena encore l'attention sur le chef-d'œuvre, dont l'auteur n'était plus, et le fit jouer à Versailles, non plus par les pensionnaires de Saint-Cyr, mais par des seigneurs et dames de la cour, et même par des princes et des princesses. Le *Mercure galant* [3] rend compte de ces trois

---

M. Aimé Martin s'est trompé en donnant à cette lettre, qui ne porte que cette indication : *Versailles à six heures*, la date de 1690. Les répétitions de Saint-Cyr sont de janvier et de février 1691.

1. *Histoire de la maison de Saint-Cyr*, p. 113 et 114.
2. 27 février 1699.
3. 1 février 1702.

brillantes représentations, dans lesquelles la duchesse de Bourgogne tint le rôle de Josabeth ; le duc d'Orléans, le futur régent, celui d'Abner ; la présidente Chailly, celui d'Athalie, qu'elle interpréta, dit-on, admirablement. Un seul comédien, retiré du théâtre depuis dix ans, Baron, eut l'honneur d'être admis dans cette illustre troupe, et fut chargé du rôle du grand prêtre. « Les chœurs, dit le » *Mercure*, furent parfaitement bien exécutés par les de- » moiselles de la musique du roi. » La tragédie n'était donc pas tellement condamnée ; elle n'avait pas blessé Louis XIV, qui tant de fois avait voulu la revoir, qui consentait à ce qu'elle fût jouée à Versailles par des princes de sa famille ; la fidèle admiratrice de Racine n'avait pas abandonné en cette occasion la cause de son poète. Une lettre qu'elle écrivit au comte d'Ayen au sujet des représentations de Versailles, achève de le prouver. Elle se plaint des difficultés que rencontre son projet. Elles étaient suscitées surtout par la duchesse de Bourgogne. La jeune princesse disait à Mme de Maintenon « qu'elle » ne voyait point qu'*Athalie* réussît, que c'était une » pièce fort froide[1]. » En réalité, la duchesse était mécontente du rôle secondaire qu'on lui avait assigné : elle voulait jouer celui de Josabeth, confié à la comtesse d'Ayen. Mme de Maintenon se désespère de ces difficultés : cependant elle n'abandonne pas la partie, et, pour triom-

---

1. Lettre de Mme de Maintenon. Nous citions encore dans nos deux premières éditions la phrase suivante : « que Racine s'en était re- » penti, qu'elle était la seule qui l'estimât ». Et plus loin, ces lignes par lesquelles commençait la lettre : « Voilà donc *Athalie* encore » tombée ; le malheur poursuit tout ce que je protége et ce que » j'aime. » Nous avons dû supprimer ces phrases significatives ; en effet, elles n'ont pas été écrites par Mme de Maintenon ; elles ont été introduites après coup par La Baumelle. Il est prouvé aujourd'hui que cet éditeur peu consciencieux des lettres de Mme de Maintenon en a inventé ou altéré un très-grand nombre.

pher des obstacles, elle donne à la duchesse de Bourgogne le rôle de Josabeth, « qu'elle ne jouera pas, » dit-elle, comme la comtesse d'Ayen ». Le succès récompensa dignement ses efforts : cette œuvre « qu'elle » aimait et qu'elle protégeait » parut avec l'éclat qu'elle n'avait pu avoir jusqu'alors, et les applaudissements de la cour, quoique peut-être ils fussent surtout à l'adresse de Mme de Maintenon et des acteurs, commencèrent la tardive réparation due à Racine; ainsi semblèrent justifiés les suffrages de Boileau et de quelques autres juges éminents. On sait, en effet, qu'Arnauld, tout en avouant ses préférences pour *Esther*, félicita l'auteur à l'occasion de sa nouvelle tragédie; quant à Fénelon, dès 1691, c'est-à-dire l'année même où *Athalie* fut imprimée, il la faisait étudier à son élève, le duc de Bourgogne. « J'ai vu, écrivait-il plus tard [1], un jeune prince, à huit » ans, saisi de douleur à la vue du péril du jeune Joas; » je l'ai vu impatient sur ce que le grand prêtre cachait » à Joas son nom et sa naissance. » Ni le maître ni l'élève ne jugèrent donc froide et faible la dernière œuvre de Racine. Quant aux allusions tant de fois alléguées, s'il était vrai qu'on les eût remarquées, qu'elles eussent frappé le roi, on eût sans doute évité de mettre la tragédie entre les mains du jeune prince; Louis XIV n'eût pas choisi ce moment pour donner à l'auteur le titre de gentilhomme de sa chambre. Ce fait est décisif; et cependant, chose étrange! on a voulu récemment faire remonter à la représentation d'*Athalie* l'origine de la disgrâce du poète [2] : on a prétendu que, depuis cette époque, le roi n'avait eu que froideur pour lui. Or, c'est alors qu'il lui accordait un honneur fort envié, et qui, à

---

1. Lettre à l'Académie française.
2. M. de Lamartine, XIVe Entretien.

en juger par l'épigramme de Fontenelle et par beaucoup de chansons du temps [1], excita vivement le dépit de ses ennemis; c'est alors qu'il l'attachait tout particulièrement à sa personne.

Il faut donc en revenir à l'explication de Mme de Caylus : si le chef-d'œuvre de Racine n'obtint pas à Saint-Cyr l'éclat de représentations solennelles, c'est que Mme de Maintenon reçut « mille avis, mille représentations » de dévots et de poètes jaloux de la gloire de Racine; » c'est que ceux-ci, non contents de faire parler les gens » de bien, allèrent jusqu'à écrire des lettres anonymes; » c'est que Mme de Maintenon ne sut pas résister à l'in- » fluence de discours qui n'étaient fondés que sur l'envie » et la malignité »; c'est qu'enfin tous les ennemis du talent et de la faveur du poète s'entendirent pour cette dernière cabale, mêlèrent à leur cause les intérêts de la religion et de la vertu, alarmèrent habilement la protectrice de Saint-Cyr pour la modestie des jeunes élèves, trop exposée par la publicité de ces représentations, par les regards et les applaudissements de la cour, par l'enivrement du succès, et déclarèrent ces exercices dangereux et peu compatibles avec une éducation simple et chrétienne.

Ce premier coup prépara l'insuccès d'une publication

---

1. *Chansons hist.*, t. VIII.

> Racine, de ton *Athalie*
> Le public fait bien peu de cas.
> Ta famille en est anoblie,
> Mais ton nom ne le sera pas.   (P. 113.)

La note manuscrite dit que Racine fut nommé gentilhomme ordinaire comme récompense.

Nous avons déjà cité plus haut (p. 391) un fragment d'une autre chanson sur le même sujet. On se rappelle ces vers qui la terminent :

> Quoi! faut-il voir un si grand roi
> Entre les mains de l'auteur d'*Athalie!*   (VII, 358.)

qui s'annonçait sous de si mauvais auspices. Comment lire une tragédie qui n'avait pu être représentée même à Saint-Cyr? comment regarder comme sérieuse une œuvre faite pour des enfants et qui apparemment avait paru trop faible, trop insipide, même pour des enfants? comment s'intéresser à une action dont les principaux personnages étaient une vieille femme, un enfant et un prêtre? C'est ainsi que la pièce fut condamnée sans jugement; et, la malignité aidant, partout se propagea et s'établit cette opinion que la duchesse de Bourgogne invoquait en 1702 : « *Athalie* est une pièce froide, dont » Racine lui-même s'est repenti. » Ce fut un fait acquis, incontestable. Les trois représentations de Versailles ramenèrent peut-être quelques personnes; mais les suffrages de ce public restreint et d'ailleurs suspect de complaisance ne pouvaient casser un arrêt qui semblait celui de tout le monde. Peut-être si, à la suite des représentations de Versailles, la pièce eût été donnée à Paris, les applaudissements de la cour eussent entraîné ceux de la ville; mais les comédiens ne purent avoir la pensée de jouer cette tragédie faite pour la maison de Saint-Cyr. Le privilége d'*Esther* était accordé aux dames de Saint-Cyr et portait « défense à tous acteurs » de représenter la pièce »; sans doute, cette interdiction que Racine lui-même avait sollicitée, s'étendait également à *Athalie*.

Ce fut, on le sait, après la mort de Louis XIV, et par l'ordre du régent, qu'en 1716 *Athalie* parut sur le théâtre. Le succès fut aussi durable qu'éclatant, et dès lors la pièce remonta, dans l'admiration des contemporains, au rang qui lui était dû. Cependant les circonstances ne furent pas sans influence sur cette révolution du goût public. Comme dans *Esther*, les allusions firent leur effet : Joas figura le jeune roi Louis XV, échappé comme par miracle à la mort qui avait enlevé coup sur coup presque tous les héritiers de Louis XIV. En s'intéressant au sort de cet enfant, « unique espérance des » juifs, précieux reste de David, en qui résidait tout « Israël », on s'attendrit sur ce frêle souverain, dont la chétive enfance inspirait tant d'alarmes, et semblait à des yeux injustement prévenus menacée encore par d'autres dangers. Ce qui est certain, c'est que les représentations de Paris furent décisives : *Athalie* devint la tragédie à la mode, on la représenta non-seulement sur les théâtres, mais dans les couvents et dans les pensions [1], et le temps n'était pas loin où un grand écrivain, un grand poète, allait en faire l'objet journalier de son étude, et la proclamer le chef-d'œuvre de notre scène.

Racine, que les manœuvres de ses ennemis, secondées sans doute par le goût du temps, privèrent de cette joie, eut encore à subir d'autres humiliations. Il vit des poètes fort pauvres et aujourd'hui fort justement oubliés recueillir le privilége d'amuser et d'instruire les jeunes pensionnaires de Mme de Maintenon, et remplir une tâche pour laquelle ses ennemis se plaisaient à dire qu'il avait été insuffisant. En effet, nous savons par le témoignage positif de Mme de Caylus qu'*Athalie* ne fut pas le terme des exercices dramatiques de Saint-Cyr ; « On fit après, dit-elle, à l'envi de M. Racine, plusieurs » pièces pour Saint-Cyr, mais elles y sont ensevelies. » Dans le nombre, elle cite la *Judith* de Boyer, et elle témoigne que l'abbé Testu, académicien ennemi de Boileau et de Racine, fit faire cette pièce à son confrère et y travailla lui-même. Boyer, dans son orgueilleuse préface, ne parle ni de cette collaboration, ni de cette

---

1. Lettre de Mme de Simiane (1736).

origine de sa tragédie. Mais ce qui est certain, c'est que, trois ans plus tôt, en 1692, un an après *Athalie*, on joua à Saint-Cyr une *Jephté* du même auteur. Boyer, dans son épître dédicatoire au père La Chaise, se vante des suffrages du puissant jésuite et « d'un grand nombre » de personnes dont le jugement fait le bon et le mau- » vais destin des ouvrages d'esprit ». Disons que ces représentations, celle de *Jonathas*, pièce de Duché, faite aussi pour Saint-Cyr, et de quelques autres tragédies sacrées, furent des exercices intérieurs, qui n'eurent probablement de spectateurs étrangers que Mme de Maintenon, le roi, l'auteur et peut-être quelques-uns de ses amis [1]. Il reste toujours que Boyer et Duché furent chargés, après Racine, et (ils purent le croire) avec plus de succès que Racine, de travailler aux plaisirs et à l'instruction des jeunes filles de Saint-Cyr. Sans doute, leurs pièces n'eurent pas le danger d'exalter, comme *Andromaque*, ni même comme *Esther* ou *Athalie*, l'imagination des pensionnaires, et de développer dangereusement leur sensibilité et leurs talents. C'était un divertissement aussi inoffensif que les pièces de Mme de Brinon, première surintendante de Saint-Cyr; mais, à coup sûr, ce n'était pas un exercice plus utile ni plus propre à former l'esprit et le goût des élèves qui en chargeaient leur mémoire.

Si l'on veut se convaincre de la pauvreté des tragédies saintes de Boyer, et apprécier en même temps par un nouvel exemple les prodigieuses bévues du goût public en matière d'œuvres dramatiques, il faut s'arrêter un instant à la *Judith*. La pièce, d'abord divisée en trois

---

1. Une phrase de la préface de *Jephté* le prouve : « On me faisait » espérer, dit Boyer, que cette tragédie aurait tous les agréments de » la représentation, sans laquelle cette sorte d'ouvrage perd son prin- » cipal ornement. »

actes, comme *Jephté*, fut remaniée, étendue, de manière à former cinq actes, et représentée le 4 mars 1695. Mais, quoi qu'en dise Mme de Caylus, mal servie en cette occasion par ses souvenirs, le succès ne fut pas d'abord « celui marqué dans l'épigramme de Racine ». Sans compter la préface où Boyer épanche si naïvement la joie de son triomphe et sa complaisante admiration pour lui-même, deux auteurs contemporains témoignent de la vogue extraordinaire qu'eut, à son apparition, cette triste tragédie. « Elle occupa la scène pendant un
» carême, dit Lesage [1]. La cour et la ville y couraient
» en foule; et principalement les femmes, qui la trou-
» vaient, je ne sais pas pourquoi, fort intéressante, y
» mirent la presse. » On sait qu'à cette époque la scène était encombrée de spectateurs qui laissaient à peine aux acteurs l'espace suffisant pour se mouvoir. Ces places étaient occupées habituellement par les gens du bel air, par tous les jeunes seigneurs qui se piquaient de donner le ton; on y allait moins pour voir que pour être vu, et pour étaler les grâces de sa personne et l'élégante distinction d'une mise à la mode. Or, aux représentations de *Judith*, les dames ne craignirent pas d'occuper ces banquettes de la scène, que les hommes leur cédèrent galamment pour se tenir debout dans les coulisses; elles ne craignirent pas de donner la comédie au parterre en étalant à tous les regards l'ardeur de leur enthousiasme et la vivacité de leur émotion. « Imaginez-
» vous, dit Lesage, deux cents femmes assises sur des
» banquettes, où l'on ne voit ordinairement que des
» hommes, et tenant des mouchoirs étalés sur les

---

[1]. *Valérie*, lettre 20. — Les frères Parfaict remarquent que cela se borne à huit représentations du 4 mars au 19, et à neuf autres depuis le 11 avril.

» genoux, pour essuyer leurs yeux dans les endroits
» touchants. » En effet, à une certaine scène, qu'on
appela pour cette raison la *scène des pleurs*, il fut de
règle parmi le bel et sensible auditoire de fondre en
larmes et de saisir, pour arrêter les torrents de cette
émotion, ou peut-être pour la simuler plus facilement,
les mouchoirs prudemment préparés. Mais ces larmes,
loin de toucher le parterre, le mettaient en joyeuse
humeur; aux sanglots de la scène répondaient les éclats
de rire d'un public irrévérencieux. Ce nouveau spectacle,
plus curieux que celui qu'annonçait l'affiche, contribua
beaucoup à grossir l'auditoire de Boyer, peu habitué à
une telle affluence. Il faut ajouter que la publication de
la pièce changea bien la disposition des esprits, même
dans le beau monde. « Le dégoût, dit un contempo-
» rain, auteur d'une critique anonyme de *Judith*[1], a
» succédé à l'empressement, et les plus zélés de ses
» approbateurs ont eu honte du premier jugement qu'ils
» en avaient porté. » Les représentations avaient été
interrompues par les fêtes de Pâques : repris à la Quasi-
modo, le chef-d'œuvre qui inspirait tant d'orgueil à
Boyer fut outrageusement sifflé, malgré le talent de
Mlle de Champmeslé[2], et la *Judith* disparut pour toujours du théâtre.

La préface de Boyer est antérieure à cette disgrâce
inattendue, et l'auteur y célèbre son œuvre sur le ton
de sa réponse à ceux qui le félicitaient : « Je leur en
» donnerai bien d'autres ; je tiens le public à présent

1. *Entretiens sur le théâtre au sujet de* Judith (1695).
2. L'illustre comédienne fut très-choquée de cet accueil. « Mes-
» sieurs, dit-elle, nous sommes surpris que vous receviez aujourd'hui
» si mal une pièce que vous avez applaudie pendant le carême. » Un
plaisant répondit : « Les sifflets étaient à Versailles aux sermons de
» l'abbé Boileau. »

» que je sais son goût. » L'heureux poète s'applaudit d'avoir dissipé une erreur « qui avait infecté beaucoup
» d'esprits, à savoir qu'il était presque impossible d'ac-
» commoder heureusement au théâtre des sujets tirés
» de l'Écriture sainte et de l'histoire chrétienne ». Cette opinion, « fausse et pernicieuse, venait uniquement de
» l'ignorance de l'art, de la faiblesse du génie, de la
» stérilité des inventions, du peu de goût et de sensi-
» bilité pour les choses de la religion ». Voilà pourquoi il y avait eu, jusqu'à Boyer, « peu de modèles de ce
» genre d'écrire » ; voilà pourquoi « les plus habiles des
» modernes se sont quelquefois égarés dans cette route
» nouvelle », que l'auteur de *Judith* a si glorieusement parcourue. Boyer, du haut de son char de triomphe, regarde avec une généreuse compassion ces rivaux inintelligents, et, tout en relevant leurs faiblesses et leurs fautes, il daigne les initier aux secrets d'un art qu'il a si bien pénétré. « Le talent d'inventer, dit-il,
» consiste à parer la vérité, non à la défigurer, à l'en-
» richir, non à la déshonorer ; le secours des épisodes
» doit soutenir les sujets et non pas les étouffer. » Certes, Boyer connaît bien toutes ces différences, et quand il introduit dans sa pièce l'amour d'un Béthulien, Misraël, qui soupire pour Judith, et qui, à sa vue, tombe à genoux et s'écrie :

Je ne puis soutenir cet amas de beautés [1] !

quand il ajoute ce galant épisode au récit de la Bible, il ne défigure pas l'Écriture sainte, il l'enrichit ; il n'étouffe pas le sujet, il ne fait que le parer et le soutenir.

1. Acte II, sc. 4.

Mais la tragédie sainte demande encore d'autres ornements, qui paraissent surtout « rebutants et épineux » aux poètes vulgaires : « Il faut se remplir des grandes » vérités de la religion, et tirer de l'Écriture ces riches » expressions que nous fournit la divine poésie du Psal- » miste et des prophètes. » Apparemment, on n'avait pas su, avant Boyer, s'inspirer de cette poésie sublime; les chœurs d'*Esther* et d'*Athalie*, la prophétie de Joad, n'étaient que de malheureux essais, de grossières imitations; le langage d'Esther, de Mardochée, de Joad, de Josabeth, de Joas, reproduisait mal la couleur biblique : seul, Boyer a réussi dans cette difficile entreprise : si l'on en doute, qu'on lise la *Judith;* qu'on y admire la majesté de vers tels que ceux-ci :

> Peuples impatients, étouffez ce murmure;
> *Quelques maux, quelque soif que Bétulie endure,*
> Soumettez-vous toujours aux décrets éternels [1];

ou l'expression pathétique de cette peinture des souffrances de la ville :

> Les Hébreux sont *ici* sans force et sans vigueur,
> Abattus par la soif et défaits par la peur.
> Tout le peuple périt; on se plaint, on murmure;
> *Ici tout manque, et l'eau s'y donne par mesure.*
> Sur le moindre aliment qu'on partage entre nous,
> Tombent mille regards avides et jaloux.
> J'ai vu plus d'une mère, étouffant la nature,
> *Vouloir de son enfant faire sa nourriture* [2].

Quelle élégance! quelle poésie! et combien un style si brillant et si riche en remontre à celui de Racine!

1. Acte I, sc. 1.
2. Acte II, sc. 4.

Mais, à côté de ces tableaux terribles, Boyer a su placer des récits galants. Tel est celui de l'arrivée de Judith dans le camp d'Holopherne :

> Sitôt qu'elle a paru, le camp, de toutes parts,
> Vers elle seule *a fait aller tous ses regards.*
> . . . .
> Chaque soldat oublie ou suspend son devoir,
> Et plein d'une merveille étonnante et nouvelle,
> Croit que la beauté même en habit de mortelle,
> Avec tous ses appas vient se donner à vous [1]

Telle est encore la déclaration d'Holopherne, cet ennemi généreux et débonnaire, cet amant réservé et délicat que l'ingrate Judith « tue si méchamment », et qui mérite bien les larmes du bon financier de Racine [2] : Dès qu'il aperçoit cette aventurière, dont l'arrivée doit être fort suspecte, Holopherne est frappé d'une admiration pleine de respect, et sans savoir qui elle est, pourquoi elle vient, quelle confiance elle mérite, il lui déclare qu'elle commande dans son camp :

> Commencez à voir
> Que vos yeux sont ici plus craints que mon pouvoir.
> Vous êtes en ces lieux souveraine maîtresse.

---

1. Acte III. sc. 5.

2.
> A sa *Judith*, Boyer, par aventure,
> Était assis près d'un riche caissier ;
> Bien aise était ; car le bon financier
> S'attendrissait et pleurait sans mesure.
> « Bon gré vous sais, lui dit le vieux rimeur :
> » Le beau vous touche, et ne seriez d'humeur
> » A vous saisir pour une baliverne. »
> Lors le richard, en larmoyant, lui dit :
> « Je pleure, hélas ! pour ce pauvre Holopherne,
> « Si méchamment mis à mort par Judith. »

Certes, l'auteur d'une pièce si fortement conçue, où le sacré est si ingénieusement tempéré par le profane, a le droit de faire la leçon à ses prédécesseurs, et de les avertir « qu'il faut savoir choisir et ménager les senti-
» ments de piété, et n'en charger les poèmes que lors-
» qu'ils sont destinés pour des communautés religieu-
» ses ». Apparemment ces phrases sont à l'adresse d'*Athalie*, cette pièce qu'on avait déclarée froide et trop remplie d'instructions pieuses. Boyer s'entend bien mieux à concilier le plaisir avec l'instruction! Quand on a lu sa tragédie, on est plein de respect pour la religion qui a fait périr le tendre, le magnanime, le confiant Holopherne; en même temps les soupirs du général assyrien, ceux de l'infortuné Misraël, qui se croit rebuté pour un idolâtre, nous ont singulièrement divertis! En vérité, rien n'est plus ridicule et plus pauvre que cette pièce; aucune lecture n'est moins supportable. Voilà pourtant ce qui fut écouté et applaudi par des spectateurs qui avaient entendu *Esther*, qui pouvaient lire *Athalie*! Voilà ce que l'on regarda un instant comme l'idéal de la tragédie sacrée! Pardonnons à Boyer l'outrecuidance de sa préface; on comprend qu'un succès si imprévu, si prodigieux, lui ait tourné la tête. Mais il faut plaindre Racine d'avoir eu à supporter de telles comparaisons, de telles préférences, et déplorer que, jusque dans les dernières années de sa vie, il ait souffert de l'ineptie du public et de l'acharnement de ses ennemis. En effet, l'admiration de *Judith* fut certainement pour ceux-ci un moyen nouveau d'humilier *Esther* et *Athalie*, et la préface de Boyer trahit à chaque ligne ses passions. Le succès de *Judith* est donc encore un épisode des luttes dont nous avons recherché les caractères et suivi l'histoire; ce fut pour Racine une dernière tribulation, un dernier dégoût. Il se soulagea par une

malicieuse épigramme [1]; mais il sentit de plus en plus la vanité de la gloire humaine, et le néant de cette popularité que le hasard donne ou enlève ; de plus en plus il se détourna de la poésie pour se livrer entièrement à ses travaux d'historiographe, à ses devoirs de père de famille et de chrétien.

Dès 1690, la carrière dramatique de Racine était définitivement accomplie : il entrait, en quelque sorte, dans la postérité. Mais il s'en fallait bien que les passions qui s'étaient agitées autour de lui fussent éteintes, que son génie et son œuvre pussent être appréciés avec une impartiale équité. Les jugements généraux portés sur son théâtre, soit dans les dernières années de sa vie, soit au moment de sa mort, le prouvent surabondamment. L'examen rapide de ces jugements sera un dernier et utile complément de l'étude que nous avons entreprise.

---

1. Il parle de la préface et de la pièce imprimée dans une lettre à Boileau, datée de Compiègne, le 4 mai 1695 : « Quelque horreur que » vous ayez pour les méchants vers, je vous exhorte à lire *Judith*, et » surtout la préface, dont je vous prie de me mander votre sentiment. » Jamais je n'ai rien vu de si méprisé que tout cela l'est en ce pays-» ci, et toutes vos prédictions sont accomplies. » Apparemment Boileau avait prédit que cette pièce tant applaudie ne soutiendrait pas l'épreuve de la lecture.

CHAPITRE X

JUGEMENTS GÉNÉRAUX; PARALLÈLES.

Jugements portés sur Corneille et sur Racine par Bayle (1685), et par Baillet (1686). — Parallèle de Longepierre (1686), de La Bruyère (1688). — Portrait de Racine par le même (1693). — Parallèle de Fontenelle, de Saint-Évremond. — Jugement de Boileau. Jugement du *Mercure galant* après la mort de Racine (1699); de M. de Valincour; de Perrault (1701).

Les jugements généraux sur le théâtre de Racine commencent dès l'année de la mort de Corneille, c'est-à-dire avant la composition d'*Esther* et d'*Athalie*. A cette époque, les contemporains du poète devaient le croire perdu sans retour pour le théâtre : son œuvre était ou du moins semblait achevée ; on pouvait donc l'apprécier d'ensemble, comme celle de Corneille. Remarquons d'abord que ces jugements affectent presque constamment la forme d'un parallèle. On peut le regretter, car cette forme, piquante et vive, conforme d'ailleurs aux habitudes de l'esprit humain, qui aime à définir par les différences, donne presque nécessairement à l'appréciation un caractère trop tranché et trop absolu ; elle force à effacer les ressemblances, à grossir les contrastes, à substituer l'inflexible régularité des antithèses aux mille nuances, à la souplesse infinie de la vérité. Mais si le parallèle entre Corneille et Racine est presque inévitable, même de nos jours, avouons que les contemporains de

ces deux grands hommes ne pouvaient y échapper.
Même avant le silence de l'un et de l'autre, tout le monde
avait fait ce parallèle. Mme de Sévigné le faisait, lorsqu'elle envoyait à sa fille son jugement sur *Bajazet*; le
parallèle était au fond de toutes les critiques de Saint-
Évremond, de Segrais, de Boursault, même de Subligny,
de Villars ou de Barbier. Le Clerc et Pradon n'y avaient
pas manqué, et ils cherchaient, en célébrant Corneille,
à rabaisser Racine jusqu'à leur niveau, et à justifier ainsi
l'audace de leur rivalité. De leur côté, les partisans
exclusifs de Racine avaient aussi comparé les deux
poètes, et poussé l'injustice de leurs préférences jusqu'à
oublier que l'auteur de *Pulchérie* ou de *Suréna* était
aussi celui d'*Horace* et de *Cinna*, du *Cid* et de *Polyeucte*.
Mais après la retraite des deux rivaux, et surtout après
la mort de Corneille, les parallèles furent plus généraux
et plus complets; sans viser davantage à l'impartialité,
les critiques cherchèrent davantage à motiver leurs pré-
dilections. Peut-être, après tout, dans des questions de
cette nature, où les sympathies ont plus de poids que
les raisonnements, où la contradiction ne fait qu'ac-
croître le penchant naturel, est-il impossible que la passion soit complétement absente.

Dans l'année même qui vit finir la longue vieillesse
de Corneille, Bayle fondait, sous le titre de *Nouvelles
de la république des lettres*, un journal qu'il a rédigé
jusqu'en avril 1689 [1]. Il ne manqua pas d'occuper ses
lecteurs du grand homme que la France venait de perdre,
et en janvier 1685, il donna une histoire de la vie et des
œuvres de Corneille. Il prévient ses lecteurs que ce
morceau n'est pas de lui : le mémoire qu'il insère lui a

---

1. Après une interruption de dix ans, cette revue reparaît en 1699,
sous la direction d'un autre auteur, Jacques Bernard.

été envoyé de Paris ; mais il en approuve complètement l'esprit, et en accepte toutes les conclusions : « Loin » d'avoir jugé excessives les louanges qu'on a données » au grand poète, j'ai trouvé qu'on aurait pu lui en » donner davantage. » Or, l'auteur ne manque pas de célébrer *Attila*, *Bérénice*, *Pulchérie*, *Suréna*, à l'égal des merveilles qui entourèrent le *Cid*, et de rejeter sur Racine les torts du public envers ces ouvrages « pleins » de choses inimitables ». De là une appréciation du talent de « cet homme, qui prétendit être le rival de » Corneille ». On juge bien qu'elle n'est pas favorable ; le nouveau poète « s'était fait un parti considérable à la » cour et parmi les femmes ; il étudiait avec soin et » avec beaucoup de succès le goût que l'on avait pour » la tendresse, au lieu que M. Corneille dédaignait d'avoir » cette condescendance pour le public, et ne voulait » point sortir de sa noblesse ordinaire ni de la grandeur » romaine. » C'est, nous le voyons, l'explication adoptée par tous les partisans exclusifs de Corneille ; c'est la même prétention de ne trouver dans ses dernières œuvres aucun sacrifice au goût du temps ; c'est la même injustice qui réduit à la tendresse le talent de Racine. L'auteur a eu soin de rapporter le mot de Benserade à propos des funérailles de Corneille. Mais que pense-t-il du beau discours prononcé à la réception de Thomas Corneille ? Il se borne à deux lignes sèches et péniblement arrachées : « On admira principalement M. Racine » dans l'éloge de feu M. Corneille, qui fut court et bien » tourné. » Certes, il était difficile de mesurer plus avarement la louange, et le *Mercure* lui-même fut bien plus généreux. « Je tâcherais inutilement, dit-il[1], de » vous exprimer combien cette réponse fut éloquente,

---

[1] Janvier 1685.

» et avec combien de grâce il la prononça. Elle fut in-
» terrompue par des applaudissements fréquemment
» réitérés; et, comme il en employa une partie à élever
» le mérite de M. Corneille, il fut aisé de connaître qu'on
» voyait avec plaisir, dans la bouche d'un des plus
» grands maîtres du théâtre, les louanges de celui qui a
» porté la scène française au degré de perfection où
» elle est. »

Un an après la publication de ce mémoire, le rédacteur d'un autre journal littéraire donnait aussi un éloge de Corneille, et y joignait un jugement étendu et séparé sur Racine. C'est Baillet, laborieux compilateur, à qui l'on doit plusieurs recueils de biographies et des ouvrages proprement historiques [1], et qui a été quelquefois combattu par les contemporains, car Ménage composa contre lui un mémoire intitulé *Anti-Baillet*. Pendant deux ans (1685, 1686), il publia une sorte de revue littéraire sous ce titre : *Jugements des savants sur les principaux ouvrages des auteurs;* et c'est dans ce recueil que sont appréciés les deux célèbres poètes tragiques du dix-septième siècle. Le grand malheur de Baillet, comme au reste de Bayle lui-même, quand il aborde la littérature, c'est de connaître peu et mal ce dont il parle, c'est d'emprunter à droite et à gauche des jugements parfois contradictoires, et de s'appuyer souvent sur des autorités bien faibles. Qui croirait, par exemple, que, dans son éloge de Corneille, il s'avise d'invoquer le sentiment de Pradon, et de citer tout au long quelques pages des *Nouvelles Remarques?* Il admet, sur la foi du même auteur, que « l'habileté des acteurs a fait tout le mérite

1. *Histoire des enfants devenus célèbres par leurs études et par leurs écrits* (1685). *Vies des Saints* (1701). Baillet, d'abord curé de village, fut appelé à Paris par M. de Lamoignon, dont il devint le bibliothécaire.

» et la réputation des tragédies de Racine, et que Cor-
» neille seul porte et conserve partout ses ornements
» solides ». La question valait la peine d'être examinée
par Baillet lui-même; il pouvait ouvrir un recueil des
pièces de Racine, et s'assurer « si les grâces et les
» beautés qu'elles avaient sur la scène » ont en effet
disparu, ou, comme il dit, « sont toutes péries » dans
les livres. Mais il ne s'avise jamais de contrôler ni même
de concilier entre eux les témoignages sur lesquels il se
fonde. Pour condamner le théâtre, et combattre la peinture de l'amour, qui « semble privilégiée sur notre
» scène », il emprunte ses arguments au P. Rapin et à
l'abbé de Villiers. Pour juger Racine, il s'appuie sur
Saint-Évremond, sur Perrault, sur le *Mercure*, sur tous
les auteurs que nous avons passés en revue, sans s'inquiéter même de savoir si les critiques adressées aux
premières pièces de Racine, et notamment à *Alexandre*,
peuvent légitimement être étendues à toutes les autres.
C'est ainsi qu'il admet comme un fait général que l'auteur de *Britannicus* et de *Mithridate* a altéré le caractère des plus grands héros de l'antiquité : il fait de cette
altération le système de Racine et le sujet principal du
débat entre les partisans des deux poètes.

Mais si Baillet donne cette appréciation si rigoureuse
et si contestable dans sa généralité, ce n'est pas qu'il
ait aucune opinion personnelle dans le débat et qu'il soit
un adversaire de Racine. Il écrit cette phrase empruntée
à Boileau : « Tout le monde est très-persuadé que de-
» puis que M. Racine a paru sur le théâtre, on s'est
» trouvé tout consolé de l'absence de M. Corneille[1]. »
Il ne se prononce pas entre « ceux qui soutiennent que

---

1. . . . . . Et seul de tant d'esprits
De Corneille vieilli *sais consoler Paris.*

» Racine a parfaitement rempli la place du grand Cor-
» neille, et ceux qui ne lui donnent que le second rang ».
Enfin, ce qui est plus grave, il a accepté et il présente
comme conclusion de son jugement sur les deux poètes
un parallèle qui contredit tout le reste et qui atteste à
chaque ligne une préférence marquée pour Racine.

Ce parallèle est l'œuvre du baron de Longepierre, qui
avait déjà publié des traductions de poètes bucoliques et
lyriques de la Grèce, et qui bientôt allait dire son mot
dans la querelle des anciens et des modernes [1]. Plus
tard, il s'essaya pour son propre compte dans l'idylle,
puis il composa quelques tragédies, entre autres un *Sésostris*, que Racine, malgré le parallèle, n'a pas épargné [2].
Quoique les œuvres du poète gentilhomme soient médiocres, et que son parallèle ne puisse être accepté de
tout point, on ne peut nier qu'il n'y montre souvent de
la finesse et un sentiment délicat des beautés de la
poésie. Est-ce Longepierre, est-ce l'aimable et sensible
Vauvenargues qui a écrit ces lignes, selon nous, si vraies :
« Racine a cru qu'il fallait aller à l'esprit par le cœur.
» Souvent l'esprit est frappé sans que le cœur soit ému,
» et le cœur n'est jamais touché que l'esprit ne se laisse
» entraîner.... Le cœur est un juge bien plus sincère et
» meilleur que l'esprit : ce dernier est sujet à se laisser
» éblouir par de faux brillants; mais le cœur ne peut
» sentir dans chaque chose que ce qui y est. » N'est-il
pas judicieux et pénétrant le critique qui a donné l'analyse de la belle exposition de *Bajazet*[3]? Peut-on se

---

1. *Discours sur les anciens* (1687).

2. Ce fameux conquérant, ce fameux Sésostris,
   Qui jadis en Égypte, au gré des destinées,
   Vécuit de si longues années,
   N'a vécu qu'un jour à Paris.

3. « Qu'on envisage comment le poète instruit et développe toutes

refuser à conclure avec lui que « si Corneille a une
» grande intelligence du théâtre, s'il règne dans ses pièces
» une belle économie, Racine n'entend pas moins bien
» l'action dramatique »? Quand on a lu le sonnet de
Mme Deshoulières, les ineptes critiques de Subligny,
n'est-on pas heureux des éloges de Longepierre pour
« l'admirable caractère de Phèdre, le chef-d'œuvre de
» l'art et l'effort de l'esprit humain »? Enfin, n'a-t-il
pas bien marqué les traits principaux du génie et du
style de Racine, celui qui a dit : « Racine songe plus à
» donner de la passion à ses personnages qu'à les faire
» raisonner. Chez lui les délicatesses du cœur sont pré-
» férables à celles de l'esprit.... Chez lui l'oreille, l'esprit,
» le cœur, sont également satisfaits. »

Mais, après ces éloges, nous reconnaîtrons que Longepierre se laisse entraîner trop loin par ses sympathies. Il se trompe, par exemple, lorsqu'il prétend que « la
» grâce de Racine est toujours accompagnée de gran-
» deur ». Il n'est pas assez sensible aux qualités supérieures de Corneille, à ces beautés « qui font frissonner »,
comme dit Mme de Sévigné, à « ces endroits divins que
» rien n'égalera jamais » ; il est moins juste que Racine
qui avait si vivement admiré dans son discours la sublimité de son rival, et si bien fait valoir « cette force,

» ces choses (sujet, événements, etc.), insensiblement et sans affec-
» tation, qu'on examine attentivement le progrès de cette scène,
» comment le plan de la pièce se trace, s'ordonne et s'arrange natu-
» rellement et sans qu'il y paraisse que le poète s'en mêle, comment
» toutes les difficultés s'aplanissent d'elles-mêmes ; comment les de-
» mandes et les réponses d'Acomat et d'Osmin, ou, pour mieux dire,
» les lumières nécessaires à l'intelligence de la pièce, naissent du
» fond de la chose ; comment ces deux acteurs narrent sans narrer,
» et instruisent sans qu'ils semblent vouloir instruire : on tombera
» aisément d'accord de la vérité de ce que je dis, et plus on aura de
» jugement, plus on sera charmé de l'art qui entre dans cette scène. »

» cette élévation qui surprend et qui enlève ». Longepierre est évidemment, comme Fénelon et Vauvenargues, de ces esprits qui aiment avant tout le naturel, la justesse, la perfection de l'ensemble, qui goûtent plus les beautés de sentiment que les traits d'esprit. Comme Fénelon, « les éclairs l'éblouissent; ses yeux cherchent
» une lumière douce » ; il trouve que Corneille « met de
» l'esprit, c'est-à-dire du brillant et des pensées, par-
» tout, qu'il en mêle, ainsi qu'a fait Lucain, jusque dans
» les endroits les plus pathétiques et les plus passionnés,
» ce qui ralentit l'effet qu'ils font sur le cœur. Selon lui,
» une véritable douleur, une véritable tendresse, une
» véritable colère s'expriment plus nuement, et ne
» songent pas à se parer d'ornements étrangers » ; il loue Racine « de ne vouloir jamais être plus spirituel
» qu'il ne doit être ». On ne peut nier qu'il ne touche là un des côtés attaquables du génie de Corneille, chez lequel l'abus de la vigueur et du trait amène parfois la subtilité et l'enflure, donne aux passions douces une expression emphatique et fausse, et surtout, sauf quelques belles exceptions, aux personnages de femmes un caractère et un langage trop virils. Mais un juge impartial aurait montré la supériorité du poète dans la peinture des passions fortes, comme l'amour de la patrie, l'enthousiasme religieux, l'élan de la magnanimité, l'orgueil, la fureur, le désespoir; il aurait plus insisté sur la grandeur, l'effet moral, la fécondité et la variété des moyens dramatiques, qualités éminentes par lesquelles Corneille rachète ses imperfections et reste peut-être au-dessus de tous ses rivaux. Longepierre a manqué de mesure; disons qu'on en manquait partout autour de lui, dans ce sens et surtout dans l'autre, et que l'injustice bien plus forte de Perrault et de Fontenelle sert d'explication et en partie d'excuse à la sienne.

L'année après celle où le *Siècle de Louis le Grand* et la *Digression sur les anciens* commencèrent la lutte qui fut si longue et si passionnée, l'apparition des *Caractères* de La Bruyère irritait vivement le parti des modernes, dont le nouvel écrivain, redoutable par son esprit et son talent, se déclarait nettement l'adversaire. Ce livre, si justement regardé comme un des chefs-d'œuvre du grand siècle, renfermait un long parallèle de Corneille et de Racine. Malgré le ton modéré de cette appréciation, où l'auteur semble avoir fait tant d'efforts pour distribuer équitablement la critique et l'éloge, pour marquer avec précision et sans roideur les principaux traits du génie des deux poètes, nul doute que ce morceau n'ait irrité les partisans exclusifs de Corneille. La Bruyère ne poussait pas comme eux le fanatisme de l'admiration jusqu'à déclarer parfaits les premiers et les derniers ouvrages de leur poète. Il s'étonnait que l'auteur du *Cid* eût pu « tomber de si haut » ; il trouvait même dans quelques-unes de ses meilleures pièces « des fautes » inexcusables contre les mœurs dramatiques, un style » de déclamateur, des négligences dans les vers et dans » l'expression » ; s'il le déclarait « supérieur à tout, ini- » mitable dans les endroits où il excelle », il le jugeait « inégal ». D'ailleurs, au gré de ces critiques, il balançait trop les mérites des deux poètes : il accordait au premier le privilége de « nous étonner, de nous in- » struire » ; mais le second avait celui de « nous remuer, » de nous pénétrer » ; l'un était « plus moral », mais l'autre était « plus naturel » ; Corneille peignait les hommes « tels qu'ils devraient être » ; Racine les peignait « tels qu'ils sont ». Cette dernière pensée, un peu douteuse dans sa concision épigrammatique, fut sans doute un des points du parallèle qui excitèrent le plus de réclamations ; peu d'années après la mort de Racine, elle fut le prétexte d'une dissertation très-hostile à ce poète et que nous examinerons comme une des pièces du procès.

Mais combien La Bruyère aggrava ses torts, lorsque, en 1693, dans son *Discours de réception*, il renchérit encore sur l'admiration exprimée dans les *Caractères* ! « Cet autre, disait-il, vient après un homme loué, ap-
» plaudi, admiré, dont les vers volent en tous lieux et
» passent en proverbe, qui prime, qui règne sur la
» scène, qui s'est emparé de tout le théâtre : il ne l'en
» dépossède pas, il est vrai, mais il s'y établit avec lui ;
» le monde s'accoutume à en voir faire la comparaison ;
» quelques-uns ne souffrent pas que Corneille lui soit
» préféré, quelques autres qu'il lui soit égalé : ils en ap-
» pellent à l'autre siècle, ils attendent la fin de quelques
» vieillards, qui, touchés indifféremment de tout ce qui
» rappelle leurs premières années, n'aiment peut-être
» dans *OEdipe* que le souvenir de leur jeunesse. » Ainsi Racine était déclaré l'égal de Corneille, voire même, ô sacrilége ! son supérieur ! La Bruyère osait citer sur le ton de la déférence de semblables opinions ! il s'y associait lui-même, en expliquant par les souvenirs du jeune âge les préférences obstinées de quelques vieillards pour l'auteur d'*OEdipe* ! Il semblait compter pour Racine sur les suffrages du siècle suivant !

Parmi les protestations et les représailles que suscita ce fameux portrait, une des plus vives fut celle de Fontenelle. Il avait plus d'une raison pour être irrité contre La Bruyère ; car, outre sa parenté avec Corneille et ses rapports avec le *Mercure galant*, il s'était reconnu dans le portrait de *Cydias* ou *le bel esprit*, tracé par le moraliste. Il voulut protester contre le parallèle de 1688 et le portrait de 1693 : il composa donc à son tour un parallèle, bien différent, on le devine, de ceux de Longepierre et de La Bruyère. Après avoir remarqué, ce que Racine lui-même avait déjà fait, que Corneille « n'a eu devant » les yeux aucun auteur pour le guider », il contredit sans ménagement l'opinion que Racine a du moins bien rempli la place de son prédécesseur : « Corneille a trouvé » le théâtre français très-grossier ; il l'a porté à un haut » point de perfection. Racine ne l'a pas soutenu dans la » perfection où il l'a trouvé. » Longepierre avait reconnu à Corneille plus de force, à Racine plus de naturel ; selon lui, Corneille « avait fait des portraits merveilleux, mais » pas toujours ressemblants ; il semblait avoir tenu la » nature au-dessous de lui ; Racine, au contraire, n'avait » pas cru qu'il lui fût permis de prendre toujours son » génie pour guide au mépris de la nature ». La Bruyère avait exprimé à peu près le même jugement. Fontenelle déclare « les caractères de Corneille vrais, quoiqu'ils ne » soient pas communs, tandis que ceux de Racine ne le » sont que parce qu'ils sont communs ». Si cependant il avoue que « les caractères du premier ont quelquefois » quelque chose de faux à force d'être nobles et singu- » liers », c'est pour ajouter que « souvent ceux de » Racine ont quelque chose de bas à force d'être natu- » rels ». A la phrase de La Bruyère : « Corneille nous » assujettit à ses caractères et à ses idées, Racine se con- » forme aux nôtres », il riposte ainsi : « Quand on a » le cœur noble, ou voudrait ressembler aux héros de » Corneille ; quand on a le cœur petit, on est bien aise » que les héros de Racine nous ressemblent. » La Bruyère avait dit très-justement que « le grand et le merveilleux » n'avaient pas manqué à Racine, ainsi qu'à Corneille » ni le touchant ni le pathétique ». Fontenelle répond avec une révoltante iniquité : « Le tendre et le gracieux » de Racine se trouvent quelquefois dans Corneille ; le » grand de Corneille ne se trouve jamais dans Racine. »

La Bruyère n'avait point parlé, et peut-être jugeait-il la question oiseuse, de cette altération des mœurs antiques opposée à la prétendue exactitude de Corneille. Fontenelle n'a garde d'omettre ce point de comparaison : « Racine n'a presque jamais peint que des Français et » que le siècle présent, même quand il a voulu peindre » un autre siècle et d'autres nations; on voit dans Cor- » neille toutes les nations et tous les siècles qu'il a voulu » peindre. »

Nous contesterons moins son jugement, quand il ajoute: « Le nombre des pièces de Corneille est beaucoup » plus grand que celui des pièces de Racine, et cepen- » dant Corneille s'est beaucoup moins répété lui-même » que Racine n'a fait; » mais La Bruyère n'avait-il pas dit déjà : « Il semble qu'il y ait plus de ressemblance » dans les poèmes de Racine et qu'ils tendent un peu » plus au même but? » Après avoir déclaré que « la ver- » sification de Corneille, dans les endroits où elle est » belle, est plus hardie, plus noble, plus forte, et en » même temps aussi nette que celle de Racine », il avoue » qu'elle ne se soutient pas dans ce degré de beauté, » tandis que celle de Racine se soutient dans la sienne». Sur ce point, Racine a l'avantage: il se soutient, son style est toujours net. Mais Fontenelle ne parle pas de cette harmonie variée et exquise, qui reproduit tous les mouvements de la pensée et du sentiment, qui se plie aux situations, aux caractères, à la différence des conditions et des sexes; il ne dit pas que, si le vers de Corneille est plus vigoureux, plus fier, plus oratoire, celui de Racine est plus souple et plus expressif; que tantôt c'est une simplicité touchante, tantôt une élégance solide et sans fausses couleurs, plus souvent encore une force égale et sobre, qui satisfait partout le lecteur, sans le frapper aussi vivement que les traits soudains de Corneille. Enfin, pour terminer son réquisitoire, Fontenelle remarque encore « que des auteurs inférieurs à Racine » ont réussi après lui dans son genre, et qu'aucun auteur, » même Racine, n'a osé toucher après Corneille au » genre qui lui était particulier ». Quels sont ces imitateurs de Racine qui, en 1693, avaient réussi en suivant ses pas ? Sans doute, Fontenelle veut désigner La Chapelle, Duché, peut-être Pradon ; mais qu'est-il resté de leurs œuvres ? Quant au genre de Corneille, il est permis de croire que les portraits de Burrhus, d'Agrippine, d'Acomat, de Mithridate, de Clytemnestre, de Joad et d'Athalie s'en rapprochent et n'en sont pas indignes. La Bruyère avait-il grand tort de trouver à quelques-uns de ces personnages « la grandeur et le merveilleux » de Corneille ?

Tel est le parallèle de Fontenelle : d'un bout à l'autre, il n'a qu'un objet, abaisser Racine aux pieds de Corneille, protester contre ceux qui les rapprochaient, réduire à la tendresse et à la pureté du style le mérite de l'auteur de *Britannicus*, de *Phèdre* et d'*Athalie*. Jamais Fontenelle ne se modéra sur cette question, et longtemps après la mort de Racine, il le poursuivait encore de ses attaques envenimées et de sa haine.

Vers la même époque, un des plus anciens adversaires du poète, Saint-Évremond, donnait aussi son parallèle[1]. Cette forme épigrammatique et concise convenait à un écrivain qui avait déjà comparé Turenne et Condé, et qui aimait à donner à sa pensée et à ses jugements un tour rapide et incisif. Il ne faut pas s'attendre à trouver l'auteur de la *Dissertation sur Alexandre*, le critique d'*Andromaque* et de *Britannicus* très-favorable à Racine. Cependant, à son début, il emprunte à Lucain

---

1. *Jugements sur quelques auteurs français* (à Mme de Mazarin).

un trait flatteur pour le poète : « Dans la tragédie, Cor-
» neille ne souffre pas d'égal, Racine pas de supérieur [1]. »
Il est vrai qu'il le corrige aussitôt par cette explication :
« la diversité des caractères permettant la concurrence,
» si elle ne peut établir l'égalité ; » et dans tout le reste
du parallèle, Corneille a décidément l'avantage : « Cor-
» neille se fait admirer par l'expression d'une grandeur
» d'âme héroïque, par la force des passions, par la su-
» blimité du discours ; Racine trouve son mérite en des
» sentiments plus naturels, en des pensées plus nettes,
» dans une diction plus pure et plus facile. Le premier
» enlève l'âme, l'autre gagne l'esprit ; celui-ci ne donne
» rien à censurer au lecteur, celui-là ne laisse pas le
» spectateur en état d'examiner. Dans la conduite de
» l'action, Racine, plus circonspect et se défiant de lui-
» même, s'attache aux Grecs qu'il possède parfaitement ;
» Corneille, profitant des lumières que le temps apporte,
» trouve des beautés qu'Aristote ne connaissait pas. »
Ainsi Corneille a pour lui la grandeur, la passion, l'éloquence, la hardiesse et la nouveauté des plans et de l'intrigue, le talent de saisir l'âme et d'ôter à l'esprit la
liberté de la critique ; Racine garde pour sa part le
naturel des sentiments, la netteté des pensées, la pureté
du style, la régularité timide de l'action : voilà ses qualités modestes qui vont à satisfaire le jugement du lecteur, sans jamais élever sa pensée ni remuer son cœur.
Qui pourrait deviner à ce portrait que la passion est, de
l'aveu de tous, le domaine de Racine, et que, si Corneille
met plus en jeu les ressorts puissants de l'admiration,
c'est à Racine qu'il faut demander le plaisir délicieux de
l'émotion et des larmes ?

---

1. Nec quemquam jam ferre potest Cæsarve priorem,
Pompeiusque parem.

Bien différentes étaient les conclusions d'un homme que des liens anciens et nombreux unissaient, il est vrai, à Racine, et qui pouvait avoir quelque tendresse pour les œuvres de son ami, car elles devaient beaucoup à ses conseils, à ses censures, à son active et forte influence. Boileau admirait sincèrement Corneille ; il avait écrit ces vers :

> En vain contre le Cid un ministre se ligue,
> Tout Paris pour Chimène a les yeux de Rodrigue.

Indigné de la misère où languissait la vieillesse du grand poète, il avait fait auprès de Mme de Montespan une démarche qui honore son cœur. Cependant, impatienté sans doute de la mauvaise foi de ceux qui portaient au ciel l'*Agésilas* et la *Pulchérie*, et qui ne voulaient voir dans les tragédies de Racine que de la douceur et de la tendresse, il se permit quelques boutades, comme l'épigramme sur *Agésilas* et *Attila*[1] : il critiqua l'admiration de Corneille pour Lucain[2], modèle dangereux qui, avec Sénèque et les Espagnols, a contri-

---

[1].
> Après l'Agésilas,
> Hélas !
> Mais après l'Attila,
> Holà !

Dans l'*Art poétique* (1674) Boileau disait encore en parlant du roi :

> Que Corneille, pour lui rallumant son audace,
> Soit encor le Corneille et du *Cid* et d'*Horace*. (Ch. IV, v. 195.)

Corneille croyait bien n'avoir pas dégénéré, et l'on raconte qu'en lisant ces vers, il s'écria : « Ne le suis-je donc plus ? »

[2].
> Tel s'est fait par ses vers distinguer dans la ville,
> Qui jamais de Lucain n'a distingué Virgile.
> (*Art poétique*, ch. IV, v. 82.)

Huet raconte que Corneille exprima très-franchement devant lui cette préférence.

bué à gâter le goût du poète ; selon Brossette [1], dans les vers qu'il composa pour le portrait de Racine, il avait écrit d'abord :

Balancer Euripide et *surpasser* Corneille ;

puis, sur les observations de quelques personnes, il modifia le jugement en transposant les termes : « mais, » ajouta-t-il, je ne serais point fâché que dans la suite » des temps quelque critique se donnât la licence de ré- » tablir mon vers de la manière que je l'avais fait. » Un passage de la *Septième réflexion critique* confirme cette anecdote, et montre assez de quel côté penchaient les préférences de Boileau. « Corneille, dit-il, est celui de » tous nos poètes qui a fait le plus d'éclat en notre » temps ; et on ne croyait pas qu'il pût jamais y avoir en » France un poète digne de lui être égalé. Il n'y en a » point, en effet, qui ait plus d'élévation de génie, ni » qui ait plus composé. Tout son mérite pourtant, à » l'heure qu'il est, ayant été mis par le temps comme » dans un creuset, se réduit à huit ou neuf pièces de » théâtre qu'on admire, et qui sont, s'il faut parler ainsi, » comme le midi de sa poésie, dont l'orient et l'occident » n'ont rien valu. Encore, dans ce petit nombre de » bonnes pièces, outre les fautes de langue qui y sont » assez fréquentes, on commence à s'apercevoir de » beaucoup d'endroits de déclamation qu'on n'y voyait » point autrefois. Ainsi, non-seulement on ne trouve » point mauvais qu'on lui compare aujourd'hui M. Ra- » cine, mais il se trouve même quantité de gens qui le » lui préfèrent. » On voit bien que Boileau est de ces gens-là ; cependant il évite de se prononcer formelle-

1. *Bolœana*.

ment, et, comme La Bruyère, il remet le verdict à la postérité, mieux placée pour juger la question ; « car, » ajoute-t-il, je suis persuadé que les écrits de l'un et » de l'autre passeront aux siècles suivants. » On sait qu'il en avait déjà appelé à cette postérité pour *Athalie*, et cette tragédie était une de celles dont il s'appuyait pour combattre les Perrault et les Fontenelle, et pour prouver que le galant et tendre Racine savait aussi s'élever à la sublimité de Corneille[1].

Peu de temps après l'époque où Boileau écrivait ces lignes, Racine mourait. Cette mort dut être, dans les gazettes comme à l'Académie, l'occasion de nouveaux jugements sur ses œuvres. Le *Mercure galant* fit bien les choses ; il s'étendit sur l'éloge du poète qu'il avait autrefois si amèrement critiqué, et il sembla, dans le morceau que nous allons citer, avoir oublié ses vieux ressentiments[2] : « Nous avons perdu un des plus excel-
» lents hommes de ce siècle et qui méritait de vivre aussi
» longtemps que son nom, qu'il a rendu immortel par
» ses beaux ouvrages. Je parle de M. Racine, secrétaire
» du roi, gentilhomme ordinaire de la maison de S. M.,

---

1. 12ᵉ *Réflexion sur Longin*. Il cite comme modèle de sublime les vers d'Athalie :

Celui qui met un frein, etc.

Il ajoute : « Tout ce qu'il peut y avoir de sublime paraît rassemblé
» dans ces quatre vers, la grandeur de la pensée, la noblesse du sen-
» timent, la magnificence des paroles et l'harmonie de l'expression,
» si heureusement terminée par ce dernier vers :

» Je crains Dieu, cher Abner, et n'ai point d'autre crainte.

» D'où je conclus que c'est avec très-peu de fondement que les admi-
» rateurs outrés de M. Corneille veulent insinuer que M. Racine lui
» est de beaucoup inférieur pour le sublime. »

2. *Mercure galant*, avril 1699.

» et l'un des quarante de l'Académie française, mort le
» 21 de ce mois, âgé de cinquante-neuf ans. Ses pre-
» mières pièces de théâtre, qui furent *les Frères en-*
» *nemis* et *Alexandre*, firent connaître la beauté de son
» génie et attendre les chefs-d'œuvre qui les ont suivies.
» *Andromaque* et *Iphigénie* ont tiré des larmes d'un
» nombre infini de spectateurs par le caractère noble et
» tendre qui s'y trouve et qu'il est presque impossible
» de pousser plus loin. M. Racine a fini sa carrière par
» latragédie de *Phèdre*, dont il a dépeint la honteuse
» passion avec des couleurs si vives, que, toute cri-
» minelle qu'elle se dit elle-même, il la fait paraître
» digne de pitié, tant il a su mêler d'art à la force de
» ses vers, qui sont d'une grande netteté dans tous ses
» ouvrages. Il n'a pas moins bien réussi dans deux
» pièces saintes qu'il nous a données avec des chœurs,
» sous les noms d'*Esther* et d'*Athalie*. » Le *Mercure*,
en ne parlant ni de *Bajazet* ni de *Mithridate*, qu'il
ne pouvait louer sans se contredire lui-même, faisait
au moins preuve de goût et de convenance. *Britan-*
nicus avait peu réussi, et, malgré l'estime des connaisseurs, Visé, dans cette appréciation rapide, avait
le droit de n'en point parler. Nommer *Bérénice*, c'était
réveiller des souvenirs que des amis, des parents de
Corneille devaient écarter en face d'un tombeau. Enfin,
si l'éloge d'*Athalie*, qui termine le morceau, n'a pas
une intention ironique, il faut avouer que, dans cette
circonstance, les rédacteurs du *Mercure* ont été irré-
prochables. Ils poussèrent la galanterie jusqu'à insérer dans le volume du mois suivant une pièce de
vers adressée à Boileau à l'occasion de la mort de son
ami.

Ce fut un écrivain, lié intimement avec Racine, et
déjà désigné par le roi pour lui succéder dans la charge

d'historiographe, qui vint aussi remplir à l'Académie française la place du poète. Reçu dans la séance du 27 juin 1699, M. de Valincour apprécia le génie et les œuvres de son prédécesseur, et aborda à son tour le parallèle. Il le fit en partisan sensible et convaincu de Racine, mais en homme qui savait admirer aussi la grandeur de Corneille; et il expliqua avec délicatesse les sentiments respectables qui nuisirent d'abord à la fortune de Racine, et contribuèrent à entourer sa marche de difficultés. Après ces lignes, que nous avons déjà citées, il signala les routes nouvelles où le poète, « conduit par son seul génie, et sans s'amuser à » suivre ni même à imiter un homme que tout le monde » regardait comme inimitable », s'était engagé depuis *Andromaque*. Puis il marqua très-nettement la nature de l'effet dramatique chez le premier et chez le second, et distingua de l'admiration qu'inspire Corneille, l'émotion qu'excite Racine, « cette terreur, cette pitié qui, » selon Aristote, sont les véritables passions que doit » produire la tragédie, ces larmes qui font le plaisir de » ceux qui les répandent ». Selon lui, « et Corneille et » Racine ont peint la nature ; mais si la nature de Racine » est moins superbe et moins magnifique, elle est plus » vraie et plus sensible ». C'est le jugement de La Bruyère ; c'est, nous le croyons, celui du goût comme de la postérité.

Sans examiner les arrêts de cette postérité, qui commence pour Racine avec le xviiie siècle, nous devons comprendre aussi dans notre recherche celui d'un contemporain, peu disposé à l'exagération de l'éloge, du fameux Perrault. En 1701, deux ans après la mort de Racine, le chef du parti des modernes acheva la publication de ses *Hommes illustres du* xviie *siècle*. Il restait dans cet ouvrage ce qu'il s'était montré dans le *Siècle de Louis le Grand* et dans les *Parallèles*, l'admirateur passionné de Corneille, le prôneur de ses dernières tragédies. Mais, du moins, en racontant la vie de Racine, il a su se garder de toute insinuation malveillante; il rend justice à son caractère, il parle de l'affection du roi qui « envoya très-souvent savoir de ses nouvelles » pendant sa maladie, et témoigna du déplaisir de sa » mort, qui fut regrettée de toute la cour et de toute la » ville ». Il a rapproché, nous l'avons vu, le succès d'*Andromaque* de celui du *Cid*; et, bien qu'il y ait, ce semble, une intention de blâme dans cette phrase : « On » a mis Racine en parallèle avec Corneille, cet homme » incomparable, » bien qu'il ne reconnaisse à Racine d'autre avantage que « les mouvements de la tendresse » et la pureté du langage », et que ces mérites soient bien faibles à côté « des sentiments héroï- » ques et de la grandeur des personnages de Corneille», il avoue du moins que « Racine a ses partisans, et » que la contestation est demeurée en quelque sorte » indécise ».

Tel était, en somme, au commencement du xviiie siècle, l'état de la question. Nul ne contestait à Racine le premier rang après Corneille ; mais, tandis que, pour les uns, il balançait son rival, ou le surpassait même par les mérites de la passion, du goût et du style; pour les autres, il restait encore beaucoup au-dessous, et n'était toujours que le poète de la tendresse, l'homme qui avait altéré, abaissé, affadi les héros de l'antiquité, l'écrivain élégant dont la pureté soutenue ne valait pas la mâle énergie de Corneille. C'est ce qui résulte des jugements de Fontenelle, de Saint-Évremond, de Perrault ; c'est ce que nous devons conclure aussi du petit écrit qu'un très-obscur critique, M. Tafignon, publia en 1705, sous ce titre : *Dissertation sur les caractères* de Corneille et de Racine, contre le sentiment de M. de La Bruyère.

Ce qui a le plus vivement choqué M. Tafignon dans le parallèle, c'est la fameuse phrase dont nous avons déjà signalé le danger : « Corneille peint les hommes » comme ils devraient être, Racine les peint tels qu'ils » sont. » Ce jugement « que favorise, dit-il, la mollesse » des esprits du siècle, l'inquiète pour le goût public, et » il croit urgent de le combattre ». Nous n'avons pas l'intention d'entrer dans le détail de cette longue et diffuse dissertation. Sans doute, Tafignon l'aurait épargnée à ses lecteurs et à lui-même, s'il avait cherché le véritable sens de l'antithèse de La Bruyère. Le moraliste n'a-t-il pas voulu dire que les personnages de Corneille ont plus d'élévation morale, et que ceux de Racine ressemblent plus à ce que nous voyons tous les jours? Chez les premiers, le devoir triomphe de la passion :

> Leur âme dans leur sang prend des impressions
> Qui sous leur volonté range leurs passions.

Il y a bien lutte entre la passion et le devoir, mais on prévoit facilement que celui-ci sera vainqueur ; et ces vers, que le poète met dans la bouche de Chimène, sont la devise de la plupart des personnages de son théâtre, hommes ou femmes :

> ... Dans ce dur combat de devoir et de flamme,
> Il déchire mon cœur sans partager mon âme.

Cela est plus moral, plus conforme à cet idéal qu'il faut proposer à l'homme ; c'est une école meilleure et plus salutaire à l'âme ; mais on ne peut nier que la faiblesse des personnages de Racine, dans le cœur desquels la lutte est longue et terrible, où le plus souvent la victoire est pour la passion, est plus conforme à la réalité des faits, plus vérifiée par l'expérience. Les hommes, sans doute, « devraient être autrement », mais le plus souvent, hélas ! c'est ainsi « qu'ils sont ». Si l'on entend de cette manière la pensée de La Bruyère, si, en outre, on a soin de ne pas l'appliquer rigoureusement à tous les personnages des deux poètes, on ne songera guère à la contester : on reconnaîtra que les héros de Corneille sont plus grands, plus dignes de notre imitation et de nos respects, plus imposants dans leur vertu énergique et souvent superbe ; mais les personnages de Racine, avec leurs déchirements, leurs défaillances, leurs chutes, sont plus émouvants et plus réels. Il semble qu'il n'y a rien là qui doive blesser les sentiments de Tafignon. Au lieu de soutenir, comme il le fait, que l'audace hautaine, l'énergie virile, le fier langage de Cornélie, de Rodogune, d'Émilie, de Cléopâtre, de Pulchérie, sont tout naturels et tout simples, il pourrait, sans faire tort à la gloire de Corneille, avouer que toutes les femmes ne pensent pas, n'agissent pas, ne parlent pas comme celles-là.

L'âge nouveau, qui avait déjà commencé quand Tafignon écrivait ces lignes, vit la renommée de Racine grandir par le triomphe et la popularité tardive d'*Athalie*, et plus encore par l'admiration passionnée du plus éminent écrivain et du plus délicat critique de l'époque. La supériorité de Racine semble généralement admise au XVIIIe siècle, et sans doute l'influence de Voltaire fut pour beaucoup dans ces préférences, combattues à peine par quelques critiques secondaires. On connaît le parallèle de Vauvenargues : Voltaire en releva la sévérité souvent injuste pour Corneille ; ses conseils en adoucirent quelques pages ; cependant il retrouvait, au fond, dans les jugements du jeune critique, ses propres impressions. En lisant son *Commentaire sur Corneille* et les nombreuses appréciations qu'il a données dans ses autres ouvrages sur les deux tragiques, on voit sans peine qu'il aboutit aux mêmes conclusions que Vauvenargues. Le *Cours de littérature* de La Harpe, où l'inspiration de Voltaire est partout sensible, n'a pas moins fait pour arrêter longtemps sur Racine la faveur du goût public. Il y a trente ans, nous avons vu se produire une réaction violente contre cet arrêt du siècle précédent. La faiblesse insipide des nombreux imitateurs de Racine avait compromis sa cause : on le rendait responsable de la régularité froide et vide, de l'élégance pompeuse et banale, sans précision et sans justesse, de tant de mauvais écrivains, qui n'avaient su lui emprunter que des recettes. On faisait retomber sur lui l'ennui des confidents, des amours langoureux, des songes, des récits traditionnels. L'étude et l'imitation des littératures étrangères avaient donné le goût des intrigues compliquées, des émotions violentes, des coups de théâtre, de tout ce qui frappe les yeux et remue les sens. Enfin l'école nouvelle, dont le but avoué était de renverser celle du XVIIe et du XVIIIe siècle, devait réunir, dans ses attaques, Boileau, le législateur de l'école classique, et Racine, qui, par la régularité sévère et simple de son théâtre, avait réalisé les théories dramatiques de Boileau. Corneille, par ses imperfections, au moins autant que par ses beautés, satisfaisait bien plus les novateurs. On célébrait justement la vigueur et l'élévation de ses caractères, la variété de ses sujets, la complication souvent heureuse de ses intrigues, la mâle énergie de son style. Mais on l'aimait aussi tendrement pour ses inégalités et ses incorrections, pour son emphase et sa subtilité, pour les exagérations de toutes sortes qu'il tient de ses modèles favoris et de l'imperfection de son goût.

Depuis longtemps, ces débats orageux ont cessé de nous agiter : Racine a été vengé de bien des attaques injustes et grossières; il semble même que le débordement de tant d'œuvres bizarres, forcées, gigantesques, ait ramené plus vivement notre goût à la simplicité et au naturel, relevés pour nous par l'attrait piquant de la nouveauté. Aujourd'hui du moins, il est permis d'unir dans son admiration Corneille et Racine, de les associer à titre de grands poètes, de maîtres de l'art dramatique. Quant à la question tant débattue de la prééminence, elle est stérile et vaine : laissons à chacun la liberté de ses préférences; pourquoi raisonner ce qui doit se sentir? Celui-ci est plus frappé de la hardiesse originale, des fières beautés, des éclairs soudains de Corneille ; la perfection soutenue, la lumière douce et pleine de Racine satisfont plus la raison et le cœur de celui-là. Ces divergences sont légitimes et dignes de respect. Ce qui serait insensé, déplorable, ce serait de porter la passion pour l'un de ces grands maîtres jusqu'à nier le génie de l'autre, et de se priver, par la ridicule affectation de ce dédain, d'un enseignement fécond et fort, d'une source abondante de plaisir et de profit.

CONCLUSIONS

Revue des principales critiques adressées à Racine : Système dramatique. — Action. — Rôle de l'amour. — Altération de l'histoire. — Caractères. — Style. — Remarques de grammaire de l'abbé d'Olivet. — Influence de ces attaques sur le développement du génie de Racine.

Les parallèles étudiés plus haut, expression dernière des luttes qui ont rempli la vie de Racine, mènent à une seule et même conclusion : c'est presque toujours au nom de Corneille que l'auteur d'*Andromaque* et de *Phèdre* a été attaqué ; ce qu'on a critiqué surtout chez lui, dans le système dramatique, dans l'action, dans les caractères, dans le style, c'est l'opposition de sa manière avec celle de Corneille.

Saint-Évremond et Segrais pensaient à Corneille en reprochant à Racine la simplicité habituelle de ses plans, le petit nombre de faits compris dans ses intrigues, et ce que Segrais appelle « le manque de matière ». Mais cette simplicité était chez le poète volontaire et réfléchie : dès l'époque d'*Alexandre*, il la recherchait comme l'idéal du poème dramatique. Il y insistait avec étendue dans sa réponse aux détracteurs de *Britannicus*, et la préface de *Bérénice* développait avec force cette idée, appuyée sur les exemples des anciens : « L'invention consiste à faire quelque chose avec » rien. » Si l'on songe à tant de drames chargés de faits, et au fond si vides, que notre siècle a vus se produire, peut-on se défendre de donner raison au système de Racine? Peut-on nier que la complication de l'intrigue, la multiplicité et l'inattendu des incidents ne soient un danger pour le poète, qu'ils placent sur une pente glissante? Trop souvent, en effet, ces ressources extérieures le dispensent de chercher en lui-même la véritable matière de l'intérêt dramatique, et d'entrer dans cette analyse profonde des caractères et des passions, qui est le fond et la vérité de l'art.

Une autre critique de Saint-Évremond rentre dans la première. Il reproche à Racine de « subordonner » l'action aux caractères », c'est-à-dire de faire naître les situations des sentiments, au lieu de les leur imposer; en un mot, de donner à la tragédie plus de portée et de conséquence, en montrant que tout s'enchaîne dans la vie humaine, et que les événements sont, en dernière analyse, le fruit de la direction donnée à notre volonté. Attaquer dans Racine ce système dramatique, c'est attaquer du même coup dans Molière la substitution de la comédie de caractère à la comédie d'intrigue, c'est en revenir à l'expression de Segrais. Oui, sans doute, dans la seconde partie de sa carrière, Corneille a recherché avant tout la vivacité et la complication de l'intrigue, l'abondance des incidents et des péripéties. Mais nous n'hésitons pas à y voir, avec le critique éminent dont nous avons déjà invoqué l'autorité[1], la cause principale de la décadence du grand poète : « Cor- » neille tomba au-dessous de lui-même, le jour où il » employa à nouer par l'intrigue des situations sur- » prenantes le même esprit qui avait fait sortir de » caractères bien conçus et admirablement tracés des

---

[1] M. D. Nisard. *Histoire de la littérature française*, t. II, Corneille; t. III, Racine.

» situations fortes, naturelles et prévues. » Et nous adopterions sans réserve les conclusions de M. Nisard : « L'invention consiste moins à imaginer un sujet com-
» pliqué qu'à tirer d'un sujet simple et populaire les
» vérités de mœurs, de caractères, de situations qui y
» sont contenues. »

C'est encore en opposant Corneille à Racine qu'on a tant de fois attaqué dans le théâtre du nouveau poète le développement habituel et prédominant de l'amour. Mais Racine, sur ce point, n'a pas innové; il n'a fait que se conformer aux traditions de la tragédie en France et au goût de son propre siècle. L'amour, ou pour mieux dire la galanterie, faisait le fond de toutes les pièces de Quinault et de son école; l'amour avait toujours eu un rôle important dans le théâtre de Hardy et de Rotrou ; le grand Corneille lui-même, malgré ses paroles amères contre « les doucereux, qui ne veulent
» que de la tendresse », n'avait jamais, même dans la période la plus brillante de sa vie, conçu de tragédie où l'amour n'eût sa place. Il est vrai que, dans sa vieillesse, et après les premiers succès de Racine, il établit la théorie que cette passion ne doit « servir que d'orne-
» ment ». Mais cette théorie est condamnée par l'application même qu'il en a faite : ces amours épisodiques, peu en rapport avec le reste de la pièce, sans vraisemblance et sans intérêt, ne font qu'entraver l'action et l'affadir. Nous croyons, avec J.-B. Rousseau et d'autres critiques, que l'amour doit être le ressort principal de la tragédie, ou n'y point paraître.

Sans parler du sort d'*Athalie*, l'examen de la dissertation de l'abbé de Villiers, les opinions de Saint-Évremond et du prince de Conti, ont prouvé que Racine ne pouvait songer à ce dernier parti. Mais si, dans tout son théâtre jusqu'à *Phèdre*, l'amour forme le nœud de l'action, si, même dans les pièces où d'autres passions dominent celle-là, comme dans *Britannicus* et *Iphigénie*, elle est encore un des ressorts importants de l'intrigue, il faut avouer, malgré le reproche de galanterie tant répété depuis Saint-Évremond et Corneille, que Racine lui a donné une expression éminemment puissante et dramatique. Source de pathétiques émotions, de terribles catastrophes dans *Andromaque*, dans *Bajazet*, dans *Phèdre*, l'amour, partout ailleurs, a une délicatesse, une vérité et souvent une élévation qui conviennent à la tragédie. Sauf quelques taches, l'amour est naturel et digne même chez ces personnages qu'on a traités de Céladons, chez Britannicus, chez Bajazet, chez Achille. Enfin l'auteur a presque toujours choisi des sujets où le développement de cette passion était indiqué par l'histoire ou par la mythologie. Et lors même qu'il l'a ajouté à son sujet, comme dans *Britannicus* et *Mithridate*, il a su le rendre vraisemblable et utile au drame. L'amour précipite la marche de l'action, l'amour complète le tableau historique, en mettant en lumière un des côtés du caractère des personnages principaux, du violent et soupçonneux despote asiatique, ou du féroce et lâche empereur romain.

Mais le développement de cette passion n'amène-t-il pas des anachronismes de mœurs et de langage? Les héros de Racine sont-ils toujours de leur temps et de leur pays? Que devient, avec ce système, la vérité historique?

Nous nous sommes expliqué déjà sur la valeur de ce reproche tant de fois renouvelé contre Racine. Nous avons distingué la vérité générale des passions et des caractères, ce qui est le fond même de l'homme, de cette vérité particulière et locale, domaine de la science plutôt que de la poésie. Non, sans doute, les héros de

Racine ne sont pas toujours antiques : l'influence des idées modernes, le sentiment chrétien, est sensible dans quelques parties du rôle d'Andromaque, dans les déchirements et les terreurs de Phèdre; il y a souvent, dans ces héros et ces héroïnes, une pureté et une délicatesse dont la littérature ancienne offre peu d'exemples. Mais quel poète dramatique, soit dans l'antiquité, soit chez les modernes, a jamais échappé à l'influence de son pays et de son siècle? Les tragédies d'Eschyle et de Sophocle ne sont-elles pas remplies d'allusions aux événements contemporains? Les personnages d'Euripide ne sortent-ils pas souvent de leur rôle pour développer les idées morales et politiques chères à l'élève de Socrate? De même Corneille n'a-t-il pas donné uniformément à tous ses personnages, hommes ou femmes, cette énergie et cette grandeur hautaine qu'il devait à son propre goût et à l'imitation des Espagnols? Ses Romains sont ceux de Lucain et de Sénèque, plutôt que ceux de Tite-Live. Ses Romaines n'ont-elles pas de frappants rapports avec les dames qu'il rencontrait à l'hôtel de Rambouillet, et qui furent les héroïnes de la Fronde? La galanterie de Pompée, de Sertorius, de César, d'Othon, est-elle plus antique que celle d'Achille ou de Pyrrhus? Voltaire n'est pas plus fidèle à la vérité historique : pour lui, comme pour Euripide, le théâtre est une chaire du haut de laquelle il prêche ses idées philosophiques. En est-il autrement des auteurs étrangers, de Shakespeare, de Schiller, de Goëthe? Si, dans ses tragédies romaines, le grand poète anglais a souvent saisi d'une manière frappante les caractères de quelques héros de l'antiquité et les traits principaux de la vie de Rome, que de fois aussi ses personnages sont anglais de langage, d'esprit et de mœurs! La *Jeanne d'Arc* et le *Don Carlos* de Schiller sont-ils conformes à l'histoire? L'*Iphigénie* de Goëthe est-elle plus grecque que l'*Iphigénie* de Racine? Niera-t-on que cette romanesque jeune fille ne soit, à beaucoup d'égards, une Allemande? Il faut le reconnaître, le drame, comme tous les genres de littérature, subit l'influence des temps où il se produit, de la société à laquelle il est destiné. L'esprit national, les croyances religieuses, les idées philosophiques, s'y retrouvent aussi bien que le caractère personnel du poète. C'est ce qui rend l'étude du théâtre intéressante comme étude de mœurs; c'est ce qui permet de suivre, dans le drame, comme l'ont fait avec tant de finesse et de charme d'éminents critiques [1], les nuances et les modifications des sentiments avec les âges.

Comme tous les autres, Racine est de son temps. A ce titre il a peint de préférence l'amour et donné à ce sentiment, comme aux autres, la couleur du temps. Mais il n'en est pas moins resté fidèle à cette vérité générale, la première de toutes, celle qui fait la vie des ouvrages de l'art, celle qui leur donne éternellement le pouvoir de remuer les âmes. Toujours on sentira dans le langage d'Andromaque, de Clytemnestre, de Josabeth, l'accent de l'amour maternel. Toujours on reconnaîtra dans Agrippine, dans Acomat, dans Mithridate, dans Athalie, ces âmes altières, animées par la passion et le génie du pouvoir. De tout temps la scélératesse profonde et savante de Narcisse épouvantera les hommes comme celle de Tartufe et d'Iago, parce qu'on y retrouvera la réalité. De tout temps, les fureurs d'Hermione et de Roxane, le délire et les remords de Phèdre, remueront les cœurs. Ces beautés valent mieux que la couleur locale et qu'une recherche minutieuse

---

1. M. Saint-Marc Girardin. *Cours de littérature dramatique.*

de toutes les curiosités historiques. D'ailleurs Racine a su réunir ce mérite secondaire à tous les autres dans le chef-d'œuvre d'*Athalie* ; il a su en exclure cette passion dans laquelle on se plaisait à circonscrire son génie. Si jusque-là il a fait autrement, ce n'était donc pas chez lui impuissance ; ce n'était pas non plus, on peut l'affirmer de l'élève et de l'admirateur des Grecs, ignorance de l'art ou irréflexion.

Le style de Racine a été plus épargné que les autres parties de son théâtre. Toutefois Fontenelle, Saint-Évremond, Perrault, le *Mercure*, en célébrant la force et la sublimité des vers de Corneille, ont affecté de réduire à la netteté le mérite de son successeur. C'est pourtant au nom de la netteté que Subligny a critiqué de nombreux passages d'*Andromaque*, et que l'abbé d'Olivet, au siècle suivant, a signalé dans ses *Remarques de grammaire sur Racine*, des milliers de fautes échappées au poète. Mais souvent Subligny s'attaque à des tours rapides et poétiques, si heureusement créés qu'il sont restés dans la langue. On peut en dire autant, en général, de ceux que l'abbé d'Olivet a relevés avec la plus sévère minutie, sans comprendre que le langage de la poésie ne peut être rigoureusement asservi à toutes les règles de la grammaire, ni soumis à cette sévère discipline de Vaugelas, que les prosateurs mêmes n'ont pas toujours subie sans réserve. Racine ne se serait pas rendu à ces critiques qu'un contemporain de l'abbé d'Olivet, Desfontaines, a réfutées le plus souvent avec justesse et avec goût. Quant aux remarques de Subligny, le poète a su profiter de celles qui étaient fondées. Il a corrigé, suivant ces indications, plusieurs passages de sa tragédie ; surtout il s'est appliqué à donner dès lors à son style une précision sévère et pure qui ne laisse aucune prise à la critique la plus malveillante. Désormais, sauf quelques vers de *Phèdre*, attaqués amèrement par le même Subligny, les critiques, loin de se plaindre des hardiesses poétiques du style de Racine, y blâmeront plutôt ce qu'ils appellent des familiarités indignes de la poésie, des expressions bourgeoises, c'est-à-dire quelques phrases dont la simplicité, relevée d'ailleurs par le sentiment, convient mieux à la tragédie qu'un ton continuellement noble et tendu. Au reste, ces critiques ne tombent que sur quelques détails ; mais il était curieux de les signaler. En effet, là encore, cet écrivain qu'on a déclaré si timide, et qui a pourtant si hardiment innové dans la langue, a enrichi la poésie. Tous ces mots qui faisaient frémir Subligny, qu'il trouvait « bas et rampants », et qu'il voulait « renvoyer à l'hôpital », ont conquis leur droit de cité. Il en est d'eux comme de la force de Racine. L'auteur en a fait un emploi si discret et si heureux, qu'ils se fondent dans la justesse et l'harmonie de l'ensemble; il faut un effort d'attention pour les remarquer.

Telles sont, dans leur généralité, les critiques adressées à Racine par ses contemporains. Après tout, les siècles suivants n'en ont guère imaginé de nouvelles, et l'on trouverait dans les écrits de tout genre que nous avons analysés la substance des attaques que notre temps a vues se produire avec une expression si violente. Bien que ces critiques aient souvent blessé le poète, bien qu'elles aient contribué pour une grande part, avec les cabales dont nous avons fait l'histoire, à sa retraite prématurée, elles n'ont pas toujours été sans profit pour lui. La *Dissertation sur Alexandre* peut être placée parmi les influences qui ont produit le chef-d'œuvre d'*Andromaque*. La mâle et sévère tragédie de *Britannicus* était une réponse à ceux qui avaient déclaré le poète uniquement propre à l'expression des sentiments tendres. Plus tard, les portraits si frappants d'Acomat, de Mithridate, d'Ulysse, ne furent-ils pas à l'adresse des critiques qui accusaient Racine de n'entendre rien ni à la politique ni à la guerre? On avait blâmé la longueur du dénoûment de *Britannicus* : ceux de *Bajazet*, de *Mithridate*, de *Phèdre* sont bien plus rapides et plus dramatiques. L'action languissait un peu dans *Bérénice* : rien de plus plein et de plus vif que celles de *Bajazet*, de *Mithridate*, d'*Iphigénie* et de *Phèdre*. Le progrès n'est pas moins continu dans le style que dans l'action et les caractères : de plus en plus il unit la force à la souplesse, la couleur à la précision, la richesse au naturel.

Sans doute, les efforts de Racine, ce respect de l'art et du public qui honore les écrivains du xviie siècle, sont pour beaucoup dans cette perfection croissante, dont *Athalie* est le dernier terme ; mais on la doit aussi à cette crainte de la critique dont Boileau a fait ressortir l'utilité dans ses beaux vers à l'auteur de *Phèdre*. On la doit en partie à la pensée de ces envieux, attentifs à tous les défauts, empressés à grossir toutes les fautes. Le poète a voulu leur fermer la bouche ; il a voulu vaincre leurs préjugés à force de pureté, de justesse, de proportion, de conséquence. Il n'y a pas réussi, car l'esprit de parti ne se guérit guère. Il n'a pas dû à ces progrès des succès plus éclatants, car le public ne pénètre pas si profondément dans l'art du poète, et les erreurs du goût, en matière de théâtre, sont aussi communes à cette époque que dans la nôtre. Mais il a satisfait de plus en plus son ami Boileau et quelques autres juges compétents, et il a donné à ses œuvres ce cachet de durée que n'ont pas eu tant de pièces, populaires à leur naissance, oubliées après quelques mois.

Des poètes sont venus après Racine, qui ont compté pour le succès sur la nouveauté et l'intérêt de sujets empruntés à l'histoire moderne, sur une observation

CONCLUSIONS.

moins rigoureuse des unités, sur l'attrait d'une action chargée de faits, sur l'éclat de la mise en scène, sur l'effet théâtral. Avec ces ressources nouvelles, il semble qu'il leur ait été facile d'échapper à cette altération de mœurs, à cet anachronisme de langage et de sentiments tant reprochés à Racine, et d'intéresser sans l'amour qui d'ailleurs, depuis le succès tardif d'*Athalie*, n'était plus regardé comme le nœud nécessaire de toute tragédie. Cependant, dans le théâtre du plus habile de ces auteurs, de Voltaire, quelle pièce peut soutenir la comparaison avec Corneille et Racine? Quelle infériorité pour la contexture du drame, pour les caractères, pour le style ! Ces œuvres ont moins d'intérêt que celles des deux tragiques du XVIIe siècle ; elles semblent plus vieilles et de langue et de couleur. Les tragédies de Racine, seules avec celles du grand Corneille, ont le privilège de conserver toujours leur jeunesse et leur fraîcheur. On ne se lasse pas de les lire et de les étudier ; et, quoi qu'on ait pu dire, pour peu qu'elles rencontrent des interprètes capables de les comprendre, elles ne cessent pas de frapper et de ravir les spectateurs les moins lettrés. Elles ont résisté à toutes les attaques du temps, à tous les efforts des systèmes. Si elles le doivent en partie à ces nombreux ennemis, qui ont poursuivi l'auteur du *Cid* et de *Polyeucte* comme celui d'*Andromaque* et de *Phèdre*, il ne faut pas trop accuser ces luttes. La vie des poètes en a été attristée et troublée ; leur génie en est devenu plus complet et plus fort, leur gloire en est sortie plus pure et plus inaltérable.

FIN.

TABLE ANALYTIQUE

DES MATIÈRES

Préface de la troisième édition............................ VII
Préface de la deuxième édition............................ XI
Préface de la première édition............................ XVII

INTRODUCTION

Éducation de Racine : ses débuts jusqu'à la tragédie d'Alexandre.

Études de Racine ; son entrée dans le monde (1659). Obstacles que rencontre sa vocation littéraire. Ses premières poésies. Séjour à Uzès (1661-1662). Retour à Paris. La *Renommée aux Muses* (1663). Les *Frères ennemis* (1664). Caractère de la littérature du temps (poésie, romans, théâtre). Popularité de Quinault dans la tragédie. Influence de l'esprit du temps sur les premiers écrits de Racine. Liaison avec La Fontaine, Molière, Boileau. Protection accordée par Louis XIV et la duchesse d'Orléans aux nouveaux poètes. Succès d'*Alexandre* (1665). Commencement de la guerre contre Racine.   1

PREMIÈRE PARTIE

Les principaux ennemis de Racine. Caractères de ces inimitiés.

Chapitre I. — **Les poètes tragiques.**
Quinault, Boyer, Le Clerc, Thomas Corneille, Boursault, Pradon, le grand Corneille............................ 17

CHAPITRE II. — **Famille de Corneille. — Gazettes rédigées et inspirées par elle.**

Thomas Corneille. Fontenelle. Ses débuts (1677). L'*Aspar* (1680). Son animosité contre Racine. Le *Mercure galant* et Donneau de Visé. Premières pièces critiques de Visé. Réconciliation avec Corneille et avec Molière. Défense des tragédies de Corneille contre d'Aubignac. Publication du *Mercure galant* (1672). Caractère et valeur de cette gazette. Auteurs loués habituellement dans le *Mercure :* Quinault, Boyer, Cotin, M¹¹ˢ de Scudéri, Mme Deshoulières, Fontenelle, les deux Corneille, Robinet et sa gazette; conformité avec Visé pour les opinions et les amitiés littéraires... 36

CHAPITRE III. — **Société de la première moitié du XVIIᵉ siècle.**

Mademoiselle. M. et Mme de Montausier. M. et Mme de Longueville. Mme de Nemours. Mme de la Fayette. Mme de Sévigné. Segrais. Saint-Évremond. Le duc de Nevers. La duchesse de Bouillon. Mme Deshoulières. Pradon........................ 57

CHAPITRE IV. — **Les ennemis de Boileau. — L'Académie française. — Les anciens et les modernes.**

Longue puissance des écrivains de l'âge de Mazarin. L'abbé Ménage et son cercle. Cercle de Mme de Scudéri, de Mme de Pélissari. L'Académie française : Benserade, les Tallemant, Charpentier, l'abbé de Lavau. Importance de Boyer, Cotin, Le Clerc à l'Académie. Querelle des anciens et des modernes. Préface d'Iphigénie. Attaque de Pierre Perrault. Ch. Perrault : *Siècle de Louis le Grand. Épître au génie. Parallèles.* Les critiques secondaires : Subligny, l'abbé de Villars, l'abbé de Villiers...... 86

CHAPITRE V. — **Caractère irritable de Racine.**

Querelle avec Port-Royal (1666). *Lettres imaginaires.* Dubois et Barbier d'Aucour. Épigrammes de Racine. Les premières préfaces. Qualités du cœur de Racine. Réconciliation avec Arnauld. Fidélité courageuse à Port-Royal. Dévouement pour ses amis. Caractère des lettres à son fils................................. 108

CHAPITRE VI. — **Les protecteurs de Racine.**

Le roi. Colbert. Le duc de Chevreuse. Le duc de Saint-Aignan. Condé. M. le Prince, son fils. Dangeau. Lamoignon. Vivonne. Tallard. Guilleragues. Nantouillet. Rose. Le parti de Racine est surtout celui des femmes : Henriette d'Angleterre. Mme de Montespan. L'abbesse de Fontevrault. Mme de Thianges. Mme de Coulanges. M{md} de Mazarin. Mme de Maintenon. Faveur et charges de Racine. Violentes attaques contre sa piété dans les chansons du temps. Sa disgrâce et sa mort.

Conclusions de cette première partie.................... 123

DEUXIÈME PARTIE

Attaques contre le théâtre de Racine. — Examen des pièces critiques publiées contre ses œuvres.

CHAPITRE I. — **Alexandre** (décembre 1665).

Quelques attaques contre les *Frères ennemis*. Succès d'*Alexandre*. Rupture de Racine avec Molière. Dédicace d'*Alexandre* au roi. Première préface. Comptes rendus de Robinet. Dissertation sur *Alexandre* par Saint-Évremond........................... 137

CHAPITRE II. — **Andromaque** (novembre 1667).

Témoignages de Perrault, de Robinet, de Subligny sur le succès d'*Andromaque*. Épître dédicatoire et première préface de Racine. Jugement de Saint-Évremond. La *Folle Querelle* de Subligny. 153

CHAPITRE III. — **Britannicus** (décembre 1669).

Quelques mots sur la composition et le succès des *Plaideurs* (novembre 1668). Les deux préfaces de *Britannicus*. Compte rendu de Robinet. Compte rendu de Boursault. Jugement de Saint-Évremond. Examen de diverses objections signalées par Racine et reproduites par l'abbé Dubos, par Fontenelle, etc. Influence de quelques vers de *Britannicus* sur le roi. Preuves à l'appui de ce fait.. 178

CHAPITRE IV. — **Bérénice** (21 novembre 1670).

La *Bérénice* de Racine et le *Tite et Bérénice* de Corneille. Comptes rendus de Robinet. Critique de *Bérénice* par l'abbé de Villars, et réfutation de cette critique par Subligny et par Racine dans sa préface. Critique de *Tite et Bérénice* par Villars. Jugement de Saint-Évremond sur les deux tragédies. *Tite et Titus ou les Bérénices*, comédie critique imprimée à Utrecht en 1673. Parodie de *Bérénice* à la comédie italienne (*Arlequin Protée*)..... 200

CHAPITRE V. — **Bajazet** (4 ou 5 janvier 1672).

Grand succès de la tragédie. Sentiment de Corneille. Compte rendu de Visé dans le *Mercure galant*, de Robinet dans la *Gazette*. Réponse de Racine dans sa première et sa deuxième préface. Examen d'une nouvelle de Segrais, *Floridon, ou l'Amour imprudent*. Jugement de Mme de Sévigné après la représentation et après l'impression de la pièce.................................. 222

CHAPITRE VI. — **Mithridate** (janvier 1673).

Succès de *Mithridate*. Réception de Racine à l'Académie française. Jugement de Mme de Coulanges, de Robinet. Compte rendu et critique de Visé. Les deux préfaces de Racine................. 244

CHAPITRE VII. — **Iphigénie**.

Représentation d'*Iphigénie* à Versailles (18 août 1674). Compte rendu de l'auteur d'une *Relation des divertissements de Versailles* et de Robinet. Véritable époque de la représentation à Paris (1675), après le *Suréna* de Corneille. *Entretien sur les tragédies de ce temps*, par l'abbé de Villiers. *Remarques sur l'Iphigénie*, par un anonyme. L'*Iphigénie* de Le Clerc et sa préface. Emprunts faits à Rotrou. Imitations de la tragédie de Racine. Querelle entre Le Clerc et Coras. Satire de Barbier d'Aucour sur les neuf pièces de Racine : *Apollon vendeur de Mithridate, ou Apollon charlatan*.................................... 254

CHAPITRE VIII. — **Phèdre** (1er janvier 1677).

Cabale de l'hôtel de Bouillon. Représentation de la *Phèdre* de Racine (1er janvier), de la *Phèdre* de Pradon (3 janvier). Querelle des sonnets. Accusations impudentes de Pradon contre Racine dans la préface de *Phèdre et Aricie* et dans ses *Nouvelles remarques*. Compte rendu du *Mercure galant* (janvier et avril 1677). Examen de la tragédie de Pradon. Traces d'emprunts à Racine. Dissertation sur les tragédies de *Phèdre et d'Hippolyte*, par Subligny.................................... 294

CHAPITRE IX. — **Esther et Athalie**.

Explications de Mme de Caylus sur l'origine de la pièce d'*Esther*. Préface de Racine. Représentations de Saint-Cyr (1689). Comptes rendus de Mme de Sévigné. Critiques des ennemis de Racine. Couplets satiriques. *Athalie* (1691). Récit de Mme de Caylus. Manœuvres contre la tragédie. Représentations de Versailles en 1702. Grand succès à Paris en 1716. Les tragédies saintes à Saint-Cyr après *Athalie*. La *Judith* de Boyer (1695)............. 327

CHAPITRE X. — **Jugements généraux. — Parallèles.**

Mémoire sur la vie et les ouvrages de Corneille (*Nouvelles de la république des lettres.*, de Bayle, 1685). Appréciation de Corneille et de Racine dans les *Jugements des savants sur les principaux ouvrages des auteurs* par Baillet (1686). Parallèle de Longepierre (1686), de La Bruyère (1688). Portrait de Racine par le même (1693). Parallèle de Fontenelle, de Saint-Évremond. Jugements de Boileau, du *Mercure galant* après la mort de Racine, de M. de Valincour (*Discours de réception à l'Académie française*). Jugement de Perrault (*Hommes illustres du* XVIIe *siècle*, 1701). Dissertation de Tafignon sur les caractères de Corneille et de Racine contre le sentiment de M. de La Bruyère (1705). Quelques mots sur les parallèles au XVIIIe et au XIXe siècle............ 354

CONCLUSIONS.

Revue des principales critiques adressées à Racine. Système dramatique. Action. Rôle de l'amour. Altération de l'histoire. Caractères. Style. Remarques de grammaire de l'abbé d'Olivet. Influence de ces attaques sur le développement du génie de Racine................................. 378

FIN DE LA TABLE.

Librairie HACHETTE et Cie, 79, Boulevard Saint-Germain, PARIS

BIBLIOTHÈQUE VARIÉE, FORMAT IN-16

A 3 FR. 50 LE VOLUME

ÉTUDES SUR LA LITTÉRATURE FRANÇAISE

ALBERT (P.) : *La poésie*........ 1 vol.
La prose................... 1 vol.
La littérature française, des origines à la fin du XVIe siècle.......... 1 vol.
La littérature française au XVIIe siècle................... 1 vol.
La littérature française au XVIIIe siècle................... 1 vol.
La littérature française au XIXe siècle; les origines du romantisme..... 2 vol.
Poètes et poésies............ 1 vol.

BALDENSPERGER (F.) : *Études d'histoire littéraire*........... 2 vol.

BENOIST (Ant.) : *Essais de critique dramatique*................. 1 vol.

BERTRAND (J.) : *La fin du classicisme et le retour à l'antique*..... 8 vol.

BOISSIER (G.) de l'Académie française : *L'Académie Française sous l'ancien régime*................... 1 vol.

BRUNETIÈRE, de l'Académie : *Études critiques sur l'histoire de la littérature française*................... 8 vol.
Ouvrage couronné par l'Académie française.
L'évolution des genres dans l'histoire de la littérature................ 1 vol.
L'évolution de la poésie lyrique en France au XIXe siècle........... 2 vol.
Les époques du théâtre français... 1 vol.
Victor Hugo................. 2 vol.

CHERBULIEZ (V.) : *L'Idéal romanesque en France*................ 1 vol.

DELTOUR : *Les ennemis de Racine au XVIIe siècle*............... 1 vol.
Ouvrage couronné par l'Académie française.

FILON (A.) : *Mérimée et ses amis*. 1 vol.

GENDARME DE BÉVOTTE (G.) : *La légende de Don Juan*....... 2 vol.

GIRAUD (V.) : *Essai sur Taine*, 4e éd. 1 vol.
Ouvrage couronné par l'Académie française.
Chateaubriand, études littéraires. 1 vol.
Blaise Pascal, étude d'histoire morale..................... 1 vol.
Ouvrage couronné par l'Académie française.
Les Maîtres de l'heure....... 1 vol.

GLACHANT (P. et V.) : *Papiers d'autrefois*.................... 1 vol.
Ouvrage couronné par l'Académie française.
Essai critique sur le théâtre de Victor Hugo..................... 2 vol.

GRÉARD, de l'Académie française :
Edmond Scherer............. 1 vol.
Prévost-Paradol............. 1 vol.

HAUSSONVILLE (Cte d'), de l'Académie : *A l'Académie française et autour de l'Académie*.............. 1 v l.

LAFOSCADE (L.) : *Le théâtre d'Alfred de Musset*................... 1 vol.

LARROUMET (G.), de l'Institut : *Marivaux, sa vie et ses œuvres*... 1 vol.
Ouvrage couronné par l'Académie française.

LARROUMET (G.) (suite) :
La comédie de Molière........ 1 vol.
Études de critique dramatique... 2 vol.
Derniers portraits............ 1 vol.

LE BRETON (A.) : *Le roman au XVIIIe siècle*................... 1 vol.
Ouvrage couronné par l'Académie française.

LENIENT : *La satire en France au moyen âge*..................... 1 vol.
Ouvrage couronné par l'Académie française.
La satire en France au XVIe siècle. 2 vol.
La comédie en France au XVIIIe et au XIXe siècle.................. 4 vol.
La poésie patriotique en France au moyen âge et dans les temps modernes.. 3 vol.

MARTINENCHE (E.) : *La comédie espagnole en France de Hardy à Racine*. 1 vol.
Ouvrage couronné par l'Académie française.
Molière et le théâtre espagnol... 1 vol.

MASSON (Maurice) : *Fénelon et Mme Guyon*.................... 1 vol.

MERLANT (J.) : *Le roman personnel, de Rousseau à Fromentin*...... 1 vol.

MÉZIÈRES (A.), de l'Académie française :
Vie de Mirabeau............. 1 vol.
Morts et vivants............. 1 vol.
De tout un peu.............. 1 vol.
Pages d'automne............ 1 vol.

PARIS (G.), de l'Académie française : *La poésie du moyen âge*....... 2 vol.
La littérature française au moyen âge, 3e édit. revue et complétée.. 1 vol.
Légendes du moyen âge....... 1 vol.

PELLISSIER : *Le mouvement littéraire au XIXe siècle*.............. 1 vol.

REINACH (J.) : *Études de littérature et d'histoire*............... 1 vol.

RIGAL (E.) : *Le théâtre français avant la période classique*.......... 1 vol.
Molière..................... 2 vol.
Ouvrage couronné par l'Académie française.
De Jodelle à Molière......... 1 vol.

ROUJON (H.) de l'Académie française :
La galerie des bustes......... 1 vol.
En marge du temps.......... 1 vol.
Danses d'autrefois........... 1 vol.

SAINTE-BEUVE : *Port-Royal*, 7e édit. revue et augmentée........ 7 vol.

STAPFER : *Molière et Shakespeare*. 1 vol.
Ouvrage couronné par l'Académie française.
La famille et les amis de Montaigne. 1 vol.

TAINE (H.) : *La Fontaine et ses fables*..................... 1 vol.
Essais de critique et d'histoire.. 1 vol.
Nouveaux essais de critique et d'histoire.................. 1 vol.
Derniers essais de critique et d'histoire.................. 1 vol.
Sa vie, sa correspondance.... 4 vol.

TEXTE (J.) : *J.-J. Rousseau et les origines du cosmopolitisme littéraire*... 1 vol.
Ouvrage couronné par l'Académie française.

---

6   69934. — Imprimerie LAHURE, rue de Fleurus, 9, à Paris. — 11-1911 - 500

www.ingramcontent.com/pod-product-compliance
Lightning Source LLC
Chambersburg PA
CBHW071945220426
43662CB00009B/996